bsv Colleg Deutsch 2

Arbeitstechniken
Sprachgebrauch
Literatur

für die gymnasiale Oberstufe

herausgegeben von
Rüdiger Wagner
Theodor Pelster

erarbeitet von
Rüdiger Wagner

Bayerischer Schulbuch-Verlag · München

ϧ Colleg Deutsch

herausgegeben von
Dr. Rüdiger Wagner
Dr. Theodor Pelster

Band 1
11. Jahrgangsstufe
erarbeitet von
Dr. Theodor Pelster
Johannes Saenger

Band 2
12. Jahrgangsstufe
erarbeitet von
Dr. Rüdiger Wagner

Band 3
13. Jahrgangsstufe
erarbeitet von
Walter Gremm
Dr. Theodor Pelster
Johannes Saenger
Bernd-Michael Schülke
Dr. Rüdiger Wagner

Gedruckt auf chlorfrei gebleichtem Papier

1993
1. Auflage
© Bayerischer Schulbuch-Verlag, München
Umschlag: Lutz Siebert
Satz: Wagner GmbH, Nördlingen
ISBN: 3-7627-2412-1

INHALT

TEXTVERZEICHNIS

Textauszüge wurden, wenn notwendig, von den Autoren mit eigenen Titeln versehen.

5

ARBEITSTECHNIKEN UND SPRACHGEBRAUCH

I. ARBEITSTECHNIKEN

1. Aufsatz

Als Aufsatz bezeichnet man die »kürzere Behandlung eines Themas in kunstloser Form«[1]. Aufsätze stellen das Ergebnis gedanklicher Arbeit in einer ansprechenden Art und in einer bestimmten Verbindlichkeit vor. Der Schwerpunkt der Aufsatzarbeit der Sekundarstufe II liegt bei der Analyse von Texten, der Interpretation poetischer Texte, der Problemerörterung und der literarischen Erörterung. In schriftlicher Form wird weiter die Facharbeit und manchmal auch das Referat eingeführt. Obwohl die verschiedenen Aufsatzformen unterschiedliche Arbeitsweisen verlangen, stellen sie vergleichbare Grundanforderungen, die hier zusammengefaßt werden.

Die Arbeitsschritte im Überblick

1. Erschließung des Themas: Der erste und wesentliche Schritt in der Fertigung eines Aufsatzes ist die genaue Auseinandersetzung mit der Formulierung des Themas. Wir fragen nach seinem Sinn und Anliegen und lösen es in eine präzise Frage dort auf, wo es nur eine Scheinfrage oder verdeckte Fragestellung enthält. Dazu bedienen wir uns der *Schlüsselfragen,* die die Leitgedanken oder tragenden Begriffe aufspüren, herausstellen und uns somit helfen, das Thema aufzuschließen. Hierher gehören weiter Worterklärungen (Definitionen der Wort- und Sachbedeutung nach), Ableitungen (Etymologien), Ober- und Unterbegriffe, Wortzusammensetzungen, Redensarten und Abgrenzungen zu verwandten und entgegengesetzten Begriffen.

Besonders wichtig werden diese Vorüberlegungen, die gar nicht ausführlich genug angestellt werden können, bei Zitat-Themen, die häufig das Gemeinte in Zuspitzungen, Umschreibungen und Bildern mehr verhüllen als offen zutage treten lassen.

2. Stoffsammlung: Jedes Thema, ganz gleich, ob es von uns die Darstellung von Sachverhalten, eine Entscheidung unseres Geschmackes oder eine Wertung verlangt, erfordert zunächst eine Auseinandersetzung mit der Sache selbst. Nur wer die klaren Sachverhalte kennt, vermag zu urteilen; nur wer über genügend sachliche Argumente verfügt, kann seine Entscheidung anschaulich darlegen und vertreten. So führen die *Sachfragen* den Weg der Schlüsselfragen fort und helfen uns, ausreichenden Stoff zu finden. Sie lassen sich meist in der Form der W-Fragen stellen: wer? was? wie? wann? wo? (immer bezogen auf die Sache selbst) und warum? wozu? woraus? wofür? (bezogen auf Grund, Zweck, Nutzen, Bedeutung, Wert und Beziehung). Die erhaltenen Antworten notieren wir nach der Reihenfolge der Einfälle in Stichworten oder kurzen Sätzen untereinander und schreiben – wo es möglich ist – gleich auch anschauliche Beispiele dahinter, die wir für die Darstellung benötigen.

---

[1] Gero von Wilpert: Sachwörterbuch der Literatur. Stuttgart: Kröner [7]1989, S. 62.

3. Gedankliche Ordnung: Die Fülle der gefundenen Gedanken und die vorläufig noch willkürliche Reihenfolge verlangen eine Raffung und Zusammenfassung. Wir fragen uns, was gedanklich zusammengehört, auf einander bezogen ist, und suchen für diese mit gleichen Buchstaben oder Ziffern zu kennzeichnenden Einfälle, die wir zu einem Gedanken-Schema ebenfalls untereinander schreiben, übergeordnete Gesichtspunkte, z. B. These – Antithese, Pro – Contra, Vorteil – Nachteil, Grund – Folge u. ä.

Dabei wird sich herausstellen, daß einzelne Nummern sehr dürftig, andere recht zahlreich besetzt sind, dritte sich gar nicht einordnen lassen. Hier gilt es nun, zu ergänzen und auszuscheiden.

Nach einiger Übung kann bei übersichtlichen Themen der Stoff gleich unter solchen Gesichtspunkten gesammelt werden. Wir steuern dadurch das Auffinden von Gedanken, lernen Sachverhalte von verschiedenen Seiten betrachten, entwickeln einen Gedanken logisch (kausal) aus dem anderen, übersehen nichts und sparen Zeit.

4. Gliederung: Die gedankliche Ordnung ist häufig noch nicht geeignet, einen Plan für die Ausführung unseres Aufsatzes zu liefern. Sie dient ja nur einer ersten, formalen Zusammenfassung. Deshalb betrachten wir jetzt noch einmal das Anliegen des Themas (besonders seine Einengung) und prüfen, welche Gesichtspunkte der geordneten Stoffmenge besonders wichtig sind und welche wegbleiben können. Dann skizzieren wir unseren Plan, indem wir überlegen:

a) Womit beginnen wir den Hauptteil?
   (Bei der Sache selbst, beim Nächstliegenden, Äußerlichen, weniger Wichtigen, Einfachen.)

b) Wohin steuern wir?
   (Zum eigentlichen Hauptproblem, zum Entfernteren, Schwierigeren, Inneren, zur Vertiefung.)

c) Zu welchem Teil haben wir eine besondere Beziehung?
   (Worüber wissen wir gut, worüber weniger Bescheid? – Was liegt uns mehr? – Wo können wir auf eigene Erfahrungen zurückgreifen oder Erlebnisse sprechen lassen?)

d) Was verlangt der Leser?
   (Er muß folgen können, nach Möglichkeit überzeugt und in der notwendigen geistigen Spannung gehalten werden.)

e) Welche Gedanken bieten sich für die Einleitung an, die das Thema vorbereiten und zu ihm hinführen soll, welche für den Schluß, der den Aufsatz abrundet oder Ausblicke gibt?

Indem so auf Steigerungen geachtet wird, folgt die Gliederung (im Sinne der »Planskizze«) mehr psychologischen Überlegungen und wahrt das gebotene Spannungsgefälle. Sie ist also notwendig zur Markierung des Weges, den wir bei der Niederschrift begehen wollen und nicht verlieren dürfen. Trotzdem stellt auch sie kein starres Schema dar, in das wir unseren Aufsatz pressen. Die Gliederung soll locker und beweglich bleiben, so daß wir sie immer noch umstoßen können, wenn sich während des Schreibens neue Gesichtspunkte einstellen oder bessere Möglichkeiten zur Verknüpfung ergeben. Daß sich – je nach Thema – öfter auch die streng logische Gliederung empfiehlt, braucht wohl nicht besonders betont zu werden.

In: Jakob Lehmann/Hermann Glaser: Arbeitshefte zum Oberstufenaufsatz. Heft 3. Frankfurt/M.: Diesterweg [13]1975, S. 96 ff.

Gliederungsschemata für einsträngig angelegte Erörterungen:

A. Einleitung	1 Einleitung
B. Hauptteil	2 Hauptteil
I. Erste These	2.1 Erste These
Argument 1	2.1.1 Argument 1
Argument 2	2.1.2 Argument 2
II. Zweite These	2.2 Zweite These
Argument 1	2.2.1 Argument 1
Argument 2	2.2.2 Argument 2
III. Dritte These	2.3 Dritte These
Argument 1	2.3.1 Argument 1
Argument 2	2.3.2 Argument 2
C. Schluß	3 Schluß

Gliederungsschemata für dialektisch angelegte Erörterungen:

A. Einleitung	1 Einleitung
B. Hauptteil	2 Hauptteil
I. Erste These: Pro	2.1 Erste These: Pro
Argument 1	2.1.1 Argument 1
Argument 2	2.1.2 Argument 2
II. Zweite These: Contra	2.2 Zweite These: Contra
Argument 1	2.2.1 Argument 1
Argument 2	2.2.2 Argument 2
III. Abwägende Stellungnahme	2.3 Abwägende Stellungnahme (Synthese)
(Synthese)	3 Schluß
C. Schluß	

A. Einleitung
B. Hauptteil
  I.   Erste These: Pro ⟶   II. Zweite These: Contra

     Argument 1 ⟵   Argument 1
     Argument 2 ⟵   ⟶ Argument 2
  III. Abwägende Stellungnahme
     (Synthese)
C. Schluß

Einleitung und Schluß: Besondere Sorgfalt muß man der Einleitung und dem Schluß zuwenden. Die Einleitung hat die Aufgabe, zum Schwerpunkt des Themas hinzuführen; sie darf Argumente des Hauptteils ebensowenig vorwegnehmen wie abschließende Beurteilungen, die in den Schlußteil gehören.

Folgende Gestaltungsmöglichkeiten sind für die Einleitung denkbar:
– Begriffsdefinition
– Hinweis auf die Relevanz des zu erörternden Problems durch Darstellung aktueller Zusammenhänge und Ereignisse
– Einordnung der Thematik in historische Zusammenhänge
– Formulierung persönlicher Erfahrungen im Themenzusammenhang
– Rahmenerzählung erster Teil

Abgeschlossen werden kann ein Aufsatz durch folgende Überlegungen:
– Zusammenfassung der zentralen Aspekte des Hauptteils
– Zustimmung oder Ablehnung
– Vermittlungsvorschlag
– Appell
– Weiterführung des Themas
– Rahmenerzählung zweiter Teil

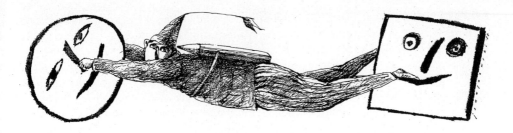

Ausführung eines Aufsatzes: Die *Reinschrift* hält sich möglichst an den in der Gliederung festgelegten Gedankenablauf. Wenn Änderungen erforderlich sind, müssen diese auch dort vorgenommen werden. Im übrigen kommt es jetzt darauf an, die *Gedankenbewegung* folgerichtig, überzeugend, durchschaubar, klar und übersichtlich zu gestalten.

Die auf Überzeugungskraft angelegte, einleuchtende *Beweisführung* erfordert die Beherrschung der *Argumentation*: ohne sie würde die flüssigste Darstellung bestenfalls ein Beispiel für Überredung. Eine logisch stichhaltige Beweisführung kann sich verschiedener Mittel bedienen: Sie argumentiert

a) mit Hilfe von unwiderlegbaren *Tatsachen* (auch Zahlen) und erhellenden *Beispielen*, die vom Leser angenommen werden können. Dabei ist zu beachten, daß *ein* Beispiel in der Regel nicht genügt; es könnte rein zufällig sein und leicht zurückgewiesen werden; ebenso muß überlegt werden, ob die geplanten Beispiele nicht nur eine augenblickliche, vorübergehend gültige Erscheinung darstellen, und ob sie jederzeit eine Kontrolle zulassen. Es gibt natürlich auch Beispiele, die nur innerhalb einer Gruppe als Stütze der Argumentation anerkannt werden. Wenn man sich solcher bedienen will, sollte man sich dessen bewußt sein, dies u. U. sogar erkennbar machen. Eine Einbeziehung und Zurückweisung eventueller Gegenbeispiele kann die eigene Haltung dabei überzeugender gestalten. Stets ist zwischen *These, Behauptung* (»unbewiesener Meinung«), *Argument und Beispiel* zu unterscheiden.

b) durch *logische Folgerungen und Ableitungen* (z. B. kausale Verknüpfungen: daher, infolgedessen usw.);

c) durch *Ableitungen aus Definitionen*, wobei die Darlegung der Definition vorausgeht;

d) durch *Zitieren einer Autorität*, vorausgesetzt, daß es sich um einen wirklich anerkannten »Sachverständigen« handelt und die Aussage richtig (wenigstens sinngemäß) wiedergegeben werden kann.

Als ein mögliches Schema für den Aufbau einer Argumentation nennt G. Wolff (Der Deutschunterricht 1974/1, S. 88):

.... Argumentation ....

Thesen ⟶ Argument ⟶ Beweis ⟶ Beispiel

....

Weil-Stufe   Denn-Stufe   Wie-Stufen
abstrakt   konkret

⟵   ⟶

Urteile und Schlüsse sollen aber nicht nur auf anerkannten logischen Prinzipien beruhen, sie müssen auch so formuliert sein, daß sie *syntaktisch richtig* sind und daß die Gedankenfolge für den Leser *nachvollziehbar* ist. Wer Gedankensprünge, Lücken, Widersprüche, unverständliche Andeutungen, unklare Verknüpfungen und Beziehungen vermeidet, wird diesen Forderungen gerecht. Er kann darüber hinaus sich selbst die Zeit sparen und dem Leser die Übersicht erleichtern, wenn er wichtige Teile exemplarisch ausführlich, unwesentliche knapper darstellt (»Brücke-Insel-System«, Bohusch), klare, aber nicht zu weitschweifig angelegte *Überleitungen* (Wiederaufnahme von Stichworten, Gemeinsames und Trennendes, Überblick über Konsequenzen, anreihende Formen usw.) formuliert und seine Gedanken folgerichtig (kausale Verknüpfungen, »Folgeausdrücke« wie: also, demnach, daher!) auseinander entwickelt.

Auch *Übersichtlichkeit* läßt sich auf diese Weise gewinnen. Sie wird unterstützt, wenn die Darstellung entsprechend der Gliederung in nicht allzu lange Abschnitte (»Je länger der Absatz, um so größer der Stiefel« bemerkt K. Kraus einmal) unterteilt ist. Am Anfang eines neuen Abschnitts, der eindeutig eine neue Gedankenrichtung einschlägt, ist keine Überleitung nötig. Ebenso wie dem Leser Übersichtlichkeit die Lektüre erleichtert, bedeutet für ihn *Anschaulichkeit* eine Lesehilfe. Sie wird vor allem über Beispiele erreicht, aber auch Vergleiche, Umsetzung von abstrakten Ausdrücken in konkrete Sprache, Wechsel im Satzbau usw. sind notwendige Mittel, während abgegriffene Redensarten, Übertreibungen, stereotype Wendungen usw., vor allem aber Inhaltslosigkeit, leere Behauptungen und Widersprüche Langeweile hervorrufen.

In: Deutsch. Verstehen – Sprechen – Schreiben. Hg. v. Hermann Stadler. Frankfurt/M.: Fischer [4]1979, S. 178 f.

Untersuchen Sie Texte in Hinblick auf ihre Argumentationsstruktur. Im ersten Teil dieses Buches bieten sich hierfür besonders an: Friedrich Dürrenmatt »Theaterprobleme« (S. 39 f.) und »Das Theater als moralische Anstalt heute« (S. 40 ff.), Karl Jaspers »Die Leistung der Sprache« (S. 43 f.) und das Beispiel für eine Diskussion (S. 57 ff.).

2. Facharbeit

Unter Facharbeit versteht man die selbständige Bearbeitung eines überschaubaren Problems nach den Grundsätzen der jeweiligen Fachwissenschaft. Die Facharbeit verlangt eine neue Art der Konzentration auf den Stoff. Als ihre Vorstufe können zum einen die Erörterung und die Definition, zum anderen das Referat angesehen werden. Zu beachten ist, daß neben dem Inhaltlichen das Formale nicht zu kurz kommt, denn es fließt in die Bewertung mit ein. Als formale Anforderungen sind anzusehen
– Aufbau und Methode,
– Gedankenführung und Argumentation,
– Sprachverwendung (Wortschatz, Ausdrucksweise, Satzbau, Stil).
Im folgenden werden einige Hinweise zum Vorgehen bei der Facharbeit gegeben.

Vorgehensweise

1. Vorüberlegungen
- Wahl des Themas, Thema mit Lehrer absprechen, um Erläuterungen bitten, gegebenenfalls rückfragen, denn die Anforderungen, Erwartungen des Lehrers müssen klar sein, Themenformulierung und Themenbegriffe klären
- Aufstellen eines Arbeitsplans
2. Materialsuche, Materialaufbereitung
- Literatur zum Thema suchen, überprüfen, ausleihen; Art des Vorgehens klären: Sind evtl. Interviews, Umfragen nötig? Müssen andere Medien berücksichtigt werden? Welche Versuche müssen durchgeführt werden? Welche Materialien werden dazu benötigt?
- Literaturkartei anlegen
- Exzerpieren/Versuchsphase
- Nochmals überprüfen: Sind alle wesentlichen Bücher und Aufsätze (auch Neuerscheinungen) zum Thema erfaßt?
- Materialordnung: allmähliche Erstellung einer Gliederung, Gliederung mit Lehrer besprechen, evtl. umarbeiten
3. Materialbearbeitung
- Facharbeit aufsetzen: Besonderen Wert auf logische Abfolge der Gedanken und auf Einleitung und Schluß legen, eventuelle Probleme mit Lehrer absprechen
4. Manuskriptgestaltung
- Arbeit stilistisch überarbeiten
- Arbeit tippen bzw. erfassen
- Arbeit mehrere Male (auch laut!) lesen.
- Endgültige Gliederung (Inhaltsverzeichnis), Literaturliste (nur tatsächlich verwendete Literatur angeben, dabei auf Karteikarten zurückgreifen) und weitere Teile (vgl. Manuskriptgestaltung, S. 17) erstellen
5. Überprüfung
- Zitate und Quellenangaben überprüfen, Abkürzungen vereinheitlichen
- Arbeit erneut wiederholt durchlesen und termingerecht abgeben

Planmäßiges Sammeln von Literatur:
1. Allgemeine Vororientierung: Als erstes sollte man den Lehrer fragen und allgemeine Lexika konsultieren:
Großlexika: Brockhaus, Meyer, Encyclopaedia Britannica
Fachlexika: Rowohlts Lexikon der Weltarchitektur, Römpps Chemielexikon, Knaurs Musiklexikon, Kindlers Literatur- und Malereilexikon
In diesen Werken findet man oft weiterführende Literatur, die ihrerseits wiederum bei der Auffindung anderer Materialien hilft.
2. Arbeit in der Bibliothek – aus der Bibliothek entleihen:
Erste Anlaufstelle ist die Schulbibliothek, weitergehend die öffentlichen Bibliotheken der Stadt, daneben spezielle Bibliotheken am Ort (z. B. fremdsprachliche Institute). Zu beachten ist, daß Bibliotheken keine Sofortausleihe haben und Wartezeiten bei der Zeitplanung mit eingerechnet werden müssen oder daß Bibliotheken Präsenzbibliotheken sind, deren Bestände nur in der Bibliothek selbst benutzt werden dürfen. Wichtige Handbücher, Nachschlagewerke, neuere Zeitschriften finden sich im Lesesaal größerer Bibliotheken und können nur dort eingesehen werden.
Um zu einer besseren Orientierung in einer der größeren Bibliotheken zu kommen, bietet sich an, an einer der Führungen, die regelmäßig stattfinden, teilzunehmen.
3. Zeitschriftenaufsätze berücksichtigen: Zeitschriftenbibliographien sollten konsultiert, die letzten Nummern einschlägiger Fachzeitschriften nach verwertbarem Material durchforscht werden.

Katalogbenutzung: Man unterscheidet einen Verfasserkatalog (Literatur ist nach dem Nachnamen des Verfassers alphabetisch geordnet) und einen Stichwortkatalog (erfaßt ist hier die Literatur, die zu einem bestimmten Stichwort, z. B. ›Emanzipation‹, ›Eisenbahn‹, erschienen ist). Anhand dieser Kataloge erstellt man eine eigene Kartei zu dem gegebenen Thema nach folgendem Schema:

1. Vor- und Zuname des Verfassers bzw. Herausgebers
2. Titel des Werkes
3. Namen eines neben dem Verfasser genannten Herausgebers, Übersetzers usw.
4. Bandangabe gegebenenfalls mit nachgestelltem Reihen- oder Serientitel
6. Erscheinungsort, Verlag, Erscheinungsjahr (bei fehlender Orts- oder Zeitangabe schreibt man o. O. oder o. J.), Auflage (Hochzahl vor Erscheinungsjahr)

Helmut Koopmann: Friedrich Schiller. Bd. 1: 1759-1794. Stuttgart: Metzler ^{2}1977.
Johann Wolfgang Goethe: Schriften zur Naturwissenschaft. Auswahl. Hg. v. Michael Böhler. Stuttgart: Reclam 1977.

Die Bibliographie einer Quelle, die in einem Sammelwerk steht, sieht wie folgt aus:

1. Vor- und Zuname des Verfassers
2. Titel des Aufsatzes, Buchkapitels o. ä.
3. Titel der Zeitschrift, Anthologie, Monographie, des Sammelwerks
4. Herausgeber
5. Serie oder Folge
6. Band- oder Jahrgangsnummer, bei Zeitungen Nummer der Ausgabe
7. Erscheinungsort, Verlag, Erscheinungsjahr, bei Zeitschriften in Klammern nur das Erscheinungsjahr, bei Zeitungen das genaue Erscheinungsdatum
8. Seitenangabe

Johann Wolfgang Goethe: Über den Granit. In: ders.: Schriften zur Naturwissenschaft. Auswahl. Hg. v. Michael Böhler. Stuttgart: Reclam 1977.

Jochen Vogt: Goethe aus der Ferne. In: Johann Wolfgang von Goethe. Sonderband aus der Reihe TEXT + KRITIK. Hg. v. Heinz Ludwig Arnold. München: edition text + kritik 1982, S. 5 ff.
Jörg Drews: Nun aber entwickelt sich's! Neue Goethe-Ausgaben und neue Literatur über Goethe. In: Süddeutsche Zeitung 195 (24./25. 8. 1991), S. 132.

Für die Interpunktion zwischen den einzelnen Angaben gibt es unterschiedliche Konventionen. Es sollte darauf geachtet werden, innerhalb einer Arbeit einheitlich zu verfahren. Bei alphabetischer Ordnung des Literaturverzeichnisses kommt der Nachname des Verfassers oder Herausgebers vor dem Vornamen. Die wichtigsten Abkürzungen bei Literaturangaben sind: a. a. O. (am angegebenen Ort), Abh. (Abhandlung), Anm. (Anmerkung), Aufl. (Auflage), Bd./Bde. (Band/Bände), Bl. (Blatt), Diss. (Dissertation), Hrsg./Hg. (Herausgeber), hrsg./hg. (herausgegeben), Jg. (Jahrgang), ders./dies. (derselbe/dieselbe), Slg. (Sammlung), vgl. (vergleiche), Zs. (Zeitschrift), o. O. (ohne Ort), o. J. (ohne Jahr), l. c. (loco citato = an der zitierten Stelle), f. (folgende Seite), ff. (folgende Seiten), ebd. (ebenda).

Materialablage: Folgende Möglichkeiten bieten sich an:
Karteiablage: Für bibliographische Aufzeichnungen bieten sich Karteikarten im Format DIN A7, für längere Aufzeichnungen DIN A6 oder gar DIN A5 an. Die Auffindbarkeit bestimmter Materialien kann durch optische Aufgliederung (Karten verschiedener Farbe, alphabetische Gliederung, Aufsteckreiter) verbessert werden.
Aktenordner DIN A4: Sie sind besonders günstig, wenn viel fotokopiertes Material abgelegt werden soll.
Computergestützte Datenträger: Hierdurch wird der Zugriff auf einzelne Materialien erleichtert. Die unterschiedlichen

Möglichkeiten dieser Ablageform werden durch das gewählte Programm bestimmt.

Arbeit mit der Fachliteratur: Es ist zu erwarten, daß sich zu den meisten Themen Literatur in Fülle finden läßt. Um sich in dieser Fülle nicht zu verlieren, sollte man sich anhand eines oder mehrerer einschlägiger Lexika eine Grundgliederung erstellen, die die Arbeit mit der Sekundärliteratur leitet, die aber jederzeit modifiziert wird.

Selten wird man ein Fachbuch von der ersten bis zur letzten Seite lesen. In den meisten Fällen interessieren bestimmte Stellen, auf die man mit Hilfe der Inhaltsverzeichnisse, der Einleitung und des Personen- und Sachregisters stößt. Diese Stellen wird man zunächst »überfliegen«, um festzustellen, inwieweit sie für ein Thema interessant sind.

Bei der ersten intensiven Lektüre eines Textes der Fachliteratur sollte darauf geachtet werden, daß alle Fachbegriffe verstanden sind. Unbekannte Begriffe sollten sofort nachgeschlagen und die Erklärungen auf gesonderten Karteikarten notiert werden. Im Anschluß wird ein Exzerpt, d. h. ein wörtlicher Auszug aus dem bearbeiteten Text, erstellt. Bereits im Exzerpt sollte in Hinblick auf späteres Zitieren auf größte Genauigkeit, auch in bezug auf Zeichensetzung, Hervorhebungen, Rechtschreibung etc., geachtet werden. Neben wörtlichen Auszügen können Passagen, die für die eigenen Zwecke nicht so wichtig sind, als Paraphrase übernommen werden.

Versuche in naturwissenschaftlichen Fächern: Facharbeiten in naturwissenschaftlichen Fächern sind häufig experimentelle Arbeiten. Folgende Aspekte sollten bei einer solchen Facharbeit beachtet werden:

1. Beschreibung der Zusammenhänge, in denen der Versuch steht
2. Beschreibung der Versuchsanordnung
3. Beschreibung des Versuchsablaufs aufgrund der Protokolle oder Tabellen, die während des Versuchs geführt bzw. angelegt wurden
4. Darstellung des Ergebnisses der Einzelversuche sowie Zusammenfassung der Versuchsreihe (mit Hilfe eines Schaubilds, einer Tabelle, einer Statistik, eines Diagramms)
5. Interpretation der Versuchsreihe im Rahmen des Themas

Während der Phase der Materialsuche und -aufbereitung sollte man immer das Thema in Augen behalten und das Gefundene einzelnen Stichwörtern zuordnen, die wiederum zu anderen Stichwörtern ins Verhältnis gesetzt werden. So wird es gelingen, den noch ungeordneten Stichpunkten eine erste und allmählich bessere Struktur zu geben, die man im Laufe der Arbeit zu einer sinnvollen Gliederung gestalten kann. Bei einem solchen Verfahren wird man feststellen, ob für einzelne Teilbereiche noch Informationen notwendig sind. Formal gelten für die Gliederung die gleichen Gesichtspunkte wie für andere Aufsätze (vgl. auch S. 10): gleiche Punkte müssen gleich gewichtet sein, ein übergeordneter Punkt verlangt immer zwei oder mehrere untergeordnete Punkte, die Formulierung der Punkte erfolgt in Stichpunkten oder Sätzen. Der Hauptteil experimenteller Arbeiten in naturwissenschaftlichen Fächern sollte folgende Elemente enthalten:

1   Wie erscheint die Themaproblematik in der Fachliteratur?
2   Bedingungen und Umfeld der Untersuchungen
2.1 Das Untersuchungsobjekt, das Material
2.2 Die vorgesehenen Untersuchungsmethoden
2.3 Der Versuchsaufbau
2.4 Abfolge von Tests und Testreihen
3   Die Durchführung der Experimente
     Bei Experimentreihen wird man jeweils einen Versuch vorstellen und an ihm exemplarisch erläutern, um was es geht. Bei der Beschreibung der Versuche wird man sich auf Versuchsprotokolle stützen, die den Ablauf eines Versuchs in seinen wichtigsten Stadien präzise festhalten.
4   Die erzielten Ergebnisse
4.1 Teilergebnisse
4.2 Das Gesamtergebnis
5   Das Ergebnis als »neuer Ansatz«
5.1 Konfrontation des erzielten Ergebnisses mit der unter 1 vorgestellten Fachliteratur
5.2 Die sich ergebenden Folgerungen
5.3 Kritische Erörterung der erzielten Ergebnisse/zusammenfassende Würdigung
5.4 Mögliche neue Ansätze für weitere Untersuchungen
6   Materialanhang
     In einem eigenen Materialteil sollten Tabellen, Versuchsprotokolle, Abbildungen, grafische Darstellungen, Diagramme usw. mitgegeben werden. Dabei sollte man darauf achten, daß diese Materialien durchnumeriert werden und eindeutig identifizierbar sind.
7   Literaturverzeichnis
     Auch für eine naturwissenschaftliche Arbeit wird man Fachliteratur benutzen. Selbst wenn man recht selbständige Felduntersuchungen durchführt, sollte man zumindest die vorgesehene Methode fachwissenschaftlich absichern und sich mit einschlägiger Fachliteratur auseinandersetzen.
8   Verzeichnis der Hilfsmittel
     Ein solches Verzeichnis ist nicht unbedingt erforderlich, doch kann es nicht schaden, wenn man in bestimmten Fällen diejenigen Geräte, Meßinstrumente und dergleichen aufführt, deren man sich bediente. So kann z. B. die Genauigkeit von Meßergebnissen sehr wohl von den verwendeten Geräten abhängig sein.

In: Friedel Schardt/Bettina Schardt: Referat und Facharbeit. 8.-13. Schuljahr. Hannover: Schroedel 1991, S. 53.

Text formulieren: Im Anschluß wird der eigentliche Text der Facharbeit sprachlich angemessen formuliert, indem das gefundene Material durch die eigene Argumentation in einen logischen Zusammenhang gebracht wird. Bei der Formulierung muß besonderes Augenmerk auf korrektes Zitieren gelegt werden. Der übernommene Text muß dem Originaltext genau entsprechen. Veränderungen werden in Klammern, Auslassungen durch Punkte in Klammern angegeben. Kürzere Zitate stehen in Anführungszeichen, enthält ein Zitat ein weiteres Zitat, so steht dieses in halben Anführungszeichen. Längere Zitate werden später drei Anschläge eingerückt und engzeilig getippt. Durch diese Hervorhebung werden Anführungsstriche überflüssig.

Anmerkungen, Fußnoten: Fußnoten werden durch Hochzahlen gekennzeichnet. Wenn sich die Fußnote auf ein einzelnes Wort bezieht, so steht die Hochzahl direkt hinter diesem Wort und vor einem möglicherweise folgenden Satzzeichen; bezieht sie sich auf einen Satz oder einen mit Satzzeichen abgeschlossenen Teilsatz, so steht die Hochzahl hinter diesem Teilsatz.

Fußnoten kann man entweder seitenweise (erspart dem Leser das Blättern) kapitelweise oder, durch die ganze Arbeit durchgezählt, ans Ende stellen (technisch am leichtesten zu lösen). Bei seitenweiser Zählung werden Fußnoten unter einer Linie, die etwa über ein Drittel der Seite geht, engzeilig getippt aufgeführt. Fußnoten können zwei Funktionen erfüllen:

1. Literaturangaben von Zitaten
2. gedankliche Ergänzungen zum Text, die sich nicht vollständig in den Gedankengang integrieren = Anmerkungen

Der Duden schlägt vor, in die Fußnoten nur die Anmerkungen aufzunehmen, Literaturverweise in Zusammenhang mit der Literaturliste als Kurzbelege in den laufenden Text einzuarbeiten. Bei einem Kurzbeleg sollte in Klammern genannt werden:

1. Nachname des Verfassers oder Herausgebers
2. Kurzfassung des Titels, bei mehrbändigen Werken die Bandangabe oder die Jahreszahl
3. Fundstelle
   Z. B.: Koopmann: Schiller 1, 20.

Bei naturwissenschaftlichen Arbeiten z. B. oder bei Arbeiten aus der Linguistik kann das Erscheinungsjahr eine Rolle spielen und an Stelle des Kurztitels treten. Mehrere Veröffentlichungen eines Verfassers aus einem Jahr werden durch a, b, c unterschieden (Polenz 1972a, S. 23). Bei dieser Art der Literaturangabe kann man auch versuchen, die Angabe direkt in den Textfluß zu integrieren, z. B. »Wie Polenz (1972 a, S. 23) darlegt ...«

Für kürzere Arbeiten, wie die Facharbeit, ist dieses Verfahren sicherlich sehr sinnvoll, bei längeren Arbeiten kann es jedoch zweckmäßiger sein, auch Literaturangaben in die Fußnoten aufzunehmen. Dann muß die erste Nennung der Bibliographie vollständig aufgeführt werden; folgt direkt eine zweite Nennung, kann man die Abkürzung »ebd.« mit Seitenangabe wählen. Folgen auf späteren Seiten weitere Nennungen, gibt man den Nachnamen des Verfassers an und fügt »a. a. O.«, evtl. mit Jahreszahl, mit Seitenangabe hinzu.

Manuskriptgestaltung: Eine Facharbeit wird in der Regel etwa 15 Schreibmaschinenseiten umfassen. Sie besteht aus folgenden Teilen:

1. Titelblatt mit Schulangabe, Kursangabe, Thema, Verfasser, Kursleiter, Bearbeitungszeit, Abgabetermin
2. Inhaltsverzeichnis
3. Einleitung: erläutert Fragestellung, Darstellung der eigenen Ansprüche, Ziel der Arbeit, Begriffsverwendung
4. Durchführungsteil
5. Schlußteil: faßt Ergebnisse zusammen
6. Anhang: evtl. Abkürzungsverzeichnis, Materialteil, Materialverzeichnis
7. Literaturverzeichnis: entweder alphabetisch alle verwendeten Titel oder folgendes Gliederungsschema: Quellenbände/Primärliteratur, Sekundärliteratur, Zeitschriften
8. Erklärung, daß die Arbeit selbständig und ohne fremde Hilfe verfaßt wurde und keine anderen als die angegebenen Hilfsmittel verwendet wurden

Form: Blattbeschriftung: einseitig, anderthalbfacher Zeilenabstand, linker Rand 5 cm (für Korrekturen), oberer, unterer und rechter Rand 2,5 cm, Absätze durch Leerschaltung auseinanderrücken, erste Zeile fünf Anschläge nach rechts

Seitenzählung: 1,5 cm von oben Seitenzahl zentriert, Titelblatt und Inhaltsverzeichnis nicht mitzählen

Bücher zum Thema wissenschaftliches Arbeiten:

Klaus Poenicke: Duden. Die schriftliche Arbeit. Mannheim/Wien/Zürich: Dudenverlag [2]1977.

Georg Bangen: Die schriftliche Form germanistischer Arbeiten. Stuttgart: Metzler [9]1990.

Kurt Rothmann (Hg.): Anleitung zur Abfassung literaturwissenschaftlicher Arbeiten. Stuttgart: Reclam 1973.

Friedel Schardt/Bettina Schardt: Referat und Facharbeit. 8.-13. Schuljahr. Hannover: Schroedel 1991.

Schuljahr 1990/91

Klenze-Gymnasium
München

Facharbeit zum Thema

Dünnschichtchromatographische Trennung von Blattfarbstoffen und photometrische Untersuchung der Farbstoffkomponenten

Kurs:
Kursleiter:
Verfasser:
Abgabetermin:

Chemie C20
Herr StD Kittel
Andreas Danzer
1. Februar 1991

Note:

Punktzahl:

Unterschrift des Kursleiters

II. SCHRIFTLICHER SPRACHGEBRAUCH: DRAMA

Drama ist ein griechisches Wort und wird mit »Handlung, Schauspiel, Bühnenstück« übersetzt. Auch Theater kommt aus dem Griechischen. Es ist abgeleitet von dem Verb theasthai »schauen«. Das Substantiv theatron kann mit »Schauplatz, Zuschauermenge, Schaubühne, Schauspielhaus«, aber auch mit »Schauspiel« übersetzt werden.

Dionysostheater unterhalb der Akropolis von Athen. Hinter dem halbkreisförmigen Tanzplatz (orchéstra) die Bühne (skené).

Aus dem Griechischen stammen schließlich Bezeichnungen für den Schauspieler (Mime), für technische Einrichtungen (Szene), für Arten des dramatischen Sprechens (Monolog, Dialog) und für besondere Formen des Schauspiels (Tragödie, Komödie). All das zeigt, daß das europäische Drama und das europäische Theater im antiken Griechenland ihren Ursprung haben.

Das griechische Drama entwickelte sich aus Kulthandlungen. Noch in der klassischen perikleischen Zeit werden die Tragödien anläßlich religiöser Feste geschrieben und aufgeführt. Von drei Autoren sind Tragödien überliefert, die zum Teil heute noch gespielt werden.
– Aischylos (525-455 v. Chr.): »Orestie«, »Perser« u. a.

– Sophokles (496-406 v. Chr.): »König Ödipus«, »Antigone« u. a.
– Euripides (480-407 v. Chr.): »Iphigenie bei den Tauriern«, »Medea« u. a.

Der heute bekannteste und meistgespielte altgriechische Komödiendichter ist Aristophanes (445-385 v. Chr.).
Der Philosoph Aristoteles (384-322 v. Chr.) hat aus der Kenntnis dieser Dramen eine Poetik geschrieben, in der er theoretisch zu fassen sucht, was zu einem guten Drama – ob Tragödie oder Komödie – gehört.
Auch die Römer schrieben, spielten und sahen Tragödien und Komödien, betrachteten sich aber als Nachfolger der Griechen und schufen eine eigene Theaterkultur.
Im Mittelalter entwickelten sich in den verschiedenen europäischen Ländern durchaus eigene Formen von Schauspiel und Theater. Als aber die Diskussion, was ein gutes Drama sei, im Frankreich des 16. Jahrhunderts und im Deutschland des 17. Jahrhunderts wieder aufgenommen wurde, argumentierte man mit den griechischen Werken als vorbildhaften Beispielen und mit der Poetik des Aristoteles als Theorie. Die kritische Diskussion hatte Folgen für die gesamte weitere Entwicklung von Theaterpraxis und -theorie.
In Frankreich hatte Molière mit seinen Komödien Erfolg. Tragödien, die als mustergültig angesehen wurden, stammten von Corneille, Racine und Voltaire. Auf heutigen Theaterplänen ist von diesen hauptsächlich noch Molière anzutreffen.
In England hatten zur Zeit Elisabeth I. die auf der zeitgenössischen englischen Bühne (sog. Shakespeare-Bühne) gespielten Tragödien und Komödien des Schauspielers, Regisseurs und Theaterdichters William Shakespeare (1564-1616) eine eigenständige, von der griechischen Tradition unabhängige Dramenform etabliert. Noch heute gespielt und diskutiert werden u. a. die Dramen »Hamlet«, »Macbeth«, »König

Das Swan Theatre, in dem Shakespeares Truppe spielte.

Lear«, »Romeo und Julia«, und »Othello«.
In Deutschland entzündete sich zur Zeit der Aufklärung die Diskussion um Theater und Tragödie nicht aus reiner Disputierlust: Dem Theater sollte eine im weitesten Sinne erzieherische Funktion zukommen. Wunschtraum einiger Autoren und einiger engagierter Bürger war ein »Deutsches Nationaltheater«. Es wurde mancher Versuch unternommen, eine solche Institution zu gründen. Dabei knüpfte man nicht an die Geschichte des deutschen Dramas an. Weder das christliche Theater des Mittelalters mit seinen Passions-, Oster-, Weihnachts- und Krippenspielen noch das Schuldrama, besonders kultiviert durch die Jesuiten, weder das Humanistendrama noch die Schwänke des Hans Sachs (1494-1576) wurde für ausbaufähig befunden. Vielmehr spitzte sich die Diskussion auf die Frage zu, ob das französische oder das englische Dra-

Neubersche Wanderbühne in Nürnberg, um 1730.

ma eher als die zeitgerechte Weiterführung der griechischen Tradition anzusehen sei.

Gotthold Ephraim Lessing (1729-1781) war der herausragende Streiter in der Auseinandersetzung gegen Johann Christoph Gottsched (1700-1766), der sich für die Übernahme der französischen Tradition einsetzte (vgl. Colleg Deutsch 1). Er legte mit seinen literaturkritischen Schriften, aber mehr noch durch seine epochemachenden Dramen – die wichtigsten aus heutiger Sicht sind das Lustspiel »Minna von Barnhelm«, das bürgerliche Trauerspiel »Emilia Galotti« und das dramatische Gedicht »Nathan der Weise« – das Fundament für die Entfaltung des klassischen deutschen Dramas.

Johann Wolfgang Goethes Jugenddrama »Götz von Berlichingen« und Friedrich Schillers erstes Drama »Die Räuber« sind Ausdruck der Sturm-und-Drang-Bewegung. Als weitere Gipfelpunkte dramatischer Kunst gelten bis heute Schillers Dramen »Kabale und Liebe«, »Maria Stuart« und »Wallenstein«, Goethes »Egmont« und – vor allen anderen – sein »Faust« sowie Heinrich von Kleists »Der zerbrochene Krug« und »Prinz Friedrich von Homburg«.

Christian Dietrich Grabbe (1801-1836), Friedrich Hebbel (vgl. S. 302) und Georg Büchner (vgl. S. 248) werden aus heutiger Sicht als Wegbereiter des modernen Dramas angesehen. Gerhart Hauptmann (vgl. S. 301 f.) erregte Aufsehen, als er die Probleme der Zeit um die Jahrhundertwende naturalistisch auf die Bühne brachte. Bertolt Brecht (vgl. S. 36 f.) bestimmte um die Mitte des 20. Jahrhunderts die Diskussion und die Entwicklung des Dramas und seiner Realisierung im deutschsprachigen Theater.

Ivo Braak
Die Hauptformen des Dramas

Den folgenden Unterscheidungen liegen zum Teil inhaltliche, zum Teil aufführungspraktische Kriterien zugrunde:

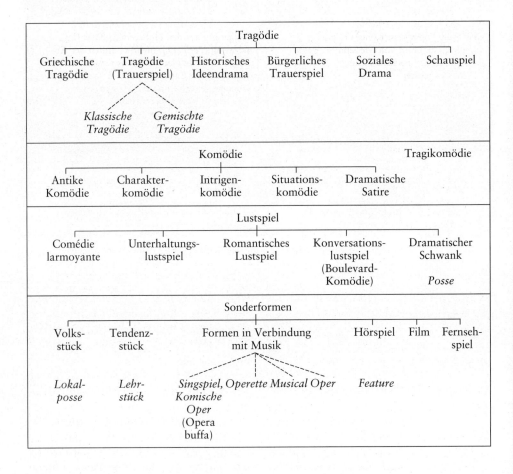

Hinsichtlich der Struktur unterscheidet man:

Einortdrama	Bewegungsdrama
Handlung auf einen Raum konzentriert; Unentrinnbarkeit; Stimmungslage der Beklemmung und Belastung	Handlung bewegt sich durch *viele* Räume, häufiger Schauplatzwechsel: lockere Handlungsführung und Ausweitung Parallelhandlungen möglich (z. B. Gloster-Handlung in Shakespeares König Lear); Figurenreichtum, Massenszenen

Enthüllungsdrama *(Analytisches Drama)*	Entfaltungsdrama *(Synthetisches Drama)*
Strukturbedingend: der *rückwärtige Bezie-hungspunkt* Stück beginnt, nachdem wesentliche Teile der Fabel bereits geschehen sind: Aufrollen der Fakten; in der Vergangenheit liegende Ursachen werden wirksam und erst in der Katastrophe voll erkannt und erlitten Beispiele: Sophokles, König Ödipus; Schiller, Die Braut von Messina; Kleist, Der zerbrochene Krug; Ibsen, Gespenster	Strukturbedingend: der *Zielpunkt* Stück beginnt nach kurzer Exposition und richtet sich auf ein zukünftiges Gelingen. Nur für das Zieldrama gilt das von Freytag aufgestellte Aufbauschema: *Exposition* (Situation und Atmosphäre), erregender Moment (Konflikt), Steigerung auf den Höhepunkt, dann Umschwung *(Peripetie)*, mehrere Stufen des Abstiegs (fallende Handlung) bis zur Katastrophe (dabei dürfen Exposition und Katastrophe niemals auf derselben Kurvenhöhe liegen!) Beispiel: Schiller, Wallenstein

Geschlossenes Drama	Offenes Drama
Ausschnitt als Ganzes Repräsentativer Ausschnitt, der in sich als ein geschlossenes Ganzes, Abgerundetes erscheint Einheit von Handlung, Raum und Zeit Einheitliches Konstruktionsschema, einer Entwicklung folgend Ausgewogenheit von Spiel und Gegenspiel, schlüssig geführte Handlung, zielstrebiger Dialog, ungebrochene Richtungsbewegung	Das Ganze in Ausschnitten Fragmentarisch (Fortsetzbarkeit möglich) Vielfalt von Handlung, Raum und Zeit Gleichwertiges reihend Unausgewogenheit; Gegenspieler des Helden keine Person, sondern die Welt in der Fülle ihrer Einzelerscheinungen. Handlungsführung: afinale Kreisbewegung; unerlöste Spannung; intensiv erlebte Augenblicke
Unselbständigkeit der Teile, Vorrang des Allgemeinen vor dem Zufälligen: Hierarchie	Selbständigkeit der Teile, Verschwinden eines Allgemeinen hinter dem Einzelnen: Nebenordnung, Reihung

In: Ivo Braak: Poetik in Stichworten. Kiel: Hirt [6]1980, S. 258 et passim.

1. *Bringen Sie die Dramentexte, die Sie bisher gelesen haben, mit in den Unterricht, und wenden Sie die angebotenen Unterscheidungsmerkmale an.*
2. *Informieren Sie sich über den Spielplan des nächstgelegenen Theaters, und ordnen Sie das Angebot nach literaturgeschichtlichen und nach – den hier vorgelegten – literaturwissenschaftlichen Kriterien.*
3. *Erörtern Sie, welchen Sinn diese Klassifikationen für den Dramaturgen, den Regisseur, den Schauspieler, den Zuschauer und den Kritiker haben.*
4. *Planen Sie einen gemeinsamen Theaterbesuch, eine Dramenbehandlung im Unterricht oder die kritische Diskussion einer Verfilmung.*
5. *Gestalterisches Schreiben: Versuchen Sie den Anfang – z.B. von E.T.A. Hoffmanns »Goldener Topf« (S. 213 ff.) – in Dialogform umzugestalten. Welche gestalterischen Veränderungen müssen Sie vornehmen?*

Die Figuren

Auf der Bühne verkörpern Schauspieler die vom Schriftsteller erdachten oder nach der Wirklichkeit gestalteten Personen. Diese werden Figuren oder Charaktere genannt. Im Personenverzeichnis werden vor dem Dramenakt diese Personen mit Namen, manchmal auch mit Angaben über Beruf oder soziale Stellung, aufgeführt. Dem Personenverzeichnis schließt sich oft eine Angabe über Ort und Zeit der dramatischen Handlung an. Folgende Unterscheidungen müssen beachtet werden:

Der Held: Die Haupt- oder Titelfigur eines Dramas (oder eines epischen Werkes) nennt man »Held« oder »Protagonist«. Der Begriff »Held«, der im weiteren Sinne auch den »Antihelden«, den »negativen Helden« und den »positiven Helden« umfaßt, bedeutet hier nicht eine Person, die sich durch tapferes Verhalten in einer schwierigen Lage auszeichnet und die deshalb Vorbild für andere werden könnte, sondern die *Figur*, deren Schicksal die Handlung des Dramas bestimmt.

Im klassischen Drama wird der Held nicht als einmaliges Individuum, sondern als überpersönlich-typische *Idealfigur* dargestellt. Schiller nennt ihn daher auch eine »idealistische Maske«. Der Held greift *aktiv* in das Geschehen ein und handelt nach einer Forderung Lessings nach kausalgesetzlichen Motivationen.

Fast immer gerät der Held des klassischen Dramas mit einer zweiten Hauptfigur in Konflikt, die als *Gegenspieler* oder »Antagonist« auftritt.

Um den Helden und seinen Gegenspieler gruppieren sich die *Nebenfiguren*, die jedoch für den Gang der Handlung durchaus wichtig sein können.

Der Antiheld: Im Drama des Realismus, insbesondere bei Büchner und Grabbe, wie auch im naturalistischen Theater treten die Idealisierungs- und Typisierungstendenzen der Klassik völlig zurück. Der Held wird hier in der Besonderheit seiner *einmaligen Individualität* gezeigt und ist daher mit unterschiedlichen, oft widersprüchlichen Charaktereigenschaften ausgestattet. Eine Typisierung ist höchstens noch dadurch gegeben, daß er als *Repräsentant einer Klasse, eines Standes* oder *einer Epoche* erscheint.

Der Antiheld wird mit den ihn umgebenden inhumanen Mächten der Zeit und Gesellschaft konfrontiert, die sich zu verselbständigen scheinen, ihn bedrohen und ängstigen und seiner Handlungsfreiheit berauben. Damit verkörpert der Antiheld den *macht- und sprachlosen Menschen* des 19. und 20. Jahrhunderts.

Im Gegensatz zum aktiv-handelnden Helden des klassischen Dramas agiert der Antiheld nicht mehr, sondern reagiert nur noch als *passiv Leidender* auf seine Umwelt.

Noch deutlicher als im Realismus und Naturalismus wird der Held im expressionistischen Drama zu einer Figur, die der Welt der Dinge hilflos ausgeliefert ist. Seit dem Expressionismus beherrscht der Antiheld das moderne Theater. Vor allem in der Zeit nach dem Zweiten Weltkrieg war er im Drama und in der Epik der westlichen Welt weit verbreitet. Der vollständige Bruch mit den bisherigen Vorstellungen über das Wesen des Helden aber vollzieht sich erst im absurden Theater, das das Prinzip der Identität und der Einheit der Charaktere völlig aufgibt. Die Verfremdung der vertrauten Umwelt ins Absurde kann hier bis zur grotesken Entmenschlichung der handelnden Figuren fortschreiten, wie etwa in Ionescos Dreiakter »Die Nashörner« (1959), in dem sich alle Einwohner einer Stadt bis auf einen in Nashörner verwandeln.

Der negative Held: Nicht zu verwechseln mit dem Antihelden ist der »negative Held«, der »Versager«, der nichts bewegt, sondern nur bewegt wird und an der Gesellschaft und ihren Normen, die er selbstzerstörerisch ablehnt, zugrundegeht. Als Beispiel für einen negativen Helden im Drama sei Brechts Galileo Galilei genannt (in der Epik: Goethes Werther, Bölls Hans Schnier in: »Ansichten eines Clowns«).

Der positive Held: Im Gegensatz zu den »zersetzenden« Dramen- und Romanfiguren der westlichen Literatur hat die Dichtung des *»Sozialistischen Realismus«* den »positiven Helden« hervorgebracht, der die Ziele und Normen der (sozialistischen) Gesellschaft bejaht. Er wird idealisierend als ein *Typ* dargestellt, der das *kommunistisch-revolutionäre Heldentum* verkörpert, wohingegen seine nichtkommunistischen Gegenspieler meist karikaturistisch überzeichnet werden.

Anders als der Antiheld oder der negative Held bewirkt der »positive Held« etwas für die Zukunft, indem er sich für die Interessen des Sozialismus einsetzt. Als Vertreter der »fortschrittlichen« proletarischen Klasse ist er im Gegensatz zum traditionellen Helden mit Schwächen und Fehlern behaftet, die ihn glaubwürdiger erscheinen lassen und leichter eine Identifikation des Zuschauers bzw. Lesers ermöglichen. Im Laufe der dramatischen Handlung jedoch entwickelt sich der positive Held. Er lebt beispielhaft seine Konflikte vor und überwindet schließlich seine Fehler.

Der dramatische Konflikt

Als »dramatische Handlung« bezeichnet man die Vorgänge, die sich vor den Augen des Zuschauers auf der Bühne abspielen und im Zuschauer *Spannung* erzeugen. Dabei unterscheidet man die für den Ausgang des Dramas entscheidende *Haupthandlung* und die *Nebenhandlung,* die die Haupthandlung nur erläutert oder variiert.

Der dramatische Konflikt entsteht durch das *Aufeinanderprallen gegensätzlicher Meinungen und Standpunkte* und äußert sich im Dialog und in anschließenden Aktionen und Reaktionen der Figuren, die die dramatische Handlung vorantreiben. Man unterscheidet:

den äußeren Konflikt des Helden: Er besteht im offenen Kampf mit einer *äußeren Gegenmacht,* die sich in einem Gegenspieler oder einer Personengruppe verkörpert. Diese Gegenmacht kann dem Helden in verschiedenen Formen entgegentreten, und zwar als *Schicksal* (z. B. Sophokles: »König Ödipus«), als *Intrige* (z. B. Lessing: »Emilia Galotti« – Schiller: »Kabale und Liebe«), *Milieu* (z. B. Gerhart Hauptmann: »Vor Sonnenaufgang«).

den inneren Konflikt des Helden: Er besteht im *Widerstreit von zwei Lebenshaltungen* (z. B. Faust: Streben nach dem Absoluten, Verhaftetsein an das Diesseits) oder einem *Widerstreit zwischen zwei einander ausschließenden Werten oder sittlichen Anforderungen* in einer Bühnenfigur. Ein solcher innerer Konflikt oder Wertekonflikt kann entstehen, wenn der Held oder eine andere Figur sich zwischen Pflicht und Neigung (z. B. Schiller: »Die Jungfrau von Orleans«), Liebe und Ehre (z. B. Lessing: »Minna von Barnhelm«), Gehorsam und Freiheitsstreben u. a. entscheiden muß.

Während in der Komödie und im Schauspiel eine Lösung des Wertekonflikts gefunden wird, wird er in der Tragödie bis zur letzten Konsequenz ausgetragen und endet mit dem Untergang oder Opfer des Helden.

In: Karl Josef Weiß u. a.: Literatur und Text. Bad Homburg vor der Höhe: Gehlen 1986, S. 356 ff.

Dramatische Darstellung

Akt: Die in sich geschlossenen Handlungsabschnitte eines Dramas werden Akte genannt. Die Unterabschnitte eines Aktes heißen Szenen. Im sogenannten Guckkasten-Theater begann jeder Akt mit dem Aufzug des Bühnenvorhangs, deshalb verwenden die klassischen Schriftsteller häufig statt Akt die Bezeichnung Aufzug. Seit der römischen Antike wird das Drama in drei oder fünf Akte eingeteilt; im 19. Jahrhundert setzt sich auch ein vieraktiges bzw. einaktiges dramatisches Geschehen durch.

Szene: Die Szene ist Teil eines Aktes. In Dramen strenger Form werden die Übergänge zwischen Szenen durch Abgehen oder Auftreten von Personen markiert, daher der Name Auftritt.

Bühnenanweisung: Eine zwischen den Sprechtext eingeschobene Angabe über Figuren, Äußeres, Bühnenmusik usw. bezeichnet man als Bühnenanweisung. Sie ist für die Schauspieler, den Regisseur und den Bühnenbildner, aber auch für den Leser eines Dramentextes gedacht.

Sprache: Das klassische Drama ist fast immer in reimlosen, fünfhebigen Jamben, dem Blankvers, geschrieben. Der Blankvers wurde von den Dramen Shakespeares durch Wieland und Lessing übernommen. Seit dem 19. Jahrhundert setzt sich mit den realistischen Tendenzen immer mehr die »realistische Prosa« durch, die durch unterschiedliches Sprechverhalten zur Individualisierung der Personen beiträgt.

1. Erarbeitung einer Szene

Die Geschichte vom griechischen König Ödipus führt in die griechische Sagenwelt. Über den Herrscher und sein Schicksal erzählt schon Homer in seiner Odyssee; er scheint sich aber auf ein noch früheres, verlorengegangenes Epos zu beziehen. Der Stoff wurde von griechischen und lateinischen Dramatikern bearbeitet.
Als die bedeutendste und folgenreichste Dramatisierung gilt die von Sophokles im Jahre 425 v. Chr. herausgebrachte Tragödie »König Ödipus«. Der Athener Sophokles wurde 496 v. Chr. geboren, hat seine Vaterstadt nur in öffentlichen Missionen verlassen und ist in ihr 406 v. Chr. gestorben. Er hat mehrere öffentliche Ämter bekleidet und war in den Jahren 441-439 v. Chr. Heerführer neben Perikles. Einige Interpreten sehen im »König Ödipus« eine kritische Auseinandersetzung des Sophokles mit dem Führungsstil des Perikles.
Sophokles hat 123 Dramen geschrieben; im Tragikerwettbewerb hat er 24 erste Preise errungen; nur sieben Dramen sind überliefert; von ihnen sind »König Ödipus« und »Antigone« die bekanntesten. Die Tragödie vom Fall des großen Herrschers Ödipus ist unter anderem von Seneca, Corneille und Voltaire nachgestaltet worden. Sigmund Freud hat seine psychologische Theorie, nach der das männliche Kind seine Mutter begehrt und in seinem Vater einen Rivalen sieht, in Anlehnung an die Tragödie »Ödipuskomplex« genannt. Von solcher Erklärung ist das Drama des Sophokles weit entfernt.

Annäherung: Während der Zuschauer im Theater mit dem auf einer Bühne sprechenden und agierenden Schauspieler zu tun hat, liegen dem Leser außer dem Haupttext, als dem vom Schauspieler zu sprechenden Text, noch Nebentexte vor, die ihm Informationen geben, wie er sich die Konkretisierung des Haupttextes vorzustellen hat.

1. *Unterscheiden Sie bei der ersten Lektüre des Textauszugs Haupt- und Nebentext, und werten Sie nach der Lektüre zuerst die Informationen des Nebentextes aus. Welche Hinweise entnehmen Sie dem Titel?*
   – *Was wissen Sie über den Verfasser? Auf welchem Weg können Sie sich weitere Informationen beschaffen?*
   – *Werten Sie das Personenverzeichnis aus. In welcher gesellschaftlichen Schicht scheint das Stück zu spielen? Welche Beziehungen und Konflikte können vermutet werden?*
   – *Analysieren Sie die Bühnenanweisungen. Was erfahren Sie über den Aufbau des Stückes, was erfahren Sie über die zugrundeliegende Situation? Welche Hinweise sind für eine Inszenierung wichtig?*
2. *Konzentrieren Sie sich bei einer zweiten Lektüre auf den Haupttext.*

Sophokles
König Ödipus

Originaltitel: ΟΙΔΙΠΟΥΣ ΤΥΡΑΝΝΟΣ (OIDIPUS TYRANNOS)

Personen
Oidipus, König von Theben – Iokaste, seine Gemahlin – Kreon, ihr Bruder – Teiresias, ein blinder Seher – Ein Priester des Zeus – Ein Bote – Ein Hirt – Ein Diener – Der Chor, bestehend aus thebanischen Greisen
(Der Schauplatz ist vor dem Königspalast in Theben)

Ödipus und Sphinx. Sutzos – Sarkophag, 2. Jh.

Prologos (1-150).
Es ist früher Morgen. Vor dem Palast des Ödipus in Theben. Bejahrte Priester, Jünglinge
und Kinder kommen mit bindenumwundenen Öl- und Lorbeerzweigen, legen sie auf die
Altäre und setzen sich auf die Stufen: Ödipus tritt aus dem Palast.

ÖDIPUS. O Kinder! Kadmos', des alten, neuer Stamm!
Was sitzt ihr flehend mir auf diesen Stufen da,
mit des Schutzsuchenden Zweigen reich geschmückt,
indes die Stadt von Weihrauch überquillt,
5 zugleich von Bittgesängen und von Schmerzgestöhn?
Dies hielt ich nicht für recht, von Boten, Kinder,
von andern nur zu hören, und so komm ich selbst hierher,
von allen der Berühmte, Ödipus, genannt.
Doch, Alter, sag, denn du bist dazu berufen,
10 für diese da zu sprechen: was erfüllt euch das Gemüt?
Ist's Furcht oder ein Begehren? Wollt ich doch
helfen – in allem! Denn ich wäre herzlos,
hätte ich Mitleid nicht in solchem Flehen.
PRIESTER. Nun, Herrscher meines Landes, Ödipus!
15 Du siehst, wie wir, verschiednen Alters, an deinen
Altären sitzen: die noch nicht zu weitem
Fluge stark genug, die vom Alter schwer gezeichnet,
Priester – ich des Zeus – und die aus Jünglingen
erkoren; das andere Volk, mit Kränzen reich geschmückt,
20 hockt an den Märkten und der Pallas beiden
Tempeln und der weissagenden Asche des Ismenos.
Denn die Stadt, wie du auch selber siehst, schwankt
schon zu sehr im Sturmgewoge und kann das Haupt nicht mehr erheben
aus den Schlünden mörderischen Wogenschwalls:
25 hinsiechend in den furchtumschließenden Blütenkelchen des Landes,
hinsiechend in den Herden weidender Rinder und Geburten,
unfruchtbaren, der Frauen; und dazu sprengte der feuertragende
Gott heran und quält – die Pest, die urverhaßte – die Stadt,
wodurch sich leert das Haus des Kadmos und der schwarze
30 Hades mit Gestöhn und Klagerufen reich sich füllt.
Nun für göttergleich zwar achten wir dich nicht,
nicht ich, nicht diese Kinder, die wir an diesem Herde sitzen,
doch für der Männer Ersten in des Lebens
Wechselfällen und in den Begegnungen mit Göttern:
35 kamst du doch in Kadmos' Stadt und erlöstest uns
vom Zoll, den wir der gnadenlosen Sängerin entrichteten,
und dies, obwohl von unsrer Seite du kein weiteres Wissen hattest,
keine genaue Kunde, sondern mit Beistand eines Gottes,
so sagt und denkt man, habest du das Leben uns aufgerichtet.
40 Drum auch jetzt, o in den Augen aller stärkstes Haupt des Ödipus!
Wir alle hier wenden uns an dich und flehn dich an:
einen Schutz find uns, ob du ihn von einem der Götter,

einen Spruch vernehmend, ob du ihn von irgendeinem Manne weißt.
Seh ich doch bei den Bewährten auch erteilten
45 Rat ganz besonders lebendig wirken.
Komm, o Bester du der Sterblichen, richte wieder auf die Stadt!
Komm, sei auf der Hut: denn dich nennt heute dieses
Land den Retter, deiner frühren Tatkraft wegen.
Wollen nie wir deiner Herrschaft so gedenken,
50 daß wir durch sie hochkamen und später wieder fielen,
nein, zu sicherem Stande richte wieder auf die Stadt!
Mit günstigem Vogelflug brachtest du uns ja auch
damals das Heil: sei auch jetzt der Gleiche!
Denn willst du über dieses Land regieren, so wie du jetzt die Macht hast:
55 über ein männerreiches dann ist's schöner als über ein ödes Macht zu haben.
Nichts taugen weder Turm noch Schiff,
wenn leer sie sind und nicht Männer drinnen mit dir wohnen.

ÖDIPUS. O arme Kinder! Mir Bekanntes, nicht Unbekanntes
erflehend seid ihr hergekommen. Denn ich weiß gut:
60 krank seid ihr alle, aber krankt ihr auch – wie ich
ist keiner unter euch, der gleichermaßen krankte.
Denn euer Schmerz geht je auf einen einzigen
nur für sich allein und keinen andern, meine
Seele aber stöhnt um die Stadt und mich und dich zugleich.
65 Drum weckt ihr mich auch nicht aus Schlafes Schlummer auf,
nein, wißt: schon viel hab ich geweint,
und viele Wege bin ich gegangen auf meines Denkens sorgenreicher Irrfahrt.
Was ich aber, mit Umsicht, einzig als Heilung finden konnte,
das hab ich unternommen: Menoikeus' Sohn,
70 Kreon, den eignen Schwager, entsandte ich nämlich
zu Phoibos' pythischen Häusern, daß er dort erkunde, was
ich tun, was sprechen soll, diese Stadt zu retten.
Und schon erfüllt mich der heutige Tag, gemessen an der verfloßnen Zeit,
mit Sorge, wie's ihm wohl ergeht: denn ungebührlich lang
75 ist er schon fort, weit über die erlaubte Zeit.
Doch kommt er, dann wäre ich verworfen,
tät ich nicht alles, was auch enthüllen mag der Gott.

PRIESTER. Nun, zur rechten Zeit sprachst du von ihm: gerade
geben mir diese Zeichen, Kreon schreite dort heran.
80 ÖDIPUS. O Herr Apollon! Käm er doch mit einem
rettenden Geschick, strahlend – wie sein Auge!

PRIESTER. Gutgelaunt ist er, wie's scheint: denn sonst käm er nicht,
das Haupt so reich bekränzt mit früchtereichem Lorbeer.

ÖDIPUS. Gleich werden wir es wissen! Denn er ist so nah, daß er uns hört.
85 Herr, mein Schwager, des Menoikeus Sohn!
Welch einen Spruch des Gottes bringst du uns zurück?
(Kreon ist herangekommen)

KREON. Vortrefflichen! Denn auch das Schwerlastende, mein ich,
wenn gut es endet, kann ganz zum Glück sich wenden.

ÖDIPUS. Wie aber ist das Wort: Denn weder zuversichtlich
90 noch voreilig in Furcht bin ich jetzt nach dem, was du gesagt.

KREON. Wenn du's im Beisein dieser da vernehmen willst,
ich bin bereit zu reden – oder auch hineinzugehn.

ÖDIPUS. Vor allen sprich! Denn am Schmerz um diese
trag ich schwerer als an der Sorge um das eigne Leben.

95 KREON. So will ich sagen, was ich von dem Gott gehört:
es befiehlt uns Phoibos klar, der Herr,
des Landes Schandfleck, als auf diesem Erdenstück
genährt, hinauszujagen, nicht bis unheilbar er wird, ihn fortzunähren.

ÖDIPUS. Durch welche Reinigung? Wie können wir ihn tilgen?

100 KREON. Durch Ächtung oder Sühne, die Tod mit Tod vergilt,
da dieses Blut sturmgleich erschüttere die Stadt.

ÖDIPUS. Und welchen Mannes Schicksal zeigt er hiermit an?

KREON. Es war uns, Herr, Laios einst Führer
dieses Landes, eh du Lotse wurdest dieser Stadt.

105 ÖDIPUS. Ich weiß es wohl, vom Hören, denn gesehen habe ich ihn nie.

KREON. Da dieser starb, gebietet jetzt der Gott uns klar,
die Mörder, wer sie auch sei'n, zu strafen mit der Hand.

ÖDIPUS. Doch wo auf Erden sind die? Wo wird zu finden sein
die Fährte, schwierig auszudeuten, dieser alten Schuld?

110 KREON. In diesem Lande, sagte er. Was man erforscht,
das läßt sich fangen, doch es entrinnt, was man versäumt.

ÖDIPUS. War es im Hause oder war's im Freien oder in einem
fremden Land, daß Laios fiel durch diesen Mord?

KREON. Das Orakel zu befragen, wie er sagte, fuhr er weg,
115 und kehrte nicht mehr heim, nachdem er aufgebrochen.

ÖDIPUS. Und auch kein Bote, kein Begleiter seiner Fahrt
sag es, von dem Brauchbares einer hätt erfahren können?

KREON. Nein, denn sie starben, bis auf einen, der schreckerfüllt geflohen war
und von dem, was er gesehen, nichts bis auf eins bestimmt zu sagen wußte.

120 ÖDIPUS. Was war das? Denn eines kann wohl vielem auf die Spur verhelfen,
ergreift unser Verdacht nur den geringsten Anhaltspunkt.

KREON. Räuber, sprach er, die auf sie trafen, erschlugen ihn,
nicht mit einer Kraft allein, nein, vielen Händen.

ÖDIPUS. Wie wär der Räuber, hätt man's nicht mit Geld
125 von hier ins Werk gesetzt, zu solcher Tollkühnheit geschritten?

KREON. So dachte jeder. Doch, als Laios umgekommen,
stand keiner helfend auf in diesen Übeln.

ÖDIPUS. Welches Übel stand im Weg, da so die Herrschaft
gefallen war, und hinderte, diesem auf den Grund zu gehn?

130 KREON. Die Rätselsagerin, die Sphinx, brachte uns dazu, was im Verborgnen lag,
zu lassen, nur auf das Nächstliegende zu schaun.

ÖDIPUS. Nun denn, von neuem werd ich, abermals, das Dunkel lichten.
Denn recht hat Phoibos, recht hast du
zugunsten des Verstorbnen diese Sorge aufgewandt:
135 drum werdet ihr, wie billig, auch mich als Kampfgefährten sehn,

Oidipus tötet die Sphinx. Vase. Meidiasmaler.

der diesem Land Genugtuung verschaffen wird wie auch dem Gott.
Denn nicht für ferne Anverwandte nur,
nein, selbst von mir selber will ich zerstreuen diesen Greuel.
Denn wer's auch war, der ihn erschlug, er wird vielleicht
140   an mir sich auch mit solcher Hand vergreifen wollen.
Leist ich jenem also Hilfe, nütze ich mir selbst.
Doch, Kinder, erhebt euch ungesäumt von diesen Stufen
und nehmt mit euch hinweg dies Bittgezweig!
Ein andrer sammle Kadmos' Volk hierher,
145   will ich doch alles tun! Entweder glücklich
mit dem Gott wird man uns sehen – oder zerstört am Boden.
PRIESTER. Ihr Kinder, stehn wir auf! Denn um dessentwillen
ja sind wir hergekommen, was dieser Mann uns ungefragt verheißt.
Und möge Phoibos, der gesandt hat diese Sprüche, ebenso
150   als Retter kommen und als Heiler dieser Not!
(Die Bittflehenden ziehen ab, Ödipus und Kreon gehen in den Palast)

Einzugslied des Chors

STROPHE

Selige Stimme des Zeus! Aus Delphis goldenen Kammern
Drangst du in unsere Mauern:
Angst erfüllt mir den Sinn, von Furcht erzittert die Seele,
O hilf uns, delischer Paian!
155   Ehrfürchtig harr ich des Spruchs, der Dinge der kommenden Zeiten,
Kind der goldenen Hoffnung,
O Stimme des Himmels!

GEGENSTROPHE
Göttliche Tochter des Zeus, dich ruf ich als erste, Athene,
Euch auch, o schirmende Schwester
160 Artemis, Herrin des strahlenden Throns am Rande des Marktes,
Und Herr des Bogens, Apollon!
Dreifach erscheint und helft! Habt ihr jemals den Gluthauch vertrieben
Volksbedrohenden Unheils,
So tut es auch heute!

Oidipus löst die Rätsel der Sphinx. Trinkschale des Ödipus-Malers. 5. Jh. v. Chr.

STROPHE
165 Schaut unzählige Leiden der Stadt,
Krank unser ganzes Volk!
Keine Lanze erhebt sich,
Dem Übel zu wehren!
Früchte der heiligen Erde,
170 Ach, sie gedeihen nicht mehr,
Die Frauen erliegen
Der Qual des Gebärens.
Schwärme und Schwärme
Flatternder Vögel
175 Fliegen, schneller als Brände, zum Strand
Des nächtlichen Gottes.

GEGENSTROPHE
Unablässiges Sterben der Stadt!
Grausam dahingestreckt
Scharen toter Geschlechter,
180 Von keinem bejammert!
Frauen und welkende Mütter,
An den Altären verstreut,
Sie seufzen, sie flehen
Das Ende der Leiden:
185 Hell klingt der Paian,
Dumpf ihre Klage.
Sende, goldene Tochter des Zeus,
Hellblickende Rettung!

STROPHE	GEGENSTROPHE
Ares, der wilde, versehrt uns!	Streue von goldener Sehne
190 Tobt ohne Waffengewalt!	Sichere Pfeile des Heils,
Wir flehen: O treibt ihn	O Herrscher Lykeios!
Über die Grenzen zurück in die Heimat,	Artemis, schwinge die glühenden Feuer,
Über das weite Gemach Amphitrites	205 Nächtliche Fackeln der lykischen Berge!
Hin zum gastlosen Strand	Auch den Sohn dieser Stadt
195 Tosender thrakischer Brandung!	Ruf ich, den bindengeschmückten
Was uns die Nacht noch verhüllte,	Feurigen jubelnden Bakchos
Vollende dies Taglicht!	Im Schwarm der Mänaden:
Herrscher der feurigen Blitze,	210 Senge mit lodernder Fackel
Vater Zeus,	Einen Gott,
200 Sende den tödlichen Strahl!	Den keiner der Götter bekennt!

In: Sophokles: König Ödipus. Üs. v. Kurt Steinmann. Stuttgart: Reclam 1989, S. 4 ff. Chorlied in: Sophokles: König Ödipus. Üs. v. Ernst Buschor. Stuttgart: Reclam 1954, S. 10 ff.

Aufführung des »König Ödipus« in Darmstadt 1952. Regie: G. R. Sellner.

Der mythologische Hintergrund

Die Ereignisse um König Ödipus gehören zur Urgeschichte der mittelgriechischen Stadt Theben. Sie war der Sage nach von Kadmos, einem Königssohn der Phöniker, gegründet worden. Einer seiner Nachfahren ist Labdakos, von dem wieder Laios abstammt, der Gatte der Iokaste und Vater des Ödipus. Iokaste ist Tochter des Menoikeus und Schwester des Kreon. Dieses thebanische Königsgeschlecht ist nicht nur Handlungsträger von »König Ödipus«, sondern auch weiterer Dramen, darunter auch der Tragödie »Antigone«.

Die Göttermythen ragen unmittelbar in das

Geschehen. Die Priester beten an den Altären der Pallas Athene (20) und des Apollon Ismenios, der am Fluß Ismenos (21) steht. Kreon hat sich nach Delphi mit einem andern Namen Pytho aufgemacht, dort verkündet die Pythia die Orakel, dort sind Apollons, d. h. »Phoibos' pythische Häuser« (71). Apollon = Phoibos (149), auch delischer Paian (154) genannt, verkündet in den Orakeln nichts anderes als den Willen des Zeus (151). Als Verursacher der Pest wird Ares, der sonst als Kriegsgott gefürchtet ist, eingeführt. Athena, die Tochter des Zeus, Artemis und Apollon werden gegen ihn zu Hilfe gerufen. Erinnert wird an die Sphinx (36, 130), die einst Unheil über Theben brachte; sie gab jedem Vorüberkommenden ein Rätsel auf: »Es gibt auf Erden etwas, das hat zwei Füße, vier Füße und drei Füße und nur eine Stimme; von allen Wesen, die sich auf der Erde krie-chend, in der Luft und im Meer bewegen, wechselt es allein seine Gestalt. Aber wenn es auf die meisten Füße gestützt einhergeht, dann ist die Geschwindigkeit seiner Glieder am geringsten.« Wer das Rätsel nicht lösen konnte, wurde von der Sphinx verschlungen. Ödipus fand die Lösung: »Du meinst den Menschen; wenn er über die Erde geht, ist er zuerst ein Säugling auf allen vieren; doch ist er alt, so stützt er sich auf seinen Stock als seinen dritten Fuß und vermag kaum den Kopf zu heben, weil das Alter ihn beugt.« Die Sphinx stürzte sich vom Felsen, Theben wurde befreit, und Ödipus wurde Herrscher in der Stadt. Die Mänaden und Bakchos, am Ende des Chorliedes erwähnt, gehören zum Dionysos-Kult, dessen wesentlicher Bestandteil die Tragödie ist. In diesen Chorliedern, nicht in den von Schauspielern dargebotenen Episoden, sind die Anfänge der Tragödie zu sehen.

Über die Beziehung des Publikums zu den Personen des Dramas

Zwischen Bühnenraum und Zuschauerraum scheint eine Trennlinie zu verlaufen: Der Zuschauer hat den Eindruck, daß er ein Geschehen auf der Bühne beobachten darf, daß die Personen auf der Bühne aber gar nicht wissen, daß sie beobachtet werden; sie scheinen ihre eigene Sache zu verhandeln. Sehr schnell bemerkt der aufmerksame Zuschauer dann, daß es aber eigentlich doch um ihn geht. Man braucht ihm nicht ausdrücklich zu sagen: »Tua res agitur.« (Deine Sache, dein Problem wird abgehandelt).

Machmal spricht der Autor direkt zum Pu-blikum. Auch können die Schauspieler in besonderen Fällen aus ihrer Rolle heraustreten und sich direkt ans Publikum wenden. Ebenso ist es möglich, daß es zur Rolle gehört, etwa das Publikum an einer entscheidenden Stelle um Rat zu fragen. Den Hauptanteil der Kommunikation im Drama behalten aber immer die Personen des Dramas als Gespräch untereinander. Dieser Figurendialog, also dieses Gespräch der Personen auf der Bühne, erschöpft sich nicht in dem, was sie zueinander sagen; er enthält vielmehr die indirekten Botschaften an das Publikum.

1. *Untersuchen Sie, wie in dem vorliegenden Textausschnitt das Publikum erreicht wird.*
2. *Versetzen Sie sich in die Situation des ursprünglichen athenischen Publikums. Wo könnte es sich direkt, wo indirekt angesprochen fühlen? Wo könnte es erkennen, daß »seine Sache« verhandelt wird?*

Die Aussage:
1. *Formulieren Sie das Problem, das in dieser Vorszene (= Prologos) dargelegt wird, in knapper Form mit eigenen Worten.*
2. *Untersuchen Sie möglichst genau, wie sich die Personen in dieser problematischen Situation verhalten.*
3. *Charakterisieren Sie Haltung und Sprechweise des Priesters.*
4. *Charakterisieren Sie Handlungs- und Sprechweise des Kreon.*
5. *Wie stellt sich Ödipus in der Vorszene dar?*
   - *Was erfährt man über seine Vergangenheit?*
   - *Wie versteht er seine Aufgabe als Herrscher?*
   - *In welcher Beziehung steht er zu Kreon, zu dem Priester und zu den Vertretern des Volkes?*
6. *Erörtern Sie: Welches Problem liegt vor?*
   - *Welche Erwartungen werden an den Herrscher gestellt?*
   - *Wie handelt er? Welche Alternativen hätte er?*
   - *Gibt es – von Ihrem Standpunkt aus – kritische Einwände gegen die Haltung des Herrschers?*
   - *Sind den Reaktionen der handelnden Personen, also Kreons, des Priesters und des Chors, kritische Vorbehalte zu entnehmen?*
   - *Könnte das ursprüngliche athenische Publikum Einwände haben?*

Fabel und Schluß-Szene

Nehmen Sie die Erörterung über das Verhalten des Ödipus wieder auf, und diskutieren Sie, welche indirekte Botschaft dem Publikum gegeben werden soll, nachdem Sie den Handlungsverlauf und die Schlußverse der Tragödie zur Kenntnis genommen haben.

Inhalt: Die Stadt Theben ist von einer Pestseuche ergriffen. Priester und Volk wenden sich hilfesuchend an König Ödipus, der schon früher einmal Theben von dem Unheil befreit hat, das die Sphinx über die Stadt brachte. Ödipus ist entschlossen zu helfen, ja er hat schon von sich aus seinen Schwager Kreon zum Orakel nach Delphi gesandt, um dessen Meinung zu erfahren. Kreon kehrt zurück und berichtet: Blutschuld liegt über der Stadt, 5 der Mord an dem letzten König Laios sei noch nicht gesühnt, dies der Grund der Plage, die über die Stadt gekommen sei. Sofort geht Ödipus mit Übereifer ans Werk, den Mörder zu finden. Vergeblich warnt ihn der blinde Seher Teiresias, in dieser Sache weiterzuforschen. Ödipus bezichtigt ihn selbst der Tat, woraufhin der Seher nicht länger mit der Wahrheit zurückhält: kein anderer als Ödipus sei der Mörder des Laios. Nun will der 10 gereizte König erst recht Licht in das Dunkel bringen. Seiner Ansicht nach ist Teiresias von Kreon aufgestachelt, der nach dem Throne strebe. Doch je mehr Ödipus forscht, desto furchbarer treten die wahren Zusammenhänge der Dinge zutage: Ödipus wurde einst als kleines Kind von seinen Eltern ausgesetzt, da seinem Vater prophezeit war, er würde durch die Hand des Sohnes sterben. Mitleidige Diener und Hirten retteten ihn. Er 15 wuchs am Hofe des Königs Polybos von Korinth auf, den er für seinen Vater hielt. In Wahrheit sind aber Laios und Iokaste seine Eltern. Bei einem Streit am Kreuzweg hatte Ödipus als Jüngling einen alten Mann erschlagen, der niemand anderes als sein Vater Laios war, und hatte dann in völliger Unkenntnis seiner Herkunft in Theben seine Mutter geheiratet und mit ihr Kinder gezeugt. Früher noch als Ödipus erkennt Iokaste aus der 20

Erzählung des Hirten den Zusammenhang der Dinge. Sie zieht sich schweigend in den Palast zurück, wo sie sich das Leben nimmt. Ödipus aber sticht sich, als keine Zweifel mehr an seiner Blutschuld und Blutschande bestehen können, beide Augen aus und verbannt sich selbst aus Theben.

In: Reclams Schauspielführer. Hg. v. Otto C. A. zur Nedden u. Karl H. Ruppel. Stuttgart: Reclam 1955, S. 35.

Abzugslied des Chores

O Bewohner Thebens, meiner Vaterstadt! Sehet, dieser Ödipus,
der die berühmten Rätsel löste, mächtig wie kein zweiter war,
er, auf dessen Glück ein jeder Bürger sah mit Neid,
in welch große Brandung ungeheuren Schicksals er geriet!
Drum blicke man auf jenen Tag, der zuletzt erscheint,
und preise keinen, der da sterblich, selig, eh er denn
zum Ziel des Lebens durchgedrungen, ohne daß er Schmerz erlitt.

In: Sophokles: König Ödipus. Üs. v. Kurt Steinmann. Stuttgart: Reclam 1989, S. 66.

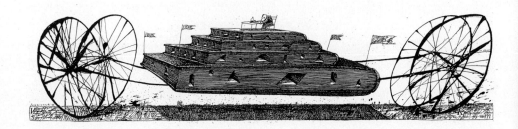

2. Dramentheorien

Die Entwicklung des Dramas zur Zeit der Aufklärung und des Sturm und Drang läßt sich in Colleg Deutsch 1 verfolgen. Im vorliegenden Band werden Elemente des klassischen Dramas gezeigt sowie Gegenentwürfe dazu aus dem 19. Jahrhundert. Im 20. Jahrhundert hat die dramatische Form Bertolt Brechts (1898-1956), das epische Theater, die Diskussion angeregt und auch zu Widerspruch herausgefordert. Um den Zuschauer aufzurütteln, entwickelte er im Gegensatz zum aristotelischen Theater sein episches. Walter Benjamin (1892-1940) lernte Brecht im Exil kennen. Er faßt in seinem Aufsatz »Was ist das »epische Theater«?« wesentliche Merkmale des epischen Theaters zusammen. In der zweiten Hälfte des 20. Jahrhunderts setzte sich der Schweizer Schriftsteller Friedrich Dürrenmatt (1921-1990) mit den Möglichkeiten der Komödie und Tragödie und der Rolle des Theaters überhaupt auseinander.

Bertolt Brecht
Anmerkungen zur Oper »Aufstieg und Fall der Stadt Mahagonny«

Folgendes Schema zeigt einige Gewichtsverschiebungen vom dramatischen zum epischen Theater.[1]

Dramatische Form des Theaters	*Epische Form des Theaters*
Die Bühne »verkörpert« einen Vorgang	sie erzählt ihn
verwickelt den Zuschauer in eine Aktion und verbraucht seine Aktivität	macht ihn zum Betrachter, aber weckt seine Aktivität
ermöglicht ihm Gefühle	erzwingt von ihm Entscheidungen
vermittelt ihm Erlebnisse	vermittelt ihm Kenntnisse
der Zuschauer wird in eine Handlung hineinversetzt	er wird ihr gegenübergesetzt
es wird mit Suggestion gearbeitet	es wird mit Argumenten gearbeitet
die Empfindungen werden konserviert	bis zu Erkenntnissen getrieben
der Mensch wird als bekannt vorausgesetzt	der Mensch ist Gegenstand der Untersuchung
der unveränderliche Mensch	der veränderliche und verändernde Mensch
Spannung auf den Ausgang	Spannung auf den Gang
eine Szene für die andere	jede Szene für sich
die Geschehnisse verlaufen linear	in Kurven
natura non facit saltus	facit saltus
die Welt, wie sie ist	die Welt, wie sie wird
was der Mensch soll	was der Mensch muß
seine Triebe	seine Beweggründe
das Denken bestimmt das Sein	das gesellschaftliche Sein bestimmt das Denken

In: Bertolt Brecht: Gesammelte Werke. Bd. 17: Schriften zum Theater. Frankfurt/M.: Suhrkamp 1968, S. 1009.

Weisen Sie einzelne dieser Merkmale an Ihnen bekannten Dramen beider Theaterformen nach.

[1] Dieses Schema zeigt nicht absolute Gegensätze, sondern lediglich Akzentverschiebungen.

Walter Benjamin
Was ist das »epische Theater«?

I. Das entspannte Publikum
»Nichts Schöneres als auf dem Sofa liegen und einen Roman lesen«, heißt es bei einem der Epiker des vorigen Jahrhunderts. Damit ist angedeutet, zu wie großer Entspannung der Genießende es vor einem erzählenden Werk bringen kann. Die Vorstellung, die man sich von dem macht, der einem Drama beiwohnt, pflegt etwa die gegenteilige zu sein. Man
5 denkt an einen Mann, der mit allen Fibern, angespannt, einem Vorgang folgt. Der Begriff des epischen Theaters (den Brecht als Theoretiker seiner poetischen Praxis gebildet hat) deutet vor allem an, dieses Theater wünsche sich ein entspanntes, der Handlung gelockert folgendes Publikum. Es wird freilich immer als Kollektiv auftreten, und das unterscheidet es von dem Lesenden, der mit seinem Text allein ist. Auch wird sich dies Publikum, eben
10 als Kollektiv, meist zu prompter Stellungnahme veranlaßt sehen. Aber diese Stellungnahme, so denkt sich Brecht, sollte eine überlegte, damit entspannte, kurz gesagt die von Interessenten sein. Für ihren Anteil ist ein doppelter Gegenstand vorgesehen. Erstens die Vorgänge; sie müssen von der Art sein, daß sie aus der Erfahrung des Publikums an entscheidenden Stellen zu kontrollieren sind. Zweitens die Aufführung; ihrer artistischen
15 Armatur nach ist sie durchsichtig zu gestalten. (Diese Gestaltung steht durchaus im Gegensatz zur ›Schlichtheit‹; sie setzt in Wirklichkeit Kunstverstand und Scharfsinn beim Regisseur voraus.) Das epische Theater richtet sich an Interessenten, »die ohne Grund nicht denken«. Brecht verliert die Massen nicht aus dem Auge, deren bedingter Gebrauch des Denkens wohl mit dieser Formel zu decken ist. In dem Bestreben, sein Publikum
20 fachmännisch, jedoch ganz und gar nicht auf dem Wege über die bloße Bildung, am Theater zu interessieren, setzt sich ein politischer Wille durch.

II. Die Fabel
Das epische Theater soll »die Bühne ihrer stofflichen Sensation berauben«. Daher wird eine alte Fabel ihm oft mehr als eine neue leisten. Brecht hat sich die Frage vorgelegt, ob nicht die Vorgänge, die das epische Theater darstellt, schon bekannt sein müßten. Es
25 verhielte sich zur Fabel wie der Ballettmeister zur Elevin; sein erstes wäre, ihr die Gelenke bis an die Grenze des Möglichen aufzulockern. (Das chinesische Theater geht in der Tat so vor. Brecht hat in »The fourth wall of China« dargestellt, was er ihm zu verdanken hat.) Soll das Theater nach bekannten Ereignissen Ausschau halten, »so wären geschichtliche Vorgänge zunächst am geeignetsten«. Ihre epische Streckung durch die Spielweise, die
30 Plakate und die Beschriftungen geht darauf aus, ihnen den Charakter der Sensation auszutreiben. (...)

III. Der untragische Held
Die klassische Bühne der Franzosen machte zwischen den Spielern den Standespersonen Platz, welche auf der offenen Szene ihre Fauteuils hatten. Uns kommt das unangebracht vor. Ähnlich unangebracht erschiene es nach dem Begriff vom ›Dramatischen‹, der uns
35 vom Theater geläufig ist, einen unbeteiligten Dritten als nüchternen Beobachter, als den ›Denkenden‹ den Vorgängen auf der Bühne beizuordnen. Etwas Ähnliches hat Brecht vielfach vorgeschwebt. Man kann weitergehen und sagen, daß der Versuch, den Denken-

den, ja den Weisen zum dramatischen Helden selbst zu machen, von Brecht unternommen wurde. Und man kann gerade von hier aus sein Theater als episches definieren.

In: Walter Benjamin: Versuche über Brecht: Hg. v. Rolf Tiedemann. Frankfurt/M.: Suhrkamp 1966, S. 22 ff.

1. *Das entspannte Publikum: Benjamin greift eine wichtige Forderung des epischen Theaters auf, das Publikum solle sich unterhalten, erfreuen und entspannen. Daß hier keine billige Entspannung gemeint ist, läßt sich leicht erkennen. Nach Benjamins Verständnis erfolgt aus der Entspannung Aktivität. Stellen Sie diesen Zusammenhang deutlich dar.*
2. *Die Fabel: Der Fabel soll die Sensation des Unbekannten genommen werden. Überlegen Sie: Viele Zuschauer haben eine vage oder keine Vorstellung von dem Stück, das sie besuchen. Sie erinnern sich vielleicht während des Spielverlaufs oder nehmen an der Entwicklung des Stückes zum ersten Mal aufmerksam teil. Kritisiert Brecht diese »Unkenntnis«?*
3. *Der untragische Held: Brecht scheint die Theaterwirklichkeit auf den Kopf zu stellen. Was will er mit dem untragischen Helden erreichen?*
4. *Welcher Form des Theaters – der epischen oder dramatischen – würden Sie auf der Bühne bereitwilliger folgen? Begründen Sie Ihre Ansicht kritisch.*
5. *Vorschlag für ein Referat: Besorgen Sie sich den vollständigen Text von Benjamin, und referieren Sie dessen Inhalt.*

Friedrich Dürrenmatt
Theaterprobleme (1954)

Doch die Aufgabe der Kunst, soweit sie überhaupt eine Aufgabe haben kann, und somit die Aufgabe der heutigen Dramatik ist, Gestalt, Konkretes zu schaffen. Dies vermag vor allem die Komödie. Die Tragödie, als die gestrengste Kunstgattung, setzt eine gestaltete Welt voraus. Die Komödie – sofern sie nicht Gesellschaftskomödie ist wie bei Molière –, eine umgestaltete, im Werden, um Umsturz begriffene, eine Welt, die am Zusammenpak- 5 ken ist wie die unsrige. Die Tragödie überwindet die Distanz. Die in grauer Vorzeit liegenden Mythen macht sie den Athenern zur Gegenwart. Die Komödie schafft Distanz, den Versuch der Athener, in Sizilien Fuß zu fassen, verwandelt sie in das Unternehmen der Vögel, ihr Reich zu errichten, vor dem Götter und Menschen kapitulieren müssen. (...) Das Mittel nun, mit der die Komödie Distanz schafft, ist der Einfall. Die Tragödie ist ohne 10 Einfall. Darum gibt es auch wenige Tragödien, deren Stoff erfunden ist. Ich will damit nicht sagen, die Tragödienschreiber der Antike hätten keine Einfälle gehabt, wie dies heute etwa vorkommt, doch ihre unerhörte Kunst bestand darin, keine nötig zu haben. Das ist ein Unterschied. Aristophanes dagegen lebt vom Einfall. Seine Stoffe sind nicht Mythen, sondern erfundene Handlungen, die sich nicht in der Vergangenheit, sondern in 15 der Gegenwart abspielen. Sie fallen in die Welt wie Geschosse, die, indem sie einen

Trichter aufwerfen, die Gegenwart ins Komische, aber dadurch auch ins Sichtbare verwandeln. Das heißt nun nicht, daß ein heutiges Drama nur komisch sein könne. Die Tragödie und die Komödie sind Formbegriffe, dramaturgische Verhaltensweisen, fingierte
20 Figuren der Ästhetik, die Gleiches zu umschreiben vermögen. Nur die Bedingungen sind anders, unter denen sie entstehen, und diese Bedingungen liegen nur zum kleineren Teil in der Kunst. Die Tragödie setzt Schuld, Not, Maß, Übersicht, Verantwortung voraus. In der Wurstelei unseres Jahrhunderts, in diesem Kehraus der weißen Rasse, gibt es keine Schuldigen und auch keine Verantwortlichen mehr. Alle können nichts dafür und haben es
25 nicht gewollt. Es geht wirklich ohne jeden. Alles wird mitgerissen und bleibt in irgendeinem Rechen hängen. Wir sind zu kollektiv schuldig, zu kollektiv gebettet in die Sünden unserer Väter und Vorväter. Wir sind nur noch Kindeskinder. Das ist unser Pech, nicht unsere Schuld: Schuld gibt es nur noch als persönliche Leistung, als religiöse Tat. Uns kommt nur noch die Komödie bei. Unsere Welt hat ebenso zur Groteske geführt wie zur
30 Atombombe, wie ja die apokalyptischen Bilder des Hieronymus Bosch auch grotesk sind. Doch das Groteske ist nur ein sinnlicher Audruck, ein sinnliches Paradox, die Gestalt nämlich einer Ungestalt, das Gesicht einer gesichtslosen Welt und genau so wie unser Denken ohne den Begriff des Paradoxen nicht mehr auszukommen scheint, so auch die Kunst, unsere Welt, die nur noch ist, weil die Atombombe existiert: Aus Furcht vor ihr.
35 Doch ist das Tragische immer noch möglich, auch wenn die reine Tragödie nicht mehr möglich ist. Wir können das Tragische aus der Komödie heraus erzielen, hervorbringen als einen schrecklichen Moment, als einen sich öffnenden Abgrund, so sind ja schon viele Tragödien Shakespeares Komödien, aus denen heraus das Tragische aufsteigt.

In: Friedrich Dürrenmatt: Theaterprobleme. Zürich: Diogenes 1955, S. 43 f.

1. *Worin sieht Dürrenmatt wichtige Gründe dafür, daß die Tragödie die Probleme der heutigen Welt nicht mehr angemessen darstellen kann?*
2. *Inwiefern setzt sich Dürrenmatt von Brechts Dramenkonzeption ab?*
3. *Stimmen Sie Dürrenmatt aus Ihrer heutigen Sicht zu? Was sehen Sie anders?*

Friedrich Dürrenmatt
Das Theater als moralische Anstalt heute

Rede zur Verleihung des Schiller-Gedächtnispreises des Landes Baden-Württemberg 1986

Genau gesehen ist es ein Geschäft, das Schiller vorschlägt. Der Staat solle das Theater unterhalten und das Theater den Staat erhalten helfen, für Geld Moral, wobei Schiller freilich dieses Geschäft an eine Bedingung knüpft, die er nur en passant erwähnt, als verstünde sie sich von selbst, die Bühnendichter und die Bühne seien nur dann imstande,
5 patriotisch zu wirken, wenn der Staat auch auf sie höre. Dieses Geschäft hat sich in den zweihundert Jahren, seit es von Schiller vorgeschlagen wurde, höchst merkwürdig modifiziert. Aus den Regierungen und Regenten, die den einen Geschäftspartner bildeten, sind durch die technischen, wirtschaftlichen und in deren Folge politischen Umwälzungen einer in sich immer verflochteneren, bevölkerungsmäßig explodierenden Welt nur schwer

variierbare institutionell legitimierte und funktionierende Apparate geworden, Staaten, 10
keiner Moral, sondern Gesetzen unterworfen, durch die sie konstituiert wurden, und
Forderungen, die sie selber erlassen haben, Gebilde jenseits von Gut und Böse wie mon-
ströse Verkehrsordnungen, während das Theater in eine noch seltsamere Lage geriet. War
es einerseits bei Schiller das einzige Medium der dramatischen Kunst gewesen, bemächtigen sich derer durch die technische Entwicklung auch andere Medien, Film, Rundfunk, 15
Fernsehen, gehorchen doch auch die Stücke, die für diese Medien gestaltet werden, dra-
maturgischen Gesetzen, andererseits wird das Theater nun vom Staat unterstützt wie
noch nie, es luxuriert geradezu, wird selber zu einer komplizierten Institution, mit geregelten Arbeits- und geregelten Freizeiten für sein technisches, administratives und künst-
lerisches Personal. Vollständig in den Staat integriert, im Grunde unabhängig vom Publi- 20
kum und ihm gleichgültig gegenüber, je nach personeller Konfiguration mit der Presse
verfeindet oder verbrüdert, da sich Schauspieler, Regisseure, Intendanten, Kritiker und
Schriftsteller in den gleichen elitären Gesellschaftskreisen bewegen, Fische im gleichen
Aquarium, genießt die Schaubühne als moralische Anstalt eine vollkommene Freiheit,
aber die Bedingung, die Schiller dem Staate gestellt hatte, er solle auf das Theater hören, 25
ließ es fallen. Nicht etwa, weil der Staat auf die Moral der Schaubühne einging, die sie
verkündigte, sondern weil er auf ihr Wesen einging: Die Politik wurde zur Bühne, auf der
die Parteien sich selber zur Schau stellen mit dem Ziel, die Macht über den Staatsapparat
zu erringen, wodurch der unpersönlich gewordene Staat wieder etwas Persönliches zu
sein scheint. Dank des Rundfunks und des Fernsehens ziehen die Politiker in die Wohn- 30
stuben ein, mimen Landesväter und Volksvertreter, entfachen Gefühle und Mitgefühle,
Emotionen, Feindbilder, Gefahren, das christliche Abendland steht auf dem Spiel, der
Sozialstaat ist in Frage gestellt, jede Wahl wird zur Jahrhundertwahl, zur Schicksals-
wende, die an der Macht sind, verteufeln jene, die an die Macht wollen, und die an die
Macht wollen jene, die an der Macht sind. Weil jedoch zu den Idealen, die keine Partei in 35
Frage stellt, vor allem die Freiheit gehört und weil diese dort, wo sie fragwürdig ist,
gefährlich wird, in der Industrie nämlich, die, verflochten mit der Weltwirtschaft, zum
Wettbewerb verdonnert, verflucht ist, sich immer mehr zu rationalisieren, will sie rentie-
ren, und damit immer wieder solche in die Freiheit entläßt, die sie nicht wollen, in die
Arbeitslosigkeit, als das irreversible Paradox der freien Marktwirtschaft, die nur auf 40
Kosten jener vier Milliarden zu florieren vermag, die in der Dritten Welt leben, so läßt
jede Politik die Freiheit dort zu, wo sie nicht schadet: in der Kultur. Eingeklemmt zwischen zwei Supermächten, deren unsinniges atomares Wettrüsten der Westen selber wett-
rüstend und Waffen verkaufend beklagt, braucht er seine kulturelle Freiheit als Alibi für
seine mißbrauchte Freiheit. Wurde während des Krieges in der Schweiz Schillers *Don* 45
Carlos gegeben, brach bei der Forderung des Marquis von Posa: »Geben Sie Gedankenfreiheit« das Publikum in einen tosenden Applaus aus. Heute schweigt das Publikum,
Gedankenfreiheit haben alle, dem Theater sind durch seine Freiheit die Zähne gezogen.
Als zahnlose Bestie fletscht es uns entgegen. Doch was für das Theater gilt, gilt für den
ganzen Kunstbereich, höchstens was den lieben Gott betrifft und die Pornografie gibt es je 50
nach politischer Landschaft gewisse zaghafte Widerstände, doch fürchtet sich bald jede
Staatsmacht, als rückständig zu gelten. Der Versuch, mit der heutigen Kunst Protest zu
erregen, wird immer schwieriger. (...) Das frei gewordene Theater muß sich, will es noch
immer um seine Freiheit kämpfen, seine Unfreiheit selber erschaffen. Die heutige Kunst
gleicht einem Stück Land, das, vom Ufer losgerissen, einen Strom hinunter treibt, einem 55
Katarakt entgegen, sich dabei in mehrere Inseln aufteilt. Ein jeder kann sich auf seiner

Insel frei bewegen, der Richtung des Stroms entgegenschreiten, rundherum rennen, auf dem Kopf stehen, es ist gleichgültig, was er treibt, die Insel treibt dem Katarakt entgegen, die Kultur, unfähig, den Verlauf des Stromes zu ändern oder sein immer schnelleres
60 Dahinschießen zu verhindern, ist unwirksam geworden, überflüssig dem Weltgeschehen gegenüber. Schreiben wird zur privaten Angelegenheit, die allzuleicht in die Gefahr gerät, privat zu werden.

In: Friedrich Dürrenmatt. Gesammelte Werke in sieben Bänden. Hg. v. Franz Josef Görtz. Bd. 7: Essays und Gedichte. Zürich: Diogenes 1991, S. 394 ff.

1. *Tragen Sie die Gründe zusammen, weshalb nach Dürrenmatt die Schaubühne heute keine moralische Anstalt mehr sein kann.*
2. *Charakterisieren Sie die Entwicklung Dürrenmatts, wie sie in den beiden abgedruckten Ausschnitten zum Ausdruck kommt.*

Das Arsenal des Dramatikers (Selbstporträt). F. Dürrenmatt. 1960.

III. MÜNDLICHER SPRACHGEBRAUCH

1. Denken und Sprechen

Sprechen ist die wichtigste und charakteristischste Form menschlichen Verhaltens. Durch Sprache können wir Dinge benennen, Eindrücke und Erfahrungen speichern, Gedanken ausdrücken, Kontakt mit anderen Menschen aufnehmen. Karl Jaspers reflektiert in seinem Buch »Von der Wahrheit« (1947) die Leistung der Sprache für den Menschen und die Sprachgemeinschaft. Heinrich von Kleist (vgl. S. 74) hat in seiner Abhandlung »Über die allmähliche Verfertigung der Gedanken beim Reden« einige Aspekte, die auch Jaspers anspricht, schon früher behandelt.
Karl Jaspers (1883-1969) studierte zunächst Medizin und habilitierte sich 1913 in Psychologie; um 1919 wandte er sich der Philosophie zu. Er gilt als einer der Hauptvertreter der Existenzphilosophie. Der Grundgedanke ist, daß keine Methode des Forschens uns der Einheit der Welt versichert oder eine einheitliche Weltsicht ermöglicht. Die Kommunikation zwischen nächsten Menschen ist »Existenzursprung«, erst von ihr aus wird das Sein transparent und kann in seiner metaphysischen Tiefe wenigstens in Symbolen (Chiffren) angeschaut werden. Auf diesem Grundgedanken beruhen auch die nachfolgenden Reflexionen über die Sprache.

Karl Jaspers
Die Leistung der Sprache

Die Sprache leistet Offenbarmachen des Seienden und Mitteilung zugleich. Sie ermöglicht Bewahrung.
Offenbarwerden des Seienden. Nur was angesprochen und ausgesprochen ist, hebt sich aus dem traumhaften Strom des Geschehens. Ich erfahre und erfasse deutlich, was mir in der Sprache gegenwärtig wird. Es ist wie ein Zauber; das Ding, das mit seinem Namen 5 angesprochen wird, ist plötzlich da. Was namenlos bloß ist und geschieht, verdämmert im Grenzenlosen.
Aber das Sein, das in der Sprache ergriffen wird, ist selber wie eine Sprache. In hervorgebrachten Bedeutungen von Lautbildern werden die Bedeutungen des ursprünglich offenbar werdenden Seins ergriffen. Was in der Sprache und ihren Bedeutungen bewußt 10 wird, ist selber eine darin hell werdende Bedeutung. Bedeutung bezieht sich auf Bedeutung.
Weil alles – gleichnisweise – Sprache ist, kann unsere Sprache es treffen. Sprache ist Bedeutung in für uns zugänglicher, weil von uns vollziehbarer Weise. Im Sprechen geht uns alles Sein als Sein von Bedeutungen auf. Von dem schlechthin Andern, dem Sprach- 15 losen, verstehe ich, was ich in Sprache verwandle. Ich lasse es sich verhalten, selber gleichsam sprechen.

In diesem Sinn gilt das Nietzsche-Wort: Sein ist Ausgelegtsein. Sein ist Sprechen und ist Sprachverleihung, ist das, was Sprache werden kann und geworden ist, ist angesprochen,
20 ausgesprochen, als Sprechen verstehbar.

Hier droht aber eine falsche Verabsolutierung, wenn wir vergessen, daß wir vom Seienden als einem Sprechenden doch nur gleichnisweise so reden. Es soll durch das Gleichnis das Rätsel zum Ausdruck gebracht werden, daß Sprache eine Angemessenheit und mehr als das: eine Verwandtschaft zum Sein hat, nicht bloß ein technisches Mittel ist. Sprache
25 gehört zum Sein. Jedoch dürfen wir darum noch nicht, in vorschneller Rationalisierung einer Grenze unseres Begreifens, die Sprache, statt sie als Ursprung des Seinsverstehens zu erhellen, zum Seinsursprung selbst machen. Vor der Sprache und für die Sprache ist das Seiende, das in der Sprache getroffen, begriffen, verstanden, ausgelegt wird, und das durch sie für uns wirksam wird. Nur mythisch kann das Rätsel zum Ausdruck gebracht
30 werden in den Sätzen: »Im Anfang war das Wort«, und: »Gott sprach, es werde ... und es ward ...«.

Mitteilung. Durch Sprache wird Mitteilung möglich, die nicht in wissenslosem Widerhall und unwillkürlicher Nachahmung sich vollzieht, sondern in der Intention auf Sache und Gegenstand. Am Gerüst dieser gegenständlichen Intention umfaßt die Mitteilung unend-
35 liche Möglichkeiten vom technisch Zweckhaften bis zum Transzendieren in das Umgreifende, vom Befehl bis zur schauenden Betrachtung, von reiner Gedanklichkeit bis zur Fülle des Erlebens und der Ursprünglichkeit existentiellen Entschlusses, von theoretischer Unbeteiligung bis zum Vollzug inniger Gemeinschaft der Wesen.

Aufbewahrungsstätte. Sprache wird gleichsam zur Aufbewahrungsstätte erworbenen
40 Wissens, geklärten Fühlens, erhellten Wollens. Die Sprache ist wie eine Schatzkammer schlummernden Erkennens, das jederzeit vom Sprechenden wiedererweckt werden kann. Sprache gibt die Anhaltspunkte für das Weiterschreiten des Erkennens, weil sie befestigt, was jeweils im Gedanken erreicht wurde. Vermöge der Sprache erfolgt Erinnerung, Bewahrung, Aufbau, Fortschreiten des Erkennens.

In: Karl Jaspers: Von der Wahrheit. München: Piper 1958, S. 412 f.

1. *Vollziehen Sie nach, auf welche Weise Jaspers seine Abhandlung streng in These (Behauptung), Beispiel und Belege trennt, wie er also schrittweise seinen Gedankengang entstehen läßt.*
2. *Was ist für Jaspers die eigentliche Leistung der Sprache?*
3. *In welcher Weise erweitert Jaspers den Bedeutungsumfang von Sprache? Was kann für ihn Sprache alles sein?*
4. *Vorschlag für ein Referat: Stellen Sie andere Ausschnitte aus Jaspers' Werk Ihrem Kurs vor.*

Heinrich von Kleist
Über die allmähliche Verfertigung der Gedanken beim Reden

An R[ühle] v[on] L[ilienstern]

Wenn du etwas wissen willst und es durch Meditiation nicht finden kannst, so rate ich dir, mein lieber, sinnreicher Freund, mit dem nächsten Bekannten, der dir aufstößt, darüber zu sprechen. Es braucht nicht eben ein scharfdenkender Kopf zu sein, auch meine ich es nicht so, als ob du ihn darum befragen solltest: nein! Vielmehr sollst du es ihm selber allererst erzählen. Ich sehe dich zwar große Augen machen, und mir antworten, man habe 5 dir in früheren Jahren den Rat gegeben, von nichts zu sprechen, als nur von Dingen, die du bereits verstehst. Damals aber sprachst du wahrscheinlich mit dem Vorwitz, *andere*, ich will, daß du aus der verständigen Absicht sprechest, *dich* zu belehren, und so könnten, für verschiedene Fälle verschieden, beide Klugheitsregeln vielleicht gut neben einander bestehen. Der Franzose sagt, l'appétit vient en mangeant[1], und dieser Erfahrungssatz 10 bleibt wahr, wenn man ihn parodiert, und sagt, l'idée vient en parlant. Oft sitze ich an meinem Geschäftstisch über den Akten, und erforsche, in einer verwickelten Streitsache, den Gesichtspunkt, aus welchem sie wohl zu beurteilen sein möchte. Ich pflege dann gewöhnlich ins Licht zu sehen, als in den hellsten Punkt, bei dem Bestreben, in welchem mein innerstes Wesen begriffen ist, sich aufzuklären. Oder ich suche, wenn mir eine 15 algebraische Aufgabe vorkommt, den ersten Ansatz, die Gleichung, die die gegebenen Verhältnisse ausdrückt, und aus welcher sich die Auflösung nachher durch Rechnung leicht ergibt. Und siehe da, wenn ich mit meiner Schwester davon rede, welche hinter mir sitzt, und arbeitet, so erfahre ich, was ich durch ein vielleicht stundenlanges Brüten nicht herausgebracht haben würde. Nicht, als ob sie es mir, im eigentlichen Sinne *sagte*; denn 20 sie kennt weder das Gesetzbuch, noch hat sie den Euler, oder den Kästner studiert. Auch nicht, als ob sie mich durch geschickte Fragen auf den Punkt hinführte, auf welchen es ankommt, wenn schon dies letzte häufig der Fall sein mag. Aber weil ich doch irgend eine dunkle Vorstellung habe, die mit dem, was ich suche, von fern her in einiger Verbindung steht, so prägt, wenn ich nur dreist damit den Anfang mache, das Gemüt, während die 25 Rede fortschreitet, in der Notwendigkeit, dem Anfang nun auch ein Ende zu finden, jene verworrene Vorstellung zur völligen Deutlichkeit aus, dergestalt, daß die Erkenntnis, zu meinem Erstaunen, mit der Periode fertig ist. Ich mische unartikulierte Töne ein, ziehe die Verbindungswörter in die Länge, gebrauche auch wohl eine Apposition, wo sie nicht nötig wäre, und bediene mich anderer, die Rede ausdehnender, Kunstgriffe, zur Fabri- 30 kation meiner Idee auf der Werkstätte der Vernunft, die gehörige Zeit zu gewinnen. Dabei ist mir nichts heilsamer, als eine Bewegung meiner Schwester, als ob sie mich unterbrechen wollte; denn mein ohnehin schon angestrengtes Gemüt wird durch diesen Versuch von außen, ihm die Rede, in deren Besitz es sich befindet, zu entreißen, nur noch mehr erregt, und in seiner Fähigkeit, wie ein großer General, wenn die Umstände drängen, noch 35 um einen Grad höher gespannt. In diesem Sinne begreife ich, von welchem Nutzen Molière seine Magd sein konnte; denn wenn er derselben, wie er vorgibt, ein Urteil zutraute,

---

[1] »Der Appetit kommt beim Essen.« (nach Rabelais' »Gargantua«; »l'idée vient en parlant.«);
Kleists Umbildung: »Der Gedanke kommt beim Sprechen.«

das das seinige berichten konnte, so ist dies eine Bescheidenheit, an deren Dasein in seiner Brust ich nicht glaube. Es liegt ein sonderbarer Quell der Begeisterung für denjenigen, der
40 spricht, in einem menschlichen Antlitz, das ihm gegenübersteht; und ein Blick, der uns einen halbausgedrückten Gedanken schon als begriffen ankündigt, schenkt uns oft den Ausdruck für die ganze andere Hälfte desselben. Ich glaube, daß mancher große Redner, in dem Augenblick, da er den Mund aufmachte, noch nicht wußte, was er sagen würde. Aber die Überzeugung, daß er die ihm nötige Gedankenfülle schon aus den Umständen,
45 und der daraus resultierenden Erregung seines Gemüts schöpfen würde, machte ihn dreist genug, den Anfang, auf gutes Glück hin, zu setzen. Mir fällt jener »Donnerkeil« des Mirabeau ein, mit welchem er den Zeremonienmeister abfertigte, der nach Aufhebung der letzten monarchischen Sitzung des Königs am 23. Juni, in welcher dieser den Ständen auseinander zu gehen anbefohlen hatte, in den Sitzungssaal, in welchem die Stände noch
50 verweilten, zurückkehrte, und sie befragte, ob sie den Befehl des Königs vernommen hätten? »Ja«, antwortete Mirabeau, »wir haben des Königs Befehl vernommen« – ich bin gewiß, daß er bei diesem humanen Anfang, noch nicht an die Bajonette dachte, mit welchen er schloß: »ja, mein Herr«, wiederholte er, »wir haben ihn vernommen« – man sieht, daß er noch gar nicht recht weiß, was er will. »Doch was berechtigt Sie« – fuhr er
55 fort, und nun plötzlich geht ihm ein Quell ungeheurer Vorstellungen auf – »uns hier Befehle anzudeuten? Wir sind die Repräsentanten der Nation.« – Das war es was er brauchte! »Die Nation gibt Befehle und empfängt keine.« – um sich gleich auf den Gipfel der Vermessenheit zu schwingen. »Und damit ich mich Ihnen ganz deutlich erkläre« – und erst jetzo findet er, was den ganzen Widerstand, zu welchem seine Seele gerüstet dasteht,
60 ausdrückt: »so sagen Sie Ihrem Könige, daß wir unsre Plätze anders nicht, als auf die Gewalt der Bajonette verlassen werden.« – Worauf er sich, selbstzufrieden, auf einen Stuhl niedersetzte. – Wenn man an den Zeremonienmeister denkt, so kann man sich ihn bei diesem Auftritt nicht anders, als in einem völligen Geistesbankerott vorstellen; nach einem ähnlichen Gesetz, nach welchem in einem Körper, der von dem elektrischen Zu-
65 stand Null ist, wenn er in eines elektrisierten Körpers Atmosphäre kommt, plötzlich die entgegengesetzte Elektrizität erweckt wird. Und wie in dem elektrisierten dadurch, nach einer Wechselwirkung, der ihm inwohnende Elektrizitätsgrad wieder verstärkt wird, so ging unseres Redner Mut, bei der Vernichtung seines Gegners zur verwegensten Begeiste- rung über. Vielleicht, daß es auf diese Art zuletzt das Zucken einer Oberlippe war, oder
70 ein zweideutiges Spiel an der Manschette, was in Frankreich den Umsturz der Ordnung der Dinge bewirkte. Man liest, daß Mirabeau, sobald der Zeremonienmeister sich ent- fernt hatte, aufstand, und vorschlug: 1) sich sogleich als Nationalversammlung, und 2) als unverletzlich, zu konstituieren. Denn dadurch, daß er sich, einer Kleistischen Flasche[1] gleich, entladen hatte, war er nun wieder neutral geworden, und gab, von der Verwegen-
75 heit zurückgekehrt, plötzlich der Furcht vor dem Châtelet[2], und der Vorsicht, Raum. – Dies ist eine merkwürdige Übereinstimmung zwischen den Erscheinungen der physischen und moralischen Welt, welche sich, wenn man sie verfolgen wollte, auch noch in den Nebenumständen bewähren würde. Doch ich verlasse mein Gleichnis, und kehre zur

---

[1] Kleistische Flasche: Kondensator, 1745 von Ewald Georg von Kloist erfunden; heute gewöhn- lich »Leidener Flasche« genannt
[2] Châtelet: früher Sitz des Pariser Gerichtshofs

Sache zurück. Auch Lafontaine gibt, in seiner Fabel: Les animaux malades de la peste[1],
wo der Fuchs dem Löwen eine Apologie zu halten gezwungen ist, ohne zu wissen, wo er
den Stoff dazu hernehmen soll, ein merkwürdiges Beispiel von einer allmählichen Verfertigung des Gedankens aus einem in der Not hingesetzten Anfang. Man kennt diese Fabel.
Die Pest herrscht im Tierreich, der Löwe versammelt die Großen desselben, und eröffnet
ihnen, daß dem Himmel, wenn er besänftigt werden solle, ein Opfer fallen müsse. Viele
Sünder seien im Volke, der Tod des größesten müsse die übrigen vom Untergang retten.
Sie möchten ihm daher ihre Vergehungen aufrichtig bekennen. Er, für sein Teil gestehe,
daß er, im Drange des Hungers, manchem Schafe den Garaus gemacht; auch dem Hunde,
wenn er ihm zu nahe gekommen; ja, es sei ihm in leckerhaften Augenblicken zugestoßen,
daß er den Schäfer gefressen. Wenn niemand sich größerer Schwachheiten schuldig gemacht habe, so sei er bereit zu sterben. »Sire«, sagt der Fuchs, der das Ungewitter von sich
ableiten will, »Sie sind zu großmütig. Ihr edler Eifer führt Sie zu weit. Was ist es, ein Schaf
zu erwürgen? Oder einen Hund, diese nichtswürdige Bestie? Und: quant au berger[2]«,
fährt er fort, denn dies ist der Hauptpunkt: »on peut dire«, obschon er noch nicht weiß
was? »qu'il méritoit tout mal«, auf gut Glück; und somit ist er verwickelt; »étant«, eine
schlechte Phrase, die ihm aber Zeit verschafft: »de ces gens là«, und nun erst findet er den
Gedanken, der ihn aus der Not reißt: »qui sur les animaux se font un chimérique empire.«
– Und jetzt beweist er, daß der Esel, der blutdürstige! (der alle Kräuter auffrißt) das
zweckmäßigste Opfer sei, worauf alle über ihn herfallen, und ihn zerreißen. – Ein solches
Reden ist ein wahrhaftes lautes Denken. Die Reihen der Vorstellungen und ihrer Bezeichnungen gehen neben einander fort, und die Gemütsakten für eins und das andere, kon-
gruieren. Die Sprache ist alsdann keine Fessel, etwa wie ein Hemmschuh an dem Rade des
Geistes, sondern wie ein zweites, mit ihm parallel fortlaufendes, Rad an einer Achse.
Etwas ganz anderes ist es wenn der Geist schon, vor aller Rede, mit dem Gedanken fertig
ist. Denn dann muß er bei seiner bloßen Ausdrückung zurückbleiben, und dies Geschäft,
weit entfernt ihn zu erregen, hat vielmehr keine andere Wirkung, als ihn von seiner
Erregung abzuspannen. Wenn daher eine Vorstellung verworren ausgedrückt wird, so
folgt der Schluß noch gar nicht, daß sie auch verworren gedacht worden sei; vielmehr
könnte es leicht sein, daß die verworrenst ausgedrückten grade am deutlichsten gedacht
werden. Man sieht oft in einer Gesellschaft, wo durch ein lebhaftes Gespräch, eine kon-
tinuierliche Befruchtung der Gemüter mit Ideen im Werk ist, Leute, die sich, weil sie sich
der Sprache nicht mächtig fühlen, sonst in der Regel zurückgezogen halten, plötzlich mit
einer zuckenden Bewegung, aufflammen, die Sprache an sich reißen und etwas Unver-
ständliches zur Welt bringen. Ja, sie scheinen, wenn sie nun die Aufmerksamkeit aller auf
sich gezogen haben, durch ein verlegnes Gebärdenspiel anzudeuten, daß sie selbst nicht
mehr recht wissen, was sie haben sagen wollen. Es ist wahrscheinlich, daß diese Leute
etwas recht Treffendes, und sehr deutlich, gedacht haben. Aber der plötzliche Geschäfts-
wechsel, der Übergang ihres Geistes vom Denken zum Ausdrücken, schlug die ganze
Erregung desselben, die zur Festhaltung des Gedankens notwendig, wie zum Hervorbringen erforderlich war, wieder nieder. In solchen Fällen ist es um so unerläßlicher, daß uns

---

[1] Lafontaines Fabel »Die pestkranken Tiere« ist von Kleist frei ausgestaltet.
[2] »Was den Schäfer betrifft – kann man sagen – daß er alles Schlechte verdiente – da er zu jenem
Volk gehört – das sich eine eingebildete Herrschaft über die Tiere anmaßt.«

120 die Sprache mit Leichtigkeit zur Hand sei, um dasjenige, was wir gleichzeitig gedacht haben, und doch nicht gleichzeitig von uns geben können, wenigstens so schnell, als möglich, auf einander folgen zu lassen. Und überhaupt wird jeder, der, bei gleicher Deutlichkeit, geschwinder als sein Gegner spricht, einen Vorteil über ihn haben, weil er gleichsam mehr Truppen als er ins Feld führt. Wie notwendig eine gewisse Erregung des
125 Gemüts ist, auch selbst nur, um Vorstellungen, die wir schon gehabt haben, wieder zu erzeugen, sieht man oft, wenn offene, und unterrichtete Köpfe examiniert werden, und man ihnen ohne vorhergegangene Einleitung, Fragen vorlegt, wie diese: was ist der Staat? Oder: was ist das Eigentum? Oder dergleichen. Wenn diese jungen Leute sich in einer Gesellschaft befunden hätten, wo man sich vom Staat, oder vom Eigentum, schon eine
130 Zeitlang unterhalten hätte, so würden sie vielleicht mit Leichtigkeit durch Vergleichung, Absonderung, und Zusammenfassung der Begriffe, die Definition gefunden haben. Hier aber, wo diese Vorbereitung des Gemüts gänzlich fehlt, sieht man sie stocken, und nur ein unverständiger Examinator wird daraus schließen daß sie nicht *wissen*. Denn nicht *wir* wissen, es ist allererst ein gewisser *Zustand* unsrer, welcher weiß. Nur ganz gemeine
135 Geister, Leute, die, was der Staat sei, gestern auswendig gelernt, und morgen schon wieder vergessen haben, werden hier mit der Antwort bei der Hand sein. Vielleicht gibt es überhaupt keine schlechtere Gelegenheit, sich von einer vorteilhaften Seite zu zeigen, als grade ein öffentliches Examen. Abgerechnet, daß es schon widerwärtig und das Zartgefühl verletzend ist, und daß es reizt, sich stetig zu zeigen, wenn solch ein gelehrter Roß-
140 kamm uns nach den Kenntnissen sieht, um uns, je nachdem es fünf oder sechs sind, zu kaufen oder wieder abtreten zu lassen: es ist so schwer, auf ein menschliches Gemüt zu spielen und ihm seinen eigentümlichen Laut abzulocken, es verstimmt sich so leicht unter ungeschickten Händen, daß selbst der geübteste Menschenkenner, der in der Hebeammenkunst der Gedanken[1], wie Kant sie nennt, auf das Meisterhafteste bewandert wäre,
145 hier noch, wegen der Unbekanntschaft mit seinem Sechswöchner, Mißgriffe tun könnte. Was übrigens solchen jungen Leuten, auch selbst den unwissendsten noch, in den meisten Fällen ein gutes Zeugnis verschafft, ist der Umstand, daß die Gemüter der Examinatoren, wenn die Prüfung öffentlich geschieht, selbst zu sehr befangen sind, um ein freies Urteil fällen zu können. Denn nicht nur fühlen sie häufig die Unanständigkeit dieses ganzen
150 Verfahrens: man würde sich schon schämen, von jemandem, daß er seine Geldbörse vor uns ausschütte, zu fordern, viel weniger, seine Seele: sondern ihr eigener Verstand muß hier eine gefährliche Musterung passieren, und sie mögen oft ihrem Gott danken, wenn sie selbst aus dem Examen gehen können, ohne sich Blößen, schmachvoller vielleicht, als der, eben von der Universität kommende, Jüngling gegeben zu haben, den sie examinierten.

H. v. K.

In: Heinrich von Kleist: dtv-Gesamtausgabe. Bd. 5: Anekdoten. Kleine Schriften. München: dtv 1964, S. 53 ff.

---

[1] In: Kants »Metaphysik der Sitten«, 2. Teil, Königsberg 1797: »Der Lehrer leitet durch Fragen den Gedankengang seines Lehrjüngers ... er ist die Hebamme seiner Gedanken.« (nach H. Zartmann, Euphorion 1907)

1. *Entwerfen Sie eine Gliederung des Gedankengangs.*
2. *Stellen Sie die psychologischen Beobachtungen, die Kleist in der jeweiligen Redesituation macht, zusammen, und beurteilen Sie diese nach ihrer Schlüssigkeit.*
3. *Gelten für das »denkende Reden« auch die Gesetze, die bei der Stegreifrede (vgl. S. 55 f.) aufgeführt worden sind?*
4. *Welche dieser Überlegungen lassen sich auf eine Prüfungssituation, wie z. B. das Colloquium, nutzbringend anwenden? Erweitern Sie den Gedankengang, indem Sie beim Reden ihre Gedanken allmählich formulieren und festigen.*
5. *Welche genaueren Anweisungen oder Ratschläge würden Sie einem »Examinator« oder Colloquiumsprüfer erteilen? Verfertigen Sie Ihre Gedanken beim Reden.*

2. Rede- und Gesprächsformen

Vortrag

Schon in der Sekundarstufe I bietet sich die Gelegenheit, kleinere Fachvorträge zu halten. Man stellt z. B. einen Roman vor, spricht von seinem Hobby oder informiert die Klasse über einfachere geschichtliche oder naturwissenschaftliche Zusammenhänge. Je älter man wird, um so mehr Möglichkeiten und Anlässe ergeben sich, sich in eigenständiger Rede zu üben, sei es im Fachreferat, sei es in einer Stellungnahme bei einer SMV-Sitzung oder im Sportverein. Vorträge und Reden bedürfen gründlicher Vorbereitung. In diesem Zusammenhang muß bedacht werden, daß ein Vortrag von etwa 30 Minuten einem geschriebenen Text von 10-15 Schreibmaschinenseiten entspricht. Bevor man mit der eigentlichen Redevorbereitung beginnt, sollte man sich folgende Aspekte vor Augen halten, die bei der Formulierung der Rede eine Rolle spielen:

»Wovon/worüber	Thema
will ich	Redner
wen	Publikum
warum	Motivation/Engagement
wann und wo	Ort und Zeit
wie und womit	Argumentation
überzeugen/informieren?«	Ziel

In: Paul Herrmann: Reden wie ein Profi. Rhetorik für den Alltag. München: Goldmann 1991, S. 39 f.

Die Erarbeitung der Inhalte erfolgt analog zur Erarbeitung der Inhalte in der Facharbeit: Man muß sich in ein Fachgebiet einarbeiten, denn nur der informierte Redner kann überzeugen. Für die Redevorbereitung gibt Paul Herrmann folgende Tips:

- Machen Sie zunächst eine Stoffsammlung. Schreiben Sie Ihre Gedanken jedoch nicht auf ein großes Blatt Papier, sondern auf mehrere kleine Zettel oder Karten (DIN A7).
- Ordnen Sie die Zettel mit der Stichwort-Stoffsammlung in eine chronologische oder logische Reihenfolge.
- Nehmen Sie nun die Zettelchen nacheinander zur Hand, und sprechen Sie zu jedem Stichwort einen oder mehrere Sätze.
- Ändern Sie die Reihenfolge, fügen Sie Fehlendes hinzu, nehmen Sie Überflüssiges heraus.
- Machen Sie einen zweiten Sprech-Denk-Versuch anhand Ihrer Stichwortzettelchen. (Sie haben immer noch keinen ganzen Satz schriftlich fixiert!)
- Überlegen Sie sich Beispiele und Möglichkeiten, Ihr Thema anschaulich zu gestalten.
- Machen Sie einen dritten Sprech-Denk-Versuch. Schauen Sie auf die Uhr, und kontrollieren Sie Ihre Sprechzeit.
- Kürzen Sie!
- Schreiben Sie sich Ihren Stichwortzettel (etwa DIN A5), um die Anzahl der Blätter zu verringern. Formulieren Sie gegebenenfalls den Anfang und den Schluß wörtlich aus.
- Probieren Sie Ihren Stichwortzettel in einem vierten Sprech-Denk-Versuch aus. Zeitkontrolle!

In: Paul Herrmann: Reden wie ein Profi. Rhetorik für den Alltag. München: Goldmann 1991, S. 57.

Gliederung

Auch für Reden gilt grundsätzlich die Gliederung in Einleitung, Hauptteil, Schluß. Ein antikes Redeschema schlägt Lutz Makkensen vor:

1. Eine Einleitung, die den Zuhörer persönlich und in allgemeiner Form anspricht und für den Redner oder für die Sache des Redners einnimmt;
2. eine Aufzeigung und Einkreisung des Themas;
3. die Aufführung logischer Gründe für die Wahrheit der vom Redner aufgestellten Behauptungen, wobei
4. die Anschauungen des Vorredners widerlegt und
5. verwandte Ereignisse und Erscheinungen aus anderen Bereichen aufgezählt werden.
6. Lebendig dargestellte Beispiele aus Gegenwart und Geschichte sollen den Vortrag anschaulich und
7. Aussprüche großer Männer der Vergangenheit ihn bedeutend machen.

Zum guten Ende sollte 8. eine Zusammenfassung nochmals Nutzanwendung und Ziel der Rede klarmachen.

Eine solche Einteilung kommt uns heute etwas veraltet und unmodern vor; das Prinzip jedoch sollte beibehalten werden.

In: Lutz Mackensen (Hg.): Gutes Deutsch in Schrift und Rede. Reinbek: Rowohlt 1987, S. 352; © Mosaik Verlag, GmbH, München.

Paul Herrmann schlägt die nach R. Wittsack benannte Wittsack-Formel vor: Von den in dieser Formel aufgeführten Fragen werden höchstens die Fragen 2–4 als rhetorische Fragen geäußert, die Antworten auf sie bilden den Kern der Ausführungen.

1. Warum spreche ich?	
2. Was war? Was ist?	IST-Zustand
3. Was soll sein?	SOLL-Zustand
4. Was läßt sich erreichen?	Lösungsvorschläge
5. Was können wir tun?	Schluß, Appell

In: Paul Herrmann: Reden wie ein Profi. Rhetorik für den Alltag. München: Goldmann 1991, S. 61.

Einleitung und Schluß kommen wie bei anderen Formen des Schreibens und Redens eine besondere Bedeutung zu. Für die Einleitung bieten sich folgende Möglichkeiten an:

– captatio benevolentiae (lat. »Gewinn des Wohlwollens«): die Begrüßung der Anwesenden
– Behauptung (Sie darf provozierend, aber nicht zu provozierend sein!)
– Aktueller Aufhänger in bezug auf Ort oder Zeit
– Humorvoller Einstieg
– Historischer Rückblick
– Frage
– Anekdote
– Zitat
– Gegenstand zeigen, der zum Thema paßt

Fast noch schwieriger als die Einleitung ist der Schluß. Eine Rede darf nicht »im Sande verlaufen«. Der Schluß muß klar markiert sein durch eine überraschende Wendung, ein besonderes Bild, eine Forderung, eine Bitte, einen Ausblick, ein Zitat etc. Der Schlußsatz sollte schriftlich fixiert und evtl. auswendig gelernt werden.

Die rhetorische Gestaltung der Rede

Noch heute kann man sich eines unguten Gefühls nicht erwehren, wenn man von Rhetorik spricht. Zu häufig wurde Rhetorik mißbraucht, Elemente von Aggression, Überredung, Verführung schwingen mit. Dennoch muß sich eine anschauliche, eindringliche Rede rhetorischer Mittel – im positiven Sinn – bedienen. In Colleg Deutsch 1 wurden rhetorische Mittel dargestellt. Im Glossar dieses Bandes werden sie und einige andere erklärt.

Wolf Biermann
Rede zum Eduard-Mörike-Preis (1991)

Gliederung, Struktur

Rhetorische Mittel, Stil

Beginn der Rede ohne besondere Eingangs-formel – Captatio benevolentiae = Bitte um Verständnis, den Preis zu empfangen

Mörike als Gegensatz zu Biermanns Person und Dichtung

Beschäftigung mit Mörike

Lob Mörikes

Es ist eine ironische Schiefheit, daß einer wie ich und ausgerechnet in diesen wild bewegten Zeiten mit einem Literaturpreis bedacht wird, der an den Namen Eduard
5 Mörike gebunden ist. Mörike dient den Germanisten ja geradezu als Modell eines deutschen Dichters, der still im Winkel blüht, der sich aus dem Streit der Welt her- aushält, einer, der die Natur mit Geduld
10 sieht und der nie von den Hunden des Zeitgeistes zerbissen wurde. Daß in seiner Idylle die Apokalypse tickt, merkt man erst an der höllisch raffinierten Ästhetik seiner hohen Goethe-Sprache. Der kindliche Ton
15 des Volksliedes mit bedrohlichen Dunkel- heiten.
Nun, da Iring Fetscher mich der demokra- tisch gewählten Obrigkeit von Fellbach mit nobler Despotie als Preisträger aufgeladen
20 hat, mußte ich ja und wollte den Schwaben wieder lesen. Und seit ich Mörike nunmehr kenne, steigt ein drolliger Neid in mir hoch. Ja, mit dem weißen, dem neidlosen Neid bin ich neidisch auf diesen sympathi-
25 schen stillen Mann. Nicht wegen etlicher Gedichte, die zum schönsten Schwäbisch gehören, das je in deutsche Sprache geklei- det wurde.

- Metapher
- Captatio benevolentiae
- Metapher
- Metapher
- Rhythmisierung
- Metapher
- Parallelstruktur
- Ironie
- Metapher
- Hyperbel
- Vergleich
- Metapher, Ellipse
- Metapher
- Metonymie
- Metapher, Synästhesie
- Oxymoron
- Alliteration
- Metapher
- Ellipse
- Synästhesie

Aber nicht von seinen süßen singenden Versen, mein Neid wird provoziert von Eduard
30 Mörikes profaner Existenz als Hinterwäldler, als Spießbürger, Duckmäuser und Klein- stadt-Biedermeierlein und alimentierter Gottesknecht. So möchte ich auch leben!, dachte ich oft und sagte es lieber nicht, wenn's mir im Getümmel allzu dicke kam. Sich aus dem Streit der Welt herauszuhalten, gilt ja als weise und ist es wohl auch. Wer wäre nicht gern abgeklärt und gütig und wer nicht gern ein Gerechter. Weder Gift noch
35 Galle spucken, Frühling Sommer Herbst und Winter, wie die Vöglein im Walde eine gute Nacht und die liebe Sonne singen, und der Herr ernährt sie doch. Beneidenswert, wer so leben kann. Wer wollte nicht am liebsten im Bestiarium der Menschenwelt für alles Verständnis haben, weil man halt manches versteht. Gelegentlich gelang mir das auch, und dann war ich froh.
40 Aber wen das Leben von Anfang an unter das Gestapo-Netz der Heil-Hitler-Deutschen warf oder, literarisch gesprochen: unter die Gladiatoren und römischen Kampfhunde, der

pflückt unten im blutigen Sand nicht Gänseblümchen und Löwenzahn, um den Löwen der Arena damit den Rachen zu stopfen. Ganz unten in der Staubwolke schwelgt die Phantasie nicht in stilfrommen Herbstfarben und Wolkenbildern.

Im Dreck der Arena das Gebrüll der Kämpfer, die Schreie der Opfer, oben das Gekreisch 45 von den besseren Plätzen. Das überreizte Pack in den Herrschaftslogen schnippte sich ein paar Dreckspritzer von der Kledasche[1] und jiepert nach dem nächsten *flash* aus Blutrausch und Schadenfreude. Und von ganz oben glotzen die Götter und gähnen vor Langeweile. Süßduftend wie Ambrosia lockt da eine Zeile von Eduard Mörike, sie steigt den Erschöpften und Zerrissenen verführerisch in die Nase: »*Laß, o Welt, o laß mich* 50 *sein ...*«, nach dem Motto: Tu du mir nichts, tu ich dir auch nichts.

In: Die Zeit 47 vom 15. 11. 1991, S. 73.

1. *Analysieren Sie selbständig einen anderen Teil der Dankrede nach ihrer Struktur und nach den rhetorischen und stilistischen Mitteln. Eine weitere Analyse rhetorischer Mittel finden Sie auf S. 280 ff. (Büchner, »Dantons Tod«, III/4).*
2. *Vergleichen Sie den letzten Satz mit dem vollständig abgedruckten Gedicht auf S. 260.*

Wirksamkeit rhetorischer Mittel: Als Beispiel sei die rhetorische Frage herausgegriffen. Zur Wirksamkeit der rhetorischen Frage schreibt Paul Herrmann:

Die rhetorische Frage lockert die Rede auf. Sie verleiht Ihrem Vortrag Struktur, indem sie als Kapitelüberschrift und Gliederungspunkt dient.
Der Zuhörer sperrt sich unbewußt gegen zu viele neue Informationen. Das geschieht auch dann, wenn er mit dem Gesagten grundsätzlich übereinstimmt.
Hier hilft die rhetorische Frage, die Sie als Redner selbst beantworten: Unmittelbar, nachdem Sie die Frage gestellt haben, beginnt der Zuhörer, sich die Frage in Gedanken zu beantworten.
Wie ein Feuerwerk blitzen Antwort- und Lösungsmöglichkeiten in seinem Kopf auf, ohne freilich ausformuliert sein zu können.
Lassen Sie Ihrer rhetorischen Frage in jedem Fall eine Sprechpause folgen, damit der Zuhörer »nachdenken« kann. Er wird in Ihren folgenden Ausführungen manche Punkte, die ihm andeutungsweise gekommen sind, wiedererkennen. Der Neuigkeitsgrad der Rede ist scheinbar nicht mehr so groß; der Zuhörer bleibt aufnahmebereit. Die rhetorische Frage bezieht den Zuhörer also in jedem Fall mit ein, der Zuhörer bleibt aktiv und aufmerksam.

In: Paul Herrmann: Reden wie ein Profi. Rhetorik für den Alltag. München: Goldmann 1991, S. 79.

Überlegen Sie die Wirkung anderer rhetorischer Mittel.

[1] Kledasche: nordd. Kleidung

Konkrete Redevorbereitung

Je freier eine Rede gehalten wird, desto eher hat der Redner die Möglichkeit, in Kontakt mit dem Publikum zu treten. Um bei der Rede den roten Faden nicht zu verlieren, sollte der Redner einen optisch aufbereiteten Stichwortzettel vorbereiten (z. B. verschiedenfarbige Unterstreichung von Haupt- und Nebenpunkten, Hauptpunkte rechts auflisten, Nebenpunkte links, Linien, Figuren). Zitate, die man verwenden will, sollten u. U. auf andersfarbige Karteikarten aufgenommen werden. Ein Fachvortrag sollte allerdings auf einem vollständig ausgearbeiteten Manuskript beruhen. Vor der eigentlichen Rede sollte eine Redeprobe, z. B. vor einem kleinen bekannten Publikum oder auf Tonband, durchgeführt werden.

Ansprache und Gelegenheitsrede

Die Kurzrede als Gelegenheitsrede verfolgt nicht das Ziel, Wissen zu vermitteln, Urteile zu sprechen oder zu großen Handlungen aufzufordern. Ihre Aufgabe ist vielmehr, die Aufmerksamkeit eines Publikums zu gewinnen und die Gedanken auf eine Person, ein Ereignis oder ein Thema zu lenken.

Typische Arten der Gelegenheitsrede sind die Vorstellung und Begrüßung eines Gastes oder die Ankündigung eines Vortragsredners. Dabei wird das Interesse der Zuhörer auf das gerichtet, was folgt. Die Erwartungen sollten verstärkt, aber nicht überspannt werden; der Einführende kann etwas zum Thema sagen, sollte aber vom Vortrag selbst nichts vorwegnehmen. Ähnlicher Art sind Dankreden am Ende eines Vortrags oder eines Festes und Glückwunschansprachen. Diese Gelegenheitsreden leben vom geistreichen Einfall und von der geschickten Verbindung der Gedanken; vor Banalitäten und Phrasen sollte sich der Redende hüten.

Folgende Fragen sind bei der Abfassung einer Gelegenheitsrede hilfreich:

1. Welches ist der Anlaß der Ansprache?
2. Welches ist die Ausgangsposition des Redners? Mit anderen Worten: In welcher Beziehung steht er zu dem Thema?
3. Welche Eigenschaften befähigen den Redner zu dieser Aufgabe? Man kann auch sagen: Weshalb ist er ausgewählt, beauftragt oder gebeten worden, die Ansprache zu halten?
4. Wie ist der Zuhörerkreis beschaffen? Wie ist er soziologisch und altersmäßig zusammengesetzt?
5. Welche privaten oder beruflichen oder politischen Interessen prägen das Gesicht der Zuhörerschaft?
6. Welche Redezeit ist vorgesehen? Welche Zeit darf auf keinen Fall überschritten werden?
7. Darf man mundartlich sprechen?

In: Lutz Mackensen (Hg.): Gutes Deutsch in Schrift und Rede. Reinbek: Rowohlt 1987, S. 336 f., © Mosaik Verlag, GmbH, München.

Auch die Gelegenheitsrede wird in Einleitung, Hauptteil, Schluß gegliedert, wobei hier die Einleitung die Anrede, Begrüßung und die Erwähnung des Anlasses enthält, im Hauptteil wird der Anlaß aus verschiedenen Perspektiven beleuchtet, der Schluß wendet sich wieder an die Hörer.

Für die rhetorische Ausgestaltung der Gelegenheitsrede gilt Ähnliches wie für andere Reden (vgl. S. 51 ff.). Der Redetext sollte zuerst schriftlich fixiert werden, aber nach Möglichkeit so gut präpariert werden, daß die Rede letztendlich frei gehalten werden kann.

Statement und Stegreifrede

In der Schule (Stellungnahmen in Diskussionsrunden, vor der SMV, dem Schulforum u. a.) oder im Studium und beruflichen Leben ergeben sich immer wieder Situationen, die zum spontanen Reden, zur Formulierung eines Statements, zu einer Stegreifrede zwingen. Um dies zu leisten, ist nicht mangelndes Wissen über den Redegegenstand das Problem, sondern der Umstand, sich über einen Gegenstand, mit dem man vertraut ist, spontan äußern zu müssen. Es geht in diesem Fall darum, dem vorhandenen Wissen eine Struktur zu geben, so daß der Redebeitrag den Ansprechpartner erreicht und überzeugt.

In Colleg Deutsch 1 wurden einige Grundredeschemata zur Formulierung kürzerer Redebeiträge nach H. Geißner vorgestellt. Gemeinsam ist diesen Schemata, daß sie jeweils aus fünf Sätzen bestehen, daß im ersten Satz immer die Ausgangslage genannt wird und daß im Schlußsatz das Ziel formuliert wird. Diese Schemata sollen hier wiederholt werden:

1. Analoger Aufbau zur Aufsatzgliederung: Einleitung (Satz 1), Hauptteil (Satz 2-4, Argumente), Schluß (Satz 5).
2. Die Kette bringt in der Aneinanderreihung von Argumenten eine streng logische oder chronologische Gliederung.
3. Beim dialektischen Aufbau folgt nach der Einleitung dem einen Standpunkt (These = Satz 2) der entgegengesetzte Standpunkt (Antithese = Satz 3), worauf sich Synthese (Satz 4) und Folgerung für den Redner anschließen.
4. Der deduktive Aufbau geht vom Allgemeinen zum Besonderen. Satz 1 stellt eine Prämisse vor, Satz 2 wendet sie auf ein Beispiel an, das in Satz 3 und 4 erläutert wird, Satz 5 formuliert die Schlußfolgerung.
5. Vergleichender Aufbau: In Satz 1 und 2 wird ein Standpunkt dargestellt und erläutert, in Satz 3 und 4 ein anderer, Satz 5 zieht eine Folgerung aus diesem Gegensatz.
6. Kompromiß: Satz 1 und 2 stellen zwei Standpunkte gegenüber, Satz 3 zeigt die Gemeinsamkeiten der beiden Standpunkte auf, Satz 4 formuliert den Kompromiß, Satz 5 macht das Dargelegte zur eigenen Stellungnahme.
7. Ausklammerung: Satz 1 und 2 fassen den Diskussionsstand zusammen, Satz 3 stellt vernachlässigte Aspekte heraus, Satz 4 vertieft sie, Satz 5 macht das Dargelegte zur eigenen Stellungnahme.

Bei der praktischen Anwendung des Fünfsatzes ist es günstig, sich Stichpunkte zu machen. Bei der Planung ist vom Ziel des Beitrages auszugehen. Außerdem sollte man sich mit den Gegenargumenten befassen. Es folgt ein Beispiel zum ersten Schema zum Thema »Tempo 100 auf Autobahnen«:

Reizwort/Thema: Tempo 100

Ziel I: Tempo 100 einführen!
– Umwelt
  a) Luft
  b) Lärm
  c) Landschaft

– weniger Streß
– weniger Staus
– Rohstoffe
– weniger Unfälle
– billiger
– Bundesbahn
– ...

Ziel II: Freie Fahrt!
– persönliche Freiheit
– Zeit
– sichere Autobahnen
– Arbeitsplätze
– Wirtschaft
– Umwelt
– weniger Streß
– Lebensqualität
– ...

In: Paul Herrmann: Reden wie ein Profi. Rhetorik für den Alltag. München: Goldmann 1991, S. 66.

Die ungeordneten Punkte müssen jetzt in eine Ordnung gebracht werden, dabei sollten nicht alle Punkte berücksichtigt werden, denn mehrere kurze Diskussionsbeiträge sind wirksamer als wenige längere.

Planung
Zielsatz: Tempo 100 einführen!
Argument 1: Argument 2: Argument 3:
Luft   Landschaft   Lärm
Einleitung: z. B. Zitat[1]

Formulieren Sie Redebeiträge zu aktuellen Themen.
Gehen Sie vom Zielsatz aus, formulieren Sie Argumente, und überlegen Sie sich eine Einleitung. Tragen Sie ihr Statement vor.

Diskussion und Debatte

Diskussion (von spätlat. discussio »Untersuchung, Prüfung«) und Debatte (frz. zu débattre »durchsprechen, den Gegner mit Worten schlagen«) bezeichnen beide Formen des öffentlichen Gesprächs. Während sich eine Diskussion spontan ergeben kann, ist der Begriff Debatte meist dem politischen Leben zugeordnet. Es geht in einer Debatte in der Regel darum, einem Antrag zum Sieg zu verhelfen oder ihn abzulehnen. Man unterscheidet folgende Formen:
Stegreifdiskussion: Sie ergibt sich spontan aufgrund unterschiedlicher Positionen.

Problematisch kann bei ihr die Bereitstellung wichtiger Informationen sein. Sie ist eine der wichtigsten Formen des Gedankenaustauschs.
Plenumsdiskussion: Sie kann entweder im Anschluß an eine Rede, ein Referat oder einen Fachvortrag stattfinden und dient dann der Vertiefung des Vorgetragenen, oder es wird ohne vorhergehenden Vortrag diskutiert. Daß eine solche freie Diskussion zu einem sinnvollen Ziel führt, liegt am Diskussionsleiter und an der Einhaltung der Regeln durch die Beteiligten.

[1] Paul Herrmann: Reden wie ein Profi. Rhetorik für den Alltag. München: Goldmann 1991, S. 66.

Die Podiumsdiskussion: Eine kleine Zahl von Fachleuten diskutiert auf einem Podium oder im Fernsehen über ein bestimmtes Thema. Der grobe Gesprächsverlauf wird in dieser Diskussionsform meist schon vorab festgelegt. Manchmal hat das Publikum im Anschluß an die Diskussion die Möglichkeit, Fragen zu stellen.

Das Forumsgespräch: Hier stehen Fachleute den Fragen des Publikums Rede und Antwort.

Durchführung der Diskussion: Die Teilnehmer setzen sich so, daß sie sich während der Diskussion anschauen können. Sie haben sich mit dem Thema auseinandergesetzt und u. U. Material (Stichwortzettel und Texte, um mögliche Aussagen zu belegen) bereit. Sie haben sich auf mögliche Gegenargumente vorbereitet. Argumentationsstrukturen (vgl. S. 11) und Aufbau von Kurzreden (vgl. S. 55) sollten zuvor noch einmal bewußt gemacht werden. Bei den Diskussionsbeiträgen bemühen sie sich um Fairness und Sachlichkeit.

Der Diskussionsleiter führt in das Thema ein. Er muß während der gesamten Diskussion den Überblick über den Stoff haben. Dazu macht er Notizen, die auch hilfreich für das abschließende Resümee sind. Der Diskussionsleiter beachtet die Reihenfolge der Wortmeldungen.

Helmut Kreuzer u. a.
Medien und Kultur

Im folgenden sind ausgewählte Diskussionsbeiträge abgedruckt, die innerhalb einer Diskussion vorgetragen wurden. Diese Diskussion setzt sich mit dem Wesen und der Stellung des Theaters in der heutigen Zeit auseinander.

Ottfried Hoppe (Theater- und Kulturwissenschaft):
Als Diskussionsleiter der ersten Runde möchte ich unser Thema in einer Rolle einführen, die der des advocatus diaboli ziemlich nahekommt. Ich biete dazu drei Thesen als Diskussionsanreize:
Die erste These heißt: Theater ist ein Medium, wenn man den Begriff Medium entsprechend definiert. Ich denke, das ist nach dem, was bisher gesagt wurde, durchaus möglich. 5
Meine Frage ist: Wozu soll eine solche Definition eigentlich gut sein?
Die zweite These: Theater kann das sein, was Medium nicht ist – wenn man Medium zum Beispiel als Querschnitt durch das Medium Fernsehen versteht. Dies möchte ich gern etwas ausführen in Form von Gegenüberstellungen. Ich würde dann sagen: Theater ist nicht Medium, sondern Spiel; nicht Abbild oder Reproduktion, sondern Ereignis des 10
Spiels, authentisch auf der Bühne und im Zuschauerraum, weil es sich im Hier und Jetzt abspielt. Theater ist dann nicht konstruiertes Abbild oder Täuschung, sondern Aufführung, Inszenierung. Es ist nicht Ersatz für Wirklichkeit, sondern Wirklichkeit eigener Art, weil es ja sich selbst und nicht nur etwas zeigt, dessen Reproduktion zu sein es vorgibt oder vortäuscht. Theater ist nicht Illusion, vermeintliche Wirklichkeit, sondern real auf- 15
geführte Fiktion. Illusionistische Effekte im Theater sind ein legitimes Hilfsmittel, und wo sie dominant werden, entsteht in etwa das, was man heute »Show« nennt. Theater ist auch Show, aber es erschöpft sich nicht darin. Theater ist nicht Medium für Information oder Kommunikation oder Ähnliches, denn Medien – in dem jetzt eingeengten Sinne –

20 täuschen durch Quasi-Abbilder, durch Live-Auftritte Wirklichkeit nur vor und verhindern den kritischen Vergleich mit der Wirklichkeit. Theater ist stattdessen Transformation: Theater erfindet Wirklichkeit im Spiel und läßt an diesem Spiel teilnehmen. Theater ist nicht gleichgeschaltete Privatheit als Ersatz für Öffentlichkeit mit den üblichen Mitteln des Senders, der Überprüfung als Einschaltquote und der Meinungsumfrage; sondern
25 Theater ist ein Stück urbane Öffentlichkeit, und dabei ermöglicht es die Selbstdarstellung aller Beteiligten in einem dafür abgegrenzten offenen Feld. Ich zitiere Hans Paul Bahrdt[1]: »Ohne ein Minimum an Selbstdarstellung gibt es keine Öffentlichkeit«.
Die dritte These lautet: Theater im obengenannten Sinne ist Ereignis mit Spielern und Publikum, es setzt also Teilnehmer voraus, die über bestimmte Kulturfähigkeiten verfü-
30 gen, zum Beispiel über die Fähigkeit, den Raum, die Zeit und den Körper wahrzunehmen. Grundlage dafür ist die Fähigkeit zu einer differenzierten Selbstwahrnehmung. Diese Selbstwahrnehmung wird durch Medien und Mediengebrauch unter Umständen zurückgebildet. Theater verlangt Teilnahme an einem bewußt und unbewußt wahrnehmbaren Ereignis des Spiels mit realen Spielern und Zuschauern.
35 Ich hoffe, ich habe genug provoziert.

Siegfried J. Schmidt (Kommunikationswissenschaft):
Ich hätte bei Ihren Thesen nur eine grundsätzliche Frage: nämlich wie Sie die über die Medien vermittelte Wirklichkeit mit der wirklichen Wirklichkeit vergleichen wollen?

Christian W. Thomson (Anglistik, Medienwissenschaft):
An den Thesen von Herrn Hoppe fällt mir auf – als einer, der seit früher Jugend Theater auch selbst gemacht hat, inszeniert, gespielt und darüber nachgedacht hat –, daß ich
40 eigentlich die meisten davon nicht verstehen kann, weil ich ihnen nicht mehr folgen kann. Die Thesen unterstellen, es gebe einen abstrakten, übergeordneten Begriff von Theater. In der Tat gibt es sehr viele verschiedene Formen von Theater. Mir scheint, hinter den Thesen steckt ein ganz bestimmtes Bild vom Theater, das für mich nicht mehr haltbar ist, vor allem im Hinblick auf die Zukunft.
45 Bei der zweiten These kann ich die Opposition von Medium und Spiel überhaupt nicht verstehen. Selbstverständlich wird jeder nachvollziehen können, daß Theater Ereignishaftigkeit hat, aber wieso sich in den Medien keine Ereignisse einstellen oder stattfinden sollen, das müssen Sie mir erst einmal begreifbar machen. Auch das, was hier ständig von

[1] Hans Paul Bahrdt: Soziologe

konstruierten Wirklichkeiten, tatsächlichen Wirklichkeiten und Täuschungen als Opposition gegeneinander gestellt wird, ist mir nicht nachvollziehbar. 50

Helmut Kreuzer (Literatur- und Medienwissenschaft):
Ich teile die Kritik an den Thesen nicht, weil ich ihre Funktion in Rechnung stelle, die Funktion einer Diskussionsvorgabe, auf die die Siegener[1] anspringen sollten und auch angesprungen sind. Nun reagiere auch ich in dem von Ihnen gewünschten Sinn und spiele den Ball zurück.
Auf die indirekte Frage nach meinem Medienbegriff würde ich zwei Punkte nennen: 55 erstens, daß jeder Zeichenträger ein Medium ist. Zeichenträger und Medium könnte ich als Synonym verstehen, natürlich ist dann die Geste des Schauspielers allein auch schon ein Medium. Dann gibt es den zweiten Medienbegriff, der sich auf die Institution bezieht, die Produktion, Distribution und Rezeption organisiert. Nicht nur das Fernsehen ist eine mediale Institution, sondern auch das Theater. Das Bochumer Theater zum Beispiel hat 60 einen Etat von mindestens zwanzig Millionen; die Institution Theater insgesamt ist, schon finanziell betrachtet, ein sehr großer Apparat. Bekanntlich werden Theateraufführungen auch ins Fernsehen übernommen. Die Frage lautet: Ist jetzt Theater im Fernsehen überhaupt noch Theater, oder ist das Fernseh-Theater wenigstens noch Theater für die Produzenten und lediglich Fernsehen für die Rezipienten? Jedenfalls haben wir hier eine 65 Verschränkung zweier Mediensysteme, und die Theaterleute, denen Sie eine besondere Aura zusprechen, nehmen dieses andere Medium und seine Chancen wahr. Gebührt ihnen dennoch eine andere Aura als den Fernsehleuten, wiewohl sie sich des Fernsehens bedienen?

Ingo Hermann (Fernsehpraxis):
Ich möchte gern aus der Ecke des Fernsehens etwas dazu sagen: Die Theorie des Theaters 70 ist ja besonders lebhaft diskutiert worden beim Übergang oder beim Entstehen des Films. Ich erinnere an Kracauer, Arnheim usw. Da ist sehr viel über das Theater gesagt worden, was für jemanden, der die Entstehung des Stummfilms nicht miterlebt hat, von besonderem Interesse ist, und das überzeugt mich an den Thesen von Herrn Hoppe das »Hier und Jetzt«. Das ist etwas, was weder der Spielfilm noch das Fernsehen – selbst, wenn es sich 75 um eine Live-Übertragung handelt – bieten kann. Es ist dann immerhin ein medial vermitteltes Hier und Jetzt. Nur scheint mir, daß Ihre Theorie des Fernsehens, bei dem Bemühen, eine Theorie des Theaters zu formulieren, einfach nicht aufrechterhalten werden kann. Wenn man sich an das erinnert, was Herr Schmidt heute morgen gesagt hat – was auch sonst eine opinio communis ist –, was die Bedingungen der Fernsehrezeption 80 und der Fernsehwirkung angeht: Wenn Sie sagen, Theater ist nicht Abbild und Reproduktion, dann muß man hier sagen, Fernsehen ist auch nicht Abbild und Reproduktion – wegen der Rezeptionsbedingungen und wegen der Bedingungen, unter denen auch Fernsehen wahrgenommen wird. Wenn Sie sagen, Theater ist nicht Ersatz für Wirklichkeit, würde ich sagen: Auch Fernsehen ist nicht Ersatz für Wirklichkeit. Und wenn Sie sich 85 absetzen vom Fernsehen, indem Sie sagen, da werden Abbilder geliefert: Das haben wir ja gerade heute morgen gehört, und das ist eigentlich längst gegessen: Auch im Fernsehen

[1] Siegener: Prof. Kreuzer und Prof. Thomson lehren an der Universität Siegen.

handelt es sich nicht um Abbilder von Wirklichkeit, sondern wie im Film um die Erschaffung einer neuen, einer medialen Wirklichkeit, die dann erst noch einmal neu analysiert
90 werden müßte, was ein ganz anderes Kapitel ist.

In: Werner Faulstich (Hg.): Medien und Kultur. Beiträge zu einem interdisziplinären Symposium der Universität Lüneburg. In: Zeitschrift für Literaturwissenschaft und Linguistik. Beiheft 16. Göttingen: Vandenhoeck & Ruprecht 1991, S. 67 ff.

Ottfried Hoppe
1. *Welche Rolle übernimmt er als Diskussionsleiter?*
   – *Was ist ein advocatus diaboli?*
   – *Auf welche Weise entwickelt er seine zweite These?*
2. *Wie definiert er die Wirklichkeit des Theaters? Was meint Hoppe mit »Selbstwahrnehmung« in seiner dritten These?*

Siegfried J. Schmidt
1. *Welcher Stellenwert in der Diskussion kommt seiner Frage zu?*
2. *Was bezweckt er mit seiner Frage?*

Christian W. Thomson
1. *Welche Technik der Gegenargumentation wendet er an? Wie stützt er seine These ab?*
2. *Wie beurteilen Sie die inhaltliche Aussage?*

Helmut Kreuzer
1. *Mit welchen rhetorischen Mitteln überbrückt er die aufgetretene Kluft?*
2. *Welche Mediendefinition wendet er an? Woher rührt das Problem, ob Theater im Fernsehen noch Theater ist?*

Ingo Hermann
1. *Wie beginnt Hermann seine Gegenargumentation? Woran erkennt man die gesprochene Sprache?*
2. *Wie erörtert er die Frage nach der Wirklichkeit?*

Zusammenfassung
1. *Bewerten Sie den abgedruckten Teil der Diskussion.*
2. *Führen Sie eine Diskussion zu diesem Thema durch.*

LITERATUR

Häufig faßt man die literarischen Entwicklungen zwischen 1770 und 1832 unter dem Begriff des deutschen Idealismus zusammen. Die zwei Jahrzehnte zwischen 1767 und 1785 sind nach Maximilian Klingers Schauspiel »Sturm und Drang« (1776) benannt. Die geistesgeschichtliche Epoche zwischen Goethes italienischer Reise (1786) und Schillers Tod (1805) gilt als die Zeit der deutschen Klassik, als sich die beiden Hauptvertreter der Klassik vom Sturm und Drang ihrer Jugend abwendeten und in der Auseinandersetzung mit der Antike nach Maß und Reife in ihren Werken strebten.

Als noch die Klassik, insbesondere die Weimarer Klassik, auf dem Höhepunkt ihrer literarischen Wirkung stand, breitete sich – zum Teil als Gegenbewegung – die Romantik aus, die nicht mehr die strenge Gesetzmäßigkeit betonte, sondern – ähnlich wie im Sturm und Drang – die Freiheit des Dichters mit seinem Streben nach Entgrenzung aller Lebens- und Erfahrensbereiche in den Mittelpunkt einer neuen Lebenserfahrung stellte.

Die beiden Epochen – Klassik und Romantik – durchdringen sich in der zeitlichen Abfolge. So beeinflußte Goethes Roman »Wilhelm Meisters Lehrjahre« (1795/96) besonders durch die Gestalten des Harfners und des Mädchens Mignon die Romantiker, die in diesem »klassischen« Bildungsroman ihr ungeschriebenes Programm vorgezeichnet sahen.

Als Beginn der Romantik setzen die verschiedenen Literaturgeschichten unterschiedliche Zeitmarken: einmal 1795/96 mit Ludwig Tiecks »Geschichte des Herrn William Lovell« oder häufiger mit Wilhelm Heinrich Wackenroders »Herzensergießungen eines kunstliebenden Klosterbruders« das Jahr 1796.

Doch schon inmitten der Romantik lassen sich Werke ausmachen, die dem Biedermeier und dem Jungen Deutschland zuzurechnen sind. Diese Strömungen gewinnen um das Revolutionsjahr 1830 die Übermacht und lösen die Romantik ab, obwohl Werke, die der Spätromantik zuzurechnen sind, noch bis 1850 geschrieben werden.

Im Wissen um die zeitliche Parallele zwischen Klassik und Romantik trennen wir beide Bewegungen, indem wir das erste größere Kapitel der Klassik und das zweite der Romantik widmen.

I. KLASSIK

1. Grundlagen

Die Römer bezeichneten die Angehörigen der höchsten Steuerklasse als classici. Im zweiten nachchristlichen Jahrhundert wurde dieser Begriff auf vorbildliche und bedeutende Schriftsteller (scriptores classici) erweitert. Dabei nahm der Begriff die Bedeutung von »erstklassig« und »mustergültig« an. In der europäischen Renaissance verstand man unter Klassik die gesamte griechisch-römische Antike, vor allem aber deren politische und kulturelle Höhepunkte in der Epoche des Perikles und dem Goldenen Zeitalter des Augustus. Später wurde dann dieses Verständnis von Klassik auf die Kulturentwicklung anderer Nationen übertragen. So gilt z. B. für Italien die Renaissance (von Dante bis Tasso) als das klassische Zeitalter. In Spanien rechnet man die Zeit von Calderón de la Barca bis Miguel de Cervantes, in England das Elisabethanische Zeitalter (Shakespeare) und in Frankreich die Epoche Ludwig XIV. (von Corneille bis Racine) zur klassischen Blütezeit der Literatur. Der politische Aufstieg und die politische Bedeutung der jeweiligen Staaten fanden ihre Entsprechung und ihr Spiegelbild in der Literatur der jeweiligen Nation.

Dieses Zusammentreffen von politischer und künstlerischer (auch literarischer) Blüte können wir zum ersten Mal für den deutschen Bereich auf die mittelhochdeutsche höfische Dichtung um das Jahr 1200 anwenden. Man spricht in diesem Zusammenhang von der ersten deutschen Klassik (oder auch Staufischen Klassik). Die sogenannte zweite deutsche Klassik (oder auch Weimarer Klassik) ist nicht durch ein solches Zusammentreffen gekennzeichnet. Das Heilige Römische Reich Deutscher Nation befand sich am Vorabend der Französischen Revolution im politischen Niedergang, während in den politisch wenig bedeutenden deutschen Kleinstaaten das künstlerische (bzw. literarische) Schaffen immer mehr an weltweiter Bedeutung gewann.

Über die Eingrenzung des historischen, gesellschaftlichen, kulturellen und geistesgeschichtlichen Umfeldes der deutschen Klassik bestehen je nach Standpunkt und Betrachtungsweise verschiedene berechtigte Vorstellungen. Ohne auf literaturwissenschaftliche Streitfragen einzugehen, entscheiden wir uns für den Zeitraum zwischen 1786 (Goethes italienischer Reise) und 1805 (Schillers Tod) als die Weimarer Klassik[1].

---

[1] Dagegen betrachtet Friedrich Sengle »das große Jahrhundert zwischen 1750 und 1850« als eine Epoche (Arbeiten zur deutschen Literatur 1750-1850. Stuttgart 1965), während Hermann August Korff in seiner Darstellung »Geist der Goethezeit« den Zeitraum von 1770 bis 1831 als Einheit sieht (Geist der Goethezeit. Leipzig 1923-1953, 4. Bde.). Andere Periodisierungsvorschläge machen z. B. Richard Benz: Die Zeit der deutschen Klassik. Kultur des 18. Jahrhunderts 1750-1800. Stuttgart 1953; Paul Reimann: Hauptströmungen der deutschen Literatur 1750-1848. Beiträge zu ihrer Geschichte und Kritik, Berlin 1956; Benno von Wiese: Von Lessing bis Grabbe. Studien zur deutschen Klassik und Romantik. Düsseldorf 1968; Karl Otto Conrady: Anmerkungen zum Konzept der Klassik. In: Deutsche Literatur zur Zeit der Klassik. Hg. v. Karl Otto Conrady. Stuttgart: Reclam 1977, S. 7 ff.; Gert Ueding: Klassik und Romantik. Deutsche Literatur im Zeitalter der Französischen Revolution 1789-1815. 2 Bd. München: dtv 1988.

Auf der ersten italienischen Reise von 1786 bis 1788 wurde Goethe mit den Zeugnissen der Antike konfrontiert. Auch in seinen in Italien begonnenen oder umgearbeiteten Werken setzte er sich mit dem Gedanken- und Formenkreis der klassischen griechischen und römischen Kultur auseinander. Mit der Entdeckung der Urpflanze (vgl. S. 134 ff.) glaubte er, das »klassische« Muster für alle Pflanzen gefunden zu haben. Nach Schillers Tod 1805 entfernte sich Goethe immer mehr von den von ihm und Schiller vertretenen Idealen, um neue literarische Formen zu entwickeln.

Die Weimarer Klassik ist eine Richtung der deutschen Literatur und Geistesgeschichte, die besonders von Goethe und Schiller geprägt wurde. Beide kehrten sich von der selbst durchlebten und mitgestalteten Epoche des Sturm und Drang ab und reagierten gleichzeitig auf die zeitgeschichtliche Wende durch die Französische Revolution, indem sie Harmonie und Humanität als Leitideen ihrer Kunst voranstellten. Die griechisch-römische Klassik galt ihnen in allen Fragen der Kunst als Vorbild, in ihr sahen sie die Werte wie Menschlichkeit, Toleranz, Maß, Reinheit, Übereinstimmung von Mensch und Natur, von Individuum und Gesellschaft verwirklicht.

Der politische Hintergrund der Klassik wird – wie gesagt – von der Französischen Revolution von 1789, ihren Auswirkungen, ihrer machtpolitischen Ausweitung und der weiteren Entwicklung unter Napoleon bestimmt. 1793 wird als Repräsentant der feudalen Ordnung Ludwig XVI. hingerichtet. Die Revolution erstickt sich danach selbst und ihre Wortführer in Blut und Terror. Napoleon, der Erbe und Nutznießer der Revolution, überzieht Europa für fast zwanzig Jahre mit Krieg, in dessen Folge die alte Ordnung, vor allem in Deutschland, zusammenbricht. Zwischen 1795 und 1806 konnte sich nur Preußen durch eine hinhaltende Politik aus den Napoleonischen Kriegen heraushalten, während der Reichsdeputationshauptschluß (1803) mit seinen Auswirkungen die Grundlagen der Kirche und der reichsunmittelbaren Fürstentümer, Grafschaften und Herrschaften zerstörte. In Konsequenz dieser Ereignisse legte 1806 Franz II. die Krone des Heiligen Römischen Reiches Deutscher Nation nieder. Als 1812 Napoleon in Rußland scheiterte, erstarkte Preußen unter Friedrich Wilhelm III. wieder in den Befreiungskriegen (1813-1815) und etablierte sich endgültig neben Österreich zur zweiten Macht in Deutschland. Auf dem Wiener Kongreß (1814/15) schufen die führenden europäischen Mächte unter Einschluß des besiegten Frankreich eine Friedensordnung, die trotz aller Stürme und Wirren bis zum Ausbruch des 1. Weltkrieges die europäische Staatenwelt in einem relativen Gleichgewicht hielt.

Während im 17. Jahrhundert in England nach der Glorreichen Revolution und unter Einfluß der Staatstheorien von John Locke die individuellen Rechte der Menschen ausgeweitet wurden, die Industrielle Revolution den Merkantilismus ablöste, in Frankreich das Ancien Régime im Pathos von Freiheit, Gleichheit und Brüderlichkeit zusammenbrach, schauten die geistigen Eliten Deutschlands teils mit Bewunderung, teils mit Abscheu auf das politische und wirtschaftliche Geschehen in den beiden Nachbarländern. Das zersplitterte Deutschland war nicht der Nährboden für einen Nationalismus französischer Prägung. Da eine staatliche Einheit nicht realisierbar erschien, ersetzten Kultur und Kulturnation den vereinheitlichenden Begriff der Staatsnation. Weltbürgertum bei Goethe und Schiller, der Gedanke des Völkerbundes bei Kant waren Ideale, die die Klassik weit ihrer Zeit voraus erscheinen ließ.

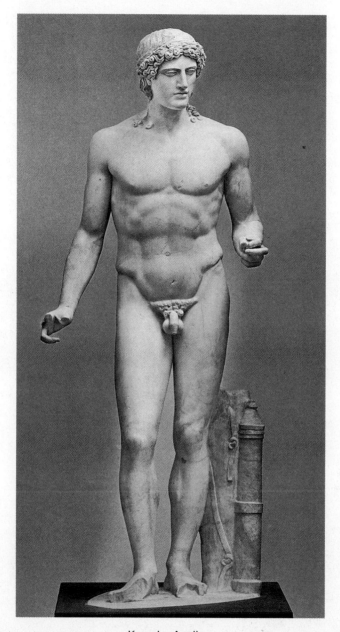

Kasseler Apollon.
Römische Marmorkopie des 2. Jahrhunderts n. Chr. nach einem Bronzeoriginal wahrscheinlich des Phidias um 450 v. Chr. Die Statue wurde 1776/77 in Italien erworben. Winckelmann (vgl. S. 75) weist in seinen Schriften auf diese Statue hin.

Stellen Sie aus Literaturgeschichten und Nachschlagewerken verschiedene Definitionen des Begriffs Klassik zusammen.

Biographien

Chronologie von Goethes Leben	Zeitgeschichte	Chronologie von Schillers Leben

28.8.1749 Johann Wolfgang Goethe als Sohn des Kaiserlichen Rates Dr. jur. Johann Caspar Goethe und seiner Frau Catharina Elisabeth, geb. Textor, in Frankfurt a. Main geboren

Aufgeklärter Absolutismus
1740-1786 Friedrich II., der Große, von Preußen
1740-1780 Maria Theresia 1. und 2. Schlesischer Krieg (1740-1742 und 1744-1745)
1756-1763 Siebenjähriger Krieg
1755-1763 Englischfranzösischer Kolonialkrieg
1769-1821 Napoleon Bonaparte
1772 Erste Teilung Polens
4. Juli 1776 Unabhängigkeitserklärung der 13 Vereinigten Staaten von Amerika und Erklärung der Menschenrechte
1776-1783 Amerikanischer Unabhängigkeitskrieg
1780 Maria Theresia gestorben

10.11.1759 Johann Christoph Friedrich Schiller als Sohn des Wundarztes und späteren Offiziers Johann Kaspar Schiller und seiner Frau Elisabeth Dorothea, geb. Kodweiß, in Marbach a. Neckar geboren

1765-1770/71 Student der Rechte in Leipzig und später in Straßburg.

Schiller als Karlsschüler. Getuschter Schattenriß.

Goethes Geburtshaus in Frankfurt vor dem Umbau. Rekonstruktionszeichnung von Reiffenstein.

Schillers Geburtshaus in Marbach.

Bekanntschaft mit Friederike Brion in Sesenheim. Friederikenlieder: erste Erlebnislyrik. Pläne zu »Götz« und »Faust«. Begegnung mit Herder in Straßburg
1771-1775 Frankfurter Geniezeit. Sturm- und Drang-Lyrik

7.11.1775 Ankunft in Weimar. Freundschaft mit dem Herzog. Aufnahme in den »Weimarer Musenhof«. Staatspolitische Tätigkeit, neben wissenschaftlicher Forschung bis 1786
1780 »Torquato Tasso« begonnen

Charlotte von Stein. Bleistiftzeichnung, angebliches Selbstbildnis.

1785 Abschluß von »Wilhelm Meisters theatralische Sendung«
1786-1788 Erste italienische Reise. Beginn der Klassik
1786 »Iphigenie auf Tauris« in Versen

1786 Friedrich II. gestorben

1773-1780 Zögling an der militärischen Pflanzschule des Herzogs Karl Eugen von Württemberg (Karlsschule) zunächst auf der Solitude, später in Stuttgart
1777 Erste Szenen zu den »Räubern«
1780 Ausarbeitung der »Räuber«
13.1.1782 Uraufführung der »Räuber« in Mannheim

1782 Fertigstellung des »Fiesco«. Beginn der Arbeit an »Kabale und Liebe«

Das Weimarer Hoftheater. Um 1835. Lithographie um 1835

Die Karlsschule in Stuttgart. Stich nach einer Zeichnung von K. P. Conz.

Goethe in der Campagna.
J. H. W. Tischbein. 1786-88.

Schiller. Stich von C. Küchler nach
einer Zeichnung von J. C. Reinhart
aus dem Jahr 1787.

1787 Im botanischen
Garten von Palermo
findet Goethe das
Prinzip der Urpflanze
1787-1788 »Egmont« be-
endet. Arbeit an
»Faust«, »Tasso«,
»Wilhelm Meister«
1789 »Tasso« beendet
1790 Zweite italienische
Reise. »Venetianische
Epigramme«, »Über
die Metamorphose der
Pflanzen«, »Faust, ein
Fragment« erschienen
1791-1817 Leitung des
Weimarer Hoftheaters
1792 In Begleitung des
Herzogs Teilnahme am
Feldzug in Frankreich:
»Die Campagne in
Frankreich« (1822)

1788 Verfassung der
USA in Kraft
1789-1795 Französische
Revolution
1790 Kaiser Joseph II.
gestorben

1791 Frankreich: »Ge-
setzgebende Ver-
sammlung«, Konstitu-
tionelle Monarchie
1792-1797 »Erster Koali-
tionskrieg«
20. 9. 1792 Kanonade
von Valmy. Goethe,
»Von hier und heute ...«

1785 »Was kann eine
gute stehende Schau-
bühne eigentlich wir-
ken« (1802 leicht ver-
ändert veröffentlicht
unter dem berühmten
Titel »Die Schaubühne
als moralische Anstalt
betrachtet«)
1785 Arbeit am »Don
Carlos«
1787-1792 Geschichts-
studien
1788 »Geschichte des
Abfalls der Vereinigten
Niederlande«. Extraor-
dinarius für Philoso-
phie in Jena
1789 Antrittsvorlesung in
Jena: »Was heißt und
zu welchem Ende stu-
diert man Universalge-
schichte?«

Der Rückzug der Koalitionsarmee bei Valmy.
Kupferstich von J. C. Bock nach einer Zeichnung
von J. Volz.

Warum stehen sie davor?
Ist nicht Thüre da und Thor?

Kömen sie getrost herein,
Würden wohl empfangen seyn.
Goethe 1828

Goethes Haus am
Frauenplan in Weimar.

1794 Beginn der
Freundschaft zwischen
Goethe und Schiller.
Im Juli Aussprache
nach einer Sitzung der
naturforschenden Ge-
sellschaft
1795-1796 »Wilhelm
Meisters Lehrjahre«
beendet. Arbeit an
»Hermann und Doro-
thea«

1793 Ludwig XVI. hinge-
richtet
1793-1794 »Schreckens-
herrschaft« unter Ro-
bespierre
1793 2. Teilung Polens
1794 Sturz und Hinrich-
tung Robespierres
1795 3. Teilung Polens
1795-1799 Regierung
des Direktoriums in
Frankreich

1791 Schwere Erkran-
kung, Beginn des
Kantstudiums
1792-1796 Philosophi-
sche und ästhetische
Studien

Friedrich Schiller.
Lithographie nach dem
Pastellbild von L. Sima-
nowiz. 1793.

1793 »Über Anmut und
Würde«, »Über das Er-
habene«, »Über die
ästhetische Erziehung
des Menschen«
23. 8. 1794 Schiller zieht
in einem Brief die
Summe der Goethi-
schen Existenz und
grenzt sein eigenes
Schaffen ab. Schiller
als Anreger Goethes.
Gespräche über We-
sen und Gesetze der
Kunst. Umarbeitung
des »Wilhelm Meister«
durch Goethe in Aus-
einandersetzung mit
Schiller
1795-1796 Gedankenly-
rik
1796 Gemeinsame Arbeit
an den »Xenien«:
1797 im »Musenalma-
nach«
1798 gemeinsamer
Balladenalmanach
1796-1799 Arbeit am
»Wallenstein«
1799 Übersiedlung nach
Weimar, Arbeit an
»Maria Stuart«

Napoleon.
Stich von Dähling.

Schillers Haus in Weimar.

Christiane.
Bleistift- und Feder-
zeichnung Goethes.

1804-1805 Arbeit an der
Abhandlung »Winckel-
mann und sein Jahr-
hundert«, »Epilog zu
Schillers Glocke«

1798-1799 Zug Napo-
leons nach Ägypten
1799-1802 »Zweiter Koa-
litionskrieg«
1799 Napoleon wird
1. Konsul.
1803 Reichsdeputations-
hauptschluß zu Re-
gensburg (Säkularisie-
rung)

1800-1801 »Jungfrau
von Orleans«
1802-1803 »Braut von
Messina«
1802-1804 »Wilhelm Tell«
1804 »Demetrius«
9. 5. 1805 Tod Schillers

Schiller. Steinzeichnung
von Gottfried Schadow.
1804.

Goethe und Schiller.
Denkmal von Rietschel
in Weimar.

1806 »Faust, erster Teil« beendet
1807 Arbeit an »Wilhelm Meisters Wanderjahren«
1808 Zusammentreffen mit Napoleon
1808-1830 Arbeiten an »Dichtung und Wahrheit«
1809 »Die Wahlverwandschaften«, Arbeit an der »Farbenlehre«
1814-1819 Arbeit am »Westöstlichen Diwan«
1816 »Italienische Reise, erster und zweiter Teil«
1825 Wiederaufnahme der Arbeit am »Faust, zweiter Teil«
1829 »Wilhelm Meisters Wanderjahre« erschienen

1804-1814 (1815) Napoleon I., Kaiser der Franzosen
1805 Napoleon wird König von Italien
1806 Ende des alten deutschen Reichs und des Kaisertums
1806-1807 Krieg Frankreichs gegen Preußen
1806 Kontinentalsperre gegen England
seit 1807 »Preußische Reformen«
1808 Fürstentag zu Erfurt
1809 Erhebung Österreichs gegen Napoleon
1812 Napoleons Kriegszug gegen Rußland
1813 Völkerschlacht bei Leipzig

Schillers Totenmaske.

22.3.1832 Tod Goethes

1814-1815 Wiener Kongreß
1821-1829 Freiheitskampf Griechenlands
1830 Julirevolution in Paris

Herzog Karl August und Goethe. Kupferstich nach C. A. Schwerdgeburth.

1. *Definieren Sie folgende geschichtliche Grundbegriffe der Epoche, oder stellen Sie sie in einem Kurzreferat dar: Absolutismus – Aufklärung – aufgeklärter Absolutismus – Revolution – Restauration. (Die gebräuchlichen Geschichtsbücher für die Oberstufe sind für eine erste Übersicht ausreichend. Wenn Sie tiefer in das geschichtliche Umfeld eindringen wollen, seien Sie auf die einschlägigen Lexika verwiesen. Zu einigen der Begriffe finden Sie in Colleg Deutsch 1 eine Einführung.)*
2. *Stellen Sie einige weiterwirkende geschichtliche Ereignisse in Kurzreferaten vor: Siebenjähriger Krieg – Unabhängigkeitserklärung der 13 Vereinigten Staaten – Französische Revolution – Napoleonische Kriege – Säkularisierung und Mediatisierung – Ende des Heiligen Römischen Reiches Deutscher Nation – Napoleons Kriegszug gegen Rußland – Wiener Kongreß – Griechischer Freiheitskampf – Julirevolution in Paris.*
3. *Charakterisieren Sie Person und Werk einiger bestimmender Menschen: Friedrich II. (der Große) – Maria Theresia – Joseph II. – Napoleon Bonaparte.*
4. *Stellen Sie das Elternhaus von Goethe und Schiller gegenüber. Ziehen Sie Schlüsse, wie Herkunft und Familie auf Kindheit und Jugend von Goethe und Schiller gewirkt haben.*

Für die Beantwortung dieser Fragen können Ihnen neben den üblichen Literaturgeschichten auch folgende biographischen Darstellungen hilfreich sein:
Peter Boerner: Goethe. In Selbstzeugnissen und Bilddokumenten. Reinbek: Rowohlt 1964.
Goethe erzählt sein Leben. Nach Selbstzeugnissen und Aufzeichnungen seiner Zeitgenossen zusammengestellt v. Hans Egon Gerlach u. Otto Herrmann. Frankfurt/M.: Fischer 1982.
Karl Otto Conrady: Goethe. Leben und Werk. Königstein/Ts.: Athenäum 1982/85 (2 Bde.).
K. R. Eissler: Goethe. Eine psychoanalytische Studie. Hg. v. Rüdiger Scholz. Üs. v. Peter Fischer. Basel/Frankfurt/M.: Stroemfeld/Roter Stern 1983/85 (2 Bde.).
Friedrich Burschell: Friedrich Schiller. In Selbstzeugnissen und Bilddokumenten. Reinbek: Rowohlt 1958.
Peter Lahnstein: Schillers Leben. München: List 1981.

Johann Gottfried Herder wurde am 25. 8. 1744 als Sohn eines Kantors in Mohrungen (Ostpreußen) geboren und starb am 18. 12. 1803 in Weimar. In Königsberg studierte er seit 1762 Theologie. Er war Schüler Immanuel Kants, der seinen Studenten nicht Philosophie, sondern das Philosophieren lehren wollte. Herder erwies sich zeit seines Lebens als konsequenter Schüler dieser Methode. Johann Georg Hamann (1730-1788) weckte in Herder das Interesse für Sprache, Dichtung und Literaturkritik. 1767 wurde Herder zum Pfarrer ordiniert; 1769 verließ er auf dem Seeweg Riga und studierte anschließend in Nantes (Frankreich) die französische Sprache und Literatur. Nach verschiedenen Reisen durch West- und Mitteleuropa hielt ihn 1770/71 ein Augenleiden in Straßburg fest. Dort entwickelte sich die Freundschaft mit Goethe, den er auf die Poesie des Volksliedes hinwies und mit dem Werk Shakespeares vertraut machte. Vor allem weckte er in ihm den Sinn für die Ursprünglichkeit des Genies. 1776 berief Herzog Karl August von Weimar auf Veranlassung Goethes Herder in seine Residenzstadt. In Weimar wirkte Herder als Generalsuperintendent und Oberkonsistorialrat bis zu seinem Tode. Sein weit ausholendes und stets befruchtendes Schaffen erstreckte sich auf die Geschichts-, Religions-, Sprach- und Kulturphilosophie, Pädagogik, Ästhetik, Literaturkritik und Theologie. Sein Schaffen war vom Gedanken der Humanität bestimmt. Herder wirkte nicht nur nachhaltig auf die deutsche Dichtung, sondern auch auf die Weltliteratur; er förderte die Volksliedforschung, regte die wissenschaftliche Beschäftigung mit den slawischen Völkern an, die sich ihrerseits im 19. Jahrhundert im Bemühen um nationale Unabhängigkeit auf Herder beriefen.

Werke: »Journal meiner Reise 1769« (erstmals 1846); »Abhandlung über den Ursprung der Sprache« (1772); »Von deutscher Art und Kunst« (1773); »Auszug aus einem Briefwechsel über Ossian und die Lieder alter Völker« (1773); »Volkslieder nebst untermischten andern Stücken« (erst in der 2. Auflage, 1807, durch den Neuherausgeber H. von Müller in »Stimmen der Völker in Liedern« umbenannt!); »Ideen zur Philosophie der Geschichte der Menschheit« (1784/91); »Briefe zur Beförderung der Humanität« (1793/97).

Friedrich Hölderlin wurde am 20.3.1770 in Lauffen am Neckar geboren. Er besuchte die Eliteschule Maulbronn und danach bis 1793 das Tübinger Stift zusammen mit Hegel und Schelling. Schiller verschaffte ihm 1793 eine Stelle bei Charlotte von Kalb in Waltershausen. 1796-98 wurde er Hauslehrer beim Bankier Gontard, in Frankfurt, dessen Frau Susette in seinem Roman »Hyperion« (1797-99) als Diotima verherrlicht wird. 1798 bis 1800 hielt er sich bei seinem Freund Sinclair in Homburg auf. 1801 wurde er für kurze Zeit Hauslehrer in Hauptwil bei St. Gallen, 1802 in Bordeaux. Seit 1808 bis zu seinem Tode am 7.6.1843 lebte er beim Tischler Zimmer in Tübingen. Hölderlins Schaffen ist geprägt durch die Französische Revolution und die anschließenden Revolutionskriege. Er versuchte, auch in der Zeit der Ernüchterung, mit seinen Mitteln die Veränderungen zu erfassen, zu deuten und zu beeinflussen und zerbrach letztlich an der Unmöglichkeit seines Unterfangens. Er schuf in seinem Werk einen neuen Mythos der Harmonie zwischen der Gottheit, dem Menschen und der Natur.

Weitere Werke: »Hymnen und Elegien« (1793); »Der Tod des Empedokles« (1797); »Friedensfeier« (1801/02).

Immanuel Kant wurde am 22.4.1724 als Sohn eines Sattlers in Königsberg geboren. Er hat Ostpreußen nie und Königsberg nur selten verlassen. 1755 habilitierte er sich als Magister der Philosophie an der Königsberger Universität. 1770 wurde er Professor der Logik und Metaphysik. Kants Wirkung auf seine Zeitgenossen und auf die Nachwelt ist unübersehbar: Seine geistesgeschichtliche Bedeutung besteht darin, daß er die westeuropäische Aufklärungsphilosophie fortführte und gleichzeitig überwand und daß er die neuen naturwissenschaftlichen Erkenntnisse in seiner Philosophie mit verarbeitete. Die preußischen Reformer und die Männer des Befreiungskrieges standen unter dem Eindruck des Kantischen Pflichtbegriffs.

Herder

Hölderlin

Kant

Schillers Weltanschauung und deren Niederschlag in seinen dramatischen Schriften sind nur aus der Auseinandersetzung mit dem Werk von Kant erklärbar. Er starb am 12. 2. 1804 in Königsberg.

Werke: »Kritik der reinen Vernunft« (1781); »Prolegomena zu einer jeden künftigen Metaphysik« (1783); »Grundlegung zur Metaphysik der Sitten« (1785); »Kritik der praktischen Vernunft« (1788); »Kritik der Urteilskraft« (1790).

Heinrich von Kleist wurde am 18. 10. 1777 als Sohn eines preußischen Offiziers in Frankfurt/Oder geboren. Er erhielt Privatunterricht. 1792 trat er in das Potsdamer Garderegiment ein, quittierte 1799 den Dienst und nahm seine Studien der Philosophie, besonders Kant, Physik und Mathematik auf. Zwischen 1800 und 1803, nach Abbruch des Studiums, lebte er ein unstetes Leben und unternahm zahlreiche Reisen. 1804 trat er in den preußischen Staatsdienst, ließ sich jedoch 1806 wieder beurlauben. 1807 wurde er auf dem Weg nach Dresden wegen Spionageverdachts von den Franzosen verhaftet und verbrachte sechs Monate im Gefängnis.
In Dresden gründete er mit Adam Müller die Zeitschrift »Phöbus«, ein Journal für die Kunst. Seit 1810 gab er, ebenfalls mit Adam Müller, die »Berliner Abendblätter« heraus. Am 21. 11. 1811 beging er zusammen mit Henriette Vogel Selbstmord am Wannsee. In einem Abschiedsbrief vom Morgen seines Todesta-

ges hatte Kleist an seine Schwester Ulrike geschrieben: »Du hast an mir getan, ich sage nicht, was in den Kräften einer Schwester, sondern in den Kräften eines Menschen stand, um mich zu retten: die Wahrheit ist, daß mir auf Erden nicht zu helfen war.«
Kleists Werke zerreißen die harmonische Welt, die die deutsche Klassik ersehnte, und gestalten den unversöhnlichen Zusammenstoß von Idee und Realität, von Individuum und Schicksal. Seine Dramen sind durch Klarheit, Symbolkraft der Bilder und Plastik der Figuren gekennzeichnet. Die Gefühle und Leidenschaften der Menschen, die sich im Ringen um Recht, Liebe, Wahrheit und Vaterland entfalten, werden bei gleichzeitiger psychologischer Nuancierung bis ins Extrem getrieben.
Werke: »Familie Schroffenstein« (1803); »Amphitryon« (1807); »Penthesilea« (1808); »Erzählungen« (1810/11); »Käthchen von Heilbronn« (1810); »Der zerbrochene Krug« (1811); »Prinz Friedrich von Homburg« (1821).

Karl Philipp Moritz wurde am 15. 9. 1756 in Hameln geboren. Er stammte aus ärmlichen Verhältnissen. Ab 1768 machte er eine Hutmacherlehre, seit 1770 durfte er eine öffentliche Schule besuchen. Sein Versuch, Schauspieler zu werden, scheiterte. In Erfurt und Wittenberg

begann er ein Studium der Theologie. 1782 reiste er nach Großbritannien, 1786 nach Italien. Hier traf er mit Goethe zusammen. Seit 1789 hatte er eine Professur für Altertumskunde in Berlin inne. Er verfaßte philosophische, psychologische, mythologische und

Kleist

Moritz

Schubart

ästhetische Schriften. Der vom Pietismus beeinflußte psychologische autobiographische Entwicklungsroman »Anton Reiser« (1785-90) zeichnet einen modernen Charakter und ist kulturgeschichtlich ein bedeutendes Dokument. Aus Moritz' Verbindung mit Goethe hervorgegangen ist die Grundlegung einer klassischen Ästhetik »Über die bildende Nachah-

mung des Schönen« (1788). Moritz starb am 26. 6. 1793 in Berlin.
Weitere Werke: »Versuch einer deutschen Prosodie« (1786); »Andreas Hartknopf« (1786-90); »Götterlehre oder mythologische Dichtungen der Alten« (1791); »Reisen eines Deutschen in Italien in den Jahren 1786-1788« (1792-93); »Die neue Cecilia« (1794).

Christian Friedrich Daniel Schubart wurde am 24. 3. 1739 in Obersontheim/Württemberg geboren. Seit 1758 studierte er Theologie in Erlangen, war Hauslehrer und Präzeptor. 1769 wurde er Organist und Kapellmeister am württembergischen Hof in Ludwigsburg. 1773 wurde er wegen seiner respektlosen Kritik am Adel des Landes verwiesen. In Augsburg gründete er 1774 die Zeitung »Deutsche Chronik«,

in der er auch Artikel gegen die absolutistischen Herrschaftsmethoden der Fürsten schrieb. Er büßte seinen Freimut mit mehr als zehnjähriger Haft auf der Festung Hohenasperg. Schubart starb am 10. 10. 1791 in Stuttgart.
Werke: »Deutsche Chronik« (1774–78); »Die Fürstengruft« (1780), »Gedichte aus dem Kerker« (1785); »Chronik« (1790/91).

Johann Joachim Winckelmann wurde am 9. 12. 1717 in Stendal geboren und am 8. 6. 1768 in Triest ermordet. Er studierte Theologie, Naturwissenschaften und Philologie. 1754 konvertierte er zum Katholizismus. Seit 1763 war er Generalkustos der klassischen Altertümer im Vatikan. Winckelmann gilt als Begründer der wissenschaftlichen Archäologie und der Kunstgeschichte des klassischen Altertums. Durch Winckelmanns Kunstbetrachtung wandte sich die Blickrichtung von der römischen zur griechischen Antike. Mit der von Adam Friedrich Oeser (1717-1799) stammenden Formel von der »edlen Einfalt und stillen Größe« versuchte er, das Wesen der (griechi-

schen) antiken Kunst zu erfassen und gleichzeitig eine Abgrenzung gegen den höfischen Klassizismus und den Barock zu finden. Die Formel prägte über die Kunstgeschichte hinaus das klassische Kunst- und Bildungsideal: Der schöne Mensch wird als Vollendung der sich entfaltenden und entwickelnden Natur verstanden.
Werke: »Gedanken über die Nachahmung der griechischen Werke in der Malerei und Bildhauerkunst« (1755); »Anmerkungen über die Baukunst der Alten« (1762); »Abhandlung von der Fähigkeit der Empfindung des Schönen« (1763); »Geschichte der Kunst des Altertums«, 2 Bde. (1764).

Winckelmann

Hofgesellschaft bei der Herzoginmutter Anna Amalie. G. M. Kraus. Um 1791.

Die bürgerliche Gesellschaft und der Weimarer Hof

Als Goethe im Herbst 1775 nach Weimar kam, betrat der Bürgerssohn das Parkett der adligen höfischen Gesellschaft. Wohl war der Lebensstil der Ackerbürgerstadt nicht mit den Hofhaltungen in Kassel, Mannheim, Berlin, Wien oder der fürstbischöflichen Residenz Würzburg vergleichbar, denn Weimar zählte als Residenzstadt des Herzogtums Sachsen-Weimar-Eisenach nur etwa 6000 Einwohner.

Der verwitweten Herzogin Anna Amalia war es trotz der beschränkten Mittel des kleinen Staates gelungen, in ihrer Umgebung Künste und Wissenschaften zu fördern. Zu den Mitgliedern ihres »Musenhofes« gehörte unter anderem Christoph Martin Wieland (1733-1813), den sie zum Erzieher ihrer beiden Söhne berufen hatte. Ihr ältester Sohn Karl August lud Goethe, Herder und Schiller nach Weimar ein. Un-

ter Karl August und durch Goethes Unterstützung bekam Weimar sein heutiges klassizistisches Gepräge.

An diesem – wenn man die Machtverhältnisse in Deutschland abwägt – unbedeutenden Hof entwickelte sich in der Begegnung von hochtalentierten Bürgerlichen und einem aufgeschlossenen Kreis von Adligen eine kulturelle Bewegung auf den Gebieten der bildenden Kunst und der Literatur, die als »Deutsche Klassik« bezeichnet wird. Diese Begegnung zweier Stände kann als nicht ganz selbstverständlich angesehen werden. War doch der Adel im Selbstbewußtsein der Zeit noch die gottgewollte Herrschaftsschicht, der in der hierarchischen Ordnung auf ganz natürliche Weise das Regiment zukam, und waren doch auf der anderen Seite der Bauer und Bürger nach demselben Prinzip der Ordnung dazu bestimmt, durch Arbeit auf dem Felde und durch Handel und Gewerbefleiß ihren Teil zum gesellschaftlichen Ganzen beizutragen.

Oft wird jedoch aus dem Zwang zur Vereinfachung der Ordo-Gedanke des Mittelalters vergröbernd auf die Verhältnisse des 18. Jahrhunderts übertragen, oft auch stehen vereinfachende hierarchisch-ständische Modelle in Form einer Gesellschaftspyramide gedanklich Pate. Übersehen wird, daß ein Aufstieg aus bürgerlichen Schichten in den Adel möglich war, wie auch andererseits ein Abstieg aus den Kreisen des Adels in den Bürgerstand vorkam. Zum anderen dürfen nicht sozialer Rang, Titel und hochadlige Geburt mit sozialer Macht und Entscheidungsfreiheit gleichgesetzt werden. So besaßen zum Beispiel der bürgerliche Finanzminister Colbert wie manche Mätresse am französischen Hof Ludwig XIV. größere Machtchancen und Entscheidungsbefugnisse als nächste Angehörige der königlichen Familie und die meisten Mitglieder der hohen höfischen Aristokratie.

Die sogenannte frühkapitalistische Wirtschaftsgesinnung und die ungeahnten Möglichkeiten des Handels (Überseehandel Portugals, Spaniens, Hollands und Englands) hatten das aktive Bürgertum West- und Mitteleuropas zu Reichtum emporgeführt. Der Merkantilismus begünstigte die Manufakturen und befreite schon schrittweise den Handwerkerstand aus den beengenden Zunftgesetzen. Merkantilismus und Absolutismus bzw. aufgeklärter Absolutismus förderten, jeder auf seine Weise, den wirtschaftlichen Aufstieg einer Schicht aus dem dritten Stand: das Bürgertum. Setzte der Merkantilismus die Energien der Handwerker, Gewerbetreibenden und des Handels frei, so zog sich der absolutistisch regierende Fürst eine breite Schicht von akademisch gebildeten Beamten und Verwaltungsangestellten heran, die den alteingesessenen, auf ständische Privilegien po-

chenden Adel in seiner Machtausübung einschränkten. In den protestantischen Ländern kam noch die Berufsgruppe der Pastoren und Kantoren hinzu, die in der Stadt und auf dem Land nicht nur den Kirchendienst versahen, sondern auch weitgehend das Bildungswesen bestimmten. So war die Hofmeisterstelle für viele junge Theologen die einzige Möglichkeit des Broterwerbs oder des sozialen Aufstiegs. Viele Schriftsteller des Sturm und Drang, der Klassik und des 19. Jahrhunderts wie Hölderlin und Mörike mühten sich als Privatlehrer in den reicheren Häusern der Bürger und des Adels um kärglichen Lohn oder begnügten sich mit einer schmal dotierten Pfarrei.

Aber nicht nur die wirtschaftlichen Betätigungsmöglichkeiten bestimmten den Aufstieg strebsamer Schichten aus dem dritten Stand. Mit der Reformation und besonders mit dem Calvinismus hatte sich auch in den nicht vom Calvinismus durchdrungenen Ländern eine neue Einstellung zum Leben und Wirtschaften durchgesetzt. Das Individuum stand als »freier Christenmensch« seinem Gott unmittelbar gegenüber und war ihm mit seinem Tun und Lassen verantwortlich. Der Calvinismus verstärkte mit seiner Prädestinationslehre das unmittelbare Gegenüber zwischen Gott und Geschöpf. Wenn nach der popularisierten Lehre der Prädestination der Mensch schon bei seiner Geburt verworfen oder gerettet sein soll, so drängt es ihn doch zumindest während seines Lebens zu erfahren, auf welcher Seite er dereinst stehen wird. Offensichtlich waren der Mensch und der Haushalt gesegnet, in dem die Kinder wohl gerieten, der Hausstand blühte und die geschäftlichen Erfolge nicht ausblieben. Damit trug die säkularisierte Gesinnung, die auf dem Grund der Prädestinationslehre aus dem Calvinismus erwachsen war, dazu bei, den Gewerbefleiß und den Willen zum sozialen Aufstieg in Schichten des dritten Standes populär zu machen. Diese Lebenseinstellung bestimmte mit Sittenstrenge und bürgerlicher Tugend einen bürgerlichen Moralkodex, der sich ganz bewußt von den etwas freieren Moralvorstellungen des Adels oder des Hofes abhob.

Die Vertreter der neuen aufsteigenden Gesellschaftsschicht zeichneten sich als Kinder der Aufklärung auch durch ihr besonderes Verhältnis zur Bildung aus. »Die Erziehung«, schrieb Herder 1769 in sein Seereisetagebuch, sei für ein »Zeitalter, wo der kriegerische und Religionsgeist aufgehört hat, wo nichts als Commerz-, Finanzen- und Bildungsgeist herrscht, sehr nötig und nützlich.«[1] Als Gegenstück zum Unternehmergeist entstand die bürgerliche, individuelle Bildung, die auch weitgehend eine Lesekultur war. So las zum Beispiel Anton Reiser »mehr in der offenen Natur als zu Hause« »seinen« Werther, »seinen« Shakespeare, »seine« Lenore[2] und wurde sich dabei »stolz« und »erhaben« »seines isolierten Daseins« bewußt[3]. Der Adel in seiner nicht mehr unumstößlichen Machtposition achtete streng auf die geistige und soziale Trennung vom Bürgertum. Etikette und höfisches Zeremoniell hielten noch weitgehend den Bürger auf Distanz. Als Goethe an den Weimarer Hof kam, fand er dort nur »Götz« und des »Werther« und einem der nächsten Vertrauten des Herzogs zu ermöglichen, mit der jungen Herzogin Luise, die sehr auf die Hofetikette bedacht war, Kares Goethe als dem berühmten Verfasser des »Götz« und des »Werther« und einem der nächsten Vertrauten des Herzogs zu ermöglichen, mit der jungen Herzogin Luise, die sehr auf die Hofetikette bedacht war, Karten zu spielen. Zunächst wurde ein Präzedenzfall geschaffen: Goethe spielte mit dem Herzog und der Herzogin von Meiningen, einem noch kleineren Zwergstaat als Weimar, Whist. Später dann, als einmal der herzogliche Stallmeister Josias von Stein mit der Herzogin Luise beim Kartenspiel saß, wurde Stein, wie vorher verabredet, plötzlich weggerufen und Goethe gebeten, seinen Platz einzunehmen. Es nimmt nicht wunder, daß die traditionellen und auf die adligen Standesvorrechte bedachten Hofleute entsetzt waren, als der bürgerliche Goethe zum Geheimen Legationsrat ernannt wurde. Seine spätere Erhebung in den Adelsstand, den Karl August beim Kaiser erwirkte, erleichterte weiterhin wesentlich seine gesellschaftliche Stellung bei Hofe.

Der Hof selbst – und darin noch ganz Erbe der großbäuerlichen, gutsherrlichen Lebensweise des Mittelalters – waren die Familie des Landesherrn und seine unmittelbare Umgebung. Als Vater einer solchen »Großfamilie« sorgte der Landesherr für seinen Troß von besoldeten und unbesoldeten Hofangestellten. Um 1806 bestand der »herzogliche Hof aus vier Gruppen von Menschen, die im besonderen Dienst des Herzogs, der Herzogin, des Kronprinzen und der Herzoginwitwe standen. Der eigentliche Hof umfaßte: einen Hofmarschall, dreizehn Kammerherren, fünfzehn Kammer-, Hof- und Jagdjunker, fünf Pagen und für sie zehn Lehrer, einen Stallmeister mit zwei Unterstallmeistern und etwa fünfzig Bedienten, vier Kammerdiener, einen Oberjäger, achtundzwanzig Lakaien, zwei Heiducken, zwei Läufer und zwei Neger. Weiter gehörten noch sechsunddreißig Musikanten zum Hof. Die Herzogin hatte ihre Oberhofmeisterin und drei Hofdamen.

---

[1] Johann Gottfried Herder: Sämtliche Werke. Hg. v. B. Suphan. Bd. 4. Berlin 1877-1913, S. 383.
[2] Berühmte Ballade von Gottfried August Bürger (1747-1794)
[3] Karl Philipp Moritz: Anton Reiser. Ein psychologischer Roman (1785/90). München: Winkler 1971, S. 195 ff.

Der Kronprinz und die Prinzessin hatten einen Oberhofmeister (Herrn v. Wolzogen, Schillers Schwager) und eine Oberhofmeisterin, einen Kammerherrn und drei Hofdamen. Die Herzoginwitwe schließlich hatte einen Oberhofmeister (Herrn v. Einsiedel) und zwei Hofdamen (Fräulein v. Göchhausen und eine andere). Alle diese waren Ämter des Hofs zum Unterschied von der Regierung und der Armee.«[1]

1. *Klären Sie zuerst einige Grundbegriffe: Ständische Gesellschaft – bürgerlich – Bürgertum – Adel – Zunft – Merkantilismus – kapitalistische Wirtschaftsweise – Rationalismus – Aufklärung.*
2. *Geben Sie eine Begriffsbestimmung von »Hof«. Ziehen Sie für die historische Herleitung und die Bestimmung des Wortfeldes ein etymologisches Wörterbuch zu Rate (z. B.: Duden. Bd. 7: Das Herkunftswörterbuch. Mannheim/Wien/Zürich: Bibliographisches Institut, verschiedene Auflagen; Friedrich Kluge: Etymologisches Wörterbuch der deutschen Sprache. Berlin: de Gruyter, verschiedene Auflagen).*

*Übermüthig sieht's nicht aus
Dieses stille Gartenhaus*

*Allen die darin verkehrt
Ward ein guter Muth beschert
Goethe 1828*

Goethes Gartenhaus am Stern. L. Schütze.

[1] Walter H. Bruford: Die gesellschaftlichen Grundlagen der Goethe-Zeit. Übers. v. Fritz Wölcken. Frankfurt/M./Berlin/Wien: Ullstein 1979, S. 76 f.

Abgrenzung zu anderen Epochen

Der Literarhistoriker Hermann August Korff (1882-1963) erforschte hauptsächlich die Ideengeschichte der deutschen Klassik (Hauptwerk: »Geist der Goethezeit«). Unter Ideen- oder Geistesgeschichte versteht man die Geschichtsschreibung von den geschichtlich wirksamen Ideen und geistigen Strömungen im Unterschied zu einer Geschichtsschreibung und -forschung, die sich hauptsächlich mit den wirtschaftlichen, sozialen und politischen Zuständen beschäftigt.

Hermann August Korff
Vom Sturm und Drang zur Klassik

Das eigentliche Rätsel, das die deutsche Geistesgeschichte im letzten Fünftel des 18. Jahrhunderts dem Historiker aufgibt, ist die überraschende Tatsache, daß hier offenbar die Ideale wieder verleugnet werden, die mit der Sturm-und-Drang-Bewegung so elementar zum Durchbruch gekommen waren. Im Ethischen, im Ästhetischen, im Kulturphilosophi-
5 schen und selbst im eigentlich Weltanschaulichen macht es den Eindruck, als ob sich mit den 80er Jahren eine Reaktion gegen den Irrationalismus vollziehe, durch die die Sturm-und-Drang-Bewegung zu einer bloßen historischen Episode ohne nachhaltige Wirkung herabgedrückt erscheint. In der Tat, die Klassik beginnt auf der ganzen Linie mit der Wendung *zu einem neuen Rationalismus*. Die Flutwelle des Irrationalismus ebbt wieder
10 ab, und eine neue Welle des Vernunftkults bemächtigt sich der verlorenen Positionen. In der Naturanschauung drängt sich die Vorstellung schaffender Formideen hervor, wodurch die Natur in weitgehendem Maße als ein vernunftbegabtes Wesen betrachtet wird; die Philosophie wird durch den noch viel weiter gehenden Gedanken Kants revolutioniert, daß die Erscheinungswelt, die Natur, ein Produkt unseres formenden Geistes sei; in
15 der ethischen Sphäre verlagert sich der Akzent ganz überraschend von der Freiheit auf die Gesetzlichkeit, und in der Kulturphilosophie pflanzt sich das fort, indem die ehemals so heftig angefeindete Gesellschaft eine neue positive Würdigung erfährt. Das Kunstwollen aber, das in den Tagen von Sturm und Drang auf Natürlichkeit und Regellosigkeit gerichtet war, zeigt schon bald in Goethes Iphigenie die Richtung auf bewußte Kunst und
20 feste künstlerische Ordnung, in Schillers Kritik an Bürgers Gedichten[1] aber die gleiche Absage an den Naturalismus auch in der Lyrik. Um wie verschiedenartige Symptome es sich dabei auch immer handeln möge, es sind Symptome ein und derselben Geisteswendung, Zeichen einer neuen Schätzung des Rationalen, Geistigen, Gesetzmäßigen, Gestaltenden – im Gegensatze zu der bezeichnenden Geringschätzung, die diese ganze Seite des
25 Lebens im Sturm und Drang erfahren hatte. Auf das Ideal der Freiheit und der Formlosigkeit, das die 70er Jahre hervorgekehrt hatten, folgt das entgegengesetzte Ideal der Gesetzmäßigkeit und Formenstrenge. Das ist die Formel für die erste Wegstrecke der deutschen Klassik.

[1] Schiller wendet sich in seiner Rezension »Über Bürgers Gedichte« aus dem Jahre 1789 gegen die Regellosigkeit und gegen den Irrationalismus in der Lyrik. Er bestimmt gleichzeitig auch seine eigene »klassische« Position.

Aber es ist nur ihre erste. Denn nun meldet sich, auf der Höhe dieser Entwicklung, die hier als Frühklassik bezeichnet werden soll, das Bluterbe der Sturm-und-Drang-Bewegung, 30 das gewissermaßen nur ins Unterbewußtsein gesunken war, um von innen her dem überhandnehmenden Rationalismus Halt zu gebieten. Nachdem der Sturm und Drang die Rechte des Irrationalen, die Frühklassik aber die Rechte des Rationalen einseitig verfochten hatte, erwächst nun endlich das Gefühl und die Einsicht nicht nur von der Gleichberechtigung beider Seiten des Lebens, sondern von dem Wesen des Lebens als einer unauf- 35 hörlichen Auseinandersetzung zwischen diesen beiden Komponenten. Freiheit sowohl wie Gesetzlichkeit erscheinen nunmehr als Grundzüge des Lebens, zwischen denen seine Bewegung auf und nieder spielt. Und das eigentliche Lebensideal kann darum weder, wie der Sturm und Drang es meinte, bloße Freiheit, noch im Sinne der Frühklassik strenge Gesetzlichkeit sein, sondern nur eine Gesetzlichkeit, in der die Freiheit des Lebens erhal- 40 ten bleibt, oder eine Freiheit, die von innerer Gesetzlichkeit durchdrungen ist. Die von Sturm und Drang und Frühklassik so entgegengesetzt beantwortete Frage nach dem Verhältnis von Freiheit und Gesetz findet damit endlich ihre Auflösung in dem Ideal einer freien Gesetzlichkeit, worin Rationalismus und Irrationalismus zum Gleichgewichte kommen. Damit aber befinden wir uns bereits im Reiche der Hochklassik. Und als ihre 45 allgemeinste Grundidee kann man deshalb diese *Idee des Gleichgewichts* betrachten, die nun je nach dem Stoff, in dem sie sich verwirklicht, die verschiedenartigste Gestalt annimmt. Das soll hier im einzelnen nicht vorweggenommen werden. Doch der Grundrhythmus der Entwicklung ist damit klar hervorgetreten. Er besteht in der Aufeinanderfolge von Freiheitsidee, Gesetzlichkeitsidee und endlich in der Idee einer freien Gesetz- 50 lichkeit, die nun identisch mit der Idee der *Schönheit* ist. Denn das ist es, was die Hochklassik unter Schönheit versteht: der harmonische Ausgleich zwischen Freiheit und Gesetz, Natur und Geist, Stoff und Form, unbewußtem Trieb und bewußtem Willen. Die Schönheit ist daher die eigentliche Idee der Klassik, in der sich ihre Ideenwelt zusammenschließt. Und ihre Weltanschauung hat darum einen ebenso ausgeprägt künstlerischen 55 Charakter, wie ihre Kunstanschauung aus der letzten Tiefe ihrer Weltanschauung steigt. In der Kunst lösen sich für die Klassik die Fragen, mit denen das Leben uns bedrängt, aber sie lösen sich nur deshalb, weil die Kunst nach Analogie des Lebens betrachtet wird. Freiheit, Gesetzlichkeit und Schönheit: mit diesen Worten ist daher der Weg abgesteckt, der vom Sturm und Drang zur Klassik führt. 60
Und doch umfassen wir ihn damit noch nicht ganz. Denn da der Schönheitsbegriff der Klassik aus der Lebensidee heraus geboren ist, so kann die Schönheit für die Klassik nicht als etwas Ruhendes, sondern nur als Durchgangspunkt eines ewigen Werdens und als Wunschbild Geltung haben, das die Rationalität und Irrationalität schwankende Bewegung des Lebens ruhelos umspielt. In der Schönheit kommt das Leben nicht schon defi- 65 nitiv zur Ruhe, sondern sie ist überhaupt nur so lange das Ideal des Lebens, als das Leben sich im Zustande der Ruhelosigkeit befindet. Aus der Schönheit heraus aber wird das Leben aufs neue jener Ruhelosigkeit entgegengetrieben, von der es nicht lassen kann, weil sie zu seinem Wesen gehört. Es kann sich nicht mit irgendeiner Schönheit, sondern nur mit jener letzten und höchsten Schönheit zufrieden geben, von deren brennender Vision es so 70 geblendet wird, daß keine erreichte Schönheit es von dem Drange heilen kann, zu einem nochmals Schöneren zu gelangen. So steht also hinter dem Ideal der Schönheit als sein dunkler Schatten das *Ideal der Entwicklung* im Sinne ewiger Steigerung. Und es wäre deshalb falsch, die Schönheit als die Idee der Klassik zu bezeichnen, wenn man nicht zu gleicher Zeit und neben die Idee der Schönheit das sie ergänzende Ideal der Entwicklung 75

stellte, das jene zwar umfaßt, aber bezeichnenderweise auch wieder aufhebt. So ist denn erst dies die ganze Formel für den Weg, auf dem die deutsche Geistesgeschichte zur Klassik emporgestiegen ist: *Freiheit, Gesetz, Schönheit und Entwicklung!*

In: Hermann August Korff: Geist der Goethezeit. Versuch einer idealen Entwicklung der klassisch-romantischen Literaturgeschichte. II. Teil: Klassik. Leipzig: Weber 1930, S. 5 ff.

1. *Klären Sie zuerst mit Hilfe eines Lexikons Begriffe wie: Ethik – ethisch, Ästhetik – ästhetisch, Rationalismus – Irrationalismus.*
2. *Wie definiert die Hochklassik die Idee der Schönheit? – Können Sie diese Idee in dem Lehrgedicht »Metamorphose der Pflanzen« (S. 140 f.) nachweisen?*
3. *In welchen auf S. 98 ff. abgedruckten Beispielen aus der Klassik finden Sie die Idee der Entwicklung verwirklicht?*

Klassik und Französische Revolution

Die Französische Revolution hat anfänglich begeisternd auf die deutschen Literaten gewirkt. Als aber die Greuel unübersehbar wurden, als die französischen Revolutionsheere Europa mit Krieg überzogen, distanzierten sich die meisten Gebildeten von den Ereignissen.

Auf der einen Seite hat die Französische Revolution breite Schichten des Volkes mit den politischen Prinzipien von Freiheit, Gleichheit und Brüderlichkeit, mit Demokratie und Republik vertraut gemacht, auf der anderen Seite aber durch die Radikalisierung und im Verein mit dem klassisch-romantischen Programm diese Bevölkerungsteile wieder der Republik und Demokratie entfremdet.

Dieses zwiespältige Verhältnis läßt sich mit einigen Zeugnissen, deren Entstehungszeit hier besonders wichtig ist, belegen.

Christian Friedrich Daniel Schubart
O Freiheit (1789)

O Freiheit, Freiheit! Gottes Schoß entstiegen,
Du aller Wesen seligstes Vergnügen,
An tausendfachen Wonnen reich,
Machst du die Menschen – Göttern gleich.

5 Wo find ich dich, wo hast du deine Halle?
Damit auch ich anbetend niederfalle,
Dann ewig glücklich – ewig frei
Ein Priester deines Tempels sei.

Einst walltest du so gern in Deutschlands Hainen
10 Und ließest dich vom Mondenlicht bescheinen,
Und unter Wodanseichen war
Dein unentweihtester Altar.

Es sonnte Hermann sich in deinem Glanze,
An deine Eiche lehnt' er seine Lanze,
15 Und ach, mit mütterlicher Lust
Drückst du den Deutschen an die Brust.

Bald aber scheuchten Fürsten deinen Frieden
Und Pfaffen, die so gerne Fesseln schmieden;
Da wandtest du dein Angesicht:
20 Wo Fesseln rasseln, bist du nicht.

Dann flogst du zu den Schweizern, zu den Briten;
Warst seltner in Palästen als in Hütten;
Auch bautest du ein leichtes Zelt
Dir in Kolumbus' neuer Welt.

25 Und endlich, allen Völkern zum Erstaunen,
Als hätt auch eine Göttin ihre Launen,
Hast du dein Angesicht – verklärt
zu frohen Galliern gekehrt.

In: Die Französische Revolution im Spiegel der Literatur. Hg. v. Claus Träger. Leipzig: Reclam
²1979, S. 42.

Sturm auf die Bastille 1789.

Friedrich Schiller
Brief an den Herzog von Augustenburg (13. 7. 1793)

Wäre das Faktum wahr, – wäre der außerordentliche Fall wirklich eingetreten, daß die politische Gesetzgebung der Vernunft übertragen, der Mensch als Selbstzweck respektiert und behandelt, das Gesetz auf den Thron erhoben, und wahre Freiheit zur Grundlage des Staatsgebäudes gemacht worden, so wollte ich auf ewig von den Musen Abschied neh-
5 men, und dem herrlichsten aller Kunstwerke, der Monarchie der Vernunft, alle meine Tätigkeit widmen. Aber dieses Faktum ist es eben, was ich zu bezweifeln wage. Ja, ich bin soweit entfernt, an den Anfang einer Regeneration im Politischen zu glauben, daß mir die Ereignisse der Zeit vielmehr alle Hoffnung dazu auf Jahrhunderte benehmen.
Ehe diese Ereignisse eintraten, Gnädigster Prinz, konnte man sich allenfalls mit dem
10 lieblichen Wahne schmeicheln, daß der unmerkliche aber ununterbrochene Einfluß den-kender Köpfe, die seit Jahrhunderten ausgestreuten Keime der Wahrheit, der aufgehäufte Schatz von Erfahrung die Gemüter allmählich zum Empfang des Bessern gestimmt und so eine Epoche vorbereitet haben müßten, wo die Philosophie den moralischen Weltbau übernehmen, und das Licht über die Finsternis siegen könnte. So weit war man in der
15 theoretischen Kultur vorgedrungen, daß auch die ehrwürdigsten Säulen des Aberglaubens zu wanken anfingen, und der Thron tausendjähriger Vorurteile schon erschüttert ward. Nichts schien mehr zu fehlen, als das *Signal* zur großen Veränderung und eine Vereinigung der Gemüter. Beides ist nun gegeben – aber wie ist es ausgeschlagen?
Der Versuch des französischen Volks, sich in seine heiligen Menschenrechte einzusetzen,
20 und eine politische Freiheit zu erringen, hat bloß das Unvermögen und die Unwürdigkeit desselben an den Tag gebracht, und nicht nur dieses unglückliche Volk, sondern mit ihm auch einen beträchtlichen Teil Europens, und ein ganzes Jahrhundert, in Barbarei und Knechtschaft zurückgeschleudert. Der Moment war der günstigste, aber er fand eine verderbte Generation, die ihn nicht wert war, und weder zu würdigen noch zu benutzen
25 wußte. Der Gebrauch, den sie von diesem großen Geschenk des Zufalls macht und ge-macht hat, beweist unwidersprechlich, daß das Menschengeschlecht der vormundschaft-lichen Gewalt noch nicht entwachsen ist, daß das liberale Regiment der Vernunft da noch zu frühe kommt, wo man kaum damit fertig wird, sich der brutalen Gewalt der Tierheit zu erwehren, und daß derjenige noch nicht reif ist zur *bürgerlichen* Freiheit, dem noch so
30 vieles zur *menschlichen* fehlt.
In seinen Taten malt sich der Mensch – und was für ein Bild ist das, das sich im Spiegel der jetzigen Zeit uns darstellt? Hier die empörendste Verwilderung, dort das entgegengesetzte Extrem der Erschlaffung: die zwei traurigsten Verirrungen, in die der Menschencharakter versinken kann, in einer Epoche vereint!
35 In den niedern Klassen sehen wir nichts als rohe gesetzlose Triebe, die sich nach aufge-hobenem Band der bürgerlichen Ordnung entfesseln, und mit unlenksamer Wut ihrer tierischen Befriedigung zueilen. Es war also nicht der moralische Widerstand von innen, bloß die Zwangsgewalt von außen, was bisher ihren Ausbruch zurückhielt. Es waren also nicht freie Menschen, die der Staat unterdrückt hatte, nein, es waren bloß wilde Tiere, die
40 er an heilsame Ketten legte. Hätte der Staat die Menschheit wirklich unterdrückt, wie man ihm Schuld gibt, so müßte man Menschheit sehen, nachdem er zertrümmert worden ist. Aber der Nachlaß der äußern Unterdrückung macht nur die innere sichtbar, und der

wilde Despotismus der Triebe heckt alle jene Untaten aus, die uns in gleichem Grad anekeln und schaudern machen.

Auf der andern Seite geben uns die zivilisierten Klassen den noch widrigeren Anblick der 45 Erschlaffung, der Geistesschwäche, und einer Versunkenheit des Charakters, die um so empörender ist, je mehr die Kultur selbst daran Teil hat. Ich erinnere mich nicht mehr, welcher alte oder neue Philosoph die Bemerkung machte, daß das Edlere in seiner Verderbnis das Abscheulichere sei, aber die Erfahrung bestätigt sie auch hier. Wenn die Kultur ausartet, so geht sie in eine weit bösartigere Verderbnis über, als die Barbarei je 50 erfahren kann. Der sinnliche Mensch kann nicht tiefer als zum Tier herabstürzen; fällt aber der aufgeklärte, so fällt er bis zum Teuflischen herab, und treibt ein ruchloses Spiel mit dem Heiligsten der Menschheit.

Die Aufklärung, deren sich die höheren Stände unseres Zeitalters nicht mit Unrecht rühmen, ist bloß theoretische Kultur, und zeigt, im Ganzen genommen, so wenig einen 55 veredelnden Einfluß auf die Gesinnung, daß sie vielmehr bloß dazu hilft, die Verderbnis in ein System zu bringen, und unheilbarer zu machen. Ein raffinierter und konsequenter Epikurism hat angefangen, alle Energie des Charakters zu ersticken, und die immer fester sich zuschnürende Fessel der Bedürfnisse, die vermehrte Abhängigkeit der Menschheit vom Physischen hat es allmählich dahin geleitet, daß die Maxime der Passivität und des 60 leidenden Gehorsams als höchste Lebensregel gilt. Daher ist Beschränktheit im Denken, die Kraftlosigkeit im Handeln, die klägliche Mittelmäßigkeit im Hervorbringen, die unser Zeitalter zu einer Schande charakterisiert. Und so sehen wir den Geist der Zeit zwischen Barbarei und Schlaffheit, Freigeisterei und Aberglauben, Rohheit und Verzärtelung schwanken, und es ist bloß das *Gleichgewicht der Laster*, was das Ganze noch zusam- 65 menhält.

Und ist dieses nun die Menschheit, möchte ich fragen, für deren Rechte der Philosoph sich verwendet, die der edle Weltbürger in Gedanken hat, und an welcher ein neuerer Solon seine Ideen von einer Staatsverfassung realisieren möchte? Ich zweifle sehr. Nur seine Fähigkeit als ein sittliches Wesen zu handeln, gibt dem Menschen Anspruch auf Freiheit; 70 ein Gemüt aber, das nur sinnlicher Bestimmung fähig ist, ist der Freiheit so wenig wert, als empfänglich. Alle Reform, die Bestand haben soll, muß von der Denkungsart ausgehen, und wo eine Verderbnis in den Prinzipien herrscht, da kann nichts Gesundes, nichts Gutartiges aufkeimen. Nur der Charakter der Bürger erschafft und erhält den Staat, und macht politische und bürgerliche Freiheit möglich. Denn wenn die Weisheit selbst in 75 Person vom Olymp herabstiege, und die vollkommenste Verfassung einführte, so müßte sie ja doch Menschen die Ausführung übergeben.

Wenn ich also, Gnädigster Prinz, über die gegenwärtigen politischen Bedürfnisse und Erwartungen meine Meinung sagen darf, so gestehe ich, daß ich jeden Versuch einer Staatsverbesserung aus Prinzipien (denn jede andere ist bloßes Not- und Flickwerk) so 80 lange für unzeitig, und jede darauf gegründete Hoffnung so lange für schwärmerisch halte, bis der Charakter der Menschheit von seinem tiefen Verfall wieder emporgehoben worden ist – eine Arbeit für mehr als ein Jahrhundert. Man wird zwar unterdessen von manchem abgestellten Mißbrauch, von mancher glücklich versuchten Reform im Einzelnen, von manchem Sieg der Vernunft über das Vorurteil hören, aber was hier zehn große 85 Menschen aufbauten, werden dort fünfzig Schwachköpfe wieder niederreißen. Man wird in andern Weltteilen den Negern die Ketten abnehmen, und in Europa den – Geistern anlegen. So lange aber der oberste Grundsatz der Staaten von einem empörenden Egoismus zeugt, und so lange die Tendenz der Staatsbürger nur auf das physische Wohlsein

90 beschränkt ist, so lange, fürchte ich, wird die politische Regeneration, die man so nahe glaubte, nichts als ein schöner philosphischer Traum bleiben.

Soll man also aufhören, darnach zu streben? Soll man gerade die wichtigste aller menschlichen Angelegenheiten einer gesetzlosen Willkür, einem blinden Zufall anheimstellen, während daß das Reich der Vernunft nach jeder andern Seite zusehends erweitert wird?
95 Nichts weniger, Gnädigster Prinz. Politische und bürgerliche Freiheit bleibt immer und ewig das heiligste aller Güter, das würdigste Ziel aller Anstrengungen, und das große Zentrum aller Kultur – aber man wird diesen herrlichen Bau nur auf dem festen Grund eines veredelten Charakters aufführen, man wird damit anfangen müssen, für die Verfassung Bürger zu erschaffen, ehe man den Bürgern eine Verfassung geben kann.

In: Zeichen der Zeit. Ein deutsches Lesebuch. Hg. v. Walter Killy. Bd. 2. Frankfurt/M.: Fischer 1960, S 225 ff.

Johann Wolfgang von Goethe
Venetianische Epigramme (1790/95)

20
Alle Freiheitsapostel, sie waren mir immer zuwider;
    Willkür suchte doch nur jeder am Ende für sich.
Willst du viele befrein, so wag' es, vielen zu dienen.
    Wie gefährlich das sei, willst du es wissen? Versuch's!

In: Goethes Werke. Hamburger Ausgabe. Bd. 1. Hamburg: Wegner [4]1958, S. 179.

Christian Friedrich Daniel Schubart (vgl. S. 75): O Freiheit
1. Zeichnen Sie den »geschichtlichen Werdegang« der Freiheit – wie ihn Schubart sieht – nach, und erklären Sie die angedeuteten Ereignisse.
2. Was halten Sie von der poetischen Qualität dieses Gedichts?

Friedrich Schiller: Brief an den Herzog von Augustenburg
1. Welche geschichtlichen Ereignisse bilden den Hintergrund für diesen Brief?
2. Entwerfen Sie eine Gliederung zu diesem Brief.
3. Schiller sieht die hehren Ideale der Aufklärung durch die Geschehnisse in Frankreich verraten.
    – Was führt Schiller zum Beweis seines Gedankengangs an?
    – Finden Sie in der geschichtlichen Entwicklung nach Schiller Belege für die Aussage:
    »... fällt aber der aufgeklärte (Mensch), so fällt er bis zum Teuflischen herab ...«?
4. Welche Voraussetzungen sieht Schiller für eine Verfassung für alle Bürger?
    – Gelten Schillers Ansichten auch heute noch?
    – Haben Schillers Ansichten auch nach der »Deutschen Revolution« von 1989 Bedeutung?

Weimarer Klassik

Die Freundschaft und die Zusammenarbeit zwischen Goethe und Schiller entwickelten sich vor folgendem geschichtlich-biographischem Hintergrund und begannen mit einem »glücklichen Ereignis«: Anfang 1794 trug sich Schiller mit dem Plan einer großen literarischen Zeitschrift, »Die Horen«, die alle Tagesfragen meiden und sich nur der Beförderung einer wahren Humanität widmen sollte. Als Mitarbeiter gewann er den Schüler Kants, den jungen Philosophen Johann Gottlieb Fichte (1762–1814), und Wilhelm von Humboldt (1767–1835). Obwohl sich Goethe und Schiller schon flüchtig kannten, war es niemals zu einem wirklichen Gespräch zwischen ihnen gekommen. Mit einem Brief vom 13. Juni 1794 bittet Schiller den »hochzuverehrenden Herrn Geheimen Rat«, dem engeren Redaktionsausschuß beizutreten.

Am 10. 12. 1794 veröffentlichte Schiller in der »Allgemeinen Literatur-Zeitung« (Intelligenzblatt) seine Ankündigung der Horen. »Die Horen« waren die letzte und bedeutendste Zeitschrift, die Schiller herausgab. Sie erschienen von 1795 bis 1797 bei Cotta in Tübingen.

Einleitung zu den »Horen«. J. B. Cotta. Tübingen 1795.

Friedrich Schiller
Ankündigung der Horen (1794)

Die Horen, eine Monatsschrift, von einer Gesellschaft verfaßt und herausgegeben von Schiller

Zu einer Zeit, wo das nahe Geräusch des Kriegs[1] das Vaterland ängstiget, wo der Kampf politischer Meinungen und Interessen diesen Krieg beinahe in jedem Zirkel erneuert und nur allzuoft Musen und Grazien daraus verscheucht, wo weder in den Gesprächen noch in den Schriften des Tages vor diesem allverfolgenden Dämon der Staatskritik Rettung ist,
5 möchte es ebenso gewagt als verdienstlich sein, den so sehr zerstreuten[2] Leser zu einer Unterhaltung von ganz entgegengesetzter Art einzuladen. In der Tat scheinen die Zeitumstände einer Schrift wenig Glück zu versprechen, die sich über das Lieblingsthema des Tages ein strenges Stillschweigen auferlegen und ihren Ruhm darin suchen wird, durch etwas anders zu gefallen, als wodurch jetzt alles gefällt. Aber je mehr das beschränkte
10 Interesse der Gegenwart die Gemüter in Spannung setzt, einengt und unterjocht, desto dringender wird das Bedürfnis, durch ein allgemeines und höheres Interesse an dem, was *rein menschlich* und über allen Einfluß der Zeiten erhaben ist, sie wieder in Freiheit zu setzen und die politisch geteilte Welt unter der Fahne der Wahrheit und Schönheit wieder zu vereinigen.
15 Dies ist der Gesichtspunkt, aus welchem die Verfasser dieser Zeitschrift dieselbe betrachtet wissen möchten. Einer heiteren und leidenschaftfreien Unterhaltung soll sie gewidmet sein, und dem Geist und Herzen des Lesers, den der Anblick der Zeitbegebenheiten bald entrüstet, bald niederschlägt, eine fröhliche Zerstreuung gewähren. Mitten in diesem politischen Tumult soll sie für Musen und Charitinnen[3] einen engen vertraulichen Zirkel
20 schließen, aus welchem alles verbannt sein wird, was mit einem unreinen Parteigeist gestempelt ist. Aber indem sie sich alle Beziehungen auf den *jetzigen* Weltlauf und auf die *nächsten* Erwartungen der Menschheit verbietet, wird sie über die vergangene Welt die Geschichte und über die kommende die Philosophie befragen, wird sie zu dem Ideale veredelter Menschheit, welches durch die Vernunft aufgegeben, in der Erfahrung aber so
25 leicht aus den Augen gerückt wird, einzelne Züge sammeln und an dem stillen Bau beßrer Begriffe, reinerer Grundsätze und edlerer Sitten, von dem zuletzt alle wahre Verbesserung des gesellschaftlichen Zustandes abhängt, nach Vermögen geschäftig sein. Sowohl spielend als ernsthaft wird man im Fortgange dieser Schrift dieses einige Ziel verfolgen, und so verschieden auch die Wege sein mögen, die man dazu einschlagen wird, so werden
30 doch alle, näher oder entfernter, dahin gerichtet sein, wahre Humanität zu befördern. Man wird streben, die Schönheit zur Vermittlerin der Wahrheit zu machen und durch die Wahrheit der Schönheit ein daurendes Fundament und eine höhere Würde zu geben. Soweit es tunlich ist, wird man die Resultate der Wissenschaft von ihrer scholastischen[4] Form zu befreien und in einer reizenden, wenigstens einfachen, Hülle dem Gemeinsinn
35 verständlich zu machen suchen. Zugleich aber wird man auf dem Schauplatze der Erfah-

---

[1] Erster Koalitionskrieg 1792–97 gegen das revolutionäre Frankreich, in dem die Verbündeten in den Niederlanden und der Pfalz geschlagen wurden.
[2] zerstreut: hier abgelenkt
[3] Charitinnen: griechische Göttinnen der Anmut
[4] scholastisch: hier im Sinne von trocken-unanschaulicher Fachterminologie

rung nach neuen Erwerbungen für die Wissenschaft ausgehen und da nach Gesetzen forschen, wo bloß der Zufall zu spielen und die Willkür zu herrschen scheint. Auf diese Art glaubt man zu Aufhebung der Scheidewand beizutragen, welche die *schöne* Welt von der *gelehrten* zum Nachteile beider trennt, gründliche Kenntnisse in das gesellschaftliche Leben und Geschmack in die Wissenschaft einzuführen. [40]

In: Friedrich Schiller: Werke in drei Bänden. Hg. v. Herbert G. Göpfert. Bd. 2. München: Hanser 1966, S. 667 ff.

1. *Entwerfen Sie eine Gliederung.*
2. *Gegen welche Geisteshaltung des Menschen polemisiert Schiller? Wie charakterisiert er sein Ideal, das er mit den »Horen« verwirklichen will?*

Johann Wolfgang von Goethe
Gespräch über die Urpflanze

Nicht nur das Interesse an der herauszugebenden Zeitschrift »Die Horen«, sondern auch die Kontroverse, wie das Phänomen der Urpflanze philosophisch zu interpretieren sei, führten Schiller und Goethe enger zusammen.

Goethe, der in Italien eine ähnliche Wandlung durchgemacht hatte wie Schiller durch die Begegnung mit Kants Philosophie, sah das dichterische Werk Schillers, besonders dessen »Räuber«, »Don Carlos« und den Essay »Über Anmut und Würde« als seinen »klassischen« Bestrebungen zuwiderlaufend an. Das bei beiden Dichtern unabhängig voneinander einsetzende Bemühen um normative Kunstanschauungen ermöglichte und begünstigte die Verständigung. Nach einer Sitzung der Jenaer »Naturforschenden Gesellschaft« ergab sich Ende Juli 1794 zufällig ein Gespräch.

Die von Goethe skizzierte und anschließend abgedruckte Kontroverse über die Urpflanze führt auf ein schwieriges erkenntnistheoretisches Gebiet. Heute würde die Wissenschaft allenfalls von einem »Begriff der Pflanze«, einem »Wesen der Pflanze« abstrakt sprechen, während sich Goethe diese Pflanze als wirklich existierende Pflanze vorgestellt hat. Schiller hingegen meint, die Urpflanze sei keine Erfahrung, sondern eine Idee, im ursprünglichen Sinne des Wortes also ein Bild, eine Gestalt, eine Anschauung. Wäre Schiller nicht Anhänger Kants gewesen, so hätte er seinen Einwand vielleicht so ergänzt, wie Goethe seine Urpflanze verstanden haben wollte, als »das wirkliche Muster, nach dem die wirklichen Pflanzen wirklich gebildet sind«.

Unter dem Titel »Glückliches Ereignis« hat Goethe 1817 sein Gespräch mit Schiller nach der Sitzung der Naturforschenden Gesellschaft 1794 in seiner Zeitschrift »Zur Naturwissenschaft überhaupt, besonders zur Morphologie« veröffentlicht.

Schiller »schien an dem Vorgetragenen teil zu nehmen, bemerkte aber sehr verständig und einsichtig und mir sehr willkommen, wie eine so zerstückelte Art die Natur zu behandeln, den Laien, der sich gern darauf einließe, keineswegs anmuten könne.

Ich erwiderte darauf: daß sie den Eingeweihten selbst vielleicht umheimlich bleibe, und
5 daß es doch wohl noch eine andere Weise geben könne, die Natur nicht gesondert und vereinzelt vorzunehmen, sondern sie wirkend und lebendig, aus dem Ganzen in die Teile strebend darzustellen. Er wünschte hierüber aufgeklärt zu sein, verbarg aber seine Zweifel nicht; er konnte nicht eingestehen, daß ein solches, wie ich behauptete, schon aus der Erfahrung hervorgehe. Wir gelangten zu seinem Hause, das Gespräch lockte mich hinein;
10 da trug ich die Metamorphose der Pflanzen lebhaft vor, und ließ, mit manchen charakteristischen Federstrichen, eine symbolische Pflanze vor seinen Augen entstehen. Er vernahm und schaute das alles mit großer Teilnahme, mit entschiedener Fassungskraft; als ich aber geendet, schüttelte er den Kopf und sagte: »Das ist keine Erfahrung, das ist eine Idee.«

15 Ich stutzte, verdrießlich einigermaßen: denn der Punkt, der uns trennte, war dadurch aufs strengste bezeichnet. Die Behauptung aus »Anmut und Würde« fiel mir wieder ein, der alte Groll wollte sich regen, ich nahm mich aber zusammen und versetzte: »Das kann mir sehr lieb sein, daß ich Ideen habe ohne es zu wissen, und sie sogar mit Augen sehe.«
Schiller, der viel mehr Lebensklugheit und Lebensart hatte als ich, und mich auch wegen
20 der Horen, die er herauszugeben im Begriff stand, mehr anzuziehen als abzustoßen gedachte, erwiderte darauf als ein gebildeter Kantianer; und als aus meinem hartnäckigen Realismus mancher Anlaß zu lebhaften Widerspruch entstand, so ward viel gekämpft und dann Stillstand gemacht; keiner von beiden konnte sich für den Sieger halten, beide hielten sich für unüberwindlich. Sätze wie folgender machten mich ganz unglücklich:
25 »Wie kann jemals Erfahrung gegeben werden, die einer Idee angemessen sein sollte? denn darin besteht eben das Eigentümliche der letzteren, daß ihr niemals eine Erfahrung kongruieren könne.« Wenn er das für eine Idee hielt, was ich als Erfahrung aussprach, so mußte doch zwischen beiden irgend etwas Vermittelndes, Bezügliches obwalten! Der erste Schritt war jedoch getan, Schillers Anziehungskraft war groß, er hielt alle fest, die sich
30 ihm näherten; ich nahm teil an seinen Absichten und versprach zu den »Horen« manches, was bei mir verborgen lag, herzugeben; seine Gattin, die ich, von ihrer Kindheit auf, zu lieben und schätzen gewohnt war, trug das Ihrige bei zu dauerndem Verständnis, alle beiderseitigen Freunde waren froh, und so besiegelten wir, durch den größten, vielleicht nie ganz zu schlichtenden Wettkampf zwischen Objekt und Subjekt, einen Bund, der
35 ununterbrochen gedauert, und für uns und andere manches Gutes gewirkt hat.«

In: Goethes Werke. Hamburger Ausgabe. Bd. 10. Hamburg: Wegner [4]1959, S. 540 f.

1. *Versuchen Sie, mit eigenen Worten darzulegen, warum Goethe sich als Realisten, Schiller aber als Idealisten versteht.*
2. *Welche Gründe nennt Goethe für die Fortsetzung dieser ersten intensiveren Begegnung in Bekanntschaft und Freundschaft?*

Johann Wolfgang von Goethe/Friedrich Schiller
Briefwechsel

An Goethe   Jena, den 23. August 1794.
Man brachte mir gestern die angenehme Nachricht, daß Sie von Ihrer Reise wieder
zurückgekommen seien. Wir haben also wieder Hoffnung, Sie vielleicht bald einmal bei
uns zu sehen, welches ich an meinem Teil herzlich wünsche. Die neulichen Unterhaltungen mit Ihnen haben meine ganze Ideen-Masse in Bewegung gebracht, denn sie betrafen
einen Gegenstand, der mich seit etlichen Jahren lebhaft beschäftigt. Über so manches, 5
worüber ich mit mir selbst nicht recht einig werden konnte, hat die Anschauung Ihres
Geistes (denn so muß ich den Total-Eindruck Ihrer Ideen auf mich nennen) ein unerwar-
tetes Licht in mir angesteckt. Mir fehlte das Objekt, der Körper, zu mehreren spekulati-
vischen Ideen, und Sie brachten mich auf die Spur davon. Ihr beobachtender Blick, der so
still und rein auf den Dingen ruht, setzt Sie nie in Gefahr, auf den Abweg zu geraten, in 10
den sowohl die Spekulation als die willkürliche und bloß sich selbst gehorchende Einbildungskraft sich so leicht verirrt. In Ihrer richtigen Intuition liegt alles und weit vollstän-
diger, was die Analysis mühsam sucht, und nur weil er als ein Ganzes in Ihnen liegt, ist
Ihnen Ihr eigener Reichtum verborgen; denn leider wissen wir nur das, was wir scheiden.
Geister Ihrer Art wissen daher selten, wie weit sie gedrungen sind und wie wenig Ursache 15
sie haben, von der Philosophie zu borgen, die nur von Ihnen lernen kann. Diese kann bloß
zergliedern, was ihr gegeben wird, aber das Geben selbst ist nicht die Sache des Analy-
tikers, sondern des Genies, welches unter dem dunkeln, aber sichern Einfluß reiner Vernunft nach objektiven Gesetzen verbindet.
Lange schon habe ich, obgleich aus ziemlicher Ferne, dem Gang Ihres Geistes zugesehen 20
und den Weg, den Sie sich vorgezeichnet haben, mit immer erneuerter Bewunderung
bemerkt. Sie suchen das Notwendige der Natur, aber Sie suchen es auf dem schweresten
Wege, vor welchem jede schwächere Kraft sich wohl hüten wird. Sie nehmen die ganze
Natur zusammen, um über das Einzelne Licht zu bekommen, in der Allheit ihrer Erschei-
nungsarten suchen Sie den Erklärungsgrund für das Individuum auf. Von der einfachen 25
Organisation steigen Sie, Schritt vor Schritt, zu den mehr verwickelten hinauf, um endlich
die verwickeltste von allen, den Menschen, genetisch aus den Materialien des ganzen
Naturgebäudes zu erbauen. Dadurch, daß Sie ihn der Natur gleichsam nacherschaffen,
suchen Sie in seine verborgene Technik einzudringen. Eine große und wahrhaft helden-
mäßige Idee, die zur Genüge zeigt, wie sehr Ihr Geist das reiche Ganze seiner Vorstellun- 30
gen in einer schönen Einheit zusammenhält. Sie können niemals gehofft haben, daß Ihr
Leben zu einem solchen Ziele zureichen werde, aber einen solchen Weg auch nur einzu-
schlagen ist mehr wert als jeden andern zu endigen – und Sie haben gewählt, wie Achill in
der Ilias zwischen Phthia und der Unsterblichkeit. Wären Sie als ein Grieche, ja nur als ein
Italiener geboren worden, und hätte schon von der Wiege an eine auserlesene Natur und 35
eine idealisierende Kunst Sie umgeben, so wäre Ihr Weg unendlich verkürzt, vielleicht
ganz überflüssig gemacht worden. Schon in die erste Anschauung der Dinge hätten Sie
dann die Form des Notwendigen aufgenommen, und mit Ihren ersten Erfahrungen hätte
sich der große Stil in Ihnen entwickelt. Nun, da Sie ein Deutscher geboren sind, da Ihr
griechischer Geist in diese nordische Schöpfung geworfen wurde, so blieb Ihnen keine 40

andere Wahl, als entweder selbst zum nordischen Künstler zu werden, oder Ihrer Imagination das, was ihr die Wirklichkeit vorenthielt, durch Nachhülfe der Denkkraft zu ersetzen und so gleichsam von innen heraus und auf einem rationalen Wege ein Griechenland zu gebären. In derjenigen Lebens-Epoche, wo die Seele sich aus der äußern Welt
45 ihre innere bildet, von mangelhaften Gestalten umringt, hatten Sie schon eine wilde und nordische Natur in sich aufgenommen, als Ihr siegendes, seinem Material überlegenes Genie diesen Mangel von innen entdeckte, und von außen her durch die Bekanntschaft mit der griechischen Natur davon vergewissert wurde. Jetzt mußten Sie die alte, Ihrer Einbildungskraft schon aufgedrungene schlechtere Natur nach dem besseren Muster, das
50 Ihr bildender Geist sich erschuf, korrigieren, und das kann nun freilich nicht anders als nach leitenden Begriffen von statten gehen. Aber diese logische Richtung, welche der Geist bei der Reflexion zu nehmen genötigt ist, verträgt sich nicht wohl mit der ästhetischen, durch welche allein er bildet. Sie hatten also eine Arbeit mehr, denn so wie Sie von der Anschauung zur Abstraktion übergingen, so mußten Sie nun rückwärts Begriffe wie-
55 der in Intuitionen umsetzen und Gedanken in Gefühle verwandeln, weil nur durch diese das Genie hervorbringen kann.
So ungefähr beurteile ich den Gang Ihres Geistes, und ob ich recht habe, werden Sie selbst am besten wissen. Was Sie aber schwerlich wissen können (weil das Genie sich immer selbst das größte Geheimnis ist), ist die schöne Übereinstimmung Ihres philosophischen
60 Instinktes mit den reinsten Resultaten der spekulierenden Vernunft. Beim ersten Anblicke zwar scheint es, als könnte es keine größere Opposita geben als den spekulativen Geist, der von der Einheit, und den intuitiven, der von der Mannigfaltigkeit ausgeht. Sucht aber der erste mit keuschem und treuem Sinn die Erfahrung und sucht der letzte mit selbsttätiger freier Denkkraft das Gesetz, so kann es gar nicht fehlen, daß nicht beide einander auf
65 halbem Wege begegnen werden. Zwar hat der intuitive Geist nur mit Individuen und der spekulative nur mit Gattungen zu tun. Ist aber der intuitive genialisch und sucht er in dem Empirischen den Charakter der Notwendigkeit auf, so wird er zwar immer Individuen, aber mit dem Charakter der Gattungen erzeugen; und ist der spekulative Geist genialisch, und verliert er, indem er sich darüber erhebt, die Erfahrung nicht, so wird er zwar immer
70 nur Gattungen, aber mit der Möglichkeit des Lebens und mit begründeter Beziehung auf wirkliche Objekte erzeugen.
Aber ich bemerke, daß ich anstatt eines Briefes eine Abhandlung zu schreiben im Begriff bin – verzeihen Sie es dem lebhaften Interesse, womit dieser Gegenstand mich erfüllt hat; und sollten Sie Ihr Bild in diesem Spiegel nicht erkennen, so bitte ich sehr, fliehen Sie ihn
75 darum nicht. (...) Ihr gehorsamster Diener
F. Schiller.

An Schiller
Zu meinem Geburtstage, der mir diese Woche erscheint, hätte mir kein angenehmer Geschenk werden können als Ihr Brief, in welchem Sie, mit freundschaftlicher Hand, die Summe meiner Existenz ziehen und mich, durch Ihre Teilnahme, zu einem emsigeren und lebhafteren Gebrauch meiner Kräfte aufmuntern.
5 Reiner Genuß und wahrer Nutzen kann nur wechselseitig sein, und ich freue mich, Ihnen gelegentlich zu entwickeln: was mir Ihre Unterhaltung gewährt hat, wie ich von jenen Tagen an auch eine Epoche rechne, und wie zufrieden ich bin, ohne sonderliche Aufmunterung, auf meinem Wege fortgegangen zu sein, da es nun scheint, als wenn wir, nach

einem so unvermuteten Begegnen, miteinander fortwandern müßten. Ich habe den redlichen und so seltenen Ernst, der in allem erscheint, was Sie geschrieben und getan haben, immer zu schätzen gewußt, und ich darf nunmehr Anspruch machen, durch Sie Selbst mit dem Gange Ihres Geiste, besonders in den letzten Jahren, bekannt zu werden. Haben wir uns wechselseitig die Punkte klar gemacht, wohin wir gegenwärtig gelangt sind, so werden wir desto ununterbrochner gemeinschaftlich arbeiten können.

Alles, was an und in mir ist, werde ich mit Freuden mitteilen. Denn da ich sehr lebhaft fühle, daß mein Unternehmen das Maß der menschlichen Kräfte und ihrer irdischen Dauer weit übersteigt, so möchte ich manches bei Ihnen deponieren und dadurch nicht allein erhalten, sondern auch beleben.

Wie groß der Vorteil Ihrer Teilnehmung für mich sein wird, werden Sie bald selbst sehen, wenn Sie, bei näherer Bekanntschaft, eine Art Dunkelheit und Zaudern bei mir entdecken werden, über die ich nicht Herr werden kann, wenn ich mich ihrer gleich sehr deutlich bewußt bin. Doch dergleichen Phänomene finden sich mehr in unsrer Natur, von der wir uns denn doch gerne regieren lassen, wenn sie nur nicht gar zu tyrannisch ist. (...)

Leben Sie recht wohl und gedenken mein in Ihrem Kreise. Ettersburg, den 27. August 1794.

Goethe.

An Goethe   Jena, den 31. August 1794.

Bei meiner Zurückkunft aus Weißenfels, wo ich mit meinem Freunde Körner[1] aus Dresden eine Zusammenkunft gehabt, erhielt ich Ihren vorletzten Brief, dessen Inhalt mir doppelt erfreulich war. Denn ich ersehe daraus, daß ich in meiner Ansicht Ihres Wesens Ihrem eigenen Gefühl begegnete und daß Ihnen die Aufrichtigkeit, mit der ich mein Herz darin sprechen ließ, nicht mißfiel. Unsre späte, aber mir manche schöne Hoffnung erweckende Bekanntschaft ist mir abermals ein Beweis, wie viel besser man oft tut, den Zufall machen zu lassen, als ihm durch zu viele Geschäftigkeit vorzugreifen. Wie lebhaft auch immer mein Verlangen war, in ein näheres Verhältnis zu Ihnen zu treten, als zwischen dem Geist des Schriftstellers und seinem aufmerksamsten Leser möglich ist, so begreife ich doch nunmehr vollkommen, daß die so sehr verschiedenen Bahnen, auf denen Sie und ich wandelten, uns nicht wohl früher, als gerade jetzt, mit Nutzen zusammen führen konnten. Nun kann ich aber hoffen, daß wir, soviel von dem Wege noch übrig sein mag, in Gemeinschaft durchwandeln werden, und mit um so größerm Gewinn, da die letzten Gefährten auf einer langen Reise sich immer am meisten zu sagen haben.

Erwarten Sie bei mir keinen großen materialen Reichtum von Ideen; dies ist es, was ich bei Ihnen finden werde. Mein Bedürfnis und Streben ist, aus wenigem viel zu machen, und wenn Sie meine Armut an allem, was man erworbene Erkenntnis nennt, einmal näher kennen sollten, so finden Sie vielleicht, daß es mir in manchen Stücken damit mag gelungen sein. Weil mein Gedankenkreis kleiner ist, so durchlaufe ich ihn eben darum schneller und öfter, und kann eben darum meine kleine Barschaft besser nutzen und eine Mannigfaltigkeit, die dem Inhalte fehlt, durch die Form erzeugen. Sie bestreben Sich, Ihre große Ideenwelt zu simplifizieren, ich suche Varietät für meine kleine Besitzungen. Sie haben ein Königreich zu regieren, ich nur eine etwas zahlreiche Familie von Begriffen, die ich herzlich gern zu einer kleinen Welt erweitern möchte.

---

[1] Christian Gottfried Körner (1756–1831), Freund Schillers

25 Ihr Geist wirkt in einem außerordentlichen Grade intuitiv, und alle Ihre denkenden Kräfte scheinen auf die Imagination, als ihre gemeinschaftliche Repräsentantin, gleichsam kompromittiert zu haben. Im Grund ist dies das Höchste, was der Mensch aus sich machen kann, sobald es ihm gelingt, seine Anschauung zu generalisieren und seine Empfindung gesetzgebend zu machen. Darnach streben Sie, und in wie hohem Grade haben Sie es

30 schon erreicht! *Mein* Verstand wirkt eigentlich mehr symbolisierend, und so schwebe ich als eine Zwitter-Art zwischen dem Begriff und der Anschauung, zwischen der Regel und der Empfindung, zwischen dem technischen Kopf und dem Genie. Dies ist es, was mir, besonders in frühern Jahren, sowohl auf dem Felde der Spekulation als der Dichtkunst ein ziemlich linkisches Ansehen gegeben; denn gewöhnlich übereilte mich der Poet, wo ich

35 philosophieren sollte, und der philosophische Geist, wo ich dichten wollte. Noch jetzt begegnet es mir häufig genug, daß die Einbildungskraft meine Abstraktionen und der kalte Verstand meine Dichtung stört. Kann ich dieser beiden Kräfte in so weit Meister werden, daß ich einer jeden durch meine Freiheit ihre Grenzen bestimmen kann, so erwartet mich noch ein schönes Los; leider aber, nachdem ich meine moralischen Kräfte

40 recht zu kennen und zu gebrauchen angefangen, droht eine Krankheit meine physischen zu untergraben. Eine große und allgemeine Geistesrevolution werde ich schwerlich Zeit haben in mir zu vollenden, aber ich werde tun, was ich kann, und wenn endlich das Gebäude zusammenfällt, so habe ich doch vielleicht das Erhaltungswerte aus dem Brande geflüchtet.

45 Sie wollten, daß ich von mir selbst reden sollte, und ich machte von dieser Erlaubnis Gebrauch. Mit Vertrauen lege ich Ihnen diese Geständnisse hin, und ich darf hoffen, daß Sie sie mit Liebe aufnehmen. (...)
Alles bei uns empfiehlt sich Ihrem freundschaftlichen Andenken, und ich bin mit der herzlichsten Verehrung

der Ihrige

Schiller.

In: Der Briefwechsel zwischen Schiller und Goethe. Hg. v. Hans Gerhard Gräf und Albert Leitzmann. Bd. 1. Leipzig: Insel 1955, S. 5 ff.

Zwischen dem 20. und 23. Juli 1794, als Goethe in Jena war, fand das berühmte Gespräch zwischen Goethe und Schiller über die Urpflanze statt (vgl. S. 89 f). Auf dieses Gespräch spielt Schiller an, wenn er von den neulichen Unterhaltungen spricht. Seinem Freund Körner berichtet Schiller am 1. September 1794 darüber folgendes:

An Körner   1. September
Bei meiner Zurückkunft fand ich einen sehr herzlichen Brief von Goethe, der mir nun endlich mit Vertrauen entgegenkommt. Wir hatten vor sechs Wochen über Kunst und Kunsttheorie ein langes und breites gesprochen und uns die Hauptideen mitgeteilt, zu denen wir auf ganz verschiedenen Wegen gekommen waren. Zwischen diesen Ideen fand

5 sich eine unerwartete Übereinstimmung, die um so interessanter war, weil sie wirklich aus der größten Verschiedenheit der Gesichtspunkte hervorging. Ein jeder konnte dem andern etwas geben, was ihm fehlte, und etwas dafür empfangen. Seit dieser Zeit haben diese ausgestreuten Ideen bei Goethe Wurzel gefaßt und er fühlt jetzt ein Bedürfnis, sich an

Treppenaufgang in Goethes Wohnhaus am Frauenplan in Weimar.
Angeregt von römischen Bauten und der Architektur des italienischen Renaissancebaumeisters Palladio ließ Goethe 1792 das Treppenhaus neu gestalten.
Die Decke des Treppenhauses hat im Falz einen Triglyphenfries, der an griechischen und römischen Bauten verwendet wurde. Das Deckengemälde zeigt die Göttin Iris, die nach dem griechischen Mythos den Regenbogen verkörpert. Das Gemälde von Goethes Freund und Kunstberater Johann Heinrich Meyer (1760–1832) deutet auch auf Goethe als den Erforscher der Farbenlehre hin. Über der Tür ein Basrelief, genannt »Der Thron des Zeus« (Adler mit dem Blitz), das in Mantua vom Original abgegossen wurde. Links neben der Tür ein Abguß der aus dem ersten Jahrhundert vor Christus stammenden »Jünglingsgruppe von Ildefonso«. An der linken Wand eine von Johann Adam Heinrich Oedenthal (1791–1876) nach einer antiken Plastik gezeichneten Medusenmaske. Das andere Bild ist eine Zeichnung nach Figuren aus dem Ostgiebel des Parthenon.

mich anzuschließen und den Weg, den er bisher allein und ohne Aufmunterung betrat, in
10 Gemeinschaft mit mir fortzusetzen. Ich freue mich sehr auf einen für mich so fruchtbaren
Ideenwechsel und, was sich davon in Briefen mitteilen läßt, soll dir getreulich berichtet
werden.   Schiller.

In: Der Briefwechsel zwischen Schiller und Goethe. Hg. v. Hans Gerhard Gräf und Albert Leitzmann. Bd. 3. Leipzig: Insel 1955, S. 2 f.

Der Brief Schillers vom 23. August 1794
Schiller skizziert den Unterschied zwischen Goethes und seiner Denkrichtung.
1. Geben Sie mit eigenen Worten die beiden verschiedenen Denkrichtungen wieder.
2. Wo treffen sich Goethe und Schiller mit ihren »Ideen«?
3. Auf welche Weise charakterisiert Schiller Goethes Denken? Was hebt er hervor?
4. Auf welche Weise charakterisiert Schiller indirekt sich selbst?

Briefe vom 27. und 31. August 1794
1. Mit welchen Worten besiegeln Schiller und Goethe Ihre Freundschaft?
*2. Wiederum – diesmal direkter – charakterisiert Schiller sein »Streben«. Zeichnen Sie
Schillers Gedankengang mit eigenen Worten nach. Wie sieht Schiller sich selbst?*
*3. Mit welchen Kurzformeln können Sie die Denkrichtungen Goethes und Schillers zu-
sammenfassen?*
*4. Gestalterisches Schreiben: Versuchen Sie den Briefwechsel im Stil des 18. Jahrhunderts
fortzuführen. (Der Briefstil läßt sich auch gut parodieren!)*

Rokokosaal in der Zentralbibliothek der Deutschen Klassik, Weimar.

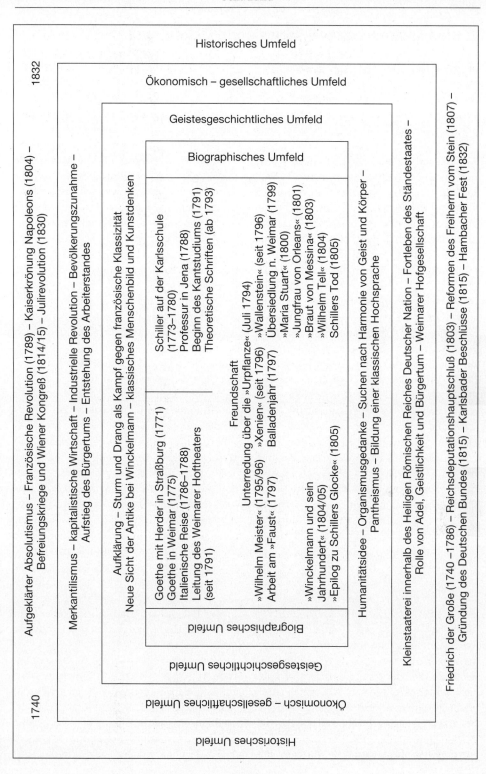

Historisches Umfeld

1832

Aufgeklärter Absolutismus – Französische Revolution (1789) – Kaiserkrönung Napoleons (1804) – Befreiungskriege und Wiener Kongreß (1814/15) – Julirevolution (1830)

Ökonomisch – gesellschaftliches Umfeld

Merkantilismus – kapitalistische Wirtschaft – Industrielle Revolution – Bevölkerungszunahme – Aufstieg des Bürgertums – Entstehung des Arbeiterstandes

Geistesgeschichtliches Umfeld

Aufklärung – Sturm und Drang als Kampf gegen französische Klassizität
Neue Sicht der Antike bei Winckelmann – klassisches Menschenbild und Kunstdenken

Biographisches Umfeld

Schiller auf der Karlsschule (1773–1780)
Professur in Jena (1788)
Beginn des Kantstudiums (1791)
Theoretische Schriften (ab 1793)

»Wallenstein« (seit 1796)
Übersiedlung n. Weimar (1799)
»Maria Stuart« (1800)
»Jungfrau von Orleans« (1801)
»Braut von Messina« (1803)
»Wilhelm Tell« (1804)
Schillers Tod (1805)

Freundschaft

Goethe mit Herder in Straßburg (1771)
Goethe in Weimar (1775)
Italienische Reise (1786–1788)
Leitung des Weimarer Hoftheaters (seit 1791)

Unterredung über die »Urpflanze« (Juli 1794)
»Xenien« (1795/96)
Balladenjahr (1797)

»Wilhelm Meister« (1795/96)
Arbeit am »Faust« (1797)

»Winckelmann und sein Jahrhundert« (1804/05)
»Epilog zu Schillers Glocke« (1805)

Biographisches Umfeld

Geistesgeschichtliches Umfeld

Humanitätsidee – Organismusgedanke – Suchen nach Harmonie von Geist und Körper – Pantheismus – Bildung einer klassischen Hochsprache

Ökonomisch – gesellschaftliches Umfeld

Kleinstaaterei innerhalb des Heiligen Römischen Reiches Deutscher Nation – Fortleben des Ständestaates – Rolle von Adel, Geistlichkeit und Bürgertum – Weimarer Hofgesellschaft

Historisches Umfeld

Friedrich der Große (1740–1786) – Reichsdeputationshauptschluß (1803) – Reformen des Freiherrn vom Stein (1807) – Gründung des Deutschen Bundes (1815) – Karlsbader Beschlüsse (1815) – Hambacher Fest (1832)

1740

2. Klassisches Denken, klassische Dichtung

Humanität, Bildung, Ästhetik

Im Mittelpunkt der idealistischen Gedankengänge der Klassiker stand der Mensch, der sich in freier Selbstbestimmung dem Guten, dem Wahren und dem Schönen zuwenden sollte. Was aber das Gute, Wahre und Schöne eigentlich sei, meinte man im Vorbild der Antike, besonders in einem verklärten Griechenlandbild, zu entdecken. Die dem Menschen eingeborene Vernunft mußte nur durch Beispiel und Erziehung erweckt werden, um ihn auf den Weg zur Humanität, zur Menschlichkeit, zu leiten.

Im weißen, makellosen Bildwerk der Griechen und in den römischen Kopien dieser Plastik, wie man sie seit der Renaissance in Schatzkammern gesammelt hatte oder wie sie vereinzelt bei den Ausgrabungen in Pompeji wieder ans Tageslicht kamen, glaubte man das Ideal eines zeitlosen und damit die Zeiten überdauernden Menschentums erkannt zu haben. Daß alle griechische Skulptur ursprünglich in einer überraschenden Farbenpracht aus Rot und Blau und Gold geprangt hatte, daß der hehre, verklärende Anblick eigentlich nur auf der Vergänglichkeit der Farben beruhte, wußten die Zeitgenossen Winckelmanns nicht, oder sie übersahen es stillschweigend. Die Epoche machte sich das Bild einer verehrungswürdigen Zeit – wie alle Gegenwart in positiver wie negativer Weise die Vergangenheit verzeichnet –, das mit der künstlerischen und geschichtlichen Wirklichkeit des perikleischen Griechenlands nur entfernt zu tun hatte. Da aber die vorbehaltlose Betrachtung einer griechischen Statue oder eines römischen Tempels den bildungsbeflissenen Menschen noch nicht in seinem Wesen wandelt, sollte das Studium der griechischen Sprache den Schüler unmittelbar mit der vorbildlichen griechischen Gedankenwelt vertraut ma-

chen. Der griechische Mythos, die Mythen von Göttern, Heroen und Menschen, hingegen konnten – bei aller Toleranz dem Christentum gegenüber – ein neues Weltverständnis begründen. Der Mensch wurde in dieser Sicht wieder Teil eines harmonisch geordneten Kosmos, der sich eins fühlen konnte mit dem gestirnten Himmel, der ihn umgebenden Natur und seinem Menschenbruder, der den gleichen Idealen anhing wie er selbst. Die Klassik ist in diesem Sinne der Entwurf einer grandiosen Utopie, die die Abgründe des Menschen zwar gesehen hat, sie aber zu überwinden glaubte. Alle utopischen Entwürfe, die in der Nachfolge der Klassik von Karl Marx bis Ernst Bloch die einzelnen begeisterten und verführten, haben einen Grund in diesem idealistischen Konzept von Mensch und Welt.

Den vielfältigen Anregungen der Klassik ist die Bildungsreform Wilhelm von Humboldts in Preußen verpflichtet, die zum Vorbild für eine Umgestaltung des Erziehungswesens in ganz Deutschland wurde. Die 1811 gegründete Berliner Universität wurde zum Vermittler der in der Klassik entwickelten idealistischen Weltsicht, die auf alle deutschen Universitäten und Gymnasien ausstrahlte. In Bayern verwirklichte Ludwig I. mit seinen Baumeistern Klenze und Gärtner das von der Klassik geprägte Bild eines überdauernden und vorbildlichen Griechentums zum Beispiel in den Propyläen und der Glyptothek, während in Berlin Langhans und Schinkel in vergleichbarer Weise bauten.

Die Begriffe Neuhumanismus und Humanität gehen auf lateinisch humanus bzw. humanitas, »menschlich« bzw. »Menschlichkeit« zurück. Der Neuhumanismus erstrebt als geistige Strömung die Erneuerung der humanistischen Bewegung seit etwa 1750, die mit ihren Wurzeln bis in die Anti-

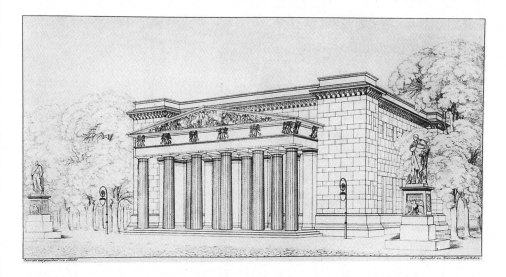

Neue Wache. Ausgeführter Entwurf. Entworfen und gezeichnet von Karl Friedrich Schinkel. Der Bau wurde zwischen 1816 und 1818 Unter den Linden in Berlin errichtet. In der äußeren Form ließ sich Schinkel von dem Gedanken leiten, die hellenistische Baukunst für seine Zeit nutzbar zu machen, sie »festhaltend in ihrem geistigen Prinzip« auf »die Bedingungen unserer neuen Weltperiode zu erweitern«. Die Neue Wache gilt als eines der beeindruckendsten Werke des deutschen Klassizismus. Schinkel entwarf, das klassische Tempelschema vermeidend, für das Gebäude die quadratische, geschlossene Form eines römischen Castrums mit Ecktürmen und Innenhof, aus dem er an der Straßenfront eine dorische Säulenhalle hervortreten ließ.

ke zurückreicht und während der Renaissance wieder belebt wurde. Der Archäologe und Kunsthistoriker Johann Joachim Winckelmann (vgl. S. 75) und der Theologe Johann Gottfried Herder (vgl. S. 72 f.) verstanden unter Neuhumanismus nicht in erster Linie die Bildung durch antike Schriftsteller, sondern erstrebten die Erneuerung der menschlichen Würde und Individualität, wie sie sie in der Antike zum erstenmal vorgebildet sahen.

In engem Zusammenhang mit Humanismus und Neuhumanismus entwickelt sich ein *Humanitätsideal*, das dann verwirklicht ist, wenn der einzelne zu reiner Menschlichkeit im Dienste der Menschheit gelangt ist. Humanität ist die Bezeichnung für herausragende Eigenschaften des idealen Menschen, die man entweder von Natur aus besitzt oder durch Ausbildung des Geistes und Herrschaft über die eigenen Leidenschaften erwirbt. Sie äußert sich in Teilnahme und Hilfsbereitschaft für den Mitmenschen und in Duldsamkeit gegenüber seiner Lebensart. Humanität ist somit das Bildungsziel des Neuhumanismus.

Johann Joachim Winckelmann
Edle Einfalt und stille Größe (1755)

Das allgemeine vorzügliche Kennzeichen der griechischen Meisterstücke ist endlich eine edle Einfalt, und eine stille Größe, sowohl in der Stellung als im Ausdrucke. So wie die Tiefe des Meers allezeit ruhig bleibt, die Oberfläche mag noch so wüten, ebenso zeigt der Ausdruck in den Figuren der Griechen bei allen Leidenschaften eine große und gesetzte
5 Seele.

Diese Seele schildert sich in dem Gesichte des Laokoons[1], und nicht in dem Gesichte allein, bei dem heftigsten Leiden. Der Schmerz, welcher sich in allen Muskeln und Sehnen des Körpers entdecket, und den man ganz allein, ohne das Gesicht und andere Teile zu betrachten, an dem schmerzlich eingezogenen Unterleibe beinahe selbst zu empfinden
10 glaubt; dieser Schmerz, sage ich, äußert sich dennoch mit keiner Wut in dem Gesichte und in der ganzen Stellung. Er erhebet kein schreckliches Geschrei, wie Vergil von seinem Laokoon singet: Die Öffnung des Mundes gestattet es nicht; es ist vielmehr ein ängstliches und beklemmtes Seufzen, wie es Sadoleto[2] beschreibt. Der Schmerz des Körpers und die Größe der Seele sind durch den ganzen Bau der Figur mit gleicher Stärke ausge-
15 teilet, und gleichsam abgewogen. Laokoon leidet, aber er leidet wie des Sophokles Philoktet[3], sein Elend gehet uns bis an die Seele; aber wir wünschten, wie dieser große Mann, das Elend ertragen zu können.

Der Ausdruck einer so großen Seele gehet weit über die Bildung der schönen Natur: Der Künstler mußte die Stärke des Geistes in sich selbst fühlen, welche er seinem Marmor
20 einprägte. Griechenland hatte Künstler und Weltweisen in einer Person, und mehr als einen Metrodor.[4] Die Weisheit reichte der Kunst die Hand, und blies den Figuren derselben mehr als gemeine Seelen ein.

Unter einem Gewande, welches der Künstler dem Laokoon als einem Priester hätte geben sollen, würde uns sein Schmerz nur halb so sinnlich gewesen sein. Bernini[5] hat sogar den

---

[1] Die Marmorgruppe wurde wahrscheinlich im ersten vorchristlichen Jahrhundert von Künstlern aus Rhodos geschaffen. Die Skulptur, die Laokoon und seine Söhne von zwei Schlangen umschlungen zeigt, wurde 1506 in Rom wiederentdeckt. Da Vergil in seiner »Äneis« (II, 213–224) den Todeskampf Laokoons in ähnlicher Weise beschreibt, wird vermutet, daß der Dichter das Bildwerk kannte. In der Dichtung wird der Kampf vom »gräßlichen Schreien« Laokoons begleitet. Die mißbilligende Bemerkung Winckelmanns über die Darstellungsweise Vergils erregte den Widerspruch Lessings, den er in seiner Schrift »Laokoon oder über die Grenzen der Malerei und Poesie« begründet.
[2] Jacopo Sadoleto schrieb 1506 über die soeben entdeckte Marmorgruppe das lateinische Gedicht »De Laocoontis statua«.
[3] In Sophokles' Tragödie »Philoktet« wird geschildert, wie Philoktet auf der Fahrt der Griechen gegen Troja von einer Schlange gebissen und auf der Insel Lemnos ausgesetzt wurde, da seine Wunde einen unerträglichen Gestank verbreitete. Auf der Insel lebte er im Elend, bis Odysseus ihn und den Bogen des Herakles nach Troja brachte.
[4] Metrodor von Athen lebte im 2. Jahrhundert vor Christus und wurde nach 168 vor Christus als Maler und Philosoph in Rom berühmt.
[5] Gian Lorenzo Bernini (1598–1680) war einer der hervorragendsten Baumeister und Bildhauer des italienischen Hochbarock.

Laokoon, 1. Jh. v. Chr. Der trojanische Priester Laokoon warnte seine Landsleute vor dem hölzernen Pferd der Griechen und wurde deshalb mit seinen Söhnen von zwei Schlangen erwürgt. (Die Gruppe wurde im 18. Jahrhundert falsch ergänzt.)

Anfang der Würkung des Gifts der Schlange in dem einen Schenkel des Laokoons an der 25 Erstarrung desselben entdecken wollen.

Alle Handlungen und Stellungen der griechischen Figuren, die mit diesem Charakter der Weisheit nicht bezeichnet, sondern gar zu feurig und zu wild waren, verfielen in einen Fehler, den die alten Künstler *Parenthyrsis*[1] nannten.

Je ruhiger der Stand des Körpers ist, desto geschickter ist er, den wahren Charakter der 30 Seele zu schildern: in allen Stellungen, die von dem Stande der Ruhe zu sehr abweichen, befindet sich die Seele nicht in dem Zustande, der ihr der eigentlichste ist, sondern in einem gewaltsamen und erzwungenen Zustande. Kenntlicher und bezeichnender wird die Seele in heftigen Leidenschaften; groß aber und edel ist sie in dem Stande der Einheit, in dem Stande der Ruhe. Im Laokoon würde der Schmerz, allein gebildet, Parenthyrsis 35

[1] Parenthyrsis, eigentlich Parenthyrsos (gr.), als Begriff aus der Rhetorik: übertriebenes, unpassendes Pathos

gewesen sein; der Künstler gab ihm daher, um das Bezeichnende und das Edle der Seele in eins zu vereinigen, eine Aktion, die dem Stande der Ruhe in solchem Schmerze der nächste war. Aber in dieser Ruhe muß die Seele durch Züge, die ihr und keiner andern Seele eigen sind, bezeichnet werden, um sie ruhig, aber zugleich wirksam, stille, aber nicht gleich-
40 gültig oder schläfrig zu bilden.

In: Die deutsche Literatur in Text und Darstellung. Hg. v. Otto F. Best und Hans-Jürgen Schmitt. Bd. 7: Klassik. Hg. v. Gabriele Wirsich-Irwin. Stuttgart: Reclam 1974, S. 28 ff.

1. *Winckelmann geht offensichtlich deduktiv vor. Untersuchen Sie unter diesem Ge-sichtspunkt Aufbau und Gedankengang des Textes.*
2. *Welches künstlerische Problem hat der Schöpfer der Statue nach Winckelmanns Mei-nung vorbildlich gelöst?*
3. *Hinter der ästhetischen Formel von der »edlen Einfalt und stillen Größe« verbirgt sich eine ethische Forderung. Umschreiben Sie sie, und vergleichen Sie diese Kurzformel mit den Feststellungen von A. H. Korff über das Ideal der Klassik (S. 80 ff.).*
3. *Lesen Sie aus dem 2. Buch von Vergils »Äneis« die Stelle vor, in der der Priester Laokoon mit seinen beiden Söhnen von zwei Schlangen überfallen wird. Im Vergleich zur literarischen Gestaltung des Laokoon-Schicksals durch Vergil hebt Winckelmann die ganz eigentümliche Gestaltungsweise des Bildhauers hervor.*
   – *Auf welche Weise unterscheidet sich die Darstellung in der Literatur von der in der bildenden Kunst?*
   – *In welchem Verhältnis stehen nach Winckelmann in der Laokoon-Gruppe Aktion und Ruhe?*
   – *Für welchen Seelenzustand sind beide ein Ausdruck?*

Johann Gottfried Herder
Briefe zur Beförderung der Humanität (1793/97)

Vor dem Hintergrund der Französischen Revolution (vgl. auch S. 82 ff.) schrieb Johann Gottfried Herder (vgl. S. 72 f.) 1793/97 die »Humanitätsbriefe«, in denen er als Weimarischer Hofbeamter ganz den Idealen der Französischen Revolution – Freiheit, Gleichheit und Brüderlichkeit – verpflichtet ist. Er gebrauchte dabei die im 18. Jahrhundert beliebte Form der brieflichen Darlegung von Argumenten, die den Leser an der stufenweisen Einsicht in eine Erkenntnis aktiv teilnehmen läßt. Seine Methode kann auch als Handhabung der Dialektik, wie sie im 19. Jahrhundert bei Hegel und Marx zur Anwendung kam, verstanden werden.

Sie fürchten, daß man dem Wort Humanität einen Fleck anhängen werde; könnten wir nicht das Wort ändern? *Menschheit, Menschlichkeit, Menschenrechte, Menschenpflichten, Menschenwürde, Menschenliebe?*

Menschen sind wir allesamt und tragen sofern die *Menschheit* an uns, oder wir gehören zur *Menschheit*. Leider aber hat man in unserer Sprache dem Wort *Mensch* und noch 5 mehr dem barmherzigen Wort *Menschlichkeit* so oft eine Nebenbedeutung von Niedrigkeit, Schwäche und falschem Mitleid angehängt, daß man jenes nur mit einem Blick der Verachtung, dies mit einem Achselzucken zu begleiten gewohnt ist. »*Der Mensch!*« sagen wir jammernd oder verachtend und glauben einen guten Mann aufs lindeste mit dem Ausdruck zu entschuldigen, »es habe ihn die *Menschlichkeit* übereilet«. Kein Vernünfti- 10 ger billigt es, daß man den Charakter des Geschlechts, zu dem wir gehören, so barbarisch hinabgesetzt hat; man hat hiermit unweiser gehandelt, als wenn man den Namen seiner Stadt oder Landsmannschaft zum Ekelnamen machte. Wir also wollen uns hüten, daß wir zu Beförderung solcher *Menschlichkeit* keine Briefe schreiben.

Der Name *Menschenrechte* kann ohne *Menschenpflichten* nicht genannt werden; beide 15 beziehen sich aufeinander, und für beide suchen wir *ein* Wort.

So auch *Menschenwürde* und *Menschenliebe*. Das Menschengeschlecht, wie es jetzt ist und wahrscheinlich lange noch sein wird, hat seinem größesten Teil nach keine Würde; man darf es eher bemitleiden als verehren. Es soll aber zum *Charakter seines Geschlechts*, mithin auch zu dessen *Wert* und *Würde* gebildet werden. Das schöne Wort *Menschenliebe* 20 ist so trivial worden, daß man meistens die Menschen liebt, um keinen unter den Menschen wirksam zu lieben. Alle diese Worte enthalten Teilbegriffe unsers Zwecks, den wir gern mit *einem* Ausdruck bezeichnen möchten.

Also wollen wir bei dem Wort *Humanität* bleiben, an welches unter Alten und Neuern die besten Schriftsteller so würdige Begriffe geknüpft haben. Humanität ist der *Charakter* 25 *unsres Geschlechts*; er ist uns aber nur in Anlagen angeboren und muß uns eigentlich angebildet werden. Wir bringen ihn nicht fertig auf die Welt mit; auf der Welt aber soll er das Ziel unsres Bestrebens, die Summe unserer Übungen, unser *Wert* sein; denn eine *Angelität*[1] im Menschen kennen wir nicht, und wenn der Dämon, der uns regiert, kein humaner Dämon ist, werden wir Plagegeister der Menschen. Das *Göttliche* in unserem 30

---

[1] Angelität: analoge Wortbildung zu Humanität von angelus (lat.) »Engel«

Geschlecht ist also *Bildung zur Humanität;* alle großen und guten Menschen, Gesetzgeber, Erfinder, Philosophen, Dichter, Künstler, jeder edle Mensch in seinem Stande, bei der Erziehung seiner Kinder, bei der Beobachtung seiner Pflichten, durch Beispiel, Werk, Institut und Lehre hat dazu mitgeholfen. Humanität ist der Schatz und die Ausbeute aller
35 menschlichen Bemühungen, gleichsam die *Kunst unsres Geschlechtes.* Die Bildung zu ihr ist ein Werk, das unablässig fortgesetzt werden muß, oder wir sinken, höhere und niedere Stände, zur rohen Tierheit, zur *Brutalität* zurück.

Sollte das Wort Humanität also unsre Sprache verunzieren? Alle gebildete Nationen haben es in ihre Mundart aufgenommen; und wenn unsre Briefe einem Fremden in die
40 Hand kämen, müßten sie ihm wenigstens unverfänglich scheinen; denn *Briefe zu Beförderung der Brutalität* wird doch kein ehrliebender Mensch wollen geschrieben haben.

In: Herders Werke in fünf Bänden. Bd. 5. Berlin/Weimar: Aufbau 1978, S. 75 f.

1. *Was umfaßt nach Herder im einzelnen Humanität, und wie definiert er diese?*
2. *Welche Bedeutung bekommt in diesem Text der Begriff »Bildung«?*
3. *Wie kann nach Herder die Humanität gefördert werden?*
4. *Betrachten Sie die Gedanken und Forderungen Herders vor dem Hintergrund der Französischen Revolution und den Ereignissen zur Zeit der Veröffentlichung der »Humanitätsbriefe«.*
5. *Treffen Herders stilistische und sprachkritische Eingangsbemerkungen über Menschheit, Menschlichkeit usw. auch heute noch zu?*
   – *Hat sich in den letzten zwei Jahrhunderten eine Aufwertung oder Abwertung der Begriffe eingestellt?*
   – *Prüfen Sie jedes einzelne von Herder in diesem Zusammenhang angeführte Wort, und begründen Sie Ihre Entscheidung.*
   – *Worauf könnte eine Veränderung zurückzuführen sein?*
   – *Beurteilen Sie die Gültigkeit von Herders Forderungen (Gesinnungen) für seine Zeit und für die Gegenwart.*
6. *Vorschlag für ein Referat: Referieren Sie den Inhalt des 28. Humanitätsbriefs.*

Karl Philipp Moritz

Bestimmung des Zwecks einer Theorie der schönen Künste

Der *vollständige Begriff des Schönen* setzt die Theorie der schönen Künste, vereint mit der Betrachtung der vortrefflichsten Kunstwerke selbst, voraus: denn ließe sich dieser Begriff in wenigen Worten vollständig geben, so wäre weiter keine ausführliche Theorie des Schönen nöthig. Alles aber, was über das Schöne gesagt werden kann, muß immer darauf
5 zurückkommen;
1.) daß das Schöne uns mehr Ordnung, Übereinstimmung und Bildung, in einem *kleinern Umfange* darstellt, als wir sonst gewöhnlich in dem großen Ganzen, das uns umgibt, hier und da zerstreut, wahrnehmen. Und daß also

2.) das Schöne um desto schöner sey, jemehr das große uns umgebende Ganze sich darinn zusammendrängt und spiegelt. In so fern nun aber 10

3.) jedes schöne Kunstwerk mehr oder weniger ein Abdruck des uns umgebenden großen Ganzen der Natur ist, muß es auch als *ein für sich bestehendes Ganze* von uns betrachtet werden, welches, wie die große Natur, *seinen Endzweck in sich selber hat,* und um sein selbst willen da ist. Und nur auf die Weise betrachtet, kann

4.) das Schöne wahrhaft *nützlich* werden; indem es unser Wahrnehmungsvermögen für 15 Ordnung und Übereinstimmung schärft, und unsern Geist über das Kleine erhebt, weil es alles Einzelne uns stets im Ganzen, und in Beziehung auf das Ganze, deutlich erblicken läßt. Um nun aber

5.) jedes schöne Kunstwerk, als ein für sich bestehendes Ganze zu betrachten, ist es nöthig, in dem Werke selbst den *Gesichtspunkt* aufzufinden, wodurch alles Einzelne sich 20 erst in seiner nothwendigen Beziehung auf das Ganze darstellt, und wodurch es uns erst einleuchtet, daß in dem Werke weder etwas überflüßig sey, noch etwas mangle.

Diesen wahren Gesichtspunkt für das Schöne *in allen Fällen* auffinden zu lehren, würde also das Geschäft einer vollständigen Theorie der schönen Künste seyn.

(Erstdruck (postum): Berlinisches Archiv der Zeit und ihres Geschmacks, 1795, I, S. 255 f. Entstehung: 1789)
In: Karl Philipp Moritz: Beiträge zur Ästhetik. Hg. u. kommentiert v. Hans Joachim Schrimpf u. Hans Adler. Mainz: Dieterich 1989, S. 103 f.

1. *Fassen Sie mit eigenen Worten zusammen, was Moritz (vgl. S. 74 f.) von einem Kunstwerk verlangt. Sie können auch eine Paraphrase (= verdeutlichende Umschreibung eines Textes mit anderen Worten) versuchen.*
2. *Wenn ein Kunstwerk »um sein selbst willen da ist«, kann es dann auch auf andere Menschen wirken? Vergleichen Sie diese Gedankengänge mit dem Anspruch der »Konkreten Poesie« (vgl. Colleg Deutsch 1 und 3).*

Immanuel Kant
Das moralische Gesetz (1788)

Nachdem Immanuel Kant (vgl. S. 73 f.) 1785 eine »Grundlegung der Metaphysik der Sitten« vorgelegt hatte, begründet er in seinem zweiten Hauptwerk »Kritik der praktischen Vernunft« (1788) die Sittenlehre. Der in diesem Werk niedergelegten Pflicht-Ethik liegt folgender Gedankengang zugrunde: »Der Vernunft ist es zwar unmöglich, Gegenstände rein a priori, d. h. ohne Erfahrung, theoretisch zu erkennen, wohl aber den Willen des Menschen und sein praktisches Verhalten zu bestimmen.

Es stellt sich dabei heraus: Seinem ›empirischen‹ Charakter nach, d. h. als Person, steht der Mensch unter dem Naturgesetz, folgt er den Einflüssen der Außenwelt, ist er unfrei. Seinem ›intelligiblen‹ Charakter gemäß, d. h. als Persönlichkeit, ist er frei und nur nach seiner praktischen Vernunft ausgerichtet. Das Sittengesetz, dem er dabei folgt, ist ein »Kategorischer Imperativ«. D. h. konkret: Nicht auf äußere Güter gerichtetes Streben nach Glück, nicht Liebe oder Neigung machen ein Tun moralisch, sondern allein die Achtung vor dem Sittengesetz und die Befolgung der Pflicht. Getragen ist diese Ethik der Pflicht von der nicht theoretischen, sondern praktischen Überzeugung von der Freiheit des sittlichen Tuns, von der Unsterblichkeit des sittlichen Handelnden, da dieser in diesem Leben der Lohn seiner Sittlichkeit zu ernten nicht befugt ist, von Gott als dem Bürgen der Sittlichkeit und ihres Lohnes.«[1]

Kernpunkt der »Kritik der praktischen Vernunft« ist das sittliche Grundgesetz des »Kategorischen Imperativs«. Das Handeln nach diesem Gesetz heißt Pflicht. Ihre Wurzeln sind die Freiheit und Unabhängigkeit des Menschen von dem Mechanismus der Natur.
Der Kategorische Imperativ der Pflicht: »Handle so, daß die Maxime deines Wollens zugleich als Prinzip einer allgemeinen Gesetzgebung gelten könne.«
Ein »Imperativ« bei Kant ist ein Gebot, ein Befehl, eine Regel; ein »kategorischer Imperativ« ist ein unbedingtes sittliches Gebot, dem man unter allen Umständen gehorchen soll.
Unter »Maxime« versteht Kant einen Grundsatz für das Handeln, der nur für denjenigen Geltung besitzt, der ihn gebildet hat.
Kant nennt mehrere Beispiele für die Anwendung des »Kategorischen Imperativs«, von denen wir eines mit eigenen Worten wiedergeben: Jemand sieht sich durch Not gedrungen, Geld zu leihen. Er weiß aber, daß er es nicht zurückzahlen kann. Auf der anderen Seite aber sieht er auch, daß ihm

nichts geliehen wird, wenn er nicht fest verspricht, das Geld zu einer bestimmten Zeit zurückzuzahlen. Er hat Lust, ein solches Versprechen zu tun, aber noch hat er so viel Gewissen, sich zu fragen: Ist es nicht unerlaubt und pflichtwidrig, sich auf solche Weise aus der Not zu helfen? Gesetzt, er beschlösse es doch, so würde seine Maxime der Handlung lauten: Wenn ich in Geldnot bin, so will ich Geld borgen und versprechen, es zurückzuzahlen, obwohl ich weiß, ich werde es niemals tun. Für ihn selbst mag es vorteilhaft sein. Er fragt sich aber weiter, was würde geschehen, wenn meine Maxime allgemeines Gesetz würde? Das heißt, was würde die Folge sein, wenn jeder, der in Not ist, versprechen könnte, was ihm einfiele, mit dem Vorsatz, es nicht zu halten? Dann erkennt er sofort: Das würde das Versprechen und den Zweck, den man damit erreichen will, unmöglich machen, denn niemand würde ihm glauben. Der Mensch, der nach dem Sittengesetz und im Sinne des »Kategorischen Imperativs« handelt, ist frei. In dieser Freiheit ist er aus der Reihe aller übrigen Geschöpfe herausgehoben. Er besitzt als sittlich Handelnder in seiner Freiheit *Würde;* er ist Zweck an sich selbst; er ist verantwortlich für seine Taten. Das Bewußtsein der Freiheit »eröffnet in ihm eine Tiefe göttlicher Anlagen, die ihn gleichsam einen heiligen Schauer über die Größe und Erhabenheit seiner wahren Bestimmung fühlen läßt«.
Als poetische Gestaltung der bekannten Worte Kants kann man die Verse Friedrich Schillers ansehen, die im Anschluß an das moralische Gesetz abgedruckt sind.

Zwei Dinge erfüllen das Gemüt mit immer neuer und zunehmender Bewunderung und Ehrfurcht, je öfter und anhaltender sich das Nachdenken damit beschäftigt: der bestirnte Himmel über mir und das moralische Gesetz in mir. Beide darf ich nicht als in Dunkelheiten verhüllt, oder im Überschwänglichen, außer meinem Gesichtskreise suchen und bloß vermuten; ich sehe sie vor mir und verknüpfe sie unmittelbar mit dem Bewußtsein

---

[1] Georgi Schischkoff: Philosophisches Wörterbuch. Stuttgart: Kröner [18]1969, S. 310.

meiner Existenz. Das erste fängt von dem Platze an, den ich in der äußeren Sinnenwelt einnehme, und erweitert die Verknüpfung, darin ich stehe, ins unabsehlich Große mit Welten über Welten und Systemen von Systemen überdem noch in grenzenlose Zeiten ihrer periodischen Bewegung, deren Anfang und Fortdauer. Das zweite fängt von meinem unsichtbaren Selbst, meiner Persönlichkeit an, und stellt mich in einer Welt dar, die wahre 10 Unendlichkeit hat, aber nur dem Verstande spürbar[1] ist, und mit welcher (dadurch aber auch zugleich mit allen jenen sichtbaren Welten) ich mich nicht wie dort in bloß zufälliger, sondern allgemeiner und notwendiger Verknüpfung erkenne. Der erstere Anblick einer zahllosen Weltenmenge vernichtet gleichsam meine Wichtigkeit als eines tierischen Geschöpfs, das die Materie, daraus es ward, dem Planeten (einem bloßen Punkt im Weltall) 15 wieder zurückgeben muß, nachdem es eine kurze Zeit (man weiß nicht wie) mit Lebenskraft versehen gewesen. Der zweite erhebt dagegen meinen Wert als einer Intelligenz, unendlich durch meine Persönlichkeit, in welcher das moralische Gesetz mir ein von der Tierwelt und selbst von der ganzen Sinnenwelt unabhängiges Leben offenbart, wenigstens so viel sich aus der zweckmäßigen Bestimmung meines Daseins durch dieses Gesetz, 20 welche nicht auf Bedingungen und Grenzen dieses Lebens eingeschränkt ist, sondern ins Unendliche geht, abnehmen läßt.

In: Immanuel Kant: Die drei Kritiken in ihrem Zusammenhang mit dem Gesamtwerk: Die Kritik der reinen praktischen Vernunft. Zusammengefaßt v. Raymund Schmidt. Stuttgart: Kröner 1960, S. 242 f.

Friedrich Schiller
Die Worte des Glaubens

Drei Worte nenn ich euch, inhaltschwer,
   Sie gehen von Munde zu Munde,
Doch stammen sie nicht von außen her,
   Das Herz nur gibt davon Kunde.
5 Dem Menschen ist aller Wert geraubt,
Wenn er nicht mehr an die drei Worte glaubt.

Der Mensch ist frei geschaffen, ist frei,
   Und würd er in Ketten geboren,
Laßt euch nicht irren des Pöbels Geschrei,
10   Nicht den Mißbrauch rasender Toren.
Vor dem Sklaven, wenn er die Kette bricht,
Vor dem freien Menschen erzittert nicht.

---

[1] daher »intelligibel«

Und die Tugend, sie ist kein leerer Schall,
Der Mensch kann sie üben im Leben,
15 Und sollt er auch straucheln überall,
Er kann nach der göttlichen streben,
Und was kein Verstand der Verständigen sieht,
Das übet in Einfalt ein kindlich Gemüt.

Und ein Gott ist, ein heiliger Wille lebt,
20 Wie auch der menschliche wanke,
Hoch über der Zeit und dem Raume webt
Lebendig der höchste Gedanke,
Und ob alles in ewigem Wechsel kreist,
Es beharret im Wechsel ein ruhiger Geist.

25 Die drei Worte bewahret euch, inhaltsschwer,
Sie pflanzet von Munde zu Munde,
Und stammen sie gleich nicht von außen her,
Euer Innres gibt davon Kunde,
Dem Menschen ist nimmer sein Wert geraubt,
30 Solang er noch an die drei Worte glaubt.

In: Friedrich Schiller: Werke in drei Bänden. Hg. v. Herbert G. Göpfert. Bd. 2. München: Hanser 1966, S. 706 f.

1. *Finden Sie Beispiele aus Ihrem täglichen Leben, auf die Sie den »Kategorischen Imperativ« zwanglos anwenden können.*
2. *Analysieren Sie die dialektisch aufgebaute Textstelle »Das moralische Gesetz«. Entwerfen Sie dazu eine Strukturskizze.*
3. *Inwiefern kann man den Satz: »Zwei Dinge erfüllen das Gemüt mit immer neuer und zunehmender Bewunderung und Ehrfurcht ...: der bestirnte Himmel über mir und das moralische Gesetz in mir.« als Kernsatz einer neuen Wissenschaft vom Menschen bezeichnen? Warum umschreibt dieser Kernsatz auch Herders Streben nach der »Beförderung der Humanität«?*
4. *Ziehen Sie zur Interpretation von Kants Ausführungen »Zwei Dinge erfüllen das Gemüt ...« auch Schillers »Worte des Glaubens« heran.*

Friedrich Schiller
Über die ästhetische Erziehung des Menschen (1795)

Zu Beginn der neunziger Jahre des 18. Jahrhunderts lehrte Schiller als Professor an der Universität Jena. Seine »Geschichte des Dreißigjährigen Krieges« (1791–1793) erschien, als er von Freunden wiederholt auf die Werke des Königsberger Philosophen Kant hingewiesen wurde. Schon bevor er sich intensiv dem Studium der Kantschen Werke zuwandte, war er von dem Gedanken durchdrungen, daß der Künstler, insbesondere der Dichter, zum Erzieher der Menschheit berufen sei. Die Beschäftigung mit dem Werke Kants (seit 1791) brachte jedoch die entscheidende Klärung seiner Gedanken und stellt gleichzeitig eine Wende in seinem dichterischen Schaffen zur Klassik dar. Das Studium der Schriften Kants stellte Schiller vor ein Problem: Kant fordert die unbedingte Unterordnung der Neigung (Naturtrieb) unter die Pflicht (Vernunftgebot). Für Schiller ergab sich jetzt die Frage, wie diese Kantsche Forderung mit der Idee der Freiheit und der Schönheit zu vereinbaren sei.

Nach Schillers Tod faßte Goethe diese Hauptfrage Schillers zusammen: »Durch alle Werke Schillers geht die Idee von Freiheit, und diese Idee nahm eine andere Gestalt an, so wie Schiller in seiner Kultur weiterging und selbst ein anderer wurde. In seiner Jugend war es die physische Freiheit, die ihm zu schaffen machte und die in seine Dichtung überging; in seinem späteren Leben die ideelle.«[1]

In seinen verschiedenen theoretischen Schriften versucht Schiller eine Lösung des Problems, das ihm von Kant gestellt worden war. Schiller unterscheidet zwischen

Übereinstimmung von Neigung und Pflicht (schöne Seele)	und	Sieg der Pflicht über die Neigung im Konfliktfall (Würde)

Die Verwirklichung dieser Gegensätze führt

zur Schönheit im Menschen	und	zum Erhabenen im Menschen.

Was für jeden *einzelnen* Menschen gilt (Individualethik), kann auch als Forderung auf die gesamte Menschheit übertragen werden (allgemeine Ethik). Folgt man diesem Schluß, so erwächst daraus die Utopie eines Vernunftstaates, in dem autonome, freie und deshalb sich selbst bestimmende Menschen vernünftig miteinander leben. Aufgabe der Kunst und insbesondere des Theaters ist es nun, den Menschen durch die Schönheit und durch das Erhabene zu einer höheren Freiheit zu erziehen, die erst den Vernunftstaat ermöglicht. Schillers Verdienst und damit sein wesentlicher Beitrag zur Ausbildung der Weimarer Klassik ist, daß er der Kunst und der Idee der Schönheit einen ihnen gebührenden Platz im Reich der Werte zugewiesen hat. Er folgte darin den Bemühungen Lessings und Winckelmanns.

Schillers Schrift zur Kunstphilosophie »Über die ästhetische Erziehung des Men-

---

[1] Zitiert nach: Friedrich Burschell: Friedrich Schiller in Selbstzeugnissen und Bilddokumenten. Reinbek: Rowohlt 1958, S. 116.

schen« entstand aus Briefen, die er an den Prinzen Friedrich Christian von Schleswig-Holstein-Augustenburg als Dank für dessen Hilfe nach der schweren Krankheit des Jahres 1791 vom Sommer 1793 an zu schreiben begonnen hatte. Nachdem die Originalbriefe durch einen Brand des königlichen Schlosses in Kopenhagen vernichtet worden waren, begann Schiller im Herbst 1794 auf Grund seiner Konzepte mit einer Neufassung der Briefe über die ästhetische Erziehung des Menschen. Nach einem Vorabdruck in Schillers neuer Zeitschrift »Die Horen« 1795 erschienen die »Briefe« erst 1801, überarbeitet, im dritten Teil der »Kleineren prosaischen Schriften«.

Neunter Brief

Alle Verbesserung im Politischen soll von Veredlung des Charakters ausgehen – aber wie kann sich unter den Einflüssen einer barbarischen Staatsverfassung der Charakter veredeln? Man müßte also zu diesem Zwecke ein Werkzeug aufsuchen, welches der Staat nicht hergibt, und Quellen dazu eröffnen, die sich bei aller politischen Verderbnis rein und

5 lauter erhalten.

Jetzt bin ich an dem Punkt angelangt, zu welchem alle meine bisherigen Betrachtungen hingestrebt haben. Dieses Werkzeug ist die schöne Kunst, diese Quellen öffnen sich in ihren unsterblichen Mustern.

Von allem, was positiv ist und was menschliche Konventionen einführten, ist die Kunst

10 wie die Wissenschaft losgesprochen, und beide erfreuen sich einer absoluten *Immunität* von der Willkür der Menschen. Der politische Gesetzgeber kann ihr Gebiet sperren, aber darin herrschen kann er nicht. Er kann den Wahrheitsfreund ächten, aber die Wahrheit besteht; er kann den Künstler erniedrigen, aber die Kunst kann er nicht verfälschen. Zwar ist nichts gewöhnlicher, als daß beide, Wissenschaft und Kunst, dem Geist des Zeitalters

15 huldigen und der hervorbringende Geschmack von dem beurteilenden das Gesetz empfängt. Wo der Charakter straff wird und sich verhärtet, da sehen wir die Wissenschaft streng ihre Grenzen bewachen und die Kunst in den schweren Fesseln der Regel gehn; wo der Charakter erschlafft und sich auflöst, da wird die Wissenschaft zu gefallen und die Kunst zu vergnügen streben. Ganze Jahrhunderte lang zeigen sich die Philosophen wie die

20 Künstler geschäftig, Wahrheit und Schönheit in die Tiefen gemeiner Menschheit hinabzutauchen; jene gehen darin unter, aber mit eigner unzerstörbarer Lebenskraft ringen sich diese siegend empor.

Der Künstler ist zwar der Sohn seiner Zeit, aber schlimm für ihn, wenn er zugleich ihr Zögling oder gar noch ihr Günstling ist. Eine wohltätige Gottheit reiße den Säugling

25 beizeiten von seiner Mutter Brust, nähre ihn mit der Milch eines bessern Alters und lasse ihn unter fernem griechischen Himmel zur Mündigkeit reifen. Wenn er dann Mann geworden ist, so kehre er, eine fremde Gestalt, in sein Jahrhundert zurück; aber nicht, um es mit seiner Erscheinung zu erfreuen, sondern furchtbar wie Agamemnons Sohn, um es zu reinigen. Den Stoff zwar wird er von der Gegenwart nehmen, aber die Form von einer

30 edleren Zeit, ja jenseits aller Zeit, von der absoluten unwandelbaren Einheit seines Wesens entlehnen. Hier aus dem reinen Äther seiner dämonischen Natur rinnt die Quelle der Schönheit herab, unangesteckt von der Verderbnis der Geschlechter und Zeiten, welche tief unter ihr in trüben Strudeln sich wälzen. Seinen Stoff kann die Laune entehren, wie sie ihn geadelt hat, aber die keusche Form ist ihrem Wechsel entzogen. Der Römer des ersten

35 Jahrhunderts hatte längst schon die Knie vor seinen Kaisern gebeugt, als die Bildsäulen

noch aufrecht standen, die Tempel blieben dem Auge heilig, als die Götter längst zum Gelächter dienten, und die Schandtaten eines Nero und Commodus beschämte der edle Stil des Gebäudes, das seine Hülle dazu gab. Die Menschheit hat ihre Würde verloren, aber die Kunst hat sie gerettet und aufbewahrt in bedeutenden Steinen; die Wahrheit lebt in der Täuschung fort, und aus dem Nachbilde wird das Urbild wiederhergestellt werden. 40 So wie die edle Kunst die edle Natur *überlebte,* so schreitet sie derselben auch in der Begeisterung, bildend und erweckend, voran. Ehe noch die Wahrheit ihr siegendes Licht in die Tiefen der Herzen sendet, fängt die Dichtungskraft ihre Strahlen auf, und die Gipfel der Menschheit werden glänzen, wenn noch feuchte Nacht in den Tälern liegt.

Wie verwahrt sich aber der Künstler vor den Verderbnissen seiner Zeit, die ihn von allen 45 Seiten umfangen? Wenn er ihr Urteil verachtet. Er blicke aufwärts nach seiner Würde und dem Gesetz, nicht niederwärts nach dem Glück und nach dem Bedürfnis. Gleich frei von der eitlen Geschäftigkeit, die in den flüchtigen Augenblick gern ihre Spur drücken möchte, und von dem ungeduldigen Schwärmergeist, der auf die dürftige Geburt der Zeit den Maßstab des Unbedingten anwendet, überlasse er dem Verstande, der hier einhei- 50 misch ist, die Sphäre des Wirklichen; er aber strebe, aus dem Bunde des Möglichen mit dem Notwendigen das Ideal zu erzeugen. Dieses präge er aus in Täuschung und Wahrheit, präge es in die Spiele seiner Einbildungskraft und in den Ernst seiner Taten, präge es aus in allen sinnlichen und geistigen Formen und werfe es schweigend in die unendliche Zeit.

Aber nicht jedem, dem dieses Ideal in der Seele glüht, wurde die schöpferische Ruhe und 55 der große geduldige Sinn verliehen, es in den verschwiegnen Stein einzudrücken oder in das nüchterne Wort auszugießen und den treuen Händen der Zeit zu vertrauen. Viel zu ungestüm, um durch dieses ruhige Mittel zu wandern, stürzt sich der göttliche Bildungstrieb oft unmittelbar auf die Gegenwart und auf das handelnde Leben und unternimmt, den formlosen Stoff der moralischen Welt umzubilden. Dringend spricht das Unglück 60 seiner Gattung zu dem fühlenden Menschen, dringender ihre Entwürdigung, der Enthusiasmus entflammt sich, und das glühende Verlangen strebt in kraftvollen Seelen ungeduldig zur Tat. Aber befragte er sich auch, ob diese Unordnungen in der moralischen Welt seine Vernunft beleidigen oder nicht vielmehr seine Selbstliebe schmerzen? Weiß er es noch nicht, so wird er es an dem Eifer erkennen, womit er auf bestimmte und beschleu- 65 nigte Wirkungen dringt. Der reine moralische Trieb ist aufs Unbedingte gerichtet, für ihn gibt es keine Zeit, und die Zukunft wird ihm zur Gegenwart, sobald sie sich aus der Gegenwart notwendig entwickeln muß. Vor einer Vernunft ohne Schranken ist die Richtung zugleich die Vollendung, und der Weg ist zurückgelegt, sobald er eingeschlagen ist.

Gib also, werde ich dem jungen Freund der Wahrheit und Schönheit zur Antwort geben, 70 der von mir wissen will, wie er dem edlen Trieb in seiner Brust, bei allem Widerstande des Jahrhunderts, Genüge zu tun habe, gib der Welt, auf die du wirkst, die *Richtung* zum Guten, so wird der ruhige Rhythmus der Zeit die Entwicklung bringen. Diese Richtung hast du ihr gegeben, wenn du, lehrend, ihre Gedanken zum Notwendigen und Ewigen erhebst, wenn du, handelnd oder bildend, das Notwendige und Ewige in einen Gegen- 75 stand ihrer Triebe verwandelst. Fallen wird das Gebäude des Wahns und der Willkürlichkeit, fallen muß es, es ist schon gefallen, sobald du gewiß bist, daß es sich neigt; aber in dem innern, nicht bloß in dem äußern Menschen muß es sich neigen. In der schamhaften Stille deines Gemüts erziehe die siegende Wahrheit, stelle sie aus dir heraus in der Schönheit, daß nicht bloß der Gedanke ihr huldige, sondern auch der Sinn ihre Erscheinung 80 liebend ergreife. Und damit es dir nicht begegne, von der Wirklichkeit das Muster zu empfangen, das du ihr geben sollst, so wage dich nicht eher in ihre bedenkliche Gesell-

schaft, bis du eines idealischen Gefolges in deinem Herzen versichert bist. Lebe mit deinem Jahrhundert, aber sei nicht sein Geschöpf; leiste deinen Zeitgenossen, aber was sie
85 bedürfen, nicht was sie loben. Ohne ihre Schuld geteilt zu haben, teile mit edler Resignation ihre Strafen und beuge dich mit Freiheit unter das Joch, das sie gleich schlecht entbehren und tragen. Durch den standhaften Mut, mit dem du ihr Glück verschmähest, wirst du ihnen beweisen, daß nicht deine Feigheit sich ihren Leiden unterwirft. Denke sie dir, wie sie sein sollten, wenn du auf sie zu wirken hast, aber denke sie dir, wie sie sind,
90 wenn du für sie zu handeln versucht wirst. Ihren Beifall suche durch ihre Würde, aber auf ihren Unwert berechne ihr Glück, so wird dein eigener Adel dort den ihrigen aufwecken und ihre Unwürdigkeit hier deinen Zweck nicht vernichten. Der Ernst deiner Grundsätze wird sie von dir scheuchen, aber im Spiel ertragen sie sie noch; ihr Geschmack ist keuscher als ihr Herz, und hier mußt du den scheuen Flüchtling ergreifen. Ihre Maximen
95 wirst du umsonst bestürmen, ihre Taten umsonst verdammen, aber an ihrem Müßiggange kannst du deine bildende Hand versuchen. Verjage die Willkür, die Frivolität, die Rohigkeit aus ihren Vergnügungen, so wirst du sie unvermerkt auch aus ihren Handlungen, endlich aus ihren Gesinnungen verbannen. Wo du sie findest, umgib sie mit edeln, mit großen, mit geistreichen Formen, schließe sie ringsum mit den Symbolen des Vortreffli-
100 chen ein, bis der Schein die Wirklichkeit und die Kunst die Natur überwindet.

In: Friedrich Schiller: Werke in drei Bänden. Hg. v. Herbert G. Göpfert. Bd. 2. München: Hanser 1966, S. 462.

1. *Welche Ausgangsfragen legt Schiller seinem neunten Brief zugrunde?*
   – Welche erste Antwort gibt er selbst?
   – Entwerfen Sie eine Gliederung der nachfolgenden Ausführung.
2. *Welcher antiken philosophischen Lehre zeigt sich Schiller in seiner Charakterisierung der Kunst verpflichtet? Begründen Sie ihre Feststellung.*
3. *Welche Aufgaben trägt Schiller dem Künstler auf?*

Johann Wolfgang von Goethe
Wilhelm Meisters Lehrjahre

Im Jahre 1777 vermerkt Goethe zum erstenmal, daß er sich nach den »Leiden des jungen Werther« (1774) wieder mit einem Roman beschäftige. Später sollte er diesem Roman den Titel »Wilhelm Meisters theatralische Sendung« geben. Bis zur Italien-Reise im Jahr 1786 arbeitete Goethe mit Unterbrechungen an seinem neuen Roman. 1794 nahm Goethe unter veränderten Voraussetzungen die Arbeit wieder auf. Herder, Schiller, Kant und Fichte hatten im Sinne des Neuhumanismus immer wieder die Frage erörtert, wie der Mensch durch die Kunst höher gebildet und besser erzogen werden könnte. In diesem Sinne weitete sich der ursprüngliche Entwurf von einem Theaterroman zu einem Bildungsroman, in dem das Theater aber noch eine wesentli-

che Rolle spielt. Der neue Titel lautete jetzt: »Wilhelm Meisters Lehrjahre«. Die Freundschaft mit Schiller förderte den Fortgang des Romans intensiv. Die Manuskriptseiten und Korrekturbögen gingen durch Schillers Hände, der auch durch seine Kritik an der inhaltlichen Gestaltung beteiligt war.

Mit »Wilhelm Meister« hat Goethe den ersten großen Bildungsroman der deutschen Literatur geschaffen und damit eine Entwicklung eingeleitet, die über Stifters »Nachsommer« und Kellers »Grünen Heinrich« bis zu Hesses »Glasperlenspiel« und Thomas Manns »Zauberberg« reicht.

Inhalt: Wilhelm Meister, Sohn eines Kaufmanns, fühlt sich zum Theater hingezogen. Nach einem Liebeserlebnis mit der jungen Schauspielerin Mariane gerät er in den Kreis fahrender Theaterleute. An dieser Truppe fesseln ihn unter vielen anderen Menschen besonders das rätselhafte zwölfjährige Mädchen Mignon und ein alter Harfner. Ein Graf engagiert die Schauspielgruppe.

Auf diese Weise lernt er die Welt des Adels kennen. Ein gebildeter Theaterdirektor namens Serlo gibt Wilhelm die Möglichkeit, ständig Theater zu spielen. Shakespeare wird für Wilhelm zu einem bestimmenden Bildungserlebnis. In Lothario und Therese findet Wilhelm schließlich edle Menschen, die ihn, Mignon und seinen Sohn Felix aus der Verbindung mit Mariane, in ihren Kreis ziehen. Sein erster Lebensabschnitt ist beendet; ein Lehrbrief wird ihm unter merkwürdigen Zeremonien verliehen. In Lotharios Schwester lernt er Natalie, seine ehemalige Retterin und spätere Braut kennen.

Am Schluß der Lehrjahre wird Wilhelm von dem Oheim Mignons, die inzwischen gestorben ist, eingeladen, die Stätte der Kindheit des unglücklichen Mädchens zu besuchen: Italien.

Wilhelm Meister – sein Name steht schon für ein Programm – ist der typische Fall eines bildungsfähigen Menschen, der sich nach inneren Gesetzen zu einem Ziel entwickeln soll. So wie Goethe in der »Metamorphose der Pflanzen« und im gesamten Naturbereich den Gedanken der Entwicklung und des organischen Prozesses sieht, so soll sich im »klassischen Bildungsroman« der Mensch zur Klarheit und Bestimmtheit erziehen und bilden. In einem Brief an einen Freund faßt Wilhelm sein Bildungs- und Selbsterziehungsprogramm zusammen.

Aus dem V. Buch, 3. Kapitel
»Dein Brief ist wohl geschrieben und so gescheit und klug gedacht, daß sich nichts mehr dazusetzen läßt. Du wirst mir aber verzeihen, wenn ich sage, daß man gerade das Gegenteil davon meinen, behaupten und tun, und doch auch recht haben kann. Deine Art zu sein und zu denken geht auf einen unbeschränkten Besitz und auf eine leichte, lustige Art zu genießen hinaus, und ich brauche Dir kaum zu sagen, daß ich daran nichts, was mich 5 reizte, finden kann.

Zuerst muß ich Dir leider bekennen, daß mein Tagebuch aus Not, um meinem Vater gefällig zu sein, mit Hülfe eines Freundes aus mehreren Büchern zusammengeschrieben ist, und daß ich wohl die darin enthaltenen Sachen und noch mehrere dieser Art weiß, aber keineswegs verstehe, noch mich damit abgeben mag. Was hilft es mir, gutes Eisen zu 10 fabrizieren, wenn mein eigenes Inneres voller Schlacken ist? und was, ein Landgut in Ordnung zu bringen, wenn ich mit mir selber uneins bin?

Daß ich Dir's mit *einem* Worte sage: mich selbst, ganz wie ich da bin, auszubilden, das war dunkel von Jugend auf mein Wunsch und meine Absicht. Noch hege ich eben diese

15 Gesinnungen, nur daß mir die Mittel, die mir es möglich machen werden, etwas deutlicher sind. Ich habe mehr Welt gesehen, als Du glaubst, und sie besser benutzt, als Du denkst. Schenke deswegen dem, was ich sage, einige Aufmerksamkeit, wenn es gleich nicht ganz nach Deinem Sinne sein sollte.

Wäre ich ein Edelmann, so wäre unser Streit bald abgetan; da ich aber nur ein Bürger bin,
20 so muß ich einen eigenen Weg nehmen, und ich wünsche, daß Du mich verstehen mögest. Ich weiß nicht, wie es in fremden Ländern ist, aber in Deutschland ist nur dem Edelmann eine gewisse allgemeine, wenn ich sagen darf, personelle Ausbildung möglich. Ein Bürger kann sich Verdienst erwerben und zur höchsten Not seinen Geist ausbilden; seine Persönlichkeit geht aber verloren, er mag sich stellen, wie er will. Indem es dem Edelmann,
25 der mit den Vornehmsten umgeht, zur Pflicht wird, sich selbst einen vornehmen Anstand zu geben, indem dieser Anstand, da ihm weder Tür noch Tor verschlossen ist, zu einem freien Anstand wird, da er mit seiner Figur, mit seiner Person, es sei bei Hofe oder bei der Armee, bezahlen muß, so hat er Ursache, etwas auf sie zu halten und zu zeigen, daß er etwas auf sie hält. Eine gewisse feierliche Grazie bei gewöhnlichen Dingen, eine Art von
30 leichtsinniger Zierlichkeit bei ernsthaften und wichtigen kleidet ihn wohl, weil er sehen läßt, daß er überall im Gleichgewicht steht. Er ist eine öffentliche Person, und je ausgebildeter seine Bewegungen, je sonorer seine Stimme je gehaltner und gemessener sein ganzes Wesen ist, desto vollkommner ist er. Wenn er gegen Hohe und Niedre, gegen Freunde und Verwandte immer ebenderselbe bleibt, so ist nichts an ihm auszusetzen, man
35 darf ihn nicht anders wünschen. Er sei kalt, aber verständig; verstellt, aber klug. Wenn er sich äußerlich in jedem Momente seines Lebens zu beherrschen weiß, so hat niemand eine weitere Forderung an ihn zu machen, und alles übrige, was er an und um sich hat, Fähigkeit, Talent, Reichtum, alles scheinen nur Zugaben zu sein.

Nun denke Dir irgendeinen Bürger, der an jene Vorzüge nur einigen Anspruch zu machen
40 gedächte; durchaus muß es ihm mißlingen, und er müßte desto unglücklicher werden, je mehr sein Naturell ihm zu jener Art zu sein Fähigkeit und Trieb gegeben hätte.

Wenn der Edelmann im gemeinen Leben gar keine Grenzen kennt, wenn man aus ihm Könige oder königähnliche Figuren erschaffen kann, so darf er überall mit einem stillen Bewußtsein vor seinesgleichen treten; er darf überall vorwärts dringen, anstatt daß dem
45 Bürger nichts besser ansteht, als das reine, stille Gefühl der Grenzlinie, die ihm gezogen ist. Er darf nicht fragen: ›Was bist du?‹, sondern nur: ›Was hast du? welche Einsicht, welche Kenntnis, welche Fähigkeit, wieviel Vermögen?‹ Wenn der Edelmann durch die Darstellung seiner Person alles gibt, so gibt der Bürger durch seine Persönlichkeit nichts und soll nichts geben. Jener darf und soll scheinen; dieser soll nur sein, und was er
50 scheinen will, ist lächerlich oder abgeschmackt. Jener soll tun und wirken, dieser soll leisten und schaffen; er soll einzelne Fähigkeiten ausbilden, um brauchbar zu werden, und es wird schon vorausgesetzt, daß in seinem Wesen keine Harmonie sei noch sein dürfe, weil er, um sich auf eine Weise brauchbar zu machen, alles übrige vernachlässigen muß.

An diesem Unterschiede ist nicht etwa die Anmaßung der Edelleute und die Nach-
55 giebigkeit der Bürger, sondern die Verfassung der Gesellschaft selbst schuld; ob sich daran einmal etwas ändern wird und was sich ändern wird, bekümmert mich wenig; genug, ich habe, wie die Sachen jetzt stehen, an mich selbst zu denken, und wie ich mich selbst und das, was mir ein unerläßliches Bedürfnis ist, rette und erreiche.

Ich habe nun einmal gerade zu jener harmonischen Ausbildung meiner Natur, die mir
60 meine Geburt versagt, eine unwiderstehliche Neigung. Ich habe, seit ich Dich verlassen, durch Leibesübung viel gewonnen; ich habe viel von meiner gewöhnlichen Verlegenheit

abgelegt und stelle mich so ziemlich dar. Ebenso habe ich meine Sprache und Stimme ausgebildet, und ich darf ohne Eitelkeit sagen, daß ich in Gesellschaften nicht mißfalle. Nun leugne ich Dir nicht, daß mein Trieb täglich unüberwindlicher wird, eine öffentliche Person zu sein, und in einem weitern Kreis zu gefallen und zu wirken. Dazu kömmt meine 65 Neigung zur Dichtkunst und zu allem, was mit ihr in Verbindung steht, und das Bedürfnis, meinen Geist und Geschmack auzubilden, damit ich nach und nach auch bei dem Genuß, den ich nicht entbehren kann, nur das Gute wirklich für gut und das Schöne für schön halte. Du siehst wohl, daß das alles für mich nur auf dem Theater zu finden ist, und daß ich mich in diesem einzigen Elemente nach Wunsch rühren und ausbilden kann. Auf 70 den Brettern erscheint der gebildete Mensch so gut persönlich in seinem Glanz als in den obern Klassen; Geist und Körper müssen bei jeder Bemühung gleichen Schritt gehen, und ich werde da so gut sein und scheinen können als irgend anderswo. Suche ich daneben noch Beschäftigungen, so gibt es dort mechanische Quälereien genug, und ich kann meiner Geduld tägliche Übung verschaffen. 75
Disputiere mit mir nicht darüber; denn eh' Du mir schreibst, ist der Schritt schon geschehen. Wegen der herrschenden Vorurteile will ich meinen Namen verändern, weil ich mich ohnehin schäme, als Meister aufzutreten. Lebe wohl. Unser Vermögen ist in so guter Hand, daß ich mich darum gar nicht bekümmere; was ich brauche, verlange ich gelegentlich von Dir; es wird nicht viel sein, denn ich hoffe, daß mich meine Kunst auch 80 nähren soll.«

In: Goethes Werke. Hamburger Ausgabe. Bd. 7. Hamburg: Wegner [4]1959, S. 289 ff.

1. *Stellen Sie die einzelnen Punkte von Wilhelms Bildungsprogramm zusammen, und gliedern Sie diese nach übergeordneten Gesichtspunkten.*
2. *Inwiefern ist der angesprochene Gegensatz zwischen Edelmann und Bürger für die Entstehungszeit des Romans typisch? Welche Konsequenzen zieht Wilhelm aus diesem Spannungsverhältnis für sich selbst?*
3. *Entgegnen Sie Wilhelm Meister in einem Brief, indem Sie sich aus der heutigen Zeit und aus Ihrer Sicht Ihres zukünftigen Lebens mit ihm auseinandersetzen.*

Rezeption

Für Friedrich Schlegel (vgl. S. 183) und andere Romantiker wurde »Wilhelm Meister« zum Inbegriff des romantischen Kunstwerks. Im 120. Athenäums-Fragment formuliert er 1797: »Wer Goethes Meister gehörig charakterisierte, der hätte damit wohl eigentlich gesagt, was es jetzt an der Zeit ist in der Poesie. Er dürfte sich, was poetische Kritik betrifft, immer zur Ruhe setzen.« Kurze Zeit später charakterisierte er »Wilhelm Meister«. Seinen Essay, ein frühes Beispiel mustergültiger literarischer Interpretation, nahm er später in den gemeinsam mit seinem Bruder verfaßten »Charakteristiken und Kritiken« (1801) auf. Die Kritik über »Wilhelm Meister« belegt anschaulich, wie sich zeitlich und auch inhaltlich Klassik und Romantik überschneiden. Der Theoretiker der frühromantischen Schule sieht in dem Roman des Klassikers Goethe den Inbegriff romantischen Lebensgefühls und Kunstschaffens. Über den Bildungsgang Wilhelm Meisters reflektiert Schlegel, indem er über das dritte Buch von »Wilhelm Meisters Lehrjahren« folgendes ausführt:

Friedrich Schlegel
Über Goethes Meister

Wenngleich der Zögling trotz des redlichen Beistandes so vieler Erzieher in seiner persönlichen und sittlichen Ausbildung wenig mehr gewonnen zu haben scheint als die äußere Gewandtheit, die er sich durch den mannigfaltigeren Umgang und durch die Übungen im Tanzen und Fechten erworben zu haben glaubt: so macht er doch dem
5 Anscheine nach in der Kunst große Fortschritte, und zwar mehr durch die natürliche Entfaltung seines Geistes als auf fremde Veranlassung. Er lernt nun auch eigentliche Virtuosen kennen, und die künstlerischen Gespräche unter ihnen sind außerdem, daß sie ohne den schwerfälligen Prunk der sogenannten gedrängten Kürze unendlich viel Geist, Sinn und Gehalt haben, auch noch wahre Gespräche, vielstimmig und ineinandergrei-
10 fend, nicht bloß einseitige Scheingespräche. Serlo ist in gewissem Sinne ein allgemeingültiger Mensch, und selbst seine Jugendgeschichte ist wie sie sein kann und sein soll bei entschiedenem Talent und ebenso entschiedenem Mangel an Sinn für das Höchste. Darin ist er Jarno[1] gleich: beide haben am Ende doch nur das Mechanische ihrer Kunst in der Gewalt. Von den ersten Wahrnehmungen und Elementen der Poesie, mit denen der erste
15 Band Wilhelm und den Leser beschäftigte, bis zu dem Punkt, wo der Mensch fähig wird, das Höchste und das Tiefste zu fassen, ist ein unermeßlich weiter Zwischenraum, und wenn der Übergang, der immer ein Sprung sein muß, wie billig durch ein großes Vorbild vermittelt werden sollte: durch welchen Dichter konnte dies wohl schicklicher geschehen als durch den, welcher vorzugsweise der Unendliche genannt zu werden verdient? Gerade
20 diese Seite des Shakespeare wird von Wilhelm zuerst aufgefaßt, und da es in dieser Kunstlehre weniger auf seine große Natur als auf seine tiefe Künstlichkeit und Absichtlichkeit ankam, so mußte die Wahl den Hamlet treffen, da wohl kein Stück zu so vielfachem und interessantem Streit, was die verborgene Absicht des Künstlers oder was zufälliger Mangel des Werkes sein möchte, Veranlassung geben kann als eben dieses, welches auch in die
25 theatralische Verwicklung und Umgehung des Romans am schönsten eingreift, und unter andern die Frage von der Möglichkeit, ein vollendetes Meisterwerk zu verändern oder unverändert auf der Bühne zu geben, gleichsam von selbst aufwirft. Durch seine retardierende Natur kann das Stück dem Roman, der sein Wesen eben darin setzt, bis zu Verwechselungen verwandt scheinen. Auch ist der Geist der Betrachtung und der Rück-
30 kehr in sich selbst, von dem es so voll ist, so sehr eine gemeinsame Eigentümlichkeit aller sehr geistigen Poesie, daß dadurch selbst dies fürchterliche Trauerspiel, welches, zwischen Verbrechen und Wahnsinn schwankend, die sichtbare Erde als einen verwilderten Garten der lüsternen Sünde und ihr gleichsam hohles Inneres wie den Wohnsitz der Strafe und der

---

[1] Jarno, ein Günstling der Prinzen, macht Wilhelm Meister mit Shakespeare bekannt.

Pein darstellt und auf den härtesten Begriffen von Ehre und Pflicht ruht, wenigstens in einer Eigenschaft sich den fröhlichen Lehrjahren eines jungen Künstlers anneigen kann. 35

In: Friedrich Schlegel: Schriften und Fragmente. Charakteristiken und Kritiken. Hg. v. Ernst Behler. Stuttgart: Kröner 1956, S. 34 ff.

1. *Welche Faktoren an Wilhelm Meisters Bildungsgang hebt Schlegel hervor?*
2. *Vorschlag für ein Referat: Jürgen Habermas (geb. 1924) beschäftigt sich in seiner Habilitationsschrift »Strukturwandel der Öffentlichkeit« (1962) mit der hier abgedruckten Stelle aus dem Wilhelm Meister. Referieren Sie seinen Ansatz. Gehen Sie insbesondere auf die Begriffe »repräsentative« und »bürgerliche Öffentlichkeit« ein. Wie ließe sich Habermas' Ansatz charakterisieren?*
   Literatur: Jürgen Habermas: Strukturwandel der Öffentlichkeit. Neuwied/Berlin: Luchterhand ²1965, S. 22 ff.

Johann Wolfgang von Goethe
Iphigenie auf Tauris (1787)

In Italien vollendet Goethe sein Drama »Iphigenie auf Tauris« in jambischen Versen, das auf eine rhythmisierte Prosafassung von 1779 zurückgeht. Am 6. Januar 1787 notiert er in seinem Tagebuch der »Italienischen Reise«:

Ebenso ... entschloß ich mich, ›Iphigenien‹ nach Karlsbad mitzunehmen. An welchem Orte ich mich besonders mit ihr unterhalten, will ich kürzlich aufzeichnen.
Als ich den Brenner verließ, nahm ich sie aus dem größten Paket und steckte sie zu mir. Am Gardasee, als der gewaltige Mittagswind die Wellen ans Ufer trieb, wo ich wenigstens so allein war als meine Heldin am Gestade von Tauris, zog ich die ersten Linien der neuen 5 Bearbeitung, die ich in Verona, Vicenz, Padua, am fleißigsten aber in Venedig fortsetzte. Sodann aber geriet die Arbeit in Stocken. (...) In Rom aber ging die Arbeit in geziemender Stetigkeit fort. Abends beim Schlafengehen bereitete ich mich aufs morgende Pensum, welches denn sogleich beim Erwachen angegriffen wurde. Mein Verfahren dabei war ganz einfach: ich schrieb das Stück ruhig ab und ließ es Zeile vor Zeile, Period vor Period 10 regelmäßig erklingen.

In: Goethes Werke. Hamburger Ausgabe. Bd. 11. Hamburg: Wegner ⁴1959, S. 155.

Der Wille zur seelischen Erhöhung, der das Drama besonders in der Schlußphase bestimmt, läßt sich auch in der gebändigten Sprache erkennen. Goethe wird der antiken Forderung gerecht, daß ein Stoff seine Idealität wesentlich durch die Vollendung seiner Form erhält. Ein Vergleich zwischen Prosafassung und der endgültigen Fassung mag diese Durchdringung von Form und Inhalt verdeutlichen:

»Mein Verlangen steht hinüber nach dem schönen Lande der Griechen, und immer möcht ich übers Meer hinüber.«
Endgültige Fassung:

»Und an dem Ufer steh' ich lange Tage,
Das Land der Griechen mit der Seele suchend;
Und gegen meine Seufzer bringt die Welle
Nur dumpfe Töne brausend mir herüber.«

Iphigenie begegnet ihrem Bruder Orest und dessen Freund Pylades, die ihr als Gefangene übergeben werden. Titelkupfer von Johann Heinrich Lips, Rom, zu »Goethe's Schriften. Dritter Band.
Leipzig, bey Georg Joachim Göschen«, 1787.
Durch seinen Freund, den Maler Johann Heinrich Wilhelm Tischbein (1751–1829), hatte Goethe
nach seiner Ankunft in Rom eine Reihe von Malern und Zeichnern kennengelernt. Zu ihnen
gehörten Johann Heinrich Lips (1758–1817) und die Malerin Angelica Kauffmann (1741–1807).
Beide Künstler nahmen mit Tischbein an Leseabenden in Rom teil, an welchen Goethe aus seiner
»Iphigenie« vorlas. Vermutlich wird Goethe daraufhin Lips den Auftrag erteilt haben, das Titel-
kupfer anzufertigen.

Der »Iphigenie« liegt ein antiker, mythischer Stoff zugrunde, der bereits von Aischylos, Sophokles, Euripides und Racine
behandelt wurde. Goethe geht von dem Eu-
ripideischen Drama »Iphigenie unter den
Taurern« aus.

Inhalt: Iphigenie, von ihrem Vater Agamemnon zum Sühneopfer bestimmt, ist
von der Göttin Diana nach Tauris im Land
des Skythenkönigs Thoas entrückt worden.
Obwohl sie ihm ihre Herkunft preisgibt,
wirbt Thoas, der seine Familie verloren hat,

um ihre Hand. Nach ihrer Weigerung versucht er, auf sie Zwang auszuüben und das althergebrachte Menschenopfer wieder einzuführen. Zwei Fremde sind auf der Insel gelandet: Orest und Pylades. Orest hat seine Mutter Klytämnestra erschlagen, die mit Hilfe ihres Geliebten Ägisthos ihren aus Troja heimgekehrten Mann Agamemnon ermordet hatte. Von den Rachegöttinnen, den Erinnyen, verfolgt, fällt er nun in die Hände Thoas', der ihn und seinen Freund für das Menschenopfer auswählt. Apollo hatte im Orakel Orest die Erlösung von der Schuld versprochen, wenn er die Schwester aus Tauris nach Griechenland bringe. Orest glaubt nun, das Orakel hätte das Götterbild der Diana, der Schwester Apolls, gemeint. Iphigenie erkennt in Orest ihren unglücklichen Bruder.

Ihre Reinheit und Sanftmut verscheuchen die Rachegeister. Die drei bereiten die gemeinsame Flucht vor. Das Götterbild soll mitgenommen und Thoas getäuscht werden. In diesem Moment offenbart sich jedoch die Seelengröße Iphigeniens. In einer letzten Auseinandersetzung mit dem wilden Titanismus ihres fluchbeladenen Geschlechts, der alten Feindschaft zwischen Göttern und Menschen, deren Ausdruck der »Gesang der Parzen« ist, ringt sie sich zu einer neuen Religion entsühnender Liebe und reiner Menschlichkeit durch. Unfähig zu Lüge und Betrug tritt sie vor König Thoas und überantwortet ihrer aller Schicksal in seine Hände. Überwältigt von der edlen Gesinnung Iphigeniens läßt

Thoas Iphigenie, Orest und Pylades nach Griechenland ziehen.

Nicht mehr das Eingreifen einer Gottheit – wie im griechischen Drama –, sondern die innere Läuterung, die »reine Menschlichkeit«, sühnt den Fluch, der auf dem Geschlecht der Tantaliden liegt. Das Humanitätsideal der deutschen Klassik findet in diesem Drama seine gültige dichterische Formulierung. Repräsentant dieser Humanität ist Iphigenie. Ihr Handeln wird von drei Grundüberzeugungen bestimmt: von der Hoffnung auf gewaltfreie Konfliktlösung, von der Wahrhaftigkeit als Bedingung menschlichen Zusammenlebens und von der Möglichkeit eigener Willensfreiheit.

Darüber hinaus erhebt Goethes Humanismus den Anspruch auf Allgemeingültigkeit, der dem Menschen als Gattungswesen zukommt und unabhängig von der Zeit und dem Kulturkreis für alle Menschen gleichermaßen zutrifft.

Iphigenie auf Tauris wurde im Jahre 1787 veröffentlicht. Im gleichen Jahr erschienen Schillers »Don Carlos«, Mozarts »Don Giovanni«, der dritte Teil von Herders »Ideen zur Philosophie der Geschichte der Menschheit« und Kants »Kritik der praktischen Vernunft«. Alle diese Werke zielen auf die Selbstbesinnung, Selbstverwirklichung und Vervollkommnung des Menschen. Sie sind – jedes auf seine Weise – Ausdruck des Strebens nach Humanität und der Verantwortung des einzelnen in und vor der Gesellschaft.

IV. Aufzug, 5. Auftritt

IPHIGENIE (allein). Ich muß ihm folgen: denn die Meinigen
1690 Seh' ich in dringender Gefahr. Doch ach!
Mein eigen Schicksal macht mir bang und bänger.
O soll ich nicht die stille Hoffnung retten,
Die in der Einsamkeit ich schön genährt?

Soll dieser Fluch denn ewig walten? Soll
1695 Nie dies Geschlecht mit einem neuen Segen
Sich wieder heben? – Nimmt doch alles ab!
Das beste Glück, des Lebens schönste Kraft
Ermattet endlich: warum nicht der Fluch?
So hofft' ich denn vergebens, hier verwahrt,
1700 Von meines Hauses Schicksal abgeschieden,
Dereinst mit reiner Hand und reinem Herzen
Die schwerbefleckte Wohnung zu entsühnen.
Kaum wird in meinen Armen mir ein Bruder
Vom grimm'gen Übel wundervoll und schnell
1705 Geheilt, kaum naht ein lang' erflehtes Schiff,
Mich in den Port der Vaterwelt zu leiten,
So legt die taube Not ein doppelt Laster
Mit ehrner Hand mir auf: das heilige,
Mir anvertraute, viel verehrte Bild
1710 Zu rauben und den Mann zu hintergehn,
Dem ich mein Leben und mein Schicksal danke.
O daß in meinem Busen nicht zuletzt
Ein Widerwillen keime! der Titanen,
Der alten Götter tiefer Haß auf euch,
1715 Olympier, nicht auch die zarte Brust
Mit Geierklauen fasse! Rettet mich
Und rettet euer Bild in meiner Seele!

Vor meinen Ohren tönt das alte Lied –
Vergessen hatt' ich's und vergaß es gern –,
1720 Das Lied der Parzen, das sie grausend sangen,
Als Tantalus vom goldnen Stuhle fiel:
Sie litten mit dem edlen Freunde; grimmig
War ihre Brust, und furchtbar ihr Gesang.
In unsrer Jugend sang's die Amme mir
1725 Und den Geschwistern vor, ich merkt' es wohl.

Es fürchte die Götter
Das Menschengeschlecht!
Sie halten die Herrschaft
In ewigen Händen,
1730 Und können sie brauchen,
Wie's ihnen gefällt.

Der fürchte sie doppelt,
Den je sie erheben!
Auf Klippen und Wolken
1735 Sind Stühle bereitet
Um goldene Tische.

Erhebet ein Zwist sich,
So stürzen die Gäste,
Geschmäht und geschändet,
1740 In nächtliche Tiefen
Und harren vergebens,
Im Finstern gebunden,
Gerechten Gerichtes.

Sie aber, sie bleiben
1745 In ewigen Festen
An goldenen Tischen.
Sie schreiten vom Berge
Zu Bergen hinüber:
Aus Schlünden der Tiefe
1750 Dampft ihnen der Atem
Erstickter Titanen,
Gleich Opfergerüchen,
Ein leichtes Gewölke.

Es wenden die Herrscher
1755 Ihr segnendes Auge
Von ganzen Geschlechtern
Und meiden, im Enkel
Die ehmals geliebten,
Still redenden Züge
1760 Des Ahnherrn zu sehn.

So sangen die Parzen;
Es horcht der Verbannte
In nächtlichen Höhlen,
Der Alte, die Lieder,
1765 Denkt Kinder und Enkel
Und schüttelt das Haupt.

In: Goethes Werke. Hamburger Ausgabe. Bd. 5. Hamburg: Wegner [4]1959, S. 53 ff.

»Iphigenie auf Tauris« gilt als das Paradestück klassischer Humanität und als poetisch-gleichnishafte Demonstration reiner Menschlichkeit. Goethe selbst hatte schon während der Entstehungszeit und auch später Schwierigkeiten, sein Stück vor der geschichtlichen Gegenwart bestehen zu lassen. Den Interpreten, den Regisseuren und auch den Schülern während der zweihundert Jahre Rezeptionsgeschichte erging es nicht anders.

Als Goethe an der Prosafassung seiner

»Iphigenie« in Apolda arbeitete, schrieb er an Charlotte von Stein am 6. März 1779: »Hier will das Drama gar nicht fort, es ist verflucht, der König von Tauris soll reden als wenn kein Strumpfwürcker in Apolde hungerte.«[1]

Was diesen verzweiflungsvollen Ausbruch hervorrief, war die Diskrepanz zwischen dem Ideal einer reinen, versöhnenden Menschlichkeit auf der einen und der deprimierenden Wirklichkeit der hungernden und verzweifelnden Apoldaer Textilarbeiter auf der anderen Seite.

Selbst in Italien, als er die Prosafassung in die erhöhte Stillage der Jamben umgoß, war sich Goethe bewußt, daß die Menschheit wohl nie von jener Beschaffenheit sein dürfte, sein Programm einer durch Dichtung idealisierten Humanität zu verwirklichen. Anspielend auf Herders dritten Teil der »Ideen zur Philosophie der Geschichte der Menschheit«, in der sich dieser eben-

falls um die »Beförderung der Humanität« bemühte, ironisierte Goethe den Herderschen Humanismus und sah ihn in letzter Konsequenz als vielleicht gar nicht wünschenswert an. Wiederum schrieb er Charlotte von Stein: »Auf Herders dritten Theil freu ich mich sehr, hebe mir ihn auf, biß ich sagen kann wo er mir begegnen soll. Er wird gewiß den schönen Traumwunsch der Menschheit daß es dereinst besser mit ihr werden möge trefflich ausgeführt haben. Auch muß ich selbst sagen halt ich es für wahr daß die Humanität endlich siegen wird, nur fürcht ich daß zu gleicher Zeit die Welt ein großes Hospital und einer des andern humaner Kranckenwärter werden wird.«[2]

Nach Goethes Sizilien-Aufenthalt entstand ein Gedicht, das in seiner pragmatisch-lebensklugen Haltung in einem beachtenswerten Kontrast zum sonst so eifrig hochgehaltenen Humanitätsideal steht:

> Geh! gehorche meinen Winken,
> Nutze deine jungen Tage,
> Lerne zeitig klüger sein:
> Auf des Glückes großer Waage
> Steht die Zunge selten ein;
>
> Du mußt steigen oder sinken,
> Du mußt herrschen und gewinnen,
> Oder dienen und verlieren,
> Leiden oder triumphieren,
> Amboß oder Hammer sein.

In: Goethes Werke. Hamburger Ausgabe. Bd. 1. Hamburg: Wegner [4]1959, S. 241.

Im November 1792 – Goethe erzählt die Begebenheit in der »Campagne in Frankreich« – wurde er wieder mit der »Iphigenie« konfrontiert. Er hatte im Gefolge seines Herzogs an der Kanonade von Valmy teilgenommen, in der das revolutionäre

---

[1] Goethes Werke. Weimarer Ausgabe. Bd. IV/4. Weimar: Böhlan 1889, S. 18.
[2] Ebd., Bd. IV/8, S. 233.

Frankreich einen moralischen Sieg über das Interventionsheer errang. Goethe, die Bedeutung des Rückzugs der preußischen Truppen erkennend, schrieb die Worte: »Von hier und heute geht eine neue Epoche der Weltgeschichte aus, und ihr könnt sagen, ihr seid dabei gewesen.«[1]

Im friedlich-stillen Pempelfort, nach dem Ungemach des Rückzugs, wirkte er auf alte Freunde mit seiner veränderten realistischen Sicht der Dinge befremdlich: »Meine Freunde jedoch, die sich in so veränderte Gesinnung nicht gleich ergeben wollten, versuchten mancherlei, um frühere Gefühle durch ältere Arbeiten wieder hervorzurufen, und gaben mir »Iphigenien« zur abendlichen Vorlesung in die Hand; das wollte mir aber gar nicht munden, dem zarten Sinne fühl' ich mich entfremdet, auch von andern vorgetragen war mir ein solcher Anklang lästig.«[2]

Zehn Jahre später wurde Goethe erneut mit seiner »Iphigenie« konfrontiert, als Schiller das seit den frühen Aufführungen der Prosafassung nicht mehr gespielte Stück auf die Weimarer Bühne bringen wollte. Goethe reagierte reserviert, als er schrieb: »Hierbei kommt die Abschrift des gräzisierenden Schauspiels. Ich bin neugierig, was Sie ihm abgewinnen werden. Ich habe hie und da hineingesehen, es ist ganz verteufelt human. Geht alles halbweg, so wollen wirs versuchen.«[3]

Diese mehr beiläufigen, trotzdem aber bezeichnenden Zeugnisse verdeutlichen, wie weit schon zu Goethes Lebzeiten das poetisch beschworene, humanistische Idealbild von der geschichtlichen Lebenswirklichkeit entfernt war. Goethe war zu sehr Realist, als daß er diesen Widerspruch nicht gesehen hätte. Wenn immer wieder durch die beiden Jahrhunderte diese Kluft aufbricht, stellt sich die Frage, was an der offensichtlichen Diskrepanz zwischen utopisch-humanistischem Entwurf und der jeweiligen Zeitwirklichkeit schuld ist: Liegt es am Stück selbst, dessen Qualität bis heute niemand ernsthaft bestritten hat, liegt es an der nicht verbesserungsfähigen jeweiligen Wirklichkeit, oder liegt es am Leser oder Theaterbesucher, der vielleicht die falschen Fragen stellt?

1. *Aus welchen beiden Teilen besteht der abgedruckte Dramenauszug? Wie unterscheiden sie sich in formaler Hinsicht?*
2. *Überprüfen Sie Ihr Verständnis des Inhalts, indem Sie folgende Fragen klären:*
   – Von welcher Flucht spricht Iphigenie?
   – In welchen Konflikt gerät sie?
   – Welcher ältere Konflikt wird dahinter sichtbar?
3. *Analysieren Sie das »Parzenlied« im Hinblick auf Form und Sprache.*
4. *Wie wird in diesem Lied das Verhältnis zwischen Göttern und Menschen dargestellt?*
5. *Was bedeutet vor diesem Hintergrund der Kernsatz des Monologs der Iphigenie: »Rettet mich / Und rettet euer Bild in meiner Seele!«?*
6. *Welche Funktion hat das »Parzenlied«, wenn Sie den Ausgang des Dramas bedenken?*
7. *Beachten Sie den letzten Absatz des erläuternden Textes: Wie sehen Sie heute die Spannung zwischen Ideal und Wirklichkeit?*

---

[1] Goethes Werke. Hamburger Ausgabe. Bd. 10. Hamburg: Wegner [4]1959, S. 235.
[2] Ebd., S. 310 f.
[3] Der Briefwechsel zwischen Schiller und Goethe. Hg. v. Hans Gerhard Gräf u. Albert Leitzmann. Bd. 2. Leipzig: Insel 1955, S. 388 f.

Rezeption der Antike

Nach seiner Rückkehr aus Italien schrieb Goethe in der Zeit vom Herbst 1788 bis zum Frühjahr 1790 seinen Gedichtzyklus »Erotica Romana« (Römische Liebesgedichte). In späteren Ausgaben setzte er den Titel »Römische Elegien« ein. Mit diesen Elegien stellt sich Goethe zum ersten Mal in die Tradition der antiken Gattung, während sich seine Hymnen nicht bewußt auf die antike Überlieferung bezogen hatten. Im Altertum bedeutet Elegie zweierlei: Klagelied und Gedicht in Distichen. Goethe bezog sich mehr auf die zweite Bedeutung und stellte die Überlieferung der spätantiken erotischen Elegie in den Vordergrund. Er sah in der Antike nicht nur die künstlerische Vollendung in Bauwerken, er beobachtete und feierte auf italienischem Boden nicht nur die heitere Natur, sondern er erfreute sich auch an der Schönheit und Natürlichkeit des Menschen. Daraus erwuchs ihm die Erfahrung, daß Kunst und Eros, daß Schönheit und sinnlich erfüllte Liebe, daß Antike und lebendige Gegenwart in Harmonie zu vereinen sind.

In der Begegnung mit Christiane Vulpius (1788) erwachte die Erinnerung an die unbekannte Römerin, die er in den Elegien unter dem erdichteten Namen Faustine besingt.

Es durchdringen sich in den »Römischen Elegien« das heidnische Rom der Elegien-Dichter Tibull, Properz und Ovid, das Erlebnis der Stadt Rom als Gegenwart und Vergangenheit, die antike Mythologie und das Thema der beglückenden Liebe.

Das »klassische Lebensgefühl« findet in den »Römischen Elegien« in strenger Form und heidnischem Eros seinen prägnantesten Ausdruck, wobei Eros als menschen- und weltbewegende Macht im Sinne der Antike verstanden wird.

Platz auf dem Kapitol. J. W. v. Goethe.

Johann Wolfgang von Goethe
Römische Elegien

I

Saget, Steine, mir an, o sprecht, ihr hohen Paläste!
   Straßen, redet ein Wort! Genius, regst du dich nicht?
Ja, es ist alles beseelt in deinen heiligen Mauern,
   Ewige Roma; nur mir schweiget noch alles so still.
5 O wer flüstert mir zu, an welchem Fenster erblick ich
   Einst das holde Geschöpf, das mich versengend erquickt?
Ahn ich die Wege noch nicht, durch die ich immer und immer,
   Zu ihr und von ihr zu gehn, opfre die köstliche Zeit?
Noch betracht ich Kirch' und Palast, Ruinen und Säulen,
10   Wie ein bedächtiger Mann schicklich die Reise benutzt.
Doch bald ist es vorbei: dann wird ein einziger Tempel,
   Amors Tempel nur sein, der den Geweihten empfängt.
Eine Welt zwar bist du, o Rom; doch ohne die Liebe
   Wäre die Welt nicht die Welt, wäre denn Rom auch nicht Rom.

V

Froh empfind ich mich nun auf klassischem Boden begeistert,
   Vor- und Mitwelt spricht lauter und reizender mir.
Hier befolg ich den Rat, durchblättre die Werke der Alten
   Mit geschäftiger Hand, täglich mit neuem Genuß.
5 Aber die Nächte hindurch hält Amor mich anders beschäftigt;
   Werd ich euch halb nur gelehrt, bin ich doch doppelt beglückt.
Und belehr ich mich nicht, indem ich des lieblichen Busen
   Formen spähe, die Hand leite die Hüften hinab?
Dann versteh ich den Marmor erst recht: ich denk und vergleiche,
10   Sehe mit fühlendem Aug', fühle mit sehender Hand.
Raubt die Liebste denn gleich mir einige Stunden des Tages,
   Gibt sie Stunden der Nacht mir zur Entschädigung hin.
Wird doch nicht immer geküßt, es wird vernünftig gesprochen;
   Überfällt sie der Schlaf, lieg ich und denke mir viel.
15 Oftmals hab ich auch schon in ihren Armen gedichtet
   Und des Hexameters Maß leise mit fingernder Hand
Ihr auf den Rücken gezählt. Sie atmet in lieblichem Schlummer,
   Und es durchglühet ihr Hauch mir bis ins Tiefste die Brust.
Amor schüret die Lamp' indes und denket der Zeiten,
20   Da er den nämlichen Dienst seinen Triumvirn getan.

In: Goethes Werke. Hamburger Ausgabe. Bd. 1. Hamburg: Wegner [4]1959, S. 157 f.

Römische Elegie I

1. *Die erste Elegie gilt als Vorspiel für den Gedichtszyklus, in dem das Thema der Stadt Rom eingeführt wird. Wer ist also mit dem »Genius« gemeint?*
2. *Analysieren Sie die Form des Distichons (Hexameter und Pentameter).*
3. *Auf welche Weise wird die antikisierende Form durch Wortwahl und Satzbau getragen? Beachten Sie besonders die Adjektive (typisierend – individualisierend) sowie Art und Bauweise der Sätze.*
4. *In welches Spannungsverhältnis geraten die Stadt Rom und die Macht des Eros im Erlebnis des Dichters?*

Römische Elegie V

1. *Diese Elegie zählt zu den berühmtesten des ganzen Zyklus.*
   – Wie verschmelzen in der fünften Elegie römisch-antike Bildung und erotische Begegnung?
   – Was wird an Bildungsgut genannt?
2. *Durch welche formalen und sprachlichen Mittel wird das Liebeserlebnis objektiviert und distanziert betrachtet?*
3. *Auf welche Weise wird die Form der Elegie selbst zum Thema des Gedichts?*

Froh empfind ich mich nun auf klassischem Boden begeistert,
Lauter und reizender spricht Vorwelt und Mitwelt zu mir;
Ich befolge den Rath, durchblättre die Werke der Alten
Mit geschäftiger Hand täglich mit neuem Genuß;
Aber die Nächte hindurch hält Amor mich anders beschäftigt,
Werd ich auch halb nur gelehrt, bin ich doch doppelt vergnügt!
Und belehr ich mich nicht, wenn ich des lieblichen Busens
Formen spähe, die Hand leite die Hüften hinab.
Dann versteh ich erst recht den Marmor; ich denk und vergleiche,
Sehe mit fühlendem Aug, fühle mit sehender Hand.

V. Römische Elegie. Reinschrift Goethes (1789).

Auseinandersetzung mit einer Ballade

Die Interpretation eines sprachlichen Kunstwerkes setzt schon in dem Moment ein, wenn der Dichter in einer gewissen Zeitspanne nach der Niederschrift seinem Produkt distanzierter gegenübersteht. Er betrachtet sein Gedicht mit den Augen des kritischen Beobachters, der auf die Wirkung beim Leser oder Publikum bedacht ist. Diese Phase läßt sich mit dem Briefwechsel zwischen Schiller und Goethe über die Ballade »Die Kraniche des Ibykus« dokumentieren.

Friedrich Schiller

Die Kraniche des Ibykus[1] (1797)

Zum Kampf der Wagen und Gesänge,
Der auf Korinthus' Landesenge
Der Griechen Stämme froh vereint,
Zog Ibykus, der Götterfreund.
5 Ihm schenkte des Gesanges Gabe,
Der Lieder süßen Mund Apoll,
So wandert' er, an leichtem Stabe,
Aus Rhegium, des Gottes voll.

Schon winkt auf hohem Bergesrücken
10 Akrokorinth des Wandrers Blicken,
Und in Poseidons Fichtenhain
Tritt er mit frommem Schauder ein.
Nichts regt sich um ihn her, nur Schwärme
Von Kranichen begleiten ihn,
15 Die fernhin nach des Südens Wärme
In graulichtem Geschwader ziehn.

»Seid mir gegrüßt, befreundte Scharen!
Die mir zur See Begleiter waren,
Zum guten Zeichen nehm ich euch,
20 Mein Los, es ist dem euren gleich.
Von fernher kommen wir gezogen
Und flehen um ein wirtlich Dach.
Sei uns der Gastliche[2] gewogen,
Der von dem Fremdling wehrt die Schmach!«

[1] Ibykus: Chorlyriker aus Rhegium in Unteritalien um 530 v. Chr.
[2] der Gastliche: Zeus Xenios, Hüter des Gastrechts

25 Und munter fördert er die Schritte
Und sieht sich in des Waldes Mitte,
Da sperren, auf gedrangem Steg,
Zwei Mörder plötzlich seinen Weg.
Zum Kampfe muß er sich bereiten,
30 Doch bald ermattet sinkt die Hand,
Sie hat der Leier zarte Saiten,
Doch nie des Bogens Kraft gespannt.

Er ruft die Menschen an, die Götter,
Sein Flehen dringt zu keinem Retter,
35 Wie weit er auch die Stimme schickt,
Nichts Lebendes wird hier erblickt.
»So muß ich hier verlassen sterben,
Auf fremdem Boden, unbeweint,
Durch böser Buben Hand verderben,
40 Wo auch kein Rächer mir erscheint!«

Und schwer getroffen sinkt er nieder,
Da rauscht der Kraniche Gefieder,
Er hört, schon kann er nicht mehr sehn,
Die nahen Stimmen furchtbar krähn.
45 »Von euch, ihr Kraniche dort oben!
Wenn keine andre Stimme spricht,
Sei meines Mordes Klag erhoben!«
Er ruft es, und sein Auge bricht.

Der nackte Leichnam wird gefunden,
50 Und bald, obgleich entstellt von Wunden,
Erkennt der Gastfreund in Korinth
Die Züge, die ihm teuer sind.
»Und muß ich so dich wiederfinden,
Und hoffte mit der Fichte Kranz
55 Des Sängers Schläfe zu umwinden,
Bestrahlt von seines Ruhmes Glanz!«

Und jammernd hörens alle Gäste,
Versammelt bei Poseidons Feste,
Ganz Griechenland ergreift der Schmerz,
60 Verloren hat ihn jedes Herz.
Und stürmend drängt sich zum Prytanen[1]
Das Volk, es fordert seine Wut,
Zu rächen des Erschlagnen Manen[2],
Zu sühnen mit des Mörders Blut.

[1] Prytane: hoher Beamter
[2] Manen: die abgeschiedenen Seelen, besonders der guten Menschen

65 Doch wo die Spur, die aus der Menge,
Der Völker flutendem Gedränge,
Gelocket von der Spiele Pracht,
Den schwarzen Täter kenntlich macht?
Sinds Räuber, die ihn feig erschlagen?
70 Tats neidisch ein verborgner Feind?
Nur Helios vermags zu sagen,
Der alles Irdische bescheint.

Er geht vielleicht mit frechem Schritte
Jetzt eben durch der Griechen Mitte,
75 Und während ihn die Rache sucht,
Genießt er seines Frevels Frucht.
Auf ihres eignen Tempels Schwelle
Trotzt er vielleicht den Göttern, mengt
Sich dreist in jene Menschenwelle,
80 Die dort sich zum Theater drängt.

Denn Bank an Bank gedränget sitzen,
Es brechen fast der Bühne Stützen,
Herbeigeströmt von fern und nah,
Der Griechen Völker wartend da,
85 Dumpfbrausend wie des Meeres Wogen;
Von Menschen wimmelnd, wächst der Bau
In weiter stets geschweiftem Bogen
Hinauf bis in des Himmels Blau.

Wer zählt die Völker, nennt die Namen,
90 Die gastlich hier zusammenkamen?
Von Theseus'[1] Stadt, von Aulis Strand,
Von Phokis, vom Spartanerland,
Von Asiens entlegner Küste,
Von allen Inseln kamen sie
95 Und horchen von dem Schaugerüste
Des Chores grauser Melodie,

Der streng und ernst, nach alter Sitte,
Mit langsam abgemeßnem Schritte,
Hervortritt aus dem Hintergrund,
100 Umwandelnd des Theaters Rund.
So schreiten keine irdschen Weiber.
Die zeugete kein sterblich Haus!
Es steigt das Rießenmaß der Leiber
Hoch über menschliches hinaus.

---

[1] Theseus' Stadt: Athen

105 Ein schwarzer Mantel schlägt die Lenden,
Sie schwingen in entfleischten Händen
Der Fackel düsterrote Glut,
In ihren Wangen fließt kein Blut.
Und wo die Haare lieblich flattern,
110 Um Menschenstirnen freundlich wehn,
Da sieht man Schlangen hier und Nattern
Die giftgeschwollnen Bäuche blähn.

Und schauerlich gedreht im Kreise
Beginnen sie des Hymnus Weise,
115 Der durch das Herz zerreißend dringt,
Die Bande um den Sünder schlingt.
Besinnungraubend, herzbetörend
Schallt der Erinnyen Gesang,
Er schallt, des Hörers Mark verzehrend,
120 Und duldet nicht der Leier Klang:

»Wohl dem, der frei von Schuld und Fehle
Bewahrt die kindlich reine Seele!
Ihm dürfen wir nicht rächend nahn,
Er wandelt frei des Lebens Bahn.
125 Doch wehe, wehe, wer verstohlen
Des Mordes schwere Tat vollbracht,
Wir heften uns an seine Sohlen,
Das furchtbare Geschlecht der Nacht!

Und glaubt er fliehend zu entspringen,
130 Geflügelt sind wir da, die Schlingen
Ihm werfend um den flüchtgen Fuß,
Daß er zu Boden fallen muß.
So jagen wir ihn, ohn Ermatten,
Versöhnen kann uns keine Reu,
135 Ihn fort und fort bis zu den Schatten,
Und geben ihn auch dort nicht frei.«

So singend, tanzen sie den Reigen,
Und Stille wie des Todes Schweigen
Liegt überm ganzen Hause schwer,
140 Als ob die Gottheit nahe wär.
Und feierlich, nach alter Sitte
Umwandelnd des Theaters Rund
Mit langsam abgemeßnem Schritte,
Verschwinden sie im Hintergrund.

145 Und zwischen Trug und Wahrheit schwebet
Noch zweifelnd jede Brust und bebet
Und huldiget der furchtbarn Macht,
Die richtend im Verborgnen wacht,
Die unerforschlich, unergründet
150 Des Schicksals dunkeln Knäuel flicht,
Dem tiefen Herzen sich verkündet,
Doch fliehet vor dem Sonnenlicht.

Da hört man auf den höchsten Stufen
Auf einmal eine Stimme rufen:
155 »Sieh da! Sieh da, Timotheus,
Die Kraniche des Ibykus!« –
Und finster plötzlich wird der Himmel,
Und über dem Theater hin
Sieht man in schwärzlichtem Gewimmel
160 Ein Kranichheer vorüberziehn.

»Des Ibykus!« – der teure Name
Rührt jede Brust mit neuem Grame,
Und, wie im Meere Well auf Well,
So läufts von Mund zu Munde schnell:
165 »Des Ibykus, den wir beweinen,
Den eine Mörderhand erschlug!
Was ists mit dem? Was kann er meinen?
Was ists mit diesem Kranichzug?« –

Und lauter immer wird die Frage,
170 Und ahnend fliegts mit Blitzesschlage
Durch alle Herzen. »Gebet acht!«
Das ist der Eumeniden[1] Macht!
Der fromme Dichter wird gerochen,
Der Mörder bietet selbst sich dar!
175 Ergreift ihn, der das Wort gesprochen,
Und ihn, an dens gerichtet war.«

Doch dem war kaum das Wort entfahren,
Möcht ers im Busen gern bewahren;
Umsonst, der schreckenbleiche Mund
180 Macht schnell die Schuldbewußten kund.
Man reißt und schleppt sie vor den Richter,
Die Szene wird zum Tribunal,
Und es gestehn die Bösewichter,
Getroffen von der Rache Strahl.

In: Friedrich Schiller: Werke in drei Bänden. Hg. v. Herbert G. Göpfert. Bd. 2. München: Hanser 1966, S. 758 ff.
[1] Eumeniden: beschönigender Name für die Erinnyen, die Rachegöttinnen

1. *Arbeiten Sie die dramatischen Elemente der Ballade heraus (Exposition, Steigerung, Katastrophe).*
2. *Welche anderen dramatischen Elemente können Sie feststellen?*
3. *Welche lyrischen Gestaltungselemente – auch Reime – betrachten Sie heute mit Argwohn?*

Johann Wolfgang von Goethe/Friedrich Schiller
Briefwechsel über die »Kraniche des Ibykus«

Am 22. August 1797 bedankt sich Goethe bei Schiller für die Zusendung der Ballade und geht in freundschaftlicher Kritik auf die erste Fassung ein:

Die Kraniche des Ibykus finde ich sehr gut geraten, der Übergang zum Theater ist sehr schön und das Chor der Eumeniden am rechten Platze. Da diese Wendung einmal erfunden ist, so kann nun die ganze Fabel nicht ohne dieselbe bestehen, und ich würde, wenn ich an meine Bearbeitung noch denken möchte, dieses Chor gleichfalls aufnehmen müs-
5 sen.
Nun auch einige Bemerkungen: 1) der Kraniche sollten, als Zugvögel, ein ganzer Schwarm sein, die sowohl über den Ibykus als über das Theater wegfliegen, sie kommen als Naturphänomen und stellen sich so neben die Sonne und andere regelmäßige Erscheinungen. Auch wird das Wunderbare dadurch weggenommen, indem es nicht eben die-
10 selben zu sein brauchen, es ist vielleicht nur eine Abteilung des großen wandernden Heeres, und das Zufällige macht eigentlich, wie mich dünkt, das Ahndungsvolle und Sonderbare in der Geschichte. 2) Dann würde ich nach dem 14ten Verse, wo die Erinnyen sich zurückgezogen haben, noch einen Vers einrücken, um die Gemütsstimmung des Volkes, in welche der Inhalt des Chors sie versetzt, darzustellen, und von den ernsten
15 Betrachtungen der Guten zu der gleichgültigen Zerstreuung der Ruchlosen übergehen, und dann den Mörder zwar dumm, roh und laut, aber doch nur dem Kreise der Nachbarn vernehmlich, seine gaffende Bemerkung ausrufen lassen, daraus entständen zwischen ihm und den nächsten Zuschauern Händel, dadurch würde das Volk aufmerksam u.s.w. Auf diesem Weg so wie durch den Zug der Kraniche würde alles ganz ins Natürliche gespielt
20 und nach meiner Empfindung die Wirkung erhöht, da jetzt der 15te Vers zu laut und bedeutend anfängt und man fast etwas anders erwartet. Wenn Sie hie und da an den Reim noch einige Sorgfalt wenden, so wird das übrige leicht getan sein, und ich wünsche Ihnen auch zu dieser wohlgeratnen Arbeit Glück.

In: Der Briefwechsel zwischen Schiller und Goethe. Hg. v. Hans Gerhard Gräf u. Albert Leitzmann. Bd. 1. Leipzig: Insel 1955, S. 384 f.

Aus der ersten Bemerkung Goethes, auf die Schiller zustimmend eingehen wird, kann man – ähnlich wie bei der »Iphigenie« – deutlich erkennen, wie sich die beiden Klassiker bemühen, nicht den klassisch- antiken Schicksalsglauben in die Ballade einfließen zu lassen. Die Kraniche sollen nicht als Werkzeug der Rachegeister oder Erinnyen erscheinen. Für den humanistisch gesinnten deutschen Klassiker ist das Naturphänomen der Kraniche als Auslöser für den verräterischen Ausruf des Mörders genug. Er muß nicht das unerforschliche Schicksal, die griechische Moira, bemühen. Entsprechend zustimmend antwortet Schiller am 30. August 1797:

Herzlichen Dank für das, was Sie mir über den Ibykus sagen, und was ich von Ihren Winken befolgen kann, geschieht gewiß. Es ist mir bei dieser Gelegenheit wieder recht fühlbar, was eine lebendige Erkenntnis und Erfahrung auch beim Erfinden so viel tut. Mir sind die Kraniche nur aus wenigen Gleichnissen, zu denen sie Gelegenheit gaben, bekannt, und dieser Mangel einer lebendigen Anschauung machte mich hier den schönen 5 Gebrauch übersehen, der sich von diesem Naturphänomen machen läßt. Ich werde suchen, diesen Kranichen, die doch einmal Schicksalshelden sind, eine größere Breite und Wichtigkeit zu geben. Wie ich den Übergang zu dem Ausrufe des Mörders anders machen soll, ist mir nicht klar, obgleich ich fühle, daß hier etwas zu tun ist. Doch bei der ersten guten Stimmung wird sichs vielleicht finden. 10

In: Der Briefwechsel zwischen Schiller und Goethe. Hg. v. Hans Gerhard Gräf u. Albert Leitzmann. Bd. 1. Leipzig: Insel 1955, S. 389 f.

Am 7. September 1797 geht Schiller erneut auf Goethes Anregungen argumentierend ein, indem er sich – ganz Theatermann – mit der Wirkung auf den Leser auseinandersetzt, was auch gleichzeitig seine ästhetische Wertung erkennen läßt. Sich ganz vom antiken Schicksalsglauben abwendend, erklärt Schiller ausdrücklich:

»Der bloße natürliche Zufall muß die Katastrophe erklären. (...) Mit dem Ibykus habe ich nach Ihrem Rat wesentliche Veränderungen vorgenommen, die Exposition ist nicht mehr so dürftig, der Held der Ballade interessiert mehr, die Kraniche füllen die Einbildungskraft auch mehr und bemächtigen sich der Aufmerksamkeit genug, um bei ihrer letzten Erscheinung, durch das Vorhergehende, nicht in Vergessenheit gebracht zu sein. 5 Was aber Ihre Erinnerung in Rücksicht auf die Entwicklung betrifft, so war es mir unmöglich, hierin ganz Ihren Wunsch zu erfüllen – Lasse ich den Ausruf des Mörders nur von den nächsten Zuschauern gehört werden, und unter diesen eine Bewegung entstehen, die sich dem Ganzen, nebst ihrer Veranlassung, erst mitteilt, so bürde ich mir ein Detail auf, das mich hier, bei so ungeduldig forteilender Erwartung, gar zu sehr embarrassiert[1], 10 die Masse schwächt, die Aufmerksamkeit verteilt u.s.w. Meine Ausführung soll aber nicht ins Wunderbare gehen, auch schon bei dem ersten Konzept fiel mir das nicht ein, nur hatte ich es zu unbestimmt gelassen. Der bloße natürliche Zufall muß die Katastrophe erklären. Dieser Zufall führt den Kranichzug über dem Theater hin, der Mörder ist unter den Zuschauern, das Stück hat ihn zwar nicht eigentlich gerührt und zerknirscht, das ist 15 meine Meinung nicht, aber es hat ihn an seine Tat und also auch an das, was dabei vorgekommen, erinnert, sein Gemüt ist davon frappiert, die Erscheinung der Kraniche muß also in diesem Augenblick ihn überraschen, er ist ein roher dummer Kerl, über den der momentane Eindruck alle Gewalt hat. Der laute Ausruf ist unter diesen Umständen natürlich. 20

---

[1] embarrassieren: hindern, in Verlegenheit, in Verwirrung setzen

Da ich ihn oben sitzend annehme, wo das gemeine Volk seinen Platz hat, so kann er erstlich die Kraniche früher sehen, eh sie über der Mitte des Theaters schweben, dadurch gewinn ich, daß der Ausruf der wirklichen Erscheinung der Kraniche vorhergehen kann, worauf hier viel ankommt, und daß also die wirkliche Erscheinung derselben bedeutender
25 wird. Ich gewinne zweitens, daß er, wenn er oben ruft, besser gehört werden kann. Denn nun ist es gar nicht unwahrscheinlich, daß ihn das ganze Haus schreien hört, wenn gleich nicht alle seine Worte verstehen.
Dem Eindruck selbst, den seine Exklamation macht, habe ich noch eine Strophe gewidmet, aber die wirkliche Entdeckung der Tat, als Folge jenes Schreies, wollte ich mit Fleiß
30 nicht umständlicher darstellen, denn sobald nur der Weg zur Auffindung des Mörders geöffnet ist (und das leistet der Ausruf, nebst dem darauf folgenden verlegenen Schrekken), so ist die Ballade aus, das andere ist nichts mehr für den Poeten.

In: Der Briefwechsel zwischen Schiller und Goethe. Hg. v. Hans Gerhard Gräf u. Albert Leitzmann. Bd. 1. Leipzig: Insel 1955, S. 397 f.

Vorschlag für ein Referat: Nach dieser Selbstinterpretation Schillers ist es aufschlußreich, was seine modernen Exegeten und Interpreten aus der Ballade machen, wie sie auf den Schicksalbegriff und den von Schiller ausdrücklich hervorgehobenen »Zufall« eingehen. Welche verschiedenen Akzente gesetzt werden können, zeigen die drei Interpretationen von
– Ferdinand Bergenthal: Ein Gott ist, ein heiliger Wille lebt (1947),
– Benno von Wiese: Die Szene wird zum Tribunal (1959),
– Autorenkollektiv: Das ganze Volk sitzt ihnen zu Gericht (1978),
die in Theodor Pelster: Arbeitsbuch Deutsch. Literaturepochen: Klassik. München: bsv ³1992, S. 122 ff. abgedruckt sind. Analysieren Sie die Interpretationen, begründen Sie ihre Verschiedenheit, und referieren Sie Ihre Ergebnisse.

Naturwissenschaft und Poesie

Im Jahre 1786 brach Goethe nach Italien auf (vgl. auch Colleg Deutsch 1, S. 21 f.): »Den 3. September früh drei Uhr stahl ich mich aus dem Karlsbad weg, man hätte mich sonst nicht fortgelassen. Man merkte wohl, daß ich fort wollte ... ich ließ mich aber nicht hindern, denn es war Zeit...« Wie schon bei seinem Abschied in Sesenheim, später dann 1772 in Wetzlar und 1775 in Frankfurt glich dieser Aufbruch einer Flucht. Die Sehnsucht nach Italien, die Goethe schon von frühester Jugend bestimmt hatte und die im Lied der Mignon lyrisch ausgesprochen wird, war übermächtig geworden. Der Staatsdienst, der ihn immer mehr von seinen naturwissenschaftlichen Studien abgehalten hatte, und die engen gesellschaftlichen Verhältnisse am Weimarer Hof beschleunigten seinen Entschluß.

Während der Reise führte Goethe Tagebuch. Aus diesen Aufzeichnungen entstand die »Italienische Reise«, die wir heute als eine Art Fortsetzung von »Dichtung und Wahrheit« lesen.

Italien war für Goethe nicht nur das Land der Antike und der Kunst, er beobachtete gleichermaßen die Natur, insbesondere das Pflanzenreich. Mit »denkendem Auge« durchreiste er das Land, alles Gesehene in Worten und Skizzen festhaltend.

Die Urpflanze, von der Schiller später im

Gespräch nach einer Sitzung der naturforschenden Gesellschaft sagen wird, sie sei keine Erfahrung, sondern eine Idee (vgl. S. 89 f.), hat Goethe mit »denkendem Auge« wahrgenommen. In ihr sieht er alle Möglichkeiten der Pflanzen angelegt, die sich in der Metamorphose (Umgestaltung) dann zur jeweiligen Einzelpflanze entfalten und entwickeln. Oder mit anderen Worten:

»Sehe ich eine Pflanze als Pflanze, so sehe ich damit die Pflanze.« Dieses spezifisch Goethesche naturwissenschaftliche Denken und Sehen beherrscht gleichermaßen seine poetischen Werke, es durchdringt in besonders starkem Maße sein Alterswerk. Im vorliegenden Beispiel können Sie wie im Brennglas studieren, worin ein Wesenszug der deutschen Klassik besteht.

Johann Wolfgang von Goethe
Italienische Reise (1816/1829)[1]

Padua, den 27. September 1786
Es ist erfreuend und belehrend, unter einer Vegetation umherzugehen, die uns fremd ist. Bei gewohnten Pflanzen sowie bei andern längst bekannten Gegenständen denken wir zuletzt gar nichts, und was ist Beschauen ohne Denken? Hier in dieser neu mir entgegentretenden Mannigfaltigkeit wird jener Gedanke immer lebendiger, daß man sich alle Pflanzengestalten vielleicht aus einer entwickeln könne. Hiedurch würde es allein möglich werden, Geschlechter und Arten wahrhaft zu bestimmen, welches, wie mich dünkt, bisher sehr willkürlich geschieht. Auf diesem Punkte bin ich in meiner botanischen Philosophie steckengeblieben, und ich sehe noch nicht, wie ich mich entwirren will. Die Tiefe und Breite dieses Geschäfts scheint mir völlig gleich.

Palermo, Dienstag, den 17. April 1787
Die vielen Pflanzen, die ich sonst nur in Kübeln und Töpfen, ja die größte Zeit des Jahres nur hinter Glasfenstern zu sehen gewohnt war, stehen hier froh und frisch unter freiem Himmel, und indem sie ihre Bestimmung vollkommen erfüllen, werden sie uns deutlicher. Im Angesicht so vielerlei neuen und erneuten Gebildes fiel mir die alte Grille wieder ein, ob ich nicht unter dieser Schar die Urpflanze entdecken könnte. Eine solche muß es denn doch geben! Woran würde ich sonst erkennen, daß dieses oder jenes Gebilde eine Pflanze sei, wenn sie nicht alle nach einem Muster gebildet wären?

Neapel, den 17. Mai 1787
Hier bin ich wieder, meine Lieben, frisch und gesund. Ich habe die Reise durch Sizilien leicht und schnell getrieben, wenn ich wiederkomme, sollt Ihr beurteilen, wie ich gesehen habe. Daß ich sonst so an den Gegenständen klebte und haftete, hat mir nun eine unglaubliche Fertigkeit verschafft, alles gleichsam vom Blatt wegzuspielen, und ich finde mich recht glücklich, den großen, schönen, unvergleichbaren Gedanken von Sizilien so klar, ganz und lauter in der Seele zu haben. Nun bleibt meiner Sehnsucht kein Gegenstand mehr im Mittag, da ich auch gestern von Pästum zurückgekommen bin. Das Meer und die Inseln haben mir Genuß und Leiden gegeben, und ich kehre befriedigt zurück. (...)

---

[1] Die Jahresangaben beziehen sich auf die Veröffentlichung der »Italienischen Reise«.

J. W. v. GOETHE
DIE ITALIENISCHE REISE
1786–1788

Karlsbad	3. 9. 1786	Bologna	18.–20. 10. 1786	Frascati	1.–4. 10. 1787
Regensburg	4. 9. 1786	Florenz	23. 10. 1786	Castel Gandolfo	7.–21. 10. 1787
München	6.–7. 9. 1786	Perugia	25. 10. 1786	Siena	27. 4. 1788
Mittenwald	7. 9. 1786	Assisi	26. 10. 1786	Florenz	29. 4.–11. 5. 1788
Innsbruck	8. 9. 1786	Rom	29. 10. 1786–22. 2. 1787	Bologna	11. 5.–21. 5. 1788
Brenner	8. 9. 1786	Frascati	13.–16. 11. 1786	Mailand	22.–28. 5. 1788
Bozen	9.–10. 9. 1786	Terracina	23. 2. 1787	Como	28. 5. 1788
Trient	10.–11. 9. 1786	Neapel	25. 2.–29. 3. 1787	Chur	31. 5. 1788
Rovereto	11. 9. 1786	Caserta	14.–16. 3. 1787	Konstanz	3.–10. 6. 1788
Torbole	12. 9. 1786	Palermo	2.–18. 4. 1787	Biberach	10. 6. 1788
Malcesine	13. 9. 1786	Agrigent	23.–27. 4. 1787	Nördlingen	11. 6. 1788
Verona	14.–19. 9. 1786	Catania	1.–5. 5. 1787	Nürnberg	13.–16. 6. 1788
Vicenza	19.–26. 9. 1786	Messina	8.–11. 5. 1787	Bamberg	16. 6. 1788
Padua	26.–28. 9. 1786	Neapel	14. 5.–3. 6. 1787	Coburg	16. 6. 1788
Venedig	28. 9.–14. 10. 1786	Paestum	23. 5. 1787	Jena	18. 6. 1788
Ferrara	16. 10. 1786	Rom	6. 6. 1787–24. 4. 1788	Weimar	18. 6. 1788
Cento	17. 10. 1786	Tivoli	11. 6.–23. 6. 1787		

Ferner muß ich Dir vertrauen, daß ich dem Geheimnis der Pflanzenzeugung und -orga- 25
nisation ganz nahe bin und daß es das einfachste ist, was nur gedacht werden kann. Unter
diesem Himmel kann man die schönsten Beobachtungen machen. Den Hauptpunkt, wo
der Keim steckt, habe ich ganz klar und zweifellos gefunden; alles übrige seh' ich auch
schon im ganzen, und nur noch einige Punkte müssen bestimmter werden. Die Urpflanze
wird das wunderlichste Geschöpf von der Welt, um welches mich die Natur selbst benei- 30
den soll. Mit diesem Modell und dem Schlüssel dazu kann man alsdann noch Pflanzen ins
Unendliche erfinden, die konsequent sein müssen, das heißt, die, wenn sie auch nicht
existieren, doch existieren könnten und nicht etwa malerische oder dichterische Schatten
und Scheine sind, sondern eine innerliche Wahrheit und Notwendigkeit haben. Dasselbe
Gesetz wird sich auf alles übrige Lebendige anwenden lassen. 35

In: Goethes Werke. Hamburger Ausgabe. Bd. 11. Hamburg: Wegner 1950, S. 60, 266, 322 f.

Ideallandschaft mit Tempelruinen und vulkanischem Bergkegel. J. W. v. Goethe. 1787.
Die eigentliche »Idee« des Bildes liegt in der Analogiesetzung von Menschheits- und Naturge-
schichte. Beeinflußt von Herder, mag Goethe sich hier bemüht haben, »das hohe Alter der Welt
sinnlich darzustellen«, was u.a. »durch ausgebrannte Vulkane, kaum noch leise dampfend«[1]
angedeutet wird.

Mit der Urpflanze hat Goethe für sich den
Schlüssel gefunden, wie er sich die Übergänge in der Entwicklung von einer Pflan-
zenart zu einer anderen vorstellen konnte.
Aus dem engeren botanischen Umkreis heraus wird ihm die Urpflanze auch zu einem
Schlüssel des Lebens in dem Sinne, daß sich
das Ganze im Einzelnen offenbare. Karl
Philipp Moritz (vgl. S. 74 f. und 104 f.), mit
dem Goethe in Rom zusammengetroffen
war, variiert diese Anschauungsweise Goethes in seinem Aufsatz »Über die bildende
Nachahmung des Schönen« (1788), den
Goethe auszugsweise in seiner »Italienischen Reise« aufgenommen hat, mit den
Worten: »Alles einzelne, hin und her in der
Natur zerstreute Schöne ist ja nur insofern
schön, als sich dieser Inbegriff aller Verhältnisse jenes großen Ganzen mehr oder weniger darin offenbart.«[2]

[1] Goethes Werke. Hamburger Ausgabe. Bd. 11. Hamburg: Wegner 1950, S. 134.
[2] Ebd., S. 536.

137

Durchgewachsene Nelke. J. W. v. Goethe. Mai/Juni 1787.
In dem Aufsatz »Der Verfasser teilt die Geschichte seiner botanischen Studien mit« (1817) schrieb Goethe, daß ihn das Abzeichnen der Nelke zu immer tieferer Einsicht in die Gesetzlichkeit der Pflanzenentwicklung geführt habe. Sorgfältiges, detailgetreues Abzeichnen war für Goethe ein Mittel, sich den Gegenständen zu nähern und sie auf diese Weise als Ganzes zu erfassen.

In der Elegie[1] »Die Metamorphose der Pflanzen« nimmt Goethe diese Gedankengänge wieder auf. Sie entstand 1798 und wendet sich an Christiane Vulpius, die er 1806 heiratete. Ihr erläutert er in einem privaten Lehrgedicht seine Grundgedanken über die gesetzhafte Entwicklung der Naturformen. Man kann Zeile für Zeile die Gedankengänge der Umwandlung der Pflanzen mitverfolgen. So wie sich die Elegie im Fortlauf des Lesens oder Hörens entfaltet und klarer und deutlicher wird, so entfaltet sich auch aus ihrem Kern die jeweilige Pflanze.

Hinter der Fülle verschiedenartiger Pflanzen steht aber ein Grundtypus, »ein beginnendes Vorbild«, aus dessen Kraft sich die einzelnen Gebilde entwickeln. Dieses besondere eigenständige Denken wendet Goethe auf das ganze Naturreich an und nimmt den Menschen nicht aus.

Das Lehrgedicht von der Umgestaltung der Pflanzen enthält im Kern die ganze Theorie der deutschen Klassik. Was für Pflanze und

[1] Im ursprünglichen griechischen Sinn (élegos) Trauergesang mit Flötenbegleitung. Hier aber gebraucht im Sinne von Lehrgedicht über einen Naturgegenstand.

Tier gilt, gilt im höheren Maße auch für den Menschen, dessen Streben es sein sollte, seine Anlagen, seine Möglichkeiten zu entfalten und zu einem höheren Ziel hin zu entwickeln.

Genauso wie Goethes naturwissenschaftliche Weltanschauung geht auch seine klassische Kunstlehre von einem verbindlichen Idealtyp aus, aus dem sich nach bestimmten Gesetzmäßigkeiten die künstlerischen Gestaltungen entfalten. Ziel aller Entwicklung und Entfaltung bleibt das Streben nach einem Höheren, Göttlichen.

Darüber hinaus ist das Lehrgedicht Ausdruck für die Verbindung von Naturwissenschaft und Dichtung. Der Schlüssel zu dieser unauflöslichen Einheit liegt in der italienischen Reise, als Goethe in Sizilien der Gesetzlichkeit der Pflanzenorganisation gewahr wurde.

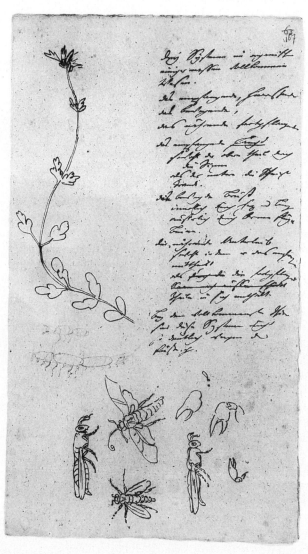

Bleistiftskizzen und Notizen Goethes zur Metamorphose der Pflanzen. Um 1800.

Johann Wolfgang von Goethe
Die Metamorphose der Pflanzen

Dich verwirret, Geliebte, die tausendfältige Mischung
    Dieses Blumengewühls über dem Garten umher;
Viele Namen hörest du an und immer verdränget,
    Mit barbarischem Klang, einer den andern im Ohr.
5 Alle Gestalten sind ähnlich, und keine gleichet der andern;
    Und so deutet das Chor auf ein geheimes Gesetz,
Auf ein heiliges Rätsel. O, könnt' ich dir, liebliche Freundin,
    Überliefern sogleich glücklich das lösende Wort!
Werdend betrachte sie nun, wie nach und nach sich die Pflanze,
10   Stufenweise geführt, bildet zu Blüten und Frucht.
Aus dem Samen entwickelt sie sich, sobald ihn der Erde
    Stille befruchtender Schoß hold in das Leben entläßt
Und dem Reize des Lichts, des heiligen, ewig bewegten,
    Gleich den zärtesten Bau keimender Blätter empfiehlt.
15 Einfach schlief in dem Samen die Kraft; ein beginnendes Vorbild
    Lag, verschlossen in sich, unter die Hülle gebeugt,
Blatt und Wurzel und Keim, nur halb geformet und farblos;
    Trocken erhält so der Kern ruhiges Leben bewahrt,
Quillet strebend empor, sich milder Feuchte vertrauend,
20   Und erhebt sich sogleich aus der umgebenden Nacht.
Aber einfach bleibt die Gestalt der ersten Erscheinung;
    Und so bezeichnet sich auch unter den Pflanzen das Kind.
Gleich darauf ein folgender Trieb, sich erhebend, erneuet,
    Knoten auf Knoten getürmt, immer das erste Gebild.
25 Zwar nicht immer das gleiche; denn mannigfaltig erzeugt sich,
    Ausgebildet, du siehst's, immer das folgende Blatt,
Ausgedehnter, gekerbter, getrennter in Spitzen und Teile,
    Die verwachsen vorher ruhten im untern Organ.
Und so erreicht es zuerst die höchst bestimmte Vollendung,
30   Die bei manchem Geschlecht dich zum Erstaunen bewegt.
Viel gerippt und gezackt, auf mastig strotzender Fläche,
    Scheinet die Fülle des Triebs frei und unendlich zu sein.
Doch hier hält die Natur, mit mächtigen Händen, die Bildung
    An und lenket sie sanft in das Vollkommnere hin.
35 Mäßiger leitet sie nun den Saft, verengt die Gefäße,
    Und gleich zeigt die Gestalt zärtere Wirkungen an.
Stille zieht sich der Trieb der strebenden Ränder zurücke,
    Und die Rippe des Stiels bildet sich völliger aus.
Blattlos aber und schnell erhebt sich der zärtere Stengel,
40   Und ein Wundergebild zieht den Betrachtenden an.
Rings im Kreise stellet sich nun, gezählet und ohne
    Zahl, das kleinere Blatt neben dem ähnlichen hin.
Um die Achse gedrängt entscheidet der bergende Kelch sich,

Der zur höchsten Gestalt farbige Kronen entläßt.
45 Also prangt die Natur in hoher, voller Erscheinung,
    Und sie zeiget, gereiht, Glieder an Glieder gestuft.
Immer staunst du aufs neue, sobald sich am Stengel die Blume
    Über dem schlanken Gerüst wechselnder Blätter bewegt.
Aber die Herrlichkeit wird des neuen Schaffens Verkündung.
50   Ja, das farbige Blatt fühlet die göttliche Hand.
Und zusammen zieht es sich schnell; die zärtesten Formen,
    Zwiefach streben sie vor, sich zu vereinen bestimmt.
Traulich stehen sie nun, die holden Paare, beisammen,
    Zahlreich ordnen sie sich um den geweihten Altar.
55 Hymen schwebet herbei und herrliche Düfte, gewaltig,
    Strömen süßen Geruch, alles belebend, umher.
Nun vereinzelt schwellen sogleich unzählige Keime,
    Hold in den Mutterschoß schwellender Früchte gehüllt.
Und hier schließt die Natur den Ring der ewigen Kräfte;
60   Doch ein neuer sogleich fasset den vorigen an,
Daß die Kette sich fort durch alle Zeiten verlänge,
    Und das Ganze belebt, so wie das Einzelne, sei.
Wende nun, o Geliebte, den Blick zum bunten Gewimmel,
    Das verwirrend nicht mehr sich vor dem Geiste bewegt.
65 Jede Pflanze verkündet dir nun die ew'gen Gesetze,
    Jede Blume, sie spricht lauter und lauter mit dir.
Aber entzifferst du hier der Göttin heilige Lettern,
    Überall siehst du sie dann, auch in verändertem Zug.
Kriechend zaudre die Raupe, der Schmetterling eile geschäftig,
70   Bildsam ändre der Mensch selbst die bestimmte Gestalt!
O! gedenke denn auch, wie aus dem Keim der Bekanntschaft
    Nach und nach in uns holde Gewohnheit entsproß,
Freundschaft sich mit Macht in unserm Innern enthüllte,
    Und wie Amor zuletzt Blüten und Früchte gezeugt.
75 Denke, wie mannigfach bald die, bald jene Gestalten,
    Still entfaltend, Natur unsern Gefühlen geliehn!
Freue dich auch des heutigen Tags! Die heilige Liebe
    Strebt zu der höchsten Frucht gleicher Gesinnungen auf,
Gleicher Ansicht der Dinge, damit in harmonischem Anschaun
80   Sich verbinde das Paar, finde die höhere Welt.

In: Goethes Werke. Hamburger Ausgabe. Bd. 13. Hamburg: Wegner
⁴1959, S. 107 ff.

1. *Das Gedicht ist in der strengen Form des Distichons (gr. Doppelvers) geschrieben. Ein Doppelvers besteht aus einem daktylischen Hexameter und einem Pentameter.*
   – *Überprüfen Sie das metrische Schema am Beispiel der ersten vier Verse.*
   – *In welchem Verhältnis steht die strenge Versform zum Inhalt?*
   – *Sagen der Versbau und der Aufbau des Lehrgedichts schon etwas über den Inhalt aus?*
2. *Wie werden die »Idee« der Urpflanze und ihre Entfaltung im Verlauf des Gedichts entwickelt? Verfolgen Sie im Hauptteil die Entfaltung der Pflanzen, indem Sie die Leitwörter wie Samen, Trieb, Organ u.a. beachten.*
3. *Welche Funktion haben Einleitung und Schluß? Welche Ausweitung des dargelegten Gedankengangs erfolgt im Schlußabschnitt des Gedichts?*
4. *Wie ließe sich die Idee der »Urpflanze« auch auf den Bereich der Kunst übertragen?*

Goethes Hausgarten mit Christiane und August. Radierung von C. Lieber. Nach einem Entwurf von Goethe. 1793.

Geschichtsbetrachtung

Die Arbeit am »Don Carlos« führte Schiller zur Beschäftigung mit der spanischen und niederländischen Geschichte. Als Ergebnis seiner Studien verfaßte er die »Geschichte des Abfalls der Vereinigten Niederlande von der spanischen Regierung« (1788). Diese spannende, dramatische Abhandlung wurde ein großer Publikumserfolg und brachte ihm unter der Mitwirkung Goethes eine Berufung als Extraordinarius der Philosophie an die Universität Jena ein. Dort hielt er dann am 26. Mai 1789 seine berühmt gewordene Antrittsvorlesung »Was heißt und zu welchem Ende studiert man Universalgeschichte?«.

Aussichten auf eine Verbesserung seiner wirtschaftlichen Lage erlaubten es Schiller, 1790 Charlotte von Lengefeld zu heiraten. Die Beanspruchung durch die Professur, die Herausgabe seiner literarischen Zeitschrift »Thalia« und seine historischen Arbeiten zerrütteten seine angegriffene Gesundheit so sehr, daß er ernstlich erkrankte. Deshalb mußte er auch 1791 seine akademische Tätigkeit wieder aufgeben. Zuwendungen von Freunden und adligen Verehrern ist es zu danken, daß sich Schiller der Darstellung der »Geschichte des Dreißigjährigen Krieges« und dem Kantstudium relativ sorgenfrei widmen konnte.

Sein zweites umfangreiches Geschichtswerk, das er nun in Angriff nehmen konnte, wurde ein ähnlich großer buchhändlerischer Erfolg wie seine »Geschichte des Abfalls der Vereinigten Niederlande«.

Da Geschichte für Schiller nach seinem eigenen Bekenntnis ›nur ein Magazin für seine Phantasie‹ war und die ›Gegenstände es sich gefallen lassen müssen, was sie unter seinen Händen würden‹, ist es erklärlich, daß in der »Geschichte des Dreißigjährigen Krieges« schon der Keim für ein geschichtliches Drama verborgen lag. Sturz und Tod des kaiserlichen Feldherrn Wallenstein wurden ihm zum Anlaß, sich später dramatisch mit der Freiheit und sittlichen Würde des Menschen in der Geschichte auseinanderzusetzen.

In der folgenden Darstellung spiegelt sich der Dramatiker im Historiker und umgekehrt. Als Epiker und Geschichtsschreiber muß sich Schiller anderer formaler und stilistischer Mittel bedienen als in der Rolle des Dramatikers, wenn er ein und denselben Stoff formt. In der Gegenüberstellung von epischer Darstellung und Drama erkennt man deutlich die formbestimmende Kraft beider literarischer Gattungen.

Der Auszug schildert die Ermordung Wallensteins am 25. 2. 1634 in Eger.

Wallenstein hatte als kaiserlicher General die Macht des Hauses Habsburg im Jahre 1630 zu ihrer größten Entfaltung gebracht. Seinen weitreichenden Plänen einer absoluten Monarchie im Deutschen Reich verweigerte sich aber Kaiser Ferdinand. Auf Betreiben Maximilians von Bayern wurde er auf dem Reichstag zu Regensburg 1630 abgesetzt. Trotz dieser Demütigung übernahm er 1631 wieder den Oberbefehl über die kaiserlichen Truppen, um die Schweden unter Gustav II. Adolf aus dem Reich zu werfen. Obwohl er in der Schlacht bei Lützen 1632 die Schweden schlagen konnte (Tod von Gustav II. Adolf), führte er die weiteren Truppenbewegungen recht zögernd aus und verhandelte gleichzeitig mit den Schweden über eine Vertreibung des Kaisers nach Italien. Am Wiener Hof verdichtete sich der Verdacht des Hochverrats immer mehr, so daß man im Januar 1634 Wallensteins Absetzung beschloß.

Wallenstein, der immer zwischen den Parteien gestanden hatte, stieß aber auch auf das Mißtrauen der Schweden und Franzosen. In dieser prekären Lage versuchte er, seine Armee an sich selbst zu binden. Ein kaiserliches Patent vom 22. 2. 1634 bezichtigte ihn des Hochverrats und befahl, ihn tot oder lebendig zu fangen. Der irische Offizier Leßley entdeckte dem Stadtkommandanten von Eger, Oberst Buttler, und dem Obersten Gordon, beides Schotten, den Verrat Wallensteins. Sie entschieden sich für den Kaiser und gegen ihren einstigen Wohltäter und Freund. Auf einem Gast-mahl, das Oberst Buttler auf dem Schloß zu Eger veranstaltete, erschienen die Wallenstein treu ergebenen Obersten Illo, Terzky und Kinsky und der Rittmeister Neumann. Wallenstein selbst blieb dem Fest fern. Das Schloß war in fester Hand der Buttlerschen Dragoner. Der Ausschnitt setzt ein, als die Soldaten in den Festsaal eindringen.

Friedrich Schiller

Geschichte des Dreißigjährigen Krieges (1791–1793)

Auf einmal füllt sich der Speisesaal mit Bewaffneten an, die sich mit dem unerwarteten Gruße »Vivat Ferdinandus!« hinter die Stühle der bezeichneten Gäste pflanzen. Bestürzt und mit einer übeln Ahndung springen alle vier zugleich von der Tafel auf. Kinsky und Terzky werden sogleich erstochen, ehe sie sich zur Wehr setzen können; Neumann allein
5 findet Gelegenheit, während der Verwirrung in den Hof zu entwischen, wo er aber von den Wachen erkannt und sogleich niedergemacht wird. Nur Illo hatte Gegenwart des Geistes genug, sich zu verteidigen. Er stellte sich an ein Fenster, von wo er dem Gordon seine Verräterei unter den bittersten Schmähungen vorwarf und ihn aufforderte, sich ehrlich und ritterlich mit ihm zu schlagen. Erst nach der tapfersten Gegenwehr, nachdem
10 er zwei seiner Feinde tot dahingestreckt, sank er, überwältigt von der Zahl und von zehen Stichen durchbohrt, zu Boden. Gleich nach vollbrachter Tat eilte Leßley nach der Stadt, um einem Auflauf zuvorzukommen. Als die Schildwachen am Schloßtor ihn außer Atem daherrennen sahen, feuerten sie in dem Wahne, daß er mit zu den Rebellen gehöre, ihre Flinten auf ihn ab, doch ohne ihn zu treffen. Aber diese Schüsse brachten die Wachen in
15 der Stadt in Bewegung, und Leßleys schnelle Gegenwart war nötig, sie zu beruhigen. Er entdeckte ihnen nunmehr umständlich den ganzen Zusammenhang der Friedländischen Verschwörung und die Maßregeln, die dagegen bereits getroffen worden, das Schicksal der vier Rebellen sowie dasjenige, welches den Anführer selbst erwartete. Als er sie bereitwillig fand, seinem Vorhaben beizutreten, nahm er ihnen aufs neue einen Eid ab, dem
20 Kaiser getreu zu sein und für die gute Sache zu leben und zu sterben. Nun wurden hundert Buttlerische Dragoner von der Burg aus in die Stadt eingelassen, die alle Straßen durchreiten mußten, um die Anhänger des Herzogs im Zaum zu halten und jedem Tumult vorzubeugen. Zugleich besetzte man alle Tore der Stadt Eger und jeden Zugang zum Friedländischen Schlosse, das an den Markt stieß, mit einer zahlreichen und zuverlässigen
25 Mannschaft, daß der Herzog weder entkommen noch Hülfe von außen erhalten konnte. Bevor man aber zur Ausführung schritt, wurde von den Verschwornen auf der Burg noch eine lange Beratschlagung gehalten, ob man ihn wirklich ermorden oder sich nicht lieber begnügen sollte, ihn gefangen zu nehmen. Besprützt mit Blut und gleichsam auf den

Leichen seiner erschlagenen Genossen, schauderten diese wilden Seelen zurück vor der Greueltat, ein so merkwürdiges Leben zu enden. Sie sahen ihn, den Führer in der Schlacht, 30 in seinen glücklichen Tagen, umgeben von seiner siegenden Armee, im vollen Glanz seiner Herrschergröße; und noch einmal ergriff die langgewohnte Furcht ihre zagenden Herzen. Doch bald erstickte die Vorstellung der dringenden Gefahr diese flüchtige Regung. Man erinnert sich der Drohungen, welche Neumann und Illo bei der Tafel ausgestoßen, man sieht die Sachsen und Schweden schon in der Nähe von Eger mit einer furchtbaren Armee 35 und keine Rettung als in dem schleunigen Untergange des Verräters. Es bleibt also bei dem ersten Entschluß, und der schon bereit gehaltene Mörder, Hauptmann Deveroux, ein Irländer, erhält den blutigen Befehl.

Während daß jene drei auf der Burg von Eger sein Schicksal bestimmten, beschäftigte sich Wallenstein in einer Unterredung mit Seni, es in den Sternen zu lesen. »Die Gefahr ist 40 noch nicht vorüber«, sagte der Astrolog mit prophetischem Geiste. »*Sie ist es*«, sagte der Herzog, der an dem Himmel selbst seinen Willen wollte durchgesetzt haben. »Aber daß *du* mit nächstem wirst in den Kerker geworfen werden«, fuhr er mit gleich prophetischem Geiste fort, »das Freund Seni, steht in den Sternen geschrieben!« Der Astrolog hatte sich beurlaubt, und Wallenstein war zu Bette, als Hauptmann Deveroux mit sechs Hellebar- 45 dierern vor seiner Wohnung erschien und von der Wache, der es nichts Außerordentliches war, ihn zu einer ungewöhnlichen Zeit bei dem General aus- und eingehen zu sehen, ohne Schwierigkeit eingelassen wurde. Ein Page, der ihm auf der Treppe begegnet und Lärm machen will, wird mit einer Pike durchstochen. In dem Vorzimmer stoßen die Mörder auf einen Kammerdiener, der aus dem Schlafgemach seines Herrn tritt und den Schlüssel zu 50 demselben soeben abgezogen hat. Den Finger auf den Mund legend, bedeutet sie der erschrockne Sklav, keinen Lärm zu machen, weil der Herzog eben eingeschlafen sei.

Wallensteins Ermordung 15. Februar 1634. Kupferstich von M. Merian.

145

»Freund«, ruft Deveroux ihn an, »jetzt ist es Zeit, zu lärmen.« Unter diesen Worten rennt er gegen die verschlossene Türe, die auch von innen verriegelt ist, und sprengt sie mit
55 einem Fußtritte.

Wallenstein war durch den Knall, den eine losgehende Flinte erregte, aus dem ersten Schlaf aufgepocht worden und ans Fenster gesprungen, um der Wache zu rufen. In diesem Augenblick hörte er aus den Fenstern des anstoßenden Gebäudes das Heulen und Wehklagen der Gräfinnen Terzky und Kinsky, die soeben von dem gewaltsamen Tod ihrer
60 Männer benachrichtigt worden. Ehe er Zeit hatte, diesem schrecklichen Vorfalle nachzudenken, stand Deveroux mit seinen Mordgehülfen im Zimmer. Er war noch im bloßen Hemde, wie er aus dem Bette gesprungen war, zunächst an dem Fenster an einem Tisch gelehnt. »Bist du der Schelm«, schreit Deveroux ihn an, »der des Kaisers Volk zu dem Feind überführen und Seiner Majestät die Krone vom Haupte herunterreißen will? Jetzt
65 mußt du sterben.« Er hält einige Augenblicke inne, als ob er eine Antwort erwartete; aber Überraschung und Trotz verschließen Wallensteins Mund. Die Arme weit auseinander breitend, empfängt er vorn in der Brust den tödlichen Stoß der Partisane und fällt dahin in seinem Blut, ohne einen Laut auszustoßen.

In: Friedrich Schiller: Werke in drei Bänden. Hg. v. Herbert G. Göpfert. Bd. 2. München: Hanser 1966, S. 274 ff.

Wallenstein. A. van Dyck.

1. *In diesem Abschnitt setzt Schiller das Tempus als stilistisches Mittel ein.*
   – *Zeigen Sie, wann und warum Schiller das Tempus wechselt und welche gestalterischen Effekte er dadurch erzeugt.*
   – *Welche genaue Bezeichnung hat das an Höhepunkten angewandte Tempus?*
2. *Analysieren Sie die Syntax. Welcher Grundtypus herrscht vor?*
3. *Welche Wortart bestimmt wesentlich den Text? Welche Wortart ist auffallend selten vertreten?*
4. *Vor den Höhepunkt dieses Abschnitts setzt Schiller ein »retardierendes Moment«.*
   – *Worin erkennen Sie dieses Moment?*
   – *Welche Funktion hat es?*
5. *Wo verwendet Schiller die rhetorische Figur der Ironie?*
6. *Welcher Zeitraum wird nach Ihrer Schätzung in diesem Abschnitt wiedergegeben?*
7. *Aus welcher Perspektive wird erzählt?*

Golo Mann
Wallensteins Tod

Über die Frage »Lebend oder Tot«, ist dann noch einmal kurz beraten worden. Welche Lösung diente dem Hause Österreich besser? Sollte heißen, welche versprach höheren Ruhm und Lohn? Daß Wallenstein nun verlassen war und hilflos wie ein ausgesetztes Kind, spottleicht, ihn gefangen nach Pilsen zu schaffen, hätten sie wohl sich sagen können. Sie entschieden aber anders, weil doch der Feind so nahe war, weil doch Ilow eben 5 noch die gewaltige Heeresmacht beschworen hatte, die bereit sein würde in drei Tagen. Es mußte sein, leider. Gordon, den sie für den Schwächsten hielten, blieb im Schloß, um auf die Toten aufzupassen. Leslie machte für alle Fälle Halt bei der Hauptwache. Zum unteren Markt schritten Butler, Geraldin und Deveroux, mit den schon eingeübten Dragonern. 10
Es war zwischen 10 und 11 Uhr. Es muß stockdunkel gewesen sein, denn der Sturm tobte nun wilder als seit Menschengedenken, und Fackeln zu zünden wäre vergebliches Mühen gewesen. Tappend in der Nacht hörten die Männer aus einem Hause klagende Stimmen: der Damen Kinsky und Trčka, die durch einen aus der Burg entflohenen Diener schon vom Ende des Banketts wußten. Uns wundert, wie ihr zartes Jammern aufkam gegen das 15 Sturmgebraus. Butler, gebläht von Stolz und Mißtrauen seiner Verantwortung, schickte gleich einen Offizier, Macdaniel, zurück zur Hauptwache: man war in der Stadt schon informiert, ein Tumult zu befürchten, den mußte man im Keim ersticken. An Massen glaubte er auch, was das Pachhelbel-Haus betraf: Fünfzehn Dragoner vor dem Portal, fünfzehn vor dem Hoftor; als ob der Kranke im Totenhemd ihnen noch hätte entgehen 20 können. Bei dem Letzten zog der Oberst doch vor, nicht dabeizusein. Ins Haus sandte er den bewährten Hauptmann Deveroux, mit der bewährten Zahl, den sechs.
Sie müssen unter Dach ihre Kienspäne in Brand gesetzt haben. Sie stürmten die Treppe hinauf, Deveroux mit der Partisane in den Fäusten, schreiend: Rebellen, Rebellen. Sie trafen auf den Mundschenk, der eben die goldene Schale heruntertrug, und stießen nach 25

ihm. Sie wandten auf der Diele des ersten Stockes sich nach links, wo das Vorzimmer war und das Krankenzimmer. Aufsprang der Kämmerling und gestikulierte: Was für ein Lärmen, um Gottes willen, der Herzog schlafe. Den machten sie nieder.

Er hatte sich ans Fenster geschleppt, weil das Sturmheulen ihn ängstigte oder erst, als der
30 Aufruhr im Haus begann. Jetzt, da Geschrei ganz nahe war und Schläge gegen die verriegelte Tür geschahen wie von Keulen, machte er ein paar Schritte gegen die Mitte, wo ein Tisch stand. Er lehnte daran. Er erkannte die hereinbrechenden Männer nicht im Halbdunkel und Fackelschein, begriff nicht die Schmähworte – du schlimmer, meineidiger, alter, rebellischer Schelm! –, die der Mörder brüllte, um sich Lust zu machen. Er
35 wußte nur: Konec. Da ist es endlich. Noch gab sein Mund einen Laut, der wie »Quartier« klang; die altvertraute Gnadenbitte des Soldaten; ein bloßer Reflex.

Er breitete die Arme aus. Deveroux hielt sich in der Entfernung, die er brauchte für Waffe und Schwung. Man muß in die Mitte zielen, ein wenig unterhalb des Brustbeins, und den Stoß aufwärts führen, einen Fuß nach vorne gestemmt. Zwerchfell und Magen durchsto-
40 ßen, die Hauptschlagader getroffen, die Lunge zerfetzt; des Todes riesiges Zackenmesser vier, fünf Organe durchwühlend, wo eines genügt hätte. Feuer, stickender Schmerz, kreisender Weltuntergang. Einmal noch, mit Menschenmaß gemessen das Fragment einer Sekunde, mag das Bewußtsein aufflackern zu Licht, von dem keiner je erzählte; dann, indem der Körper hinsinkt, kommt die Nacht, die erlösende Nacht.

45 Den Toten, der wog nicht schwer, nahm ein langer Mann namens Nielcarff in die Arme, um ihn aus dem Fenster zu werfen; der Hauptmann wollte es nicht leiden. Wallensteins Leichnam wurde in einen roten Teppich gewickelt, die Treppe hinuntergeschleift, so daß der Kopf aufschlug an jeder Stufe, in einem Wagen zur Burg gebracht, wo die anderen lagen. Es war kein Sturm mehr. Am Morgen trug man sie in die Kapelle.

In: Golo Mann: Wallenstein. Frankfurt/M.: Fischer 1983, S. 941 ff.

Der zeitgenössische Historiker Golo Mann (geb. 1909) schildert in seiner großen Biographie dieselbe Szene, die Schiller in seiner Geschichte und in seinem Drama dargestellt hat.

1. *Worin erkennen Sie wesentliche stilistische Unterschiede in Schillers Geschichte und in Manns Biographie?*
2. *Welche Unterschiede bestehen in der rein sachlichen Darstellung der Vorgänge bei Wallensteins Ermordung?*
3. *Wie stellt Schiller dieselbe Szene in seinem Drama dar?*
   Worin erkennen Sie die wesentlichen Unterschiede zwischen der epischen und der dramatischen Gestaltung?
   – Warum verzichtet Schiller darauf, den eigentlichen Mord auf der Bühne darzustellen?
4. *Gestalterische Übung: Wie würden Sie, z. B. als Ausschnitt einer Kriminalgeschichte oder als Fernsehspiel, die Mordszene gestalten?*

Schiller: Wallenstein – die dramatische Umsetzung des Stoffes

Aus der intensiven Zusammenarbeit mit Goethe entwickelt sich der Plan, einen historischen Stoff zum Drama zu gestalten. Schiller greift dabei auf seine Quellenstudien zur »Geschichte des Dreißigjährigen Krieges« zurück. In drei arbeitsreichen Jahren, zwischen 1796 und 1799, entstehen zwei fünfaktige Dramen »Die Piccolomini«, »Wallensteins Tod« und das Vorspiel »Wallensteins Lager«. 5

»In seiner »Wallenstein«-Trilogie schließt sich Schiller enger an seine Vorlage an als in seinen anderen Dramen mit historischem Stoff. Das Quellenstudium über den kaiserlichen General Albrecht von Wallenstein, der nach Differenzen mit der katholisch-spanischen Partei am habsburgerischen Hof geheime Verhandlungen mit Schweden, Sachsen und Franzosen geführt hatte und 1634 in Eger ermordet wurde, ergab für Schiller das Bild 10 eines ehrgeizigen Menschen, dessen Schicksal durch seinen machthungrigen, schwankenden Charakter bestimmt wurde. Nicht für das Wohl des Reiches bekämpft Wallenstein die habsburgerische Hegemonie, sondern um selbst zu herrschen. Mit dem realistisch gezeichneten Bild Wallensteins strebt Schiller Objektivität an. (»Der historische Wallenstein war nicht groß, der poetische darf es nicht sein.«) Der idealistische Held wird verkörpert 15 durch Max Piccolomini.

Der reife Dramatiker nimmt Wallensteins tragischer Gestalt die absolute Größe, sieht sie durch seinen Charakter schicksalhaft eingeengt. »Er hat nichts Edles, erscheint in keinem einzelnen Lebens-Akt groß; er hat wenig Würde und dergleichen. Ich hoffe aber nichtsdestoweniger, auf rein realistischem Wege einen dramatisch großen Charakter in ihm 20 aufzustellen. (...) Hier im ›Wallenstein‹ will ich es probieren und durch die bloße Wahrheit für die fehlende Idealität (...) entschädigen« (an Wilhelm von Humboldt, 21. März 1796). Dennoch besitzt die Figur des Feldherrn Glanz und Größe für eine tragische Fallhöhe. Der analytischen Technik entsprechend, sinkt seine Lebenskurve vom Anfang des Stückes an. 25

Das Aufeinandertreffen der beiden Vertreter von Realismus und Idealismus ist der innerliche Höhepunkt der Tragödie. Es geht dabei um das Problem der Willensfreiheit (»Wir handeln, wie wir müssen«). Wallenstein hat erkannt, daß sein langes Zögern und abergläubisches Warten auf die ihm günstige Sternstunde ihm die Karten aus der Hand gerissen haben. Der »Notzwang der Begebenheiten«, nicht eine freie Willensentscheidung, 30 veranlaßt ihn nun, entweder mit dem Kaiser oder den Schweden zu gehen. (»Doch hier ist keine Wahl, / Ich muß Gewalt ausüben oder leiden –«) Die Entscheidung kommt zu spät, in tragischer Ironie begibt sich Wallenstein nach Eger, während sein gedungener Mörder schon seinen Tod vorbereitet.

Max Piccolomini sieht politische Macht mit Schiller als ethische Verpflichtung. Er appel- 35 liert an das Gewissen Wallensteins, der ihm als Verräter erscheint. Enttäuscht in seinem Idealismus sucht er den Schlachtentod. Max vertritt das tragische Los des sittlich Reinen in der ambivalenten Welt des politischen Handelns. Tragisch ist das Zerbrechen des sittlichen Gebots an dem von der Zeit und den Umständen Gebotenen, das Scheitern des Ideals am Leben. Dieser Tragödie des Idealisten steht die des Realisten Wallenstein ge- 40 genüber. Während Max im Tode seine sittliche Freiheit behauptet, wird Wallenstein von seiner Eigengesetzlichkeit überwältigt. Sein »Schicksal« ist die Zwangslage, in die ihn sein Drang geführt und an die er nun sein Handeln eingebüßt hat. Weil er sich von Gewissen und moralischer Verpflichtung losgesprochen hat, kennt er nicht die letzte Entscheidungs-

45 freiheit, die seinem idealistischen Gegenspieler blieb. Nicht mehr Wallenstein diktiert seine Taten, sondern der unaufhaltbare Ablauf der Gegebenheiten. Der Große stirbt als Opfer seiner »Größe«.«

In: Die deutsche Literatur in Text und Darstellung. Klassik. Hg. v. Gabriele Wirsich-Irwin. Stuttgart: Reclam 1974, S. 279 ff.

1. *Wie deutet Schiller den historischen und den literarischen Wallenstein?*
2. *Erklären Sie den Begriff »Fallhöhe«.*
3. *Was versteht man unter »analytischer Technik« im Drama?*
4. *Wie unterscheiden sich die Handlungsweisen des »Realisten« und des »Idealisten«?*
5. *Welches Hauptanliegen Schillers wird in den Dramen behandelt?*

Besorgen Sie sich den Text des fünften Aufzugs von »Wallensteins Tod«, und erarbeiten Sie insbesondere den fünften, sechsten, siebenten, zehnten und zwölften Auftritt anhand der abgedruckten Fragestellungen.

Fünfter Auftritt
1. *Um welche Versart handelt es sich?*
2. *Welche Funktion haben die Regieanweisungen?*
3. *Seni und Gordon warnen im letzten Augenblick Wallenstein. Wie unterscheidet sich ihre Argumentation?*
4. *Welche »Schicksals«-zwänge bestimmen Wallensteins Verhalten?*
5. *Die letzten Worte Wallensteins gelten als Musterbeispiel für »tragische Ironie«.*
   – Worin besteht diese tragische Ironie?
   – Vergleichen Sie die tragische Ironie im Drama mit der in der Geschichtserzählung (S. 144 ff.)

Sechster Auftritt
1. *Vor welcher Gewissensentscheidung steht Gordon?*
2. *Hat er noch die Freiheit, den Lauf der Dinge aufzuhalten?*
3. *Der sechste Auftritt hat retardierenden Charakter.*
   – Worin besteht dieses retardierende Moment?
   – Vergleichen Sie die retardierenden Momente im Drama (sechster Auftritt) mit den vergleichbaren Passagen in der »Geschichte des Dreißigjährigen Krieges«.
   – Wie unterscheiden sich die retardierenden Stilmittel in der »Geschichte des Dreißigjährigen Krieges« von denen im Drama?

Siebenter und zehnter Auftritt
1. *Vergleichen Sie die Geschehnisse in diesen beiden Szenen mit der Schilderung in der »Geschichte des Dreißigjährigen Krieges«.*
   – Welche Parallelen verzeichnen Sie?
   – Worin bestehen die Unterschiede in der dramatischen Gestaltung im Vergleich zur epischen?
2. *Welche dramatischen Handlungselemente verstärken den Eindruck des zehnten Auftritts?*

Zwölfter Auftritt
1. *Gräfin Terzky spricht in der letzten Szene der Trilogie mit Octavio Piccolomini, dem Überwinder ihres Gatten. Im Sinne von Schillers Aufsatz »Über das Erhabene« entscheidet sich die Gräfin für den Tod. Worin liegen ihre Freiheit und ihre Würde?*
2. *Warum erschrickt Octavio, als er das kaiserliche Siegel sieht?*
3. *In welchem Verhältnis steht jetzt Octavios Geschick zu dem Wallensteins?*
4. *Kann man in der Reaktion Octavios (Regieanweisung) tragische Ironie erblicken?*
5. *Kann man der Interpretation zustimmen, daß Schiller im »Wallenstein« eine »Tragödie des Charakters, nicht der Idee« gestaltet habe? Läßt sich diese Feststellung auch auf die Person Octavios ausdehnen?*
6. *Vorschlag für ein Referat: Referieren Sie die Wirkungsgeschichte des »Wallenstein«. Gehen Sie besonders darauf ein, wie Zeitgenossen und Nachgeborene auf die Figur des Wallenstein reagieren.*
Literatur: Erläuterungen und Dokumente. Friedrich Schiller. Wallenstein. Hg. v. Kurt Rothmann. Stuttgart: Reclam 1977.

Faust

Dem zweiteiligen Drama »Faust« liegt die Faustsage aus dem Volksbuch »Historia von D. Johann Fausten« (1587) zugrunde. Das älteste bekannte Faustdrama stammt von dem Engländer Christopher Marlowe, das im 17. Jahrhundert nach Deutschland kam und in verschiedenen Puppenspielvariationen fortlebte. Als Kind lernte Goethe den Fauststoff im Marionettenspiel kennen. Zwischen 1773 und 1775 schrieb er die ersten Szenen zum »Urfaust«. Um einige Szenen erweitert und in sprachlich geglätteter Form veröffentlichte Goethe 1790 »Faust. Ein Fragment«. Die endgültige Fassung von »Faust I« erschien 1808, »Der Tragödie Zweiter Teil« wurde 1832 aus dem Nachlaß herausgegeben.

Schiller ist es zu verdanken, daß Goethe die Arbeit an seinem Faustfragment aus dem Jahre 1790 wieder aufnahm. Die erste Anregung Schillers erfolgte am 29. 11. 1794 brieflich: »Aber mit nicht weniger Verlangen würde ich die Bruchstücke von Ihrem ›Faust‹, die noch nicht gedruckt sind, lesen; denn ich gestehe Ihnen, daß mir das, was ich von diesem Stücke gelesen, der Torso des Herkules ist. Es herrscht in diesen Szenen eine Kraft und Fülle des Genies, die den besten Meister unverkennbar zeigt, und ich möchte diese große und kühne Natur, die darin atmet, so weit als möglich verfolgen.« – In den folgenden Jahren bis zu seinem Tod begleitet Schiller die Arbeit am »Faust« durch Aufforderungen, Anregungen und Kritik.

Drei Einleitungen gehen der eigentlichen Faustdichtung voraus: Die »Zueignung«, das »Vorspiel auf dem Theater« und der »Prolog im Himmel«. Von diesen drei Einleitungen ist nur der »Prolog im Himmel« ein unabtrennbarer Bestandteil der ganzen Faustdichtung, denn hier wird zum erstenmal das Thema der gesamten Dichtung angeschlagen: Wird es Mephistopheles am Beispiel des Faust gelingen, den Menschen von seinem Streben nach Gott abzubringen und damit die Herrlichkeit der göttlichen Schöpfung in Frage zu stellen?

Inhalt: Am Anfang des Dramas ist Faust verzweifelt über die Nutzlosigkeit menschlichen Forschens, das keine wahre Erkenntnis vermittelt. Er will mit Hilfe der Magie zur Wahrheit gelangen. Als ihn auch bei diesem Versuch der beschworene Erdgeist in seine Schranken weist, greift er zum Giftbecher; doch durch die Osterglocken und den Chor der
5 Gläubigen wird er dem Leben zurückgewonnen. Auf dem Osterspaziergang, den er mit 5 seinem Famulus Wagner unternimmt, nähert sich ihm ein Pudel, als dessen ›Kern‹ sich Mephisto entpuppt. Mephisto will Fausts Sehnsucht durch sinnliche Genüsse befriedigen, dafür soll er ihm verfallen sein, wenn er zum Augenblick sagt: ›Verweile doch, du bist so schön.‹ Mephisto weiß den durch Zaubertrank verjüngten Faust in die unselig-selige
10 Liebe zu Margarete zu verstricken. Gretchen, deren unbedingte Hingabe indirekt zum 10 Tode der Mutter und des Bruders führt, tötet ihr Kind, um der Schande zu entgehen. Vom Wahnsinn verwirrt, erwartet sie im Gefängnis die Todesstrafe. Faust, den Mephisto durch das Treiben der Walpurgisnacht abzulenken sucht, wird von Gretchens Bild verfolgt und sucht sie mit Hilfe Mephistos zu befreien; Gretchen aber, zur Buße bereit, wendet sich
15 schaudernd von Faust ab. Eine Stimme von oben verheißt ihr göttliche Vergebung. Faust 15 wird von Mephisto fortgerissen.

In: Helmuth Nürnberger: Geschichte der deutschen Literatur. München: Bayerischer Schulbuch-Verlag [24]1992, S. 130.

Mit dem Lobgesang der drei Erzengel setzt der Prolog ein, in dem sie im Sinne der pythagoreisch-harmonikalen Überlieferung die Sphärenharmonie preisen. Nach dieser abendländischen Tradition bewegen sich die Gestirne auf bestimmten ganzzahlig proportionalen Bahnabständen um ein Zentralfeuer. Den Bahnen und damit den unterschiedlichen Umlaufgeschwindigkeiten entsprechen Töne der Obertonreihe, die aber dem menschlichen Ohr verborgen bleiben. Die Ordnung des gestirnten Himmels, der Klang der Töne, sind ein Ausdruck der göttlichen Schöpfung, des Kosmos (= »Ordnung, Schmuck«). Nach dieser Erkenntnis und nach dem Erlebnis dieser kosmischen Ordnung sehnt sich Faust. Im Prolog loben die Erzengel diese harmonikale Ordnung als existierend und unumstößlich.

Mephistopheles, als ›Geist, der stets verneint‹, bestreitet bei seinem ersten Auftritt zugleich die Herrlichkeit der göttlichen Schöpfung, indem er als Gegenbeweis den Menschen anführt. Das Unglück des Menschen besteht nach Mephisto darin, daß er nicht mehr ganz Natur sei, sondern das unheilvolle Geschenk der »Vernunft« erhalten habe. Für die Zeitgenossen Kants hatte das Wort »Vernunft« eine umfassendere Bedeutung als in der Sprache des 20. Jahrhunderts. Die Vernunft strebt als »Schein des Himmelslichts« nach der Erkenntnis der Weltordnung und letztlich nach der Vereinigung mit dem Göttlichen, als dessen Teil sie gesehen wird. Der Mensch als Wesen zwischen Tier und Gott ist noch nicht ganz »Vernunft« wie Gott selbst, ja reicht noch nicht einmal an die »echten Göttersöhne« heran, die der Herr im Vers 344 nennt. Diese echten Göttersöhne, die als Erzengel den Lobgesang auf die Schöpfung angestimmt haben, stehen im Gegensatz zu den gefallenen Engeln, zu denen auch Mephistopheles zu rechnen ist. Den gefallenen Engeln ist die Materie als Wesensmerkmal zugeteilt, der wiederum das Licht als Gegenkraft gegenübersteht. Mit dem Menschen hat aber

Gott ein Wesen geschaffen, das den göttlichen Funken als Vernunft in seinem materiellen Leib trägt und dessen Streben es ist, sich wieder mit dem Urfeuer, dem Urlicht, mit Gott zu vereinen.

Als ein Beispiel für das Streben nach Erkenntnis – stellvertretend für die ganze Menschheit – wählt der Herr seinen »Knecht« Faust, um an ihm zu beweisen: »Ein guter Mensch in seinem dunklen Drange/Ist sich des rechten Weges wohl bewußt.«

Wir sehen im »Faust I« die Vollendung des klassischen Schaffens Goethes. Das Individuum wird zum typischen Beispiel des allgemein menschlichen Strebens nach Erkenntnis. Universale Zusammenhänge, Gott und sein Widerpart, Licht und Materie, die Schöpfung als ein Abfallen und Zurückkehren zum Ursprünglichen bestimmen wesentlich den Gehalt dieser Dichtung.

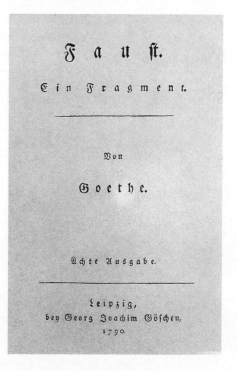

Johann Wolfgang von Goethe

Faust. Prolog im Himmel

Der Herr. Die himmlischen Heerscharen.
Nachher Mephistopheles.
Die drei Erzengel treten vor.

RAPHAEL Die Sonne tönt nach alter Weise
   In Brudersphären Wettgesang,
245   Und ihre vorgeschriebne Reise
   Vollendet sie mit Donnergang.
   Ihr Anblick gibt den Engeln Stärke,
   Wenn keiner sie ergründen mag;
   Die unbegreiflich hohen Werke
250   sind herrlich wie am ersten Tag.

153

GABRIEL   Und schnell und unbegreiflich schnelle
Dreht sich umher der Erde Pracht;
Es wechselt Paradieseshelle
Mit tiefer, schauervoller Nacht;
255   Es schäumt das Meer in breiten Flüssen
Am tiefen Grund der Felsen auf,
Und Fels und Meer wird fortgerissen
In ewig schnellem Sphärenlauf.
MICHAEL   Und Stürme brausen um die Wette,
260   Vom Meer aufs Land, vom Land aufs Meer
Und bilden wütend eine Kette
Der tiefsten Wirkung rings umher.
Da flammt ein blitzendes Verheeren
Dem Pfade vor des Donnerschlags;
265   Doch deine Boten, Herr, verehren
Das sanfte Wandeln deines Tags.
ZU DREI   Der Anblick gibt den Engeln Stärke,
Da keiner dich ergründen mag,
Und alle deine hohen Werke
270   Sind herrlich wie am ersten Tag.
MEPHISTOPHELES   Da du, o Herr, dich einmal wieder nahst
Und fragst, wie alles sich bei uns befinde,
Und du mich sonst gewöhnlich gerne sahst,
So siehst du mich auch unter dem Gesinde.
275   Verzeih, ich kann nicht hohe Worte machen,
Und wenn mich auch der ganze Kreis verhöhnt;
Mein Pathos brächte dich gewiß zum Lachen,
Hättst du dir nicht das Lachen abgewöhnt.
Von Sonn' und Welten weiß ich nichts zu sagen,
280   Ich sehe nur, wie sich die Menschen plagen.
Der kleine Gott der Welt bleibt stets von gleichem Schlag,
Und ist so wunderlich als wie am ersten Tag.
Ein wenig besser würd' er leben,
Hättst du ihm nicht den Schein des Himmelslichts gegeben;
285   Er nennt's Vernunft und braucht's allein,
Nur tierischer als jedes Tier zu sein.
Er scheint mir, mit Verlaub von Euer Gnaden,
Wie eine der langbeinigen Zikaden,
Die immer fliegt und fliegend springt
290   Und gleich im Gras ihr altes Liedchen singt;
Und läg' er nur noch immer in dem Grase!
In jeden Quark begräbt er seine Nase.
DER HERR   Hast du mir weiter nichts zu sagen?
Kommst du nur immer anzuklagen?
295   Ist auf der Erde ewig dir nichts recht?

Prolog im Himmel. J. W. v. Goethe.

MEPHISTOPHELES
    Nein, Herr! ich find' es dort, wie immer, herzlich schlecht.
    Die Menschen dauern mich in ihren Jammertagen,
    Ich mag sogar die armen selbst nicht plagen.
DER HERR Kennst du den Faust?
MEPHISTOPHELES   Den Doktor?
DER HERR   Meinen Knecht!
MEPHISTOPHELES
300   Fürwahr! er dient Euch auf besondre Weise.
    Nicht irdisch ist des Toren Trank noch Speise.
    Ihn treibt die Gärung in der Ferne,
    Er ist sich seiner Tollheit halb bewußt;
    Vom Himmel fordert er die schönsten Sterne
305   Und von der Erde jede höchste Lust,
    Und alle Näh' und alle Ferne
    Befriedigt nicht die tiefbewegte Brust.
DER HERR
    Wenn er mir jetzt auch nur verworren dient,
    So werd' ich ihn bald in die Klarheit führen.
310   Weiß doch der Gärtner, wenn das Bäumchen grünt,
    Daß Blüt' und Frucht die künft'gen Jahre zieren.
MEPHISTOPHELES
    Was wettet Ihr? den sollt Ihr noch verlieren,
    Wenn Ihr mir die Erlaubnis gebt,
    Ihn meine Straße sacht zu führen!

315 DER HERR Solang' er auf der Erde lebt,
Solange sei dir's nicht verboten.
Es irrt der Mensch, solang' er strebt.

MEPHISTOPHELES
Da dank' ich Euch; denn mit den Toten
Hab ich mich niemals gern befangen.
320 Am meisten lieb' ich mir die vollen, frischen Wangen.
Für einen Leichnam bin ich nicht zu Haus;
Mir geht es wie der Katze mit der Maus.

DER HERR Nun gut, es sei dir überlassen!
Zieh diesen Geist von seinem Urquell ab,
325 Und führ' ihn, kannst du ihn erfassen,
Auf deinem Wege mit herab,
Und steh beschämt, wenn du bekennen mußt:
Ein guter Mensch in seinem dunklen Drange
Ist sich des rechten Weges wohl bewußt.

MEPHISTOPHELES
330 Schon gut! nur dauert es nicht lange.
Mir ist für meine Wette gar nicht bange.
Wenn ich zu meinem Zweck gelange,
Erlaubt Ihr mir Triumph aus voller Brust.
Staub soll er fressen, und mit Lust,
335 Wie meine Muhme, die berühmte Schlange.

DER HERR Du darfst[1] auch da nur frei erscheinen;
Ich habe deinesgleichen nie gehaßt.
Von allen Geistern, die verneinen,
Ist mir der Schalk am wenigsten zur Last.
340 Des Menschen Tätigkeit kann allzuleicht erschlaffen,
Er liebt sich bald die unbedingte Ruh;
Drum geb' ich gern ihm den Gesellen zu,
Der reizt und wirkt und muß als Teufel schaffen. –
Doch ihr, die echten Göttersöhne,
345 Erfreut euch der lebendig reichen Schöne!
Das Werdende, das ewig wirkt und lebt,
Umfass' euch mit der Liebe holden Schranken,
Und was in schwankender Erscheinung schwebt,
Befestigt mit dauernden Gedanken.

Der Himmel schließt, die Erzengel verteilen sich.

MEPHISTOPHELES *allein*
350 Von Zeit zu Zeit seh' ich den Alten gern,
Und hüte mich, mit ihm zu brechen.
Es ist gar hübsch von einem großen Herrn,
So menschlich mit dem Teufel selbst zu sprechen.

In: Goethes Werke. Hamburger Ausgabe. Bd. 3. Hamburg: Wegner [4]1959, S. 16 f.

[1] im 18. Jahrhundert gebraucht im Sinne: »du brauchst auch da nur so zu sein, wie du bist«

1. *Erarbeiten Sie den Aufbau des Prologs.*
2. *In welchen Bildern werden die Sphärenharmonie und die Harmonie der Schöpfung dargestellt?*
3. *Verfolgen Sie die Argumentationsweise von Mephistopheles.*
   – *Auf welche Weise rechtet er mit seinem Herrn?*
   – *Wie wird von ihm der Mensch gesehen?*
   – *Wie unterscheidet sich das Menschenbild des Herrn von dem Mephistos?*
4. *Vergleichen Sie die Verssprache der Erzengel und des Herrn mit der Mephistos.*
   – *Untersuchen Sie jeweils die Versstruktur.*
   – *Mit welchen Worten charakterisiert Mephisto seine Sprache?*
   – *Welche inhaltlichen Schlüsse lassen sich aus diesen Befunden ziehen?*
5. *Beschreiben Sie mit eigenen Worten den Inhalt der Wette zwischen dem Herrn und Mephisto.*
6. *In welchen Passagen erkennen Sie besonders deutlich das »klassische« Menschen- und Weltbild Goethes?*

Dichterisches Selbstverständnis

Friedrich Schiller

Die Künstler (1789)

Wie schön, o Mensch, mit deinem Palmenzweige
Stehst du an des Jahrhunderts Neige,
In edler stolzer Männlichkeit,
Mit aufgeschloßnem Sinn, mit Geistesfülle,
5 Voll milden Ernsts, in tatenreicher Stille,
Der reifste Sohn der Zeit,
Frei durch Vernunft, stark durch Gesetze,
Durch Sanftmut groß, und reich durch Schätze,
Die lange Zeit dein Busen dir verschwieg,
10 Herr der Natur, die deine Fesseln liebet,
Die deine Kraft in tausend Kämpfen übet
Und prangend unter dir aus der Verwildrung stieg!
(...)

Nur durch das Morgentor des Schönen
15 Drangst du in der Erkenntnis Land.
An höhern Glanz sich zu gewöhnen,
Übt sich am Reize der Verstand.
Was bei dem Saitenklang der Musen
Mit süßem Beben dich durchdrang,
20 Erzog die Kraft in deinem Busen,
Die sich dereinst zum Weltgeist schwang.
(...)

Der Menschheit Würde ist in eure Hand gegeben,
Bewahret sie!
25 Sie sinkt mit euch! Mit euch wird sie sich heben!
Der Dichtung heilige Magie
Dient einem weisen Weltenplane,
Still lenke sie zum Ozeane
Der großen Harmonie!

In: Friedrich Schiller: Werke in drei Bänden. Hg. v. Herbert G. Göpfert. Bd. 2. München: Hanser 1966, S. 676 ff.

1. *Erarbeiten Sie die Form der hier ausgewählten Strophen des umfangreichen Gedichts.*
2. *Durch welche Wendungen und sprachlichen Bilder kommt das eigentümliche Pathos dieses philosophischen Gedichts zum Ausdruck?*
3. *In welchen Formulierungen erkennen Sie das optimistische Gedankengut der Aufklärung?*
4. *Auf welche Weise drückt Schiller seine Grundthemen der Freiheit und Schönheit in diesem Gedicht aus? Formulieren Sie seine Gedanken mit eigenen Worten.*
5. *Welche Aufgaben stellt Schiller den Künstlern und letztlich auch jedem einzelnen Menschen?*

Thomas Mann
Schwere Stunde (1905)

Die beiden »Großen aus Weimar« forderten und fordern immer wieder zur Auseinandersetzung heraus. In diesen Bereich gehört die Erzählung »Schwere Stunde« von Thomas Mann (1875–1955), eine Auftragsarbeit für die Schiller-Nummer des »Simplicissimus« zum hundertsten Todestag des Dichters.

In einer Zeit der Unentschlossenheit und des Zögerns vor größeren literarischen Projekten nutzte Thomas Mann seine Studie über Schiller, um sich über sich selbst und sein Werk klar zu werden. Persönliche Elemente fließen mit ein: Die Schwierigkeiten Schillers mit seinem »Wallenstein« korrespondieren mit den eigenen Schwierigkeiten an dem Theaterstück »Fiorenza«. Als Reflex seines jungen Eheglücks (Thomas Mann hatte am 11. Februar 1905 Katia Pringsheim geheiratet) kann man das kleine erotische Motiv am Ende der Erzählung ansehen. Das Leiden am Werk und an der eigenen geistig-seelischen Konstitution stilisiert sich zu einer heldenhaften Größe, von der aber Umwelt und Nachwelt kaum etwas ahnen. Damit stellt sich Mann gegen das offiziöse, stark national getönte Bild Schillers als dem Dichter der Freiheit; er sieht hingegen in ihm den an seinem Werk leidenden Künstler.

»Schwere Stunde« ist auch ein frühes Beispiel für die Kunst der Montage, denn in den Text wurden Zitate, Paraphrasen aus Schillers Briefen und Schriften sowie Zeugnisse der Zeitgenossen eingearbeitet.

Welche Bedeutung Thomas Mann seiner

frühen Studie zumaß, geht aus einem Brief zum Schiller-Jubiläum von 1955 hervor, den er an den Ost-Berliner »Sonntag« schrieb: »Die Skizze, die den schon kranken Dichter in seinem Arbeitszimmer zu Jena in nächtlichem Ringen mit dem gewaltigen Stoff des »Wallenstein« zeigt, ist mir persönlich auch immer lieb geblieben, und es freut mich, daß nach einem halben Jahrhundert der neue Gedenktag wieder die Aufmerksamkeit darauf lenkt. Sie mag wohl aussehen, als sei sie mir leicht von der Hand gegangen; aber ich weiß noch, mit wieviel biographischer Lektüre ich mich auf die Arbeit vorbereitete und wieviel Mühe und Sorgfalt ich aus Ehrfurcht vor meinem großen Gegenstande an sie wandte.«[1]

Er stand vom Schreibtisch auf, von seiner kleinen, gebrechlichen Schreibkommode, stand auf wie ein Verzweifelter und ging mit hängendem Kopfe in den entgegengesetzten Winkel des Zimmers zum Ofen, der lang und schlank war wie eine Säule. Er legte die Hände an die Kacheln, aber sie waren fast ganz erkaltet, denn Mitternacht war lange vorbei, und so lehnte er, ohne die kleine Wohltat empfangen zu haben, die er suchte, den Rücken daran, 5 zog hustend die Schöße seines Schlafrockes zusammen, aus dessen Brustaufschlägen das verwaschene Spitzenjabot heraushing, und schnob mühsam durch die Nase, um sich ein wenig Luft zu verschaffen; denn er hatte den Schnupfen wie gewöhnlich.

Das war ein besonderer und unheimlicher Schnupfen, der ihn fast nie völlig verließ. Seine Augenlider waren entflammt und die Ränder seiner Nasenlöcher ganz wund davon, und 10 in Kopf und Gliedern lag dieser Schnupfen ihm wie eine schwere, schmerzliche Trunkenheit. Oder war an all der Schlaffheit und Schwere das leidige Zimmergewahrsam schuld, das der Arzt nun schon wieder seit Wochen über ihn verhängt hielt? Gott wußte, ob er wohl daran tat. Der ewige Katarrh und die Krämpfe in Brust und Unterleib mochten es nötig machen, und schlechtes Wetter war über Jena, seit Wochen, seit Wochen, das war 15 richtig, ein miserables und hassenswertes Wetter, das man in allen Nerven spürte, wüst, finster und kalt, und der Dezemberwind[2] heulte im Ofenrohr, verwahrlost und gottverlassen, daß es klang nach nächtiger Heide im Sturm und Irrsal und heillosem Gram der Seele. Aber gut war sie nicht, diese enge Gefangenschaft, nicht gut für die Gedanken und 20 den Rhythmus des Blutes, aus dem die Gedanken kamen. –

Das sechseckige Zimmer, kahl, nüchtern und unbequem, mit seiner geweißten Decke, unter der Tabaksrauch schwebte, seiner schräg karierten Tapete, auf der oval gerahmte Silhouetten hingen, und seinen vier, fünf dünnbeinigen Möbeln, lag im Lichte der beiden Kerzen, die zu Häupten des Manuskripts auf der Schreibkommode brannten. Rote Vor-25 hänge hingen über den oberen Rahmen der Fenster, Fähnchen nur, symmetrisch geraffte Kattune; aber sie waren rot, von einem warmen, sonoren Rot, und er liebte sie und wollte sie niemals missen, weil sie etwas von Üppigkeit und Wollust in die unsinnig enthaltsame Dürftigkeit seines Zimmers brachten. – Er stand am Ofen und blickte mit einem raschen und schmerzlich angestrengten Blinzeln hinüber zu dem Werk, von dem er ge-30 flohen war, dieser Last, diesem Druck, dieser Gewissensqual, diesem Meer, das auszutrinken, dieser furchtbaren Aufgabe, die sein Stolz und sein Elend, sein Himmel und seine Verdammnis war. Es schleppte sich, es stockte, es stand – schon wieder, schon wieder!

---

[1] Thomas Mann: Briefe 1948–1955. Hg. v. Erika Mann: Frankfurt/M.: Fischer 1965, S. 379.
[2] Dezember 1796

Das Wetter war schuld und sein Katarrh und seine Müdigkeit. Oder das Werk[1]? Die Arbeit selbst? Die eine unglückselige und der Verzweiflung geweihte Empfängnis war?

35 Er war aufgestanden, um sich ein wenig Distanz davon zu verschaffen, denn oft bewirkte die räumliche Entfernung vom Manuskript, daß man Übersicht gewann, einen weiteren Blick über den Stoff, und Verfügungen zu treffen vermochte. Ja, es gab Fälle, wo das Erleichterungsgefühl, wenn man sich abwendete von der Stätte des Ringens, begeisternd wirkte. Und das war eine unschuldigere Begeisterung, als wenn man Likör nahm oder

40 schwarzen, starken Kaffee. – Die kleine Tasse stand auf dem Tischchen. Wenn sie ihm über das Hemmnis hülfe? Nein, nein, nicht mehr! Nicht der Arzt nur, auch ein zweiter noch, ein Ansehnlicherer, hatte ihm dergleichen behutsam widerraten, der andere[2], der dort, in Weimar, den er mit einer sehnsüchtigen Feindschaft liebte. Der war weise. Der wußte zu leben, zu schaffen; mißhandelte sich nicht; war voller Rücksicht gegen sich

45 selbst. –
Stille herrschte im Hause. Nur der Wind war hörbar, der die Schloßgasse hinuntersauste, und der Regen, wenn er prickelnd gegen die Fenster getrieben ward. Alles schlief, der Hauswirt und die Seinen, Lotte und die Kinder. Und er stand einsam wach am erkalteten Ofen und blinzelte gequält zu dem Werk hinüber, an das seine kranke Ungenügsamkeit

50 ihn nicht glauben ließ. – Sein weißer Hals ragte lang aus der Binde hervor, und zwischen den Schößen des Schlafrocks sah man seine nach innen gekrümmten Beine. Sein rotes Haar war aus der hohen und zarten Stirn zurückgestrichen, ließ blaß geäderte Buchten über den Schläfen frei und bedeckte die Ohren in dünnen Locken. An der Wurzel der großen, gebogenen Nase, die unvermittelt in eine weißliche Spitze endete, traten die

55 starken Brauen, dunkler als das Haupthaar, nahe zusammen, was dem Blick der tief-liegenden, wunden Augen etwas tragisch Schauendes gab. Gezwungen, durch den Mund zu atmen, öffnete er die dünnen Lippen, und seine Wangen, sommersprossig und von Stubenluft fahl, erschlafften und fielen ein. –
Nein, es mißlang, und alles war vergebens! Die Armee! Die Armee hätte gezeigt werden

60 müssen! Die Armee war die Basis von allem! Da sie nicht vors Auge gebracht werden konnte – war die ungeheure Kunst denkbar, sie der Einbildung aufzuzwingen? Und der Held war kein Held; er war unedel und kalt! Die Anlage war falsch und die Sprache war falsch, und es war ein trockenes und schwungloses Kolleg in Historie, breit, nüchtern und für die Schaubühne verloren!

65 Gut, es war also aus. Eine Niederlage. Ein verfehltes Unternehmen. Bankerott. Er wollte es Körnern[3] schreiben, dem guten Körner, der an ihn glaubte, der in kindischem Vertrauen seinem Genius anhing. Er würde höhnen, flehen, poltern – der Freund; würde ihn an den Carlos gemahnen, der auch aus Zweifeln und Mühen und Wandlungen hervorgegangen und sich am Ende nach aller Qual, als ein weithin Vortreffliches, eine ruhmvolle

70 Tat erwiesen hat. Doch das war anders gewesen. Damals war er der Mann noch, eine Sache mit glücklicher Hand zu packen und sich den Sieg daraus zu gestalten. Skrupel und Kämpfe? O ja. Und krank war er gewesen, wohl kränker als jetzt, ein Darbender, Flüchtiger, mit der Welt Zerfallener, gedrückt und im Menschlichen bettelarm. Aber jung, ganz jung noch! Jedesmal, wie tief auch gebeugt, war sein Geist geschmeidig emporgeschnellt,

75 und nach den Stunden des Harms waren die anderen des Glaubens und des inneren

---

[1] Schillers Wallenstein Trilogie
[2] Goethe, mit dem Schiller zu diesem Zeitpunkt seit zwei Jahren befreundet war
[3] Christian Gottfried Körner (1756–1831), Freund Schillers

Triumphes gekommen. Die kamen nicht mehr, kamen kaum noch. Eine Nacht der flammenden Stimmung, da man auf einmal in einem genialisch leidenschaftlichen Lichte sah, was werden könnte, wenn man immer solche Gnade genießen dürfte, mußte bezahlt werden mit einer Woche der Finsternis und der Lähmung. Müde war er, siebenunddreißig erst alt und schon am Ende. Der Glaube lebte nicht mehr, der an die Zukunft, der im 80 Elend sein Stern gewesen. Und so war es, dies war die verzweifelte Wahrheit: Die Jahre der Not und der Nichtigkeit, die er für Leidens- und Prüfungsjahre gehalten, sie eigentlich waren reiche und fruchtbare Jahre gewesen; und nun, da ein wenig Glück sich herniedergelassen, da er aus dem Freibeutertum des Geistes in einige Rechtlichkeit und bürgerliche Verbindung eingetreten war, Amt und Ehren trug, Weib und Kinder besaß, nun war 85 er erschöpft und fertig. Versagen und verzagen – das war's, was übrigblieb.

Er stöhnte, preßte die Hände vor die Augen und ging wie gehetzt durch das Zimmer. Was er da eben gedacht, war so furchtbar, daß er nicht an der Stelle zu bleiben vermochte, wo ihm der Gedanke gekommen war. Er setzte sich auf einen Stuhl an der Wand, ließ die gefalteten Hände zwischen den Knien hangen und starrte trüb auf die Diele nieder. 90 Das Gewissen... Wie laut sein Gewissen schrie! Er hatte gesündigt, sich versündigt gegen sich selbst in all den Jahren, gegen das zarte Instrument seines Körpers. Die Ausschweifungen seines Jugendmutes, die durchwachten Nächte, die Tage in tabakrauchiger Stubenluft, übergeistig und des Leibes uneingedenk, die Rauschmittel, mit denen er sich zur Arbeit gestachelt – das rächte, rächte sich jetzt! 95 Und rächte es sich, so wollte er den Göttern trotzen, die Schuld schickten und dann Strafe verhängten. Er hatte gelebt, wie er leben mußte, er hatte nicht Zeit gehabt, weise, nicht Zeit, bedächtig zu sein. Hier, an dieser Stelle der Brust, wenn er atmete, hustete, gähnte, immer am selben Punkt dieser Schmerz, diese kleine, teuflische, stechende, bohrende Mahnung, die nicht schwieg, seitdem vor fünf Jahren in Erfurt das Katarrhfieber, jene 100 hitzige Brustkrankheit ihn angefallen; – was wollte sie sagen? In Wahrheit, er wußte es nur zu gut, was sie meinte, – mochte der Arzt sich stellen wie er konnte und wollte. Er hatte nicht Zeit, sich mit kluger Schonung zu begegnen, mit milder Sittlichkeit herauszuhalten. Was er tun wollte, mußte er bald tun, heute noch, schnell. – Sittlichkeit? Aber wie kam es zuletzt, daß die Sünde gerade, die Hingabe an das Schädliche und Verzehrende 105 ihn moralischer dünkte als alle Weisheit und kühle Zucht? Nicht sie, nicht die verächtliche Kunst des guten Gewissens waren das Sittliche, sondern der Kampf und die Not, die Leidenschaft und der Schmerz!

Der Schmerz ... Wie das Wort ihm die Brust weitete! Er reckte sich auf, verschränkte die Arme; und sein Blick, unter den rötlichen zusammenstehenden Brauen, beseelte sich mit 110 schöner Klage. Man war noch nicht elend, ganz elend noch nicht, solange es möglich war, seinem Elend eine stolze und edle Benennung zu schenken. Eins war not: Der gute Mut, seinem Leben große und schöne Namen zu geben! Das Leid nicht auf Stubenluft und Konstipation zurückzuführen! Gesund genug sind, um pathetisch sein – um über das Körperliche hinwegsehen, hinwegfühlen zu können! Nur hierin naiv sein, wenn auch 115 sonst wissend in allem! Glauben, an den Schmerz glauben können... Aber er glaubte ja an den Schmerz, so tief, so innig, daß etwas, was unter Schmerzen geschah, diesem Glauben zufolge weder nutzlos noch schlecht sein konnte. Sein Blick schwang sich zum Manuskript hinüber, und seine Arme verschränkten sich fester über der Brust. – Das Talent selbst – war es nicht Schmerz? Und wenn *das* dort, das unselige Werk, ihn leiden machte, 120 war es nicht in der Ordnung so und fast schon ein gutes Zeichen? Es hatte noch niemals gesprudelt, und sein Mißtrauen würde erst eigentlich beginnen, wenn es das täte. Nur bei

Stümpern und Dilettanten[1] sprudelte es, bei den Schnellzufriedenen und Unwissenden, die nicht unter dem Druck und der Zucht des Talentes lebten. Denn das Talent, meine
125 Damen und Herren dort unten, weithin im Parterre, das Talent ist nichts Leichtes, nichts 125 Tändelndes, es ist nicht ohne weiteres ein Können. In der Wurzel ist es Bedürfnis, ein kritisches Wissen um das Ideal, eine Ungenügsamkeit, die sich ihr Können nicht ohne Qual erst schafft und steigert. Und den Größten, den Ungenügsamsten ist ihr Talent, die schärfste Geißel. – Nicht klagen! Nicht prahlen! Bescheiden, geduldig denken von dem,
130 was man trug! Und wenn nicht ein Tag in der Woche, nicht eine Stunde von Leiden frei 130 war – was weiter? Die Lasten und Leistungen, die Anforderungen, Beschwerden, Strapazen gering achten, *klein* sehen, – das war's, was groß machte!
Er stand auf, zog die Dose und schnupfte gierig, warf dann die Hände auf den Rücken und schritt so heftig durch das Zimmer, daß die Flammen der Kerzen im Luftzuge flat-
135 terten. – Größe! Außerordentlichkeit! Welteroberung und Unsterblichkeit des Namens! 135 Was galt alles Glück der ewig Unbekannten gegen dies Ziel? Gekannt sein, – gekannt und geliebt von den Völkern der Erde! Schwatzt von Ichsucht, die ihr nichts wißt von der Süßigkeit dieses Traumes und Dranges! Ichsüchtig ist alles Außerordentliche, sofern es leidet. Mögt ihr selbst zusehen, spricht es, ihr Sendungslosen, die ihr's auf Erden so viel
140 leichter habt! Und der Ehrgeiz spricht: Soll das Leiden umsonst gewesen sein? Groß muß 140 es mich machen! –
Die Flügel seiner großen Nase waren gespannt, sein Blick drohte und schweifte. Seine Rechte war heftig und tief in den Aufschlag seines Schlafrocks geschoben, während die Linke geballt herniederhing. Eine fliegende Röte war in seine hageren Wangen getreten,
145 eine Lohe, emporgeschlagen aus der Glut seines Künstleregoismus, jener Leidenschaft für 145 sein Ich, die unauslöschlich in seiner Tiefe brannte. Er kannte ihn wohl, den heimlichen Rausch dieser Liebe. Zuweilen brauchte er nur seine Hand zu betrachten, um von einer begeisterten Zärtlichkeit für sich selbst erfüllt zu werden, in deren Dienst er alles, was ihm an Waffen des Talentes und der Kunst gegeben war, zu stellen beschloß. Er durfte es,
150 nichts war unedel daran. Denn tiefer noch, als diese Ichsucht, lebte das Bewußtsein, sich 150 dennoch bei alldem im Dienste von irgend etwas Hohem, ohne Verdienst freilich, sondern unter einer Notwendigkeit, uneigennützig zu verzehren und aufzuopfern. Und dies war seine Eifersucht: daß niemand größer werde als er, der nicht auch tiefer als er um dieses Hohe gelitten.
155 Niemand! – Er blieb stehen, die Hand über den Augen, den Oberkörper halb seitwärts 155 gewandt, ausweichend, fliehend. Aber er fühlte schon den Stachel dieses unvermeidlichen Gedankens in seinem Herzen, des Gedankens an ihn, den anderen, den Hellen, Tastseligen, Sinnlichen, Göttlich-Unbewußten, an den dort, in Weimar, den er mit einer sehnsüchtigen Feindschaft liebte. – Und wieder, wie stets, in tiefer Unruhe, mit Hast und Eifer,
160 fühlte er die Arbeit in sich beginnen, die diesem Gedanken folgte: das eigene Wesen und 160 Künstlertum gegen das des anderen zu behaupten und abzugrenzen. – War er denn größer? Worin? Warum? War es ein blutendes Trotzdem, wenn er siegte? Würde je sein Erliegen ein tragisches Schauspiel sein? Ein Gott, vielleicht, – ein Held war er nicht. Aber es war leichter, ein Gott zu sein, als ein Held! – Leichter ... Der andere hatte es leichter!
165 Mit weiser und glücklicher Hand Erkennen und Schaffen zu scheiden, das mochte heiter 165

---

[1] Über den Dilettantismus und den Typus des Dilettanten planten Goethe und Schiller 1799, nach Abschluß des »Wallenstein«, eine große, prinzipielle Auseinandersetzung.

und quallos und quellend fruchtbar machen. Aber war Schaffen göttlich, so war Erkenntnis Heldentum, und beides war der, ein Gott und ein Held, welcher erkennend schuf! Der Wille zum Schweren ... Ahnte man, wieviel Zucht und Selbstüberwindung ein Satz, ein strenger Gedanke ihn kostete? Denn zuletzt war er unwissend und wenig geschult, ein dumpfer und schwärmender Träumer. Es war schwerer, einen Brief des Julius zu schreiben, als die beste Szene zu machen, – und war es nicht darum auch fast schon das Höhere? – Vom ersten rhythmischen Drange innerer Kunst nach Stoff, Materie, Möglichkeit des Ergusses – bis zum Gedanken, zum Bilde, zum Worte, zur Zeile: welch Ringen! welch Leidensweg! Wunder der Sehnsucht waren seine Werke, der Sehnsucht nach Form, Gestalt, Begrenzung, Körperlichkeit, der Sehnsucht hinüber in die klare Welt des anderen, der unmittelbar und mit göttlichem Mund die besonnten Dinge bei Namen nannte. Dennoch, und jenem zum Trotz: Wer war ein Künstler, ein Dichter gleich ihm, ihm selbst? Wer schuf wie er, aus dem Nichts, aus der eigenen Brust? War nicht als Musik, als reines Urbild des Seins ein Gedicht in seiner Seele geboren, lange bevor es sich Gleichnis und Kleid aus der Welt der Erscheinungen lieh? Geschichte, Weltweisheit, Leidenschaft: Mittel und Vorwände, nicht mehr, für etwas, was wenig mit ihnen zu schaffen, was seine Heimat in orphischen Tiefen hatte. Worte, Begriffe: Tasten nur, die sein Künstlertum schlug, um ein verborgenes Saitenspiel klingen zu machen. – Wußte man das? Sie priesen ihn sehr, die guten Leute, für die Kraft der Gesinnung, mit welcher er die oder jene Taste schlug. Und sein Lieblingswort, sein letztes Pathos, die große Glocke, mit der er zu den höchsten Festen der Seele rief, sie lockte viele herbei. – Freiheit ... Mehr und weniger, wahrhaftig, begriff er darunter, als sie, wenn sie jubelten. Freiheit – was hieß das? Ein wenig Bürgerwürde doch nicht vor Fürstenthronen? Laßt ihr euch träumen, was alles ein Geist mit dem Worte zu meinen wagt? Freiheit wovon? Wovon zuletzt noch? Vielleicht sogar noch vom Glücke, vom Menschenglück, dieser seidenen Fessel, dieser weichen und holden Verpflichtung.

Vom Glück ... Seine Lippen zuckten; es war, als kehrte sein Blick sich nach innen, und langsam ließ er das Gesicht in die Hände sinken. – Er war im Nebenzimmer. Bläuliches Licht floß von der Ampel, und der geblümte Vorhang verhüllte in stillen Falten das Fenster. Er stand am Bette, beugte sich über das süße Haupt auf dem Kissen ... Eine schwarze Locke ringelte sich über die Wange, die von der Blässe der Perle schien, und die kindlichen Lippen waren im Schlummer geöffnet ... Mein Weib! Geliebte! Folgtest du meiner Sehnsucht und tratest du zu mir, mein Glück zu sein? Du bist es, sei still! Und schlafe! Schlag jetzt nicht diese süßen, langschattenden Wimpern auf, um mich anzuschauen, so groß und dunkel, wie manchmal, als fragtest und suchtest du mich! Bei Gott, bei Gott, ich liebe dich sehr! Ich kann mein Gefühl nur zuweilen nicht finden, weil ich oft sehr müde vom Leiden bin und vom Ringen mit jener Aufgabe, welche mein Selbst mir stellt. Und ich darf nicht allzusehr dein, nie ganz in dir glücklich sein, um dessentwillen, was meine Sendung ist. –

Er küßte sie, trennte sich von der lieblichen Wärme ihres Schlummers, sah um sich, kehrte zurück. Die Glocke mahnte ihn, wieweit schon die Nacht vorgeschritten, aber es war auch zugleich, als zeigte sie gütig das Ende einer schweren Stunde an. Er atmete auf, seine Lippen schlossen sich fest; er ging und ergriff die Feder. – Nicht grübeln! Er war zu tief, um grübeln zu dürfen! Nicht ins Chaos hinabsteigen, sich wenigstens nicht dort aufhalten! Sondern aus dem Chaos, welches die Fülle ist, ans Licht emporheben, was fähig und reif ist, Form zu gewinnen. Nicht grübeln! Arbeiten! Begrenzen, ausschalten, gestalten, fertig werden! –

Und es wurde fertig, das Leidenswerk. Es wurde vielleicht nicht gut, aber es wurde fertig. Und als es fertig war, siehe, da war es auch gut. Und aus seiner Seele, aus Musik und Idee,
215 rangen sich neue Werke hervor, klingende und schimmernde Gebilde, die in heiliger Form die unendliche Heimat wunderbar ahnen ließen, wie in der Muschel das Meer saust, dem sie entfischt ist.

In: Thomas Mann: Der Tod in Venedig und andere Erzählungen. Frankfurt/M.: Fischer 1972, S. 190 ff.

1. *Auf welche Weise korrespondieren Umwelt und Umgebung mit der seelischen Situation Schillers?*
2. *Unter welchen Bedingungen entsteht das dichterische Werk?*
3. *Welche Eigenschaften werden Goethe – im Gegensatz zu Schiller – zugeschrieben?*
4. *Um welche Art der Rede handelt es sich?*
5. *Welche Künstler-»Novellen« sind in dem vorliegenden Band noch abgedruckt? In welcher Art wird die Künstlerproblematik in jenen Texten behandelt?*
6. *Gestalterische Übung: Wie würde Goethe sich in einer vergleichbaren Situation verhalten? Welche Gedanken würden ihm in bezug auf Schiller durch den Kopf gehen?*

Die unvoreingenommene Begegnung mit den Klassikern scheint nicht immer einfach. Für besonders lebhafte Reaktionen sind Geburtstage und Todestage willkommene Gelegenheiten. Der 150. Todestag Goethes wurde zum Anlaß zahlreicher Huldigungen genommen, sein 250. Geburtstag steht 1999 bevor. Im folgenden werden einige Vorschläge für Referate gemacht, die sich auf Literatur beziehen, die um den letzten großen Gedenktag 1982 herum veröffentlicht wurde.

1. *Referieren Sie die Genese unseres Klassiker-Begriffs.*
   Literatur: Goethe aus der Ferne. In: Johann Wolfgang von Goethe. Sonderband aus der Reihe TEXT+KRITIK. Hg. v. Heinz Ludwig Arnold. München: edition text+kritik 1982, S. 5 ff.
2. *Goethe und zeitgenössische Schriftsteller.*
   Literatur: Günter Kunert, Siegfried Lenz, Peter Rühmkorf, Wolfdietrich Schnurre, Martin Walser, Gabriele Wohmann: Mein Goethe. Frankfurt/M.: Suhrkamp 1982.
3. *Der Naturwissenschaftler Goethe.*
   Literatur: Leo Kreuzer: Wie herrlich leuchtet mir die Natur. In: ders.: Mein Gott Goethe. Essays. Reinbek: Rowohlt 1980, S. 30 ff.

3. Zwischen Klassik und Romantik

Alle literaturgeschichtliche Kategorienbildung scheitert immer wieder an der geschichtlichen und menschlichen Wirklichkeit. Wir sprechen pauschalierend von *der* Klassik und vermeinen, sie in der Zeit zwischen 1786 (Goethes italienische Reise) und 1805 (Schillers Tod) ausmachen zu können. Aber schon 1795 traten die Romantiker Ludwig Tieck und Wilhelm Heinrich Wackenroder an das Licht der literarischen Öffentlichkeit, wurden populär und bestimmten mit ihren Nachfolgern bis 1830 oder sogar bis 1850 in der sogenannten Schwäbischen Schule die romantische Literatur. Wenn selbst so gegensätzliche literarische Strömungen wie Klassik und Romantik zeitlich nebeneinander existierten, um so schwieriger ist es, Dichter wie Friedrich Hölderlin (vgl. S. 73), Heinrich von Kleist (vgl. S. 74), Jean Paul (1763–1825) und Johann Peter Hebel (1760–1826) diesen beiden literarischen Etiketten zuzuweisen. Die Lebenswirklichkeit und damit auch die Art und Weise des literarischen Ausdrucks und der Themenwahl sind vielschichtiger und verzweigter. Zweifellos wurden auch diese Dichter von den Zeitströmungen erfaßt, doch ihr Leben und ihr Werk nahmen selbständige und unverwechselbare Konturen an. Hölderlin begann als Bewunderer Schillers, Kleist rang um die Anerkennung Goethes, Jean Paul fühlte sich freundschaftlich mit Herder verbunden.

Erstaunlich ist, daß gerade in der Zeit zwischen 1790 und 1810, als zuerst die Auswirkungen der Französischen Revolution und später Napoleons Eroberungen Europa beherrschten und das alte Reich unterging, eine Vielzahl von Menschen hervortraten, die bis heute für die Deutschen und für die Welt das Bild von einem geistigen Deutschland malten, das alle Stürme und Umstürze überdauert hat.

Friedrich Hölderlin schuf in seinen Gedichten einen neuen Mythos: Natur und Kultur, Landschaft und Stadt sind von waltenden Mächten durchwirkt, die er als göttlich erkennt. Rationalistische, naturwissenschaftliche Betrachtungsweise wird Hölderlins Weltsicht nicht gerecht.
In asklepiadeischer Odenform schrieb Hölderlin folgendes Gedicht:

Friedrich Hölderlin
Heidelberg

Lange lieb ich dich schon, möchte dich, mir zur Lust,
   Mutter nennen, und dir schenken ein kunstlos Lied,
     Du, der Vaterlandsstädte
      Ländlichschönste, so viel ich sah.

5 Wie der Vogel des Walds über die Gipfel fliegt,
   Schwingt sich über den Strom, wo er vorbei dir glänzt,
     Leicht und kräftig die Brücke,
      Die von Wagen und Menschen tönt.

Wie von Göttern gesandt, fesselt' ein Zauber einst
10 Auf die Brücke mich an, da ich vorüber ging,
 Und herein in die Berge
 Mir die reizende Ferne schien,

Und der Jüngling, der Strom, fort in die Ebne zog,
 Traurigfroh, wie das Herz, wenn es, sich selbst zu schön,
15 Liebend unterzugehen,
 In die Fluten der Zeit sich wirft.

Quellen hattest du ihm, hattest dem Flüchtigen
 Kühle Schatten geschenkt, und die Gestade sahn
 All ihm nach, und es bebte
20 Aus den Wellen ihr lieblich Bild.

Aber schwer in das Tal hing die gigantische,
 Schicksalskundige Burg nieder bis auf den Grund,
 Von den Wettern zerrissen;
 Doch die ewige Sonne goß

25 Ihr verjüngendes Licht über das alternde
 Riesenbild, und umher grünte lebendiger
 Efeu; freundliche Wälder
 Rauschten über die Burg herab.

Sträuche blühten herab, bis wo im heitern Tal,
30 An den Hügel gelehnt, oder dem Ufer hold,
 Deine fröhlichen Gassen
 Unter duftenden Gärten ruhn.

In: Friedrich Hölderlin: Sämtliche Werke. Hg. v. Friedrich Beissner. Bd. 2. Stuttgart: Kohlhammer/Cottasche Buchhandlung 1953, S. 14.

Friedrich Hölderlin
Hälfte des Lebens (1803)

Mit gelben Birnen hänget
Und voll mit wilden Rosen
Das Land in den See,
Ihr holden Schwäne,
5 Und trunken von Küssen
Tunkt ihr das Haupt
Ins heilignüchterne Wasser.

Weh mir, wo nehm ich, wenn
Es Winter ist, die Blumen, und wo
10 Den Sonnenschein
Und Schatten der Erde?
Die Mauern stehn
Sprachlos und kalt, im Winde
Klirren die Fahnen.

In: Friedrich Hölderlin: Sämtliche Werke. Hg. v. Friedrich Beissner. Bd. 2. Stuttgart: Kohlhammer/Cottasche Buchhandlung 1953, S. 121.

Heidelberg
1. *Zeichnen Sie den Gedankengang des Gedichts nach.*
2. *Nennen Sie einige Passagen, in denen Natur und Kultur in engste Verbindung treten.*
3. *Wie interpretieren Sie die beiden ersten Verse der dritten Strophe? Inwiefern erschließt sich von diesen Versen ein Zugang zum Gedicht?*

Hälfte des Lebens
Zu diesem Gedicht gibt es eine Unzahl von Interpretationsansätzen und -versuchen. Finden Sie einen eigenen Zugang zu diesem Gedicht, indem Sie von den ungewöhnlichen Bildern ausgehen und indem Sie die gegensätzlichen Aussagen der beiden Strophen in Ihre Überlegungen miteinbeziehen.

Heinrich von Kleist
Über das Marionettentheater (1810)

Heinrich von Kleist war zu der Auffassung gekommen, nur das Gefühl biete einen absoluten Maßstab. Von diesem Mißverständnis aus trifft er eigene Überlegungen. In seinem Aufsatz »Über das Marionettentheater« (1810) definiert er sein Grundproblem und beschreibt es als Gleichnis: Das Bewußtsein zerstört die reine Seele. Wenn nur das Gefühl als absoluter Maßstab gesetzt wird, scheidet jegliches Bewußtsein aus. Der so handelnde Mensch ist im Sinne Kleists schön, und seine Handlungen sind wahr. Mit dieser Auffassung steht Kleist zwischen Klassik und Romantik.

Als ich den Winter 1801 in M … zubrachte, traf ich daselbst eines Abends, in einem öffentlichen Garten, den Hrn. C. an, der seit kurzem, in dieser Stadt, als erster Tänzer der Oper, angestellt war, und bei dem Publiko außerordentliches Glück machte.

Ich sagte ihm, daß ich erstaunt gewesen wäre, ihn schon mehrere Mal in einem Mario-
5 nettentheater zu finden, das auf dem Markte zusammengezimmert worden war, und den Pöbel, durch kleine dramatische Burlesken, mit Gesang und Tanz durchwebt, belustigte.

Er versicherte mir, daß ihm die Pantomimik dieser Puppen viel Vergnügen machte, und ließ nicht undeutlich merken, daß ein Tänzer, der sich ausbilden wolle, mancherlei von ihnen lernen könne.

10 Da diese Äußerung mir, durch die Art, wie er sie vorbrachte, mehr, als ein bloßer Einfall schien, so ließ ich mich bei ihm nieder, um ihn über die Gründe, auf die er eine so sonderbare Behauptung stützen könne, näher zu vernehmen.

Er fragte mich, ob ich nicht, in der Tat, einige Bewegungen der Puppen, besonders der kleineren, im Tanz sehr graziös gefunden hatte.

15 Diesen Umstand konnt' ich nicht leugnen. Eine Gruppe von vier Bauern, die nach einem raschen Takt die Ronde tanzte, hätte von Tenier nicht hübscher gemalt werden können.

Ich erkundigte mich nach dem Mechanismus dieser Figuren, und wie es möglich wäre, die einzelnen Glieder derselben und ihre Punkte, ohne Myriaden von Fäden an den Fingern zu haben, so zu regieren, als es der Rhythmus der Bewegungen, oder der Tanz, erfordere?

20 Er antwortete, daß ich mir nicht vorstellen müsse, als ob jedes Glied einzeln, während der verschiedenen Momente des Tanzes, von dem Maschinisten gestellt und gezogen würde.

Jede Bewegung, sagte er, hätte einen Schwerpunkt; es wäre genug, diesen, in dem Innern der Figur, zu regieren; die Glieder, welche nichts als Pendel wären, folgten, ohne irgend ein Zutun, auf eine mechanische Weise von selbst.

25 Er setzte hinzu, daß diese Bewegung sehr einfach wäre; daß jedesmal, wenn der Schwer-punkt in einer *geraden Linie* bewegt wird, die Glieder schon *Kurven* beschrieben; und daß oft, auf eine bloß zufällige Weise erschüttert, das Ganze schon in eine Art von rhythmi-sche Bewegung käme, die dem Tanz ähnlich wäre.

Diese Bemerkung schien mir zuerst einiges Licht über das Vergnügen zu werfen, das er in
30 dem Theater der Marionetten zu finden vorgegeben hatte. Inzwischen ahndete ich bei weitem die Folgerungen noch nicht, die er späterhin daraus ziehen würde.

Ich fragte ihn, ob er glaubte, daß der Maschinist, der diese Puppen regiere, selbst ein Tänzer sein, oder wenigstens einen Begriff vom Schönen im Tanz haben müsse?

Er erwiderte, daß wenn ein Geschäft, von seiner mechanischen Seite, leicht sei, daraus
35 noch nicht folge, daß es ganz ohne Empfindung betrieben werden könne.

Die Linie, die der Schwerpunkt zu beschreiben hat, wäre zwar sehr einfach, und, wie er glaube, in den meisten Fällen, gerad. In Fällen, wo sie krumm sei, scheine das Gesetz ihrer Krümmung wenigstens von der ersten oder höchstens zweiten Ordnung; und auch in diesem letzten Fall nur elliptisch, welche Form der Bewegung den Spitzen des menschli-
40 chen Körpers (wegen der Gelenke) überhaupt die natürliche sei, und also dem Maschi-nisten keine große Kunst koste, zu verzeichnen.

Dagegen wäre diese Linie wieder, von einer andern Seite, etwas sehr Geheimnisvolles. Denn sie wäre nichts anders, als der *Weg der Seele des Tänzers*; und er zweifle, daß sie anders gefunden werden könne, als dadurch, daß sich der Maschinist in den Schwerpunkt
45 der Marionette versetzt, d. h. mit andern Worten, *tanzt*.

Ich erwiderte, daß man mir das Geschäft desselben als etwas ziemlich Geistloses vorge-stellt hätte: etwa was das Drehen einer Kurbel sei, die eine Leier spielt.

Keineswegs, antwortete er. Vielmehr verhalten sich die Bewegungen seiner Finger zur Bewegung der daran befestigten Puppen ziemlich künstlich, etwa wie Zahlen zu ihren Logarithmen oder die Asymptote zur Hyperbel[1]. 50

Inzwischen glaube er, daß auch dieser letzte Bruch von Geist, von dem er gesprochen, aus den Marionetten entfernt werden, daß ihr Tanz gänzlich ins Reich mechanischer Kräfte hinübergespielt, und vermittelst einer Kurbel, so wie ich es mir gedacht, hervorgebracht werden könne.

Ich äußerte meine Verwunderung zu sehen, welcher Aufmerksamkeit er diese, für den 55 Haufen erfundene, Spielart einer schönen Kunst würdige. Nicht bloß, daß er sie einer höheren Entwickelung für fähig halte: er scheine sich sogar selbst damit zu beschäftigen.

Er lächelte, und sagte, er getraue sich zu behaupten, daß wenn ihm ein Mechanikus, nach den Forderungen, die er an ihn zu machen dächte, eine Marionette bauen wollte, er vermittelst derselben einen Tanz darstellen würde, den weder er, noch irgend ein anderer 60 geschickter Tänzer seiner Zeit, Vestris selbst nicht ausgenommen, zu erreichen imstande wäre.

Haben Sie, fragte er, da ich den Blick schweigend zur Erde schlug: haben Sie von jenen mechanischen Beinen gehört, welche englische Künstler für Unglückliche verfertigen, die ihre Schenkel verloren haben?

Ich sagte, nein: dergleichen wäre mir nie vor Augen gekommen. 65

Es tut mir leid, erwiderte er; denn wenn ich Ihnen sage, daß diese Unglücklichen damit tanzen, so fürchte ich fast, Sie werden es mir nicht glauben. – Was sag ich, tanzen? Der Kreis ihrer Bewegungen ist zwar beschränkt; doch diejenigen, die ihnen zu Gebote stehen, vollziehen sich mit einer Ruhe, Leichtigkeit und Anmut, die jedes denkende Gemüt in 70 Erstaunen setzen.

Ich äußerte, scherzend, daß er ja, auf diese Weise, seinen Mann gefunden habe. Denn derjenige Künstler, der einen so merkwürdigen Schenkel zu bauen imstande sei, würde ihm unzweifelhaft auch eine ganze Marionette, seinen Forderungen gemäß, zusammensetzen können. 75

Wie, fragte ich, da er seinerseits ein wenig betreten zur Erde sah: wie sind denn diese Forderungen, die Sie an die Kunstfertigkeit desselben zu machen gedenken, bestellt?

Nichts, antwortete er, was sich nicht auch schon hier fände; Ebenmaß, Beweglichkeit, Leichtigkeit – nur alles in einem höheren Grade; und besonders eine naturgemäßere Anordnung der Schwerpunkte. 80

Und der Vorteil, den diese Puppe vor lebendigen Tänzern voraus haben würde?

Der Vorteil? Zuvörderst ein negativer, mein vortrefflicher Freund, nämlich dieser, daß sie sich niemals *zierte*. – Denn Ziererei erscheint, wie Sie wissen, wenn sich die Seele (vis motrix[2]) in irgend einem andern Punkte befindet, als in dem Schwerpunkt der Bewegung. Da der Maschinist nun schlechthin, vermittelst des Drahtes oder Fadens, keinen andern 85 Punkt in seiner Gewalt hat, als diesen: so sind alle übrigen Glieder, was sie sein sollen, tot, reine Pendel, und folgen dem bloßen Gesetz der Schwere; eine vortreffliche Eigenschaft, die man vergebens bei dem größten Teil unsrer Tänzer sucht.

---

[1] Nicht ganz treffende Beispiele für komplizierte mathematische Beziehungen: Zahlen können zu ihrem Logarithmus auch in einfachsten Verhältnissen stehen. Eine Hyperbel (Kegelschnitt) nähert sich ihren beiden Asymptoten (Begrenzungsgeraden), ohne sie je im Endlichen zu erreichen.
[2] vis motrix: die bewegende Kraft

Sehen Sie nur die P . . . an, fuhr er fort, wenn sie die Daphne spielt, und sich, verfolgt vom
90 Apoll, nach ihm umsieht; die Seele sitzt ihr in den Wirbeln des Kreuzes; sie beugt sich, als
ob sie brechen wollte, wie eine Najade aus der Schule Bernins[1]. Sehen Sie den jungen F . . .
an, wenn er, als Paris, unter den drei Göttinnen steht, und der Venus den Apfel überreicht:
die Seele sitzt ihm gar (es ist ein Schrecken, es zu sehen) im Ellenbogen.

Solche Mißgriffe, setzte er abbrechend hinzu, sind unvermeidlich, seitdem wir von dem
95 Baum der Erkenntnis gegessen haben. Doch das Paradies ist verriegelt und der Cherub
hinter uns; wir müssen die Reise um die Welt machen, und sehen, ob es vielleicht von
hinten irgendwo wieder offen ist.

Ich lachte. – Allerdings, dachte ich, kann der Geist nicht irren, da, wo keiner vorhanden
ist. Doch ich bemerkte, daß er noch mehr auf dem Herzen hatte, und bat ihn, fortzufah-
100 ren.

Zudem, sprach er, haben diese Puppen den Vorteil, daß sie *antigrav*[2] sind. Von der Trägheit der Materie, dieser dem Tanze entgegenstrebendsten aller Eigenschaften, wissen sie
nichts: weil die Kraft, die sie in die Lüfte erhebt, größer ist, als jene, die sie an der Erde
fesselt. Was würde unsre gute G . . . darum geben, wenn sie sechzig Pfund leichter wäre,
105 oder ein Gewicht von dieser Größe ihr bei ihren Entrechats und Pirouetten[3], zu Hülfe
käme? Die Puppen brauchen den Boden nur, wie die Elfen, um ihn zu *streifen*, und den
Schwung der Glieder, durch die augenblickliche Hemmung neu zu beleben; wir brauchen
ihn, um darauf zu *ruhen*, und uns von der Anstrengung des Tanzes zu erholen: ein
Moment, der offenbar selber kein Tanz ist, und mit dem sich weiter nichts anfangen läßt,
110 als ihn möglichst verschwinden zu machen.

Ich sagte, daß, so geschickt er auch die Sache seiner Paradoxe führe, er mich doch nim-
mermehr glauben machen würde, daß in einem mechanischen Gliedermann mehr Anmut
enthalten sein könne, als in dem Bau des menschlichen Körpers.

Er versetzte, daß es dem Menschen schlechthin unmöglich wäre, den Gliedermann darin
115 auch nur zu erreichen. Nur ein Gott könne sich, auf diesem Felde, mit der Materie
messen; und hier sei der Punkt, wo die beiden Enden der ringförmigen Welt in einander
griffen.

Ich erstaunte immer mehr, und wußte nicht, was ich zu so sonderbaren Behauptungen
sagen sollte.
120 Es scheine, versetzte er, indem er eine Prise Tabak nahm, daß ich das dritte Kapitel vom
ersten Buch Moses[4] nicht mit Aufmerksamkeit gelesen; und wer diese erste Periode aller
menschlichen Bildung nicht kennt, mit dem könne man nicht füglich über die folgenden,
um wie viel weniger über die letzte, sprechen.

Ich sagte, daß ich gar wohl wüßte, welche Unordnungen, in der natürlichen Grazie des
125 Menschen, das Bewußtsein anrichtet. Ein junger Mann von meiner Bekanntschaft hätte,
durch eine bloße Bemerkung, gleichsam vor meinen Augen, seine Unschuld verloren, und
das Paradies derselben, trotz aller ersinnlichen Bemühungen, nachher niemals wieder
gefunden. – Doch, welche Folgerungen, setzte ich hinzu, können Sie daraus ziehen?
Er fragte mich, welch einen Vorfall ich meine?
130 Ich badete mich, erzählte ich, vor etwa drei Jahren, mit einem jungen Mann, über dessen

---

[1] Najade aus der Schule Bernins: manierierte Darstellung von Brunnennymphen
[2] antigrav: der Schwerkraft entgegenwirkend
[3] Entrechats und Pirouetten: Luftsprünge und Wirbeldrehungen
[4] Sündenfall: »Da wurden ihrer beiden Augen aufgetan, und sie wurden gewahr, daß sie nackt
waren.«

Bildung damals eine wunderbare Anmut verbreitet war. Er mochte ohngefähr in seinem sechszehnten Jahre stehn, und nur ganz von fern ließen sich, von der Gunst der Frauen herbeigerufen, die ersten Spuren von Eitelkeit erblicken. Es traf sich, daß wir grade kurz zuvor in Paris den Jüngling[1] gesehen hatten, der sich einen Splitter aus dem Fuße zieht; der Abguß der Statue ist bekannt und befindet sich in den meisten deutschen Sammlun- 135 gen. Ein Blick, den er in dem Augenblick, da er den Fuß auf den Schemel setzte, um ihn abzutrocknen, in einen großen Spiegel warf, erinnerte ihn daran; er lächelte und sagte mir, welch eine Entdeckung er gemacht habe. In der Tat hatte ich, in eben diesem Augenblick, dieselbe gemacht; doch sei es, um die Sicherheit der Grazie, die ihm beiwohnte, zu prüfen, sei es, um seiner Eitelkeit ein wenig heilsam zu begegnen: ich lachte und erwiderte 140 – er sähe wohl Geister! Er errötete, und hob den Fuß zum zweitenmal, um es mir zu zeigen; doch der Versuch, wie sich leicht hätte voraussehn lassen, mißglückte. Er hob verwirrt den Fuß zum dritten und vierten, er hob ihn wohl noch zehnmal: umsonst! er war außerstand, dieselbe Bewegung wieder hervorzubringen – was sag ich? die Bewegun- gen, die er machte, hatten ein so komisches Element, daß ich Mühe hatte, das Gelächter 145 zurückzuhalten: –

Von diesem Tage, gleichsam von diesem Augenblick an, ging eine unbegreifliche Verän- derung mit dem jungen Menschen vor. Er fing an, tagelang vor dem Spiegel zu stehen; und immer ein Reiz nach dem anderen verließ ihn. Eine unsichtbare und unbegreifliche Gewalt schien sich, wie ein eisernes Netz, um das freie Spiel seiner Gebärden zu legen, 150 und als ein Jahr verflossen war, war keine Spur mehr von der Lieblichkeit in ihm zu entdecken, die die Augen der Menschen sonst, die ihn umringten, ergötzt hatte. Noch jetzt lebt jemand, der ein Zeuge jenes sonderbaren und unglücklichen Vorfalls war, und ihn, Wort für Wort, wie ich ihn erzählt, bestätigen könnte. –

Bei dieser Gelegenheit, sagte Herr C . . . . freundlich, muß ich Ihnen eine andere Geschichte 155 erzählen, von der Sie leicht begreifen werden, wie sie hierher gehört.

Ich befand mich, auf meiner Reise nach Rußland, auf einem Landgut des Herrn v.G . . ., eines livländischen Edelmanns, dessen Söhne sich eben damals stark im Fechten übten. Besonders der ältere, der eben von der Universität zurückgekommen war, machte den Virtuosen, und bot mir, da ich eines Morgens auf seinem Zimmer war, ein Rapier an. Wir 160 fochten; doch es traf sich, daß ich ihm überlegen war; Leidenschaft kam dazu, ihn zu verwirren; fast jeder Stoß, den ich führte, traf, und sein Rapier flog zuletzt in den Winkel. Halb scherzend, halb empfindlich, sagte er, indem er das Rapier aufhob, daß er seinen Meister gefunden habe: doch alles auf der Welt finde den seinen, und fortan wolle er mich zu dem meinigen führen. Die Brüder lachten laut auf, und riefen: Fort! fort! In den 165 Holzstall herab! und damit nahmen sie mich bei der Hand und führten mich zu einem Bären, den Herr v.G . . ., ihr Vater, auf dem Hofe auferziehen ließ.

Der Bär stand, als ich erstaunt vor ihn trat, auf den Hinterfüßen, mit dem Rücken an einem Pfahl gelehnt, an welchem er angeschlossen war, die rechte Tatze schlagfertig erhoben, und sah mir ins Auge: das war seine Fechterpositur. Ich wußte nicht, ob ich 170 träumte, da ich mich einem solchen Gegner gegenüber sah; doch: stoßen Sie! stoßen Sie! sagte Herr v.G . . ., und versuchen Sie, ob Sie ihm eins beibringen können! Ich fiel, da ich mich ein wenig von meinem Erstaunen erholt hatte, mit dem Rapier auf ihn aus; der Bär machte eine ganz kurze Bewegung mit der Tatze und parierte den Stoß. Ich versuchte ihn durch Finten zu verführen; der Bär rührte sich nicht. Ich fiel wieder, mit einer augen- 175

[1] Die bekannte antike Statue, der »Dornauszieher«

blicklichen Gewandtheit, auf ihn aus, eines Menschen Brust würde ich ohnfehlbar getroffen haben: der Bär machte eine ganz kurze Bewegung mit der Tatze und parierte den Stoß. Jetzt war ich fast in dem Fall des jungen Herrn v.G .... Der Ernst des Bären kam hinzu, mir die Fassung zu rauben, Stöße und Finten wechselten sich, mir triefte der
180 Schweiß: umsonst! Nicht bloß, daß der Bär, wie der erste Fechter der Welt, alle meine Stöße parierte; auf Finten (was ihm kein Fechter der Welt nachmacht) ging er gar nicht einmal ein: Aug in Auge, als ob er meine Seele darin lesen könnte, stand er, die Tatze schlagfertig erhoben, und wenn meine Stöße nicht ernsthaft gemeint waren, so rührte er sich nicht.

185 Glauben Sie diese Geschichte?

Vollkommen! rief ich, mit freudigem Beifall; jedwedem Fremden, so wahrscheinlich ist sie: um wie viel mehr Ihnen!

Nun, mein vortrefflicher Freund, sagte Herr C . . ., so sind Sie im Besitz von allem, was nötig ist, um mich zu begreifen. Wir sehen, daß in dem Maße, als, in der organischen
190 Welt, die Reflexion dunkler und schwächer wird, die Grazie darin immer strahlender und herrschender hervortritt. – Doch so, wie sich der Durchschnitt zweier Linien, auf der einen Seite eines Punkts, nach dem Durchgang durch das Unendliche, plötzlich wieder auf der andern Seite einfindet, oder das Bild des Hohlspiegels, nachdem es sich in das Unendliche entfernt hat, plötzlich wieder dicht vor uns tritt: so findet sich auch, wenn die
195 Erkenntnis gleichsam durch ein Unendliches gegangen ist, die Grazie wieder ein; so, daß sie, zu gleicher Zeit, in demjenigen menschlichen Körperbau am reinsten erscheint, der entweder gar keins, oder ein unendliches Bewußtsein, d.h. in dem Gliedermann, oder in dem Gott.

Mithin, sagte ich ein wenig zerstreut, müßten wir wieder von dem Baum der Erkenntnis
200 essen, um in den Stand der Unschuld zurückzufallen?

Allerdings, antwortete er; das ist das letzte Kapitel von der Geschichte der Welt.

H.v.K.

In: Heinrich von Kleist: dtv-Gesamtausgabe. Bd. 5: Anekdoten, Kleine Schriften. München: dtv 1964, S. 71 ff.

1. *Entwerfen Sie eine Gliederung zum Aufsatz.*
2. *In welchem inhaltlichen Moment stimmen die drei im Aufsatz genannten Beispiele überein?*
3. *Geben Sie das Ergebnis des Aufsatzes mit eigenen Worten wieder.*
4. *Sehen Sie das Grundproblem des Aufsatzes heute noch in ähnlicher Weise?*

II. ROMANTIK

Der Mönch am Meer. C.D.Friedrich.
Erworben 1810 auf der Berliner Akademieausstellung auf Veranlassung des fünfzehnjährigen Kronprinzen Friedrich Wilhelm durch König Friedrich Wilhelm III.

Am 13. Oktober 1810 veröffentlichte Heinrich von Kleist (vgl. S. 74) in den »Berliner Abendblättern« einen kurzen Aufsatz, der auf einer längeren in dramatischer Form abgefaßten Abhandlung von Achim von Arnim und Clemens Brentano (vgl. S. 185 ff.) basierte. Diese Abhandlung, die wesentliche Auffassungen der beiden Romantiker wiedergibt, zeigt die unmittelbare Rezeption zeitgenössischer Malerei.

Heinrich von Kleist (Achim von Arnim, Clemens Brentano)
Empfindungen vor Friedrichs Seelandschaft

Herrlich ist es, in einer unendlichen Einsamkeit am Meeresufer, unter trübem Himmel, auf eine unbegrenzte Wasserwüste, hinauszuschauen. Dazu gehört gleichwohl, daß man dahin gegangen sei, daß man zurück muß, daß man hinüber möchte, daß man es nicht

kann, daß man alles zum Leben vermißt, und die Stimme des Lebens dennoch im Rau-
5 schen der Flut, im Wehen der Luft, im Ziehen der Wolken, dem einsamen Geschrei der
Vögel, vernimmt. Dazu gehört ein Anspruch, den das Herz macht, und ein Abbruch, um
mich so auszudrücken, den einem die Natur tut. Dies aber ist vor dem Bilde unmöglich,
und das, was ich in dem Bilde selbst finden sollte, fand ich erst zwischen mir und dem
Bilde, nämlich einen Anspruch, den mein Herz an das Bild machte, und einen Abbruch,
10 den mir das Bild tat; und so ward ich selbst der Kapuziner, das Bild ward die Düne, das
aber, wo hinaus ich mit Sehnsucht blicken sollte, die See, fehlte ganz. Nichts kann trau-
riger und unbehaglicher sein, als diese Stellung in der Welt: der einzige Lebensfunke im
weiten Reiche des Todes, der einsame Mittelpunkt im einsamen Kreis. Das Bild liegt, mit
seinen zwei oder drei geheimnisvollen Gegenständen, wie die Apokalypse da, als ob es
15 Youngs Nachtgedanken hätte, und da es, in seiner Einförmigkeit und Uferlosigkeit,
nichts, als den Rahm, zum Vordergrund hat, so ist es, wenn man es betrachtet, als ob
einem die Augenlider weggeschnitten wären. Gleichwohl hat der Maler zweifelsohne eine
ganz neue Bahn im Felde seiner Kunst gebrochen; und ich bin überzeugt, daß sich, mit
seinem Geiste, eine Quadratmeile märkischen Sandes darstellen ließe, mit einem Berbe-
20 ritzenstrauch, worauf sich eine Krähe einsam plustert, und daß dies Bild eine wahrhaft
Ossiansche oder Kosegartensche Wirkung tun müßte. Ja, wenn man diese Landschaft mit
ihrer eignen Kreide und mit ihrem eigenen Wasser malte; so, glaube ich, man könnte die
Füchse und Wölfe damit zum Heulen bringen: das Stärkste, was man, ohne allen Zweifel,
zum Lobe für diese Art von Landschaftsmalerei beibringen kann. – Doch meine eigenen
25 Empfindungen, über dies wunderbare Gemälde, sind zu verworren; daher habe ich mir,
ehe ich sie ganz auszusprechen wage, vorgenommen, mich durch die Äußerungen derer,
die paarweise, von Morgen bis Abend, daran vorübergehen, zu belehren.

cb. (= Clemens Brentano)

In: Heinrich von Kleist: dtv-Gesamtausgabe. Bd. 5: Anekdoten, Kleine Schriften. München: dtv
1964, S. 61.

*Gestalterisches Schreiben: Besorgen Sie eine gute Reproduktion des Bildes. Formulieren
Sie Ihre eigenen Empfindungen vor Friedrichs Seelandschaft in einem kleinen Essay.*

1. Grundlagen

Man kann die Literatur der letzten zwei Jahrhunderte nicht nur als eine Abfolge von Strömungen und Bewegungen, sondern auch als eine Auseinandersetzung der jüngeren mit der älteren Generation sehen. So wie die Generation von Herder, Goethe und Schiller mit ihren Werken einen Kontrapunkt zur Aufklärung bildete, so wendeten sich ein Menschenalter später die Brüder Schlegel und ihre Frauen, Tieck, Novalis, Wackenroder, die Geschwister Brentano, Arnim, Schelling, Eichendorff und andere gegen die Literatur Goethes und Schillers. Diese Avantgarde suchte nach neuen Stoffen und Kunstformen und setzte sich damit ganz bewußt von den Stoffen und Kunstformen der anscheinend alles beherrschenden Klassiker ab. Wieder dreißig Jahre später würde sich eine neue Literaturrichtung Junges Deutschland nen-

Berliner Zimmer. Aquarell von J. E. Hummel. 1820/25.

nen. Zu Anfang des 20. Jahrhunderts entstand dann neben Impressionismus und Symbolismus die literarische Strömung des Expressionismus im vehementen Kampf gegen die Väter und viele Tendenzen des 19. Jahrhunderts.

Man kann also mit Recht die Romantik auch als eine Lebensäußerung der Jugend betrachten. Ein Zeuge der Frühromantik um 1798, Heinrich Steffens, schreibt in seinen Lebenserinnerungen »Was ich erlebte« (1840): »Ich kann ohne freudige Rührung, ja ohne Begeisterung nicht an die schöne Zeit in Jena denken. Ein neues Zeitalter wollte beginnen und regte sich in empfänglichen Jugendgemütern. – Wir erblickten den blühenden Frühling einer neuen geistigen Zeit, den wir mit jugendlicher Heftigkeit frohlockend begrüßten.«[1]

Da an eine deutsche Revolution nach dem Vorbild der französischen nicht zu denken war, aber unter den Schlägen der französischen Revolutions-Truppen und Napoleons deutsche Throne wankten und stürzten, Grundfesten des Glaubens und der Gesellschaft zerbarsten und derjenige Recht zu bekommen schien, der kühn und entschlossen sein eigenes neues Recht forderte, so machten Studenten, vorerst vor allem an der Universität Jena, ihre eigene literarische Revolution.

Nach der langen Zeitspanne der Aufklärung und nach Klarheit und Glanz der deutsch-griechischen Klassiker-Dichtung trat die Sehnsucht nach dem geheimnisvollen Dunkel, der Ungebundenheit der Formen in den Vordergrund. Die klare Antike wurde als Vorbild vom Mittelalter abge-

---

[1] Zit. nach: Eduard Engel: Geschichte der deutschen Literatur. Bd. 2: Das 19. Jahrhundert und die Gegenwart. Wien/Leipzig: Tempsky/G. Freytag 1912, S. 24.

löst: Statt des Pantheons wurde die gotische Kathedrale zum Symbol, statt Italien Nürnberg zum Sehnsuchtsort und verklärten Idol.

Merkwürdigerweise ist die Romantik mit ihrem Traum von der mondbeglänzten Zaubernacht und wundervollen Märchenwelt alter Reichsstädte nicht zuerst in Franken oder am Rhein entstanden, sondern in Berlin und Jena, in Städten also, denen wenig Romantisches anhaftet. Berlin war eine der Hochburgen der Romantik. Hier lebten Ludwig Tieck und Wilhelm Wackenroder, Friedrich Schlegel und Dorothea Veit. Vielleicht liegt die Bedeutung von Berlin auch darin begründet, daß es hier zum erstenmal in Deutschland eine Gesellschaft gab, die Ähnlichkeit mit der in anderen Weltstädten wie Paris, London oder Rom hatte. Jean Paul verwundert sich: »Gelehrte, Juden, Offiziere, Geheimräte, Edelleute, kurz alles, was sich und andern die Hälse bricht, fällt einander um diese und lebt wenigstens freundlich an Eß- und Teetischen beisammen.« Er hätte noch hinzufügen können, auch Prinzen, denn der preußische Prinz

Louis Ferdinand, der 1806 bei Saalfeld fiel, verkehrte in den literarischen Bürgerhäusern Berlins, vor allem in dem von Rahel Levin. Neben Rahel Levin führten zwei weitere jüdische Frauen von ausgezeichneter literarischer Bildung Salons: Henriette Herz und Dorothea Veit. Sie stellen ein völlig neues Phänomen in der deutschen Geistesgeschichte dar.

In Berlin erschienen 1796 anonym die »Herzensergießungen eines kunstliebenden Klosterbruders« von Wackenroder und Tieck. Hier gaben die Brüder Schlegel zwischen 1798 und 1800 die Zeitschrift »Athenäum« heraus, in der die wichtigsten Auseinandersetzungen der Romantik geführt wurden.

Daneben etablierte sich, unweit von Weimar gelegen, Jena als ein Sitz der Romantik. »Du und dein Bruder Friedrich«, so schrieb Tieck in seiner Widmung des »Phantasus« an August Wilhelm Schlegel, »Schelling mit uns, wir alle jung und aufstrebend, Novalis-Hardenberg, der oft zu uns herüberkam: diese Geister und ihre vielfältigen Pläne, unsere Aussichten in das

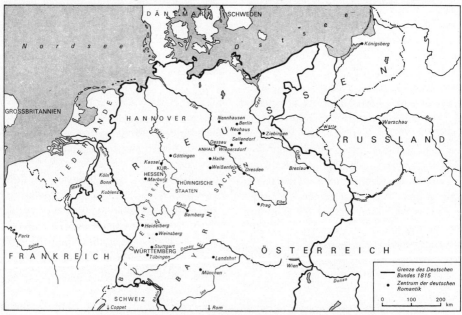

Ausbreitung und Zentren der deutschen Romantik ab 1805.

Leben, Poesie und Philosophie bildeten gleichsam ununterbrochen ein Fest von Witz, Laune und Philosophie.«

Seit 1805 trafen sich in Heidelberg Clemens Brentano, Joseph von Eichendorff, Joseph Görres, Achim von Arnim. Die literaturtheoretischen Auseinandersetzungen des Jena-Berliner Kreises wurden abgelöst durch eine Wendung zum Naiven und Einfachen, man entdeckte Volkslieder, Sagen und Märchen. In Heidelberg erschien 1805 der erste Band der Volksliedersammlung »Des Knaben Wunderhorn«, herausgegeben von Achim von Arnim und Clemens Brentano. 1810 wurde wiederum Berlin zum Zentrum der Spätromantik. Die hier aufgeführten Gruppen bilden allerdings nur Schwerpunkte; es ist kaum allgemein zu umschreiben, was unter Romantik zu verstehen ist. Auch werden bei einer solchen Gruppenbildung E. T. A. Hoffmann, die Günderrode, Bettina von Arnim nicht berücksichtigt.

Fragt man nach der Bedeutung romantischer Dichtung, so ist zuerst der Begriff zu klären. Ursprünglich bezeichnete das französische »roman« eine Erzählung in romanischer Volkssprache. Um die Mitte des 17. Jahrhunderts wurde das aus dem Französischen entlehnte »romantic« in England für Landschaft und Dichtungen gebraucht, die wir auch heute etwas undeutlich und vage als »romantisch« bezeichnen würden. Im 18. Jahrhundert wurde dann die deutsche Entlehnung in literarischen Kreisen zum Modewort, bis Ludwig Tieck 1799 seine Dramensammlung ganz offiziell Romantische Dichtungen nennt. Novalis wagt das Wort »Romantik« als Parallelbildung zu »Klassik«.

Was nun eigentlich romantische Dichtung sei, darüber waren sich die Romantiker selbst nicht einig. Eine romantische Schule im Sinne einer völligen Übereinstimmung der Lehre und der gestalteten Dichtung hat es niemals gegeben. Die Romantiker unterscheiden sich vielleicht als Individualitäten noch mehr voneinander als die Dichter des Sturm und Drang in der jugendlichen Phase vor und nach Goethes »Götz von Berlichingen«. Im Sinne eines Bonmots könnte man formulieren: Romantische Dichtung ist das, was Romantiker schreiben.

Bei Friedrich Schlegel finden wir Erklärungen der Romantik zur Auswahl; die gewissermaßen amtliche ist die im 116. Athenäumsfragment: »Die romantische Poesie ist eine progressive Universalpoesie.«[1] (vgl. S. 198 f.). Obwohl es schon zur Zeit der Romantik für viele interessierte und kluge Leute schwer war, das Wesen der Romantik zu begreifen, fügen wir noch einige weitere Versuche an. Jean Paul meint: »Ursprung und Charakter der ganzen neuern Poesie lässet sich so leicht aus dem Christentum ableiten, daß man die romantische ebensogut die christliche nennen könnte.«[2] Einmal gesteht Friedrich Schlegel seinem Bruder Wilhelm: »Meine Erklärung des Wortes Romantisch kann ich dir nicht schicken, weil sie 125 Bogen lang ist.« Etwas deutlicher drückt sich Novalis aus: »Romantisieren heißt, dem Gemeinen einen hohen Sinn, dem Gewöhnlichen ein geheimnisvolles Ansehen, dem Bekannten die Würde des Unbekannten, dem Endlichen einen unendlichen Schein geben.«[3] Goethe selbst – von vielen Romantikern mit seinem »Wilhelm Meister« als Ahnherr der Romantik verehrt – gefällt die ganze Richtung nicht: »Das Klassische nenne ich das Gesunde, und das Romantische das Kranke. Und da sind die Nibelungen klassisch wie der Homer, denn beide sind ge-

---

[1] Friedrich Schlegel: Kritische Schriften. Hg. v. Wolfdietrich Rasch. München: Hanser ²1964. S. 38.
[2] Jean Paul: Werke. Vorschule der Ästhetik. Hg. v. Norbert Miller. Bd. 5. München: Hanser 1963, S. 93.
[3] Novalis: Werke in einem Band. Hg. v. Hans-Joachim Mähl u. Richard Samuel. München: Hanser 1981, S. 447.

sund und tüchtig. Das meiste Neuere ist nicht romantisch, weil es neu, sondern weil es schwach, kränklich und krank ist, und das Alte ist nicht klassisch, weil es alt, sondern weil es stark, frisch, froh und gesund ist. Wenn wir nach solchen Qualitäten Klassisches und Romantisches unterscheiden, so werden wir bald im reinen sein.«[1] Wenn also die Romantiker selbst Schwierigkeiten hatten, sich über das Wesen der neuen Literaturrichtung einig zu werden, bleibt es den Späteren vorbehalten, aus ihren Werken wesentliche Grundzüge herzuleiten. Romantik war jugendliche Gärung und die Umwertung aller Überlieferung und Werte; sie war das Streben nach einer völligen Erneuerung der Geisteswelt, verbunden mit dem Wunsch nach neuer Religion und neuem Mythos. Romantik war avantgardistischer Gegensatz zu allem Bestehenden in der Kunst und zum Teil im Leben. Romantische Elemente in der Dichtung stehen im Gegensatz zu griechisch-römischen Elementen; romantische Elemente in der bildenden Kunst kontrastieren mit den Grundsätzen, wie Winckelmann sie vertrat. Soweit sich die Romantiker überhaupt mit Politik befaßten, neigten sie einem verklärten Mittelalter mit einer universalen Kaiserseligkeit zu, wie sie zu jener Zeit nie vorhanden gewesen war. Um alltägliche Niedrigkeiten haben sie sich nie gekümmert. Das Zusammenleben der Menschen war kein Thema für sie. Eine Ausnahme bildet die Ehe, an deren Stelle sie die freie Liebe setzen wollten.

Ein unstillbarer Durst nach schrankenloser Freiheit in Leben und Kunst erfüllte die romantische Generation; sie ließ keine dichterischen Gesetze, keine festen Formen mehr zu. Aus Ahnung und Sehnsucht entstand das romantische Werk. Und die Freiheit diesem gegenüber konnte so weit gehen, sich über dasselbe lustig zu machen, es gleichsam als Werk wieder aufzuheben.

Wiederkehrende Motive, gleichsam Leitmotive, sind Waldeinsamkeit, Mondnacht, Morgen- und Abenddämmerung, das Träumen, das Abheben von der banalen Wirklichkeit, die Transzendierung der Welt in die verklärte Vergangenheit, die Neigung zu außergewöhnlichen Seelenzuständen wie das Schlafwandeln bei Kleist oder die psychotische Steigerung im Motiv des Doppelgängers bei E. T. A. Hoffmann.

Gerade aber die Vorliebe für das Außergewöhnliche, Nicht-Alltägliche, das Groteske, die dunklen Seiten des Lebens hat der Romantik ihre Faszination bis heute bewahrt. Ihre Wirkung auf das Ausland war außergewöhnlich. So machte Madame de Staël mit ihrem Buch »De L'Allemagne« (1810) das romantische Ideengut in ganz Europa bekannt. Parallel entwickelte sich eine europäische Romantik in England bei Byron, Shelley, Keats, Carlyle und Scott, in Frankreich bei Chateaubriand, Hugo, Musset, Lamartine und George Sand, in Italien bei Leopardi und Manzoni, in Rußland bei Lermontow und Puschkin und in Amerika bei Poe.

Selbst »Frankenstein«[2] und »Dracula«[3] und die Horrorfiguren, die heute auf Videos die Kindern das Fürchten lehren, sind vergröberte Nachfahren der schwarzen Seite der Romantik.

[1] Johann Peter Eckermann: Gespräche mit Goethe in den letzten Jahren seines Lebens. Hg. v. Gustav Moldenhauer. Bd. 2: 1828–1832. Leipzig: Reclam o. J., S. 63.
[2] Mary Shelley (1797–1851). Hierbei muß darauf hingewiesen werden, daß in Mary Shelleys Roman Frankenstein nicht das Monster, sondern ein begabter Naturwissenschaftler ist, der, als moderner Prometheus, ein Wesen schafft, das auf der Suche nach einem ihn liebenden Geschöpf zum Dämon entartet, da es überall auf Ablehnung stößt.
[3] Bram Stoker (1847–1912). In seinem 1897 erschienenen Roman faßt Bram Stoker die verschiedensten Dichtungsmotive und historischen Überlieferungen zusammen, die im Schauerroman des 18. Jahrhunderts eine Rolle spielten.

Anne-Louise-Germaine de Staël-Holstein.

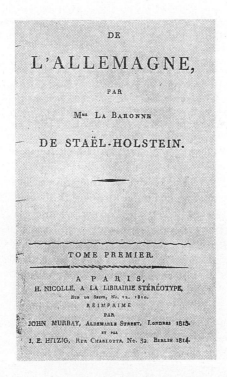

Geben Sie einen Überblick über die verschiedenen Darstellungen der Romantik, wie Sie sie in den in Ihrer Schule vorhandenen Literaturgeschichten finden.

179

Biographien

Bettina von Arnim wurde am 4.4.1785 in Frankfurt/M. geboren. Sie war die Enkelin der Schriftstellerin Sopie von La Roche. Ihr Bruder Clemens sagte von seiner hochbegabten Schwester und sich: »Du und ich sind außer aller Ordnung.« Nach dem Tod ihrer Eltern lebte Bettina abwechselnd bei ihren Geschwistern in Frankfurt und ihrer Großmutter in Offenbach, in deren Haus sie Künstler und Gelehrte kennenlernte und zahlreiche Anregungen erhielt. Ihre Freundschaft mit Karoline von Günderrode fand ihren Ausdruck in dem Briefroman »Die Günderrode« (1840). Seit 1806 verkehrte sie im Goetheschen Hause, 1811 heiratete sie Achim von Arnim. Nach Arnims Tod begann sie eine rege schriftstellerische Tätigkeit. Ihre ersten literarischen Werke sind Briefbücher, in denen sie, basierend auf Briefwechseln, dokumentarisches Material und Fiktion verbindet. In der Zeit des Vormärz wirkte sie karitativ und sozialpolitisch und trat für die Rechte der Frauen ein. Sie starb am 20.1.1859 in Berlin.

Weitere Werke: »Goethes Briefwechsel mit einem Kinde« (1835); »Tagebuch« (1835); »Dies Buch gehört dem König« (1843); »Clemens Brentanos Frühlingskranz« (1844); »Armenbuch« (veröffentlicht 1969!).

Clemens Brentano, vgl. S. 185 ff.

Joseph Karl Benedikt Freiherr von Eichendorff wurde am 10.3.1788 auf Schloß Lubowitz bei Ratibor in Oberschlesien geboren. Nach einem Studium der Rechtswissenschaft und der Philosophie, das ihn in Halle und Heidelberg mit Görres, Achim von Arnim, Brentano, Theodor Körner u. a. in Kontakt brachte, nach Wanderungen durch Deutschland, die ihn bis nach Wien führten, und nach Staatsexamen und aktiver Teilnahme an den Befreiungskriegen trat Eichendorff 1816 in den preußischen Staatsdienst. Er machte sich um die Wiederherstellung der Marienburg in Westpreußen verdient, wurde 1831 Vortragender Rat im preußischen Kultusministerium in Berlin. 1844 schied er aus dem Staatsdienst aus. Er blieb dem literarischen Leben seiner Zeit stets verbunden. Eichendorff starb am 26.11.1857 in Neiße.

Obwohl ansehnliche Titel seine Dienstzeit kennzeichnen, war seine Tätigkeit in den preußischen Behörden nur von untergeordneter Art. Eichendorff scheint nicht so sehr wie E. T. A. Hoffmann an dem Zwiespalt zwischen Brotverdienst und seiner natureligen Dichtung gelitten zu haben. Aber selbst diese Aussage ruht auf schwankendem Boden, denn Eichendorff liebte es, unerkannt im Verschwiegenen zu leben. Briefe und persönliche Hinterlassenschaften verbrannte er immer wieder. Sein Vermächtnis sind seine Gedichte, seine Prosa und seine dramatischen Versuche.

Eichendorffs Gedichte und Lieder bilden einen

B. v. Arnim

Brentano

Eichendorff

180

Höhepunkt spätromantischer Lyrik. Für viele von ihnen ist die Sehnsucht ein prägendes Motiv; sie läßt den unbeschwerten Ton ins Wehmütige umschlagen. Häufig sind die Gedichte Bestandteil größerer Romane und Erzählungen, die dieselben Motive und Stimmungen in lyrisch-offenen Darstellungsformen behandeln.

Da seine Gedichte und Lieder nicht eine bestimmte Landschaft beschreiben, sondern allgemein von einem persönlichen romantischen Lebensgefühl durchzogen sind, das Wald, Fluß und Tal, Himmel, Wolken, Sterne und Sommer- nacht besingt, scheinen sie beinahe unvergänglich zu sein, so die Lieder »O Täler weit, o Höhen«, »Wer hat dich du schöner Wald«, »In einem kühlen Grunde«, »O wunderbares tiefes Schweigen«, »Wem Gott will rechte Gunst erweisen«, »Es schienen so golden die Sterne«. Werke: »Ahnung und Gegenwart« (1815); »Das Marmorbild« (1819); »Die Freier« (1833); »Dichter und ihre Gesellen« (1834); »Schloß Dürande« (1837); »Gedichte« (1837); »Über die ethische und religiöse Bedeutung der neueren romantischen Poesie in Deutschland« (1847); »Zur Geschichte des Dramas« (1854).

Jacob Grimm ist der Begründer der Germanistik als Literatur- und Sprachwissenschaft und gleichzeitig der große Anreger der Erforschung der deutschen Märchen und Sagen, der althochdeutschen Dichtung, Mythologie und Rechtsaltertümer.

Jacob Grimm wurde am 4. 1. 1785 geboren. Der Sohn eines Amtmannes besuchte seit 1798 das Lyceum in Kassel und studierte seit 1802 die Rechte in Marburg. Zwischen 1808 und 1828 war er Bibliothekar, 1829 wurde er als Professor für deutsche Altertumswissenschaft nach Göttingen berufen. Mit seinem Bruder Wilhelm gehörte er 1837 zu den »Göttinger Sieben«, die gegen einen Verfassungsbruch des hannoverschen Königs protestierten und aus ihren Ämtern entlassen wurden. 1841 wurde er Mitglied der Akademie der Wissenschaften und Professor in Berlin, 1848 Abgeordneter im Frankfurter Parlament. Jacob Grimm starb am 20. 9. 1863 in Berlin.

Werke: »Kinder- und Hausmärchen« (1812–15); »Deutsche Grammatik« (1819–37); »Deutsche Mythologie« (1835); »Geschichte der deutschen Sprache« (1848); »Deutsches Wörterbuch« (Bd. 1–3, 1854–62).

Karoline von Günderrode[1] wurde am 11. 2. 1780 in Karlsruhe als Tochter eines Regierungsrats geboren. Nach dem Tod des Vaters kam sie aus Versorgungsgründen in ein evangelisches Damenstift. Sie lernte Bettina, Clemens und Gunda Brentano und den Juristen Carl Friedrich von Savigny kennen. Als sie sich mit frühgesellschaftlichen (u. a. matriarchalischen) Gesellschaftsformen auseinandersetzte, brachte die Bekanntschaft mit dem Altertumswissenschaftler Friedrich Creuzer beiden Anregungen für ihre dichterische bzw. mythologische Arbeit. Creuzer wollte sich wegen der Günderrode von seiner dreizehn Jahre älteren Frau scheiden lassen, konnte aber dem Unbedingtheitsanspruch der Günderrode nicht gerecht werden und distanzierte sich. Sie tötete sich am 26. 7. 1806 in Winkel am Rhein mit einem Dolch, den sie schon längere Zeit bei sich getragen hatte.

Karoline von Günderrode schrieb vorwiegend Lyrik, die sie teilweise unter dem Pseudonym »Tian« veröffentlichte, aber auch einige Dramen und Prosastücke. Aus vielen ihrer Gedichte spricht heftige Leidenschaft und Verzweiflung darüber, sie niederringen zu müssen. Mit strengem Formwillen erstrebt sie eine Verbindung der Poesie mit der Mythologie und Philosophie.

Werke: »Gedichte und Phantasien« (1804); »Poetische Fragmente« (1805); »Melete aus Ion« (1806).

---

[1] Die Schreibung Günderrode folgt den Feststellungen des Günderrode-Forschers Max Preitz, der auf Königs »Genealogische Adels-Historie«, Frankfurt 1707, hinweist; danach sei die Schreibart »Günderrode« von der »gantzen« Familie »erwählet worden«. Häufig findet sich auch die Schreibung Günderode (vgl. Quellen und Literaturangaben).

Ernst Theodor Wilhelm Hoffmann, aus Neigung zu Wolfgang Amadeus Mozart nannte er sich E. T. ›Amadeus‹ H., als Schriftsteller E. T. A. Hoffmann, wurde am 24.1.1776 in Königsberg geboren. Hoffmann war eine universale Künstlerpersönlichkeit der deutschen Romantik; er wirkte als Musiker, Komponist, Dirigent, Zeichner, Maler und vor allem als Erzähler. Als Sohn eines Advokaten beim Königsberger Gericht wuchs er nach der Scheidung seiner Eltern bei Verwandten der Mutter in einer engherzigen und bigotten Atmosphäre auf. Nach dem Zusammenbruch Preußens (1807) fand er als Theatermusikdirektor in Bamberg und 1813 in Leipzig und Dresden als Kapellmeister eine Anstellung. 1816 wurde er Rat am Berliner Kammergericht. Zur gleichen Zeit konnte seine Oper »Undine« erfolgreich uraufgeführt werden. In Berlin verkehrte er mit Brentano, Fouqué, Chamisso und dem Schauspieler Ludwig Devrient in der berühmten Weinstube von Lutter und Wegner.
Wie Hoffmanns Leben durch Gegensätze geprägt war – gewissenhafter Beamter auf der einen Seite, leidenschaftlicher Künstler auf der anderen –, so stehen in seinen Romanen, Novellen, Erzählungen und Märchen realistische und phantastische Elemente nebeneinander, gehen ineinander über.
Der triviale Schauerroman wird von Hoffmann in seinem Roman »Die Elixiere des Teufels« (1815) zum Kunstwerk umgestaltet. Weitere Sammelbände sind die »Nachtstücke« (1817, 2 Teile) und durch einen Rahmen zusammengefaßt »Die Serapionsbrüder« (1819/21, 4 Bde.), die gleichfalls hintergründige Zeitbilder enthalten. Neben das Märchen tritt die Künstlergeschichte. Von den Erzählungen sei vor allem »Das Fräulein von Scuderi« (1819) mit der unheimlichen Gestalt des Goldschmieds Cardillac, der aus Liebe zur eigenen Kunst zum Mörder wird, hervorgehoben. Die »Lebensansichten des Katers Murr« (1820/22), in denen er sich in Gestalt des Kapellmeister Kreisler selbst porträtiert, setzen die romantische Welt des Künstlers in ironische Beziehung zu der biedermeierlichen des Bürgers.
Hoffmanns Wirkung auf die Weltliteratur war außerordentlich. Victor Hugo, Edgar Allan Poe, Baudelaire, Gogol, Tschechow, Richard Wagner, Oscar Wilde, Hoffmannsthal u. a. haben die Motive des Grauens weitergesponnen. Im Ausland wird bis heute das Bild von der deutschen Romantik am stärksten von E. T. A. Hoffmann geprägt. E. T. A. Hoffmann starb am 25. 6. 1822 in Berlin.
Weitere Werke: »Phantasiestücke nach Callots Manier« (1814/15; hierin auch »Der goldne Topf«); »Prinzessin Brambilla« (1821); »Meister Floh« (1822).

Novalis, eigentlich Friedrich von Hardenberg, wurde am 2. 5. 1772 in Oberwiederstedt geboren. 1790 bis 1794 studierte er Jurisprudenz, Mathematik und Philosophie in Jena, Leipzig und Wittenberg (Bekanntschaft mit Fichte, Schiller, A. W. und F. Schlegel). 1795 verlobte er sich mit der dreizehnjährigen Sophie von Kühn, deren Tod 1797 ihn tief erschütterte. Die-

J. Grimm

Günderrode

E. T. A. Hoffmann

ser Verlust prägte sein weiteres Leben und Schaffen. 1797 studierte er Bergwissenschaft, 1799 wurde er Assessor an der Salinenverwaltung in Weißenfels in Thüringen. Er starb am 25. 3. 1801 in Weißenfels an Schwindsucht.

Novalis verkörpert in seinem Werk entscheidende Wesenszüge der Frühromantik: Er hat durch zahlreiche theoretische Aussagen der romantischen Weltanschauung und Ästhetik die eigentümlichste und konsequenteste Fassung gegeben. Sein lyrisches und episches Schaffen stellt die künstlerische Umsetzung seines Empfindens und Denkens dar.

Werke: »Die Lehrlinge zu Sais« (entst. 1798); »Hymnen an die Nacht« (1800); »Die Christenheit oder Europa« (1802 postum ersch.); »Heinrich von Ofterdingen« (1802 v. Tieck hg.); »Schriften« (1802).

Friedrich Schlegel wurde am 10. 3. 1772 in Hannover geboren. Er studierte Rechtswissenschaft, Philosophie, klassische Sprachen und Kunstgeschichte in Leipzig. Zwischen 1798 und 1800 gab er mit seinem Bruder August Wilhelm (1767–1845) das »Athenäum«, die führende Zeitschrift der Frühromantik, heraus. In seinen geistreichen Fragmenten formulierte er die frühromantische Kunsttheorie. 1802 bis 1804 hielt er Vorlesungen über Ästhetik und Kunstgeschichte in Paris und studierte Sanskrit und orientalische Sprachen, woraus die Studie »Über die Sprache und Weisheit der Indier« (1808) erwuchs, die als Ursprung der Indologie und der vergleichenden Sprachwissenschaft bezeichnet werden kann. 1804 heiratete er die Tochter des Philosophen Moses Mendelssohn, Dorothea, die sich wegen Schlegel von ihrem ersten Mann, dem Bankier Simon Veit, scheiden ließ. 1808 traten beide zum katholischen Glauben über. Seit 1809 war Schlegel im österreichischen Staatsdienst, 1815 bis 1818 gehörte er als Legationsrat dem Bundestag in Frankfurt an. Neben Schlegels Verdiensten als Theoretiker der Romantik verblaßt sein dichterisches Schaffen. Bekannt ist noch sein erotischer Roman »Lucinde« (1799), der zu seiner Zeit zum Skandal wurde.

Schlegel starb am 20. 8. 1854 in Ragaz (Schweiz).

Weitere Werke: »Über das Studium der griechischen Poesie« (1797), »Geschichte der Poesie der Griechen und Römer« (1798); »Charakteristiken und Kritiken« (1801); »Geschichte der alten und neuen Literatur« (1815); »Philosophie der Geschichte« (1829).

Ludwig Tieck wurde am 31. 5. 1773 in Berlin geboren. Tieck war der vielseitigste Dichter (Dramatik, Prosa, Lyrik), Kritiker und Theoretiker der deutschen Romantik. Daneben bestimmte er als Übersetzer und Herausgeber das literarische Leben seiner Zeit entscheidend mit.

Der Sohn eines Seilers studierte nach dem Besuch des Berliner Gymnasiums in Halle, Göttingen und Erlangen Theologie, Sprachen und

Novalis F. Schlegel Tieck

Literatur. Während der Schulzeit befreundete er sich mit Wilhelm Heinrich Wackenroder, dessen »Herzensergießungen eines kunstliebenden Klosterbruders« er 1797 herausgab. Der Text gilt als eines der frühesten Zeugnisse romantischen Lebensgefühls. Die mittelalterliche Kunst und die Werke Dürers werden in ›frommer Hingabe‹ als ein Abglanz himmlischer Harmonie verstanden und mit dem ›Herzen erfühlt‹.

Nach Bekanntschaft mit den Brüdern Schlegel ging Tieck 1799 nach Jena, wo er Novalis, Schelling, Fichte und Brentano kennenlernte; freundschaftlich verkehrte er mit Goethe und Schiller. 1805/06 unternahm er seine italienische Reise, die ihn vor allem in die Bibliothek des Vatikans führte, wo er mittelhochdeutsche Handschriften studierte. 1808 suchte er in Wien und München Fuß zu fassen; 1817/19 hielt er sich in Frankreich und anschließend zu Shakespeare-Studien in England auf. 1819 kam Tieck nach Dresden und wurde 1825 Dramaturg des Hoftheaters. Mit seinen späten Novellen begründete er das Genre der historischen und biographischen Novelle in Deutschland. 1841 ging Tieck auf Einladung des preußischen Königs Friedrich Wilhelm V. nach Potsdam und war dann Schauspieler und Hofrat in Berlin.

Tieck hat, wie Goethe, auf seine Weise, die ganze Literatur, deren Zeitgenosse er gewesen war, in seinen Werken gespiegelt. Er war vor allem um die Wiederentdeckung fremder und älterer deutscher Literatur bemüht. Ihm verdanken wir die erste im Geiste des Originals gehaltene Übersetzung des »Don Quixote« von Cervantes. Unermüdlich sammelte, erforschte und übersetzte er die mittelhochdeutschen »Minnelieder aus dem schwäbischen Zeitalter« (1803). Zusammen mit A. W. Schlegel übertrug und edierte er die Dramen Shakespeares (1825/33; 9 Bände). Seine umfangreiche und vor allem geistreiche literarische Produktion wurde zu seiner Zeit mit der Goethes verglichen und von großen Teilen des Publikums auch dem Weimarer Klassiker vorgezogen. Heute ist sie vielfach nur mehr von literaturhistorischem Interesse.

1797 gab Tieck unter dem Pseudonym Peter Leberecht »Volksmärchen« (3 Bände) heraus, in denen die Volksbücher »Die Schildbürger«, »Die schöne Magelone« und das Märchen »Der blonde Eckbert« enthalten sind. Überdauert hat auch Tiecks dramatisiertes Märchen vom »Gestiefelten Kater« (1797), das eine brillante Satire auf das zeitgenössische Theaterpublikum und seine aufklärerischen Dichterlieblinge, wie z. B. August von Kotzebue, ist. Tieck starb am 28. 4. 1853 in Berlin.

Weitere Werke: »Geschichte des Herrn William Lovell« (1795); »Ritter Blaubart« (1797); »Franz Sternbalds Wanderungen« (1798); »Der Geheimnisvolle« (1822); »Dichterleben« (1826/31).

Wilhelm Heinrich Wackenroder wurde am 13. 7. 1773 in Berlin geboren und wuchs in einem streng preußischen und pietistischen Elternhaus auf. 1793 bis 1794 studierte er auf Wunsch des Vaters Jura in Erlangen und Göttingen. Er unternahm, auch zusammen mit seinem Freund Ludwig Tieck, Reisen durch Franken, dessen Kunstschätze und Bauwerke (in Nürnberg und Bamberg) großen Eindruck auf ihn machten. Seine Begegnung mit der altdeutschen und italienischen Kunst wurde ihm zum religiösen Erlebnis. In den »Herzensergießungen eines kunstliebenden Klosterbruders« (1796) beschreibt er diese Erfahrungen und formuliert damit die erste programmatische Schrift der Frühromantik. Er starb am 13. 12. 1798 in Berlin an Nervenfieber.

Weitere Werke: »Phantasien über die Kunst, für Freunde der Kunst« (hg. v. Ludwig Tieck, 1799).

Wackenroder

Romantische Dichterexistenz

Joseph von Eichendorff
Brentano

Brentano ist bekanntlich nun schon seit mehreren Jahren tot; die Leute haben im Leben wenig von ihm gewußt, und nach dem Tode ihn kaum vermißt. Das wird niemanden sonderlich befremden, der das Verhältnis der Dichter zu den Leuten kennt. Goethe war lange Zeit unbekannt, ja verhöhnt, während Kotzebue[1] und Lafontaine[2] florierten; Arnim[3] stand verlegen auf dem Bücherbrett (und steht unseres Wissens noch ruhig dort), 5 während sie sich in den Leihbibliotheken um Fouqué[4] rissen. Man kann von den Leuten billigerweise ebensowenig prätendieren[5], daß sie poetisch sein, als daß sie gesund sein sollen; sie haben anderes zu tun und mit ihrer eignen Geistreichigkeit zu viel zu schaffen, und der durch die beständige Kultur ausgeweitete Lese-Magen verlangt derberes Futter. Schon Görres[6] bemerkte irgendwo, das große Publikum gebärde sich wie das Mammut in 10 den Urwäldern der Poesie: es bricht und spaltet sich unersättlich Rinde und ganze Stämme zum täglichen Fraß, und schnuppert im Vorüberstapfen kaum an dem Blumenstrauß, den ihm die Muse schüchtern und von fern zu reichen versucht. Mit Brentano hatte es indes noch ein anderes Bewandtnis. Jeder Dichter nämlich hat zwar, oder soll doch sein bescheiden Teil Genie haben; aber Brentano hatte dessen unbescheiden viel; 15 darüber erschraken die einen, den andern dagegen war das gerade recht, und sie wollen eben anfangen, jubelnd in die Hände zu klatschen, da fiel es ihm bei, despektierlich von der Genialität überhaupt zu reden und ihnen den ganzen verhofften Spaß wieder zu vereiteln. So verdarb er's mit beiden.

Das ist ungefähr Brentanos Dichterlaufbahn; wir wollen versuchen, sie mit wenigen Wor- 20 ten deutlicher zu bezeichnen.

Seine Schwester Bettina schreibt ihm einmal: »Meine Seele ist eine leidenschaftliche Tänzerin, die springt herum nach einer inneren Tanzmusik, die nur ich höre und die andern nicht. Alle schreien, ich soll ruhig werden, und Du auch, aber vor Tanzlust hört meine Seele nicht auf Euch, und wenn der Tanz aus wäre, dann wär's aus mit mir. Und was hab 25 ich denn von allen, die sich witzig genug meinen, mich zu lenken und zu zügeln? Sie reden von Dingen, die meine Seele nicht achtet, sie reden in den Wind. Das gelob ich vor Dir, daß ich nicht mich will zügeln lassen, ich will auf das Etwas vertrauen, das so jubelt in mir, denn am End ist's nichts anderes, als das Gefühl der Eigenmacht, man nennt das eine schlechte Seite, die Eigenmacht. Es ist ja aber auch Eigenmacht, daß man lebt.« – Wir 30 jedoch in unserer Sprache möchten diese verlockende Naturmusik, diesen Veitstanz des

---

[1] August Kotzebue (1761–1819) war der erfolgreichste Unterhaltungsdramatiker seiner Zeit (über 200 Theaterstücke).
[2] August Heinrich Lafontaine (1758–1831) war der Verfasser vielgelesener trivial-sentimentaler Familienromane (etwa 160 Bände).
[3] Achim von Arnim (1781–1831), Romantiker, Freund Brentanos, heiratete dessen Schwester Bettina.
[4] Friedrich Freiherr de la Motte Fouqué (1777–1843), romantischer, oft verkannter Schriftsteller
[5] prätendieren: (lat.-fr.) fordern, beanspruchen
[6] Joseph von Görres (1776–1848): katholischer Gelehrter und Publizist

freiheitstrunkenen Subjekts, kurzweg das *Dämonische* nennen, womit eine unerhört verschwenderische Fee beide Geschwister, Bettina wie Clemens, an der Wiege fast völlig gleich bedacht hatte.

35 Bettina jubelt noch bis heute eigensinnig fort in ihrer Eigenmacht, während Clemens, jene Eigenmacht vielmehr als eine falsche Fremdherrschaft erkennend, mit dem Phantom gerungen bis an sein Ende. Und eben darin liegt die eigentümliche Bedeutung Brentanos, daß er das Dämonische in ihm nicht etwa, wie so viele andere, beschönigend als geniale Tugend nahm oder künstlerisch zu vergeistigen suchte, sondern beständig wie ein heid-
40 nisches Fatum gehaßt hat, das ihn wahrhaft unglücklich machte; daß er ferner diesen Kampf nicht systematisch und planmäßig, sondern als ein geborener Dichter sprunghaft, nach Gelegenheit und augenblicklicher Eingebung und mit wechselndem Glück, wie einen unordentlichen, phantastischen Partisankrieg geführt hat mit allen spiegelblanken Zauberwaffen der Poesie, mit Klang und Witz und einer zweischneidigen Ironie, die sich
45 selbst am wenigsten verschonte.

Daher auch bei ihm, je nachdem die eine oder die andere der im Kampf begriffenen Gewalten die Oberhand gewann, das Aphoristische, Improvisierte in seinem Leben, eine in den seltsamsten Kontrasten wechselnde, scheinbare Doppelgängerei, jenes chamäleontische, aber immer prächtige Farbenspiel, womit uns seine Erscheinung oft in Erstaunen
50 setzt. So behauptet er aus einem natürlichen Hange zur Einsamkeit, Gott habe den Dichter einsiedlerisch gestellt; und ist doch jederzeit bereit, sich in das bunteste Weltleben zu stürzen. So rät er voll Eifer der Schwester Bettina, recht fleißig in der Küche zu helfen, gute Kuchen zu kneten usw., und sagt doch bald darauf wieder: »Alles Gegenwärtige ist mir nur der Stiel, an dem ich Vorzeit und Zukunft anfasse – ich bin ein geborener Idealist
55 – glücklich bin ich nicht, das ist Menschenwerk, unglücklich bin ich nicht, das ist auch Menschenwerk; ich bin alles, das ist Gotteswerk, und mag es niemand beweisen, das ist arme Bescheidenheit, die Kunst aber ist die Kanaille, die mich mit diesem sorgenvollen Ehrgeize behängt hat, und die Trägheit ist es, der ich es verdanke, daß ich so edel bin.« – Und während er dennoch der Kunst, und nur der Kunst, sein ganzes Leben weiht, spricht
60 er wegwerfend, ja entrüstet davon: »Es ist auch wirklich ein verdächtiges Ding um einen Dichter von Profession, der es nicht nur nebenher ist. Man kann sehr leicht zu ihm sagen: Mein Herr, ein jeder Mensch hat, wie Hirn, Herz, Magen, Milz, Leber und dergleichen, auch eine Poesie im Leibe, wer aber eins dieser Glieder überfüttert, verfüttert oder mästet, und es überall alle anderen hinübertreibt, ja es gar zum Erwerbszweig macht, der muß
65 sich schämen vor seinem ganzen übrigen Menschen. Einer, der von der Poesie lebt, hat das Gleichgewicht verloren; und eine übergroße Gänseleber, sie mag noch so gut schmecken, setzt doch immer eine kranke Gans voraus.«[1] – Fast erschrocken sagt daher seine Freundin Günderode von ihm: »Es kömmt mir oft vor, als hätte er viele Seelen; wenn ich nun anfange, einer dieser Seelen gut zu sein, da geht sie fort und eine andre tritt an ihre Stelle,
70 die ich nicht kenne, und die ich überrascht anstarre, und die, statt jener befreundeten, mich nicht zum besten behandelt.«

Es ist begreiflich, ein so außerordentlich komponiertes Talent, wo Licht und Schatten, weil sie miteinander rangen, dicht nebeneinander lagen, ja oft stoßend und drängend ineinander überzugehen schienen, wo neben hingebender Andacht und aller wunderba-
75 ren Süßigkeit der Romantik ein übermächtiger Witz mit den Dingen koboldartig spielte, alles verletzend, was er liebte – eine so ungewöhnliche Natur, sagen wir, mußte häufig

---

[1] Entnommen der Novelle »Geschichte vom braven Kasperl und dem schönen Annerl«

verkannt und mißverstanden werden, indem die Welt zu bequem ist, um genauer hinzusehen und im Scherz den Ernst, »das tiefe Leid im Liede« zu erkennen. Und so geschah es denn auch in der Tat, daß Brentano den meisten als ein schlechthin unerklärlicher Proteus[1], als ein innerer Widerspruch, ja manchen als ein scheinheiliger, unredlicher Faselant galt; und während die einen ihn vornehm in seinen Sünden stecken ließen, fabelten ihn andre als Mönch zu gerechter Buße in ein polnisches Kloster hinein. Er selbst hat diese borniert Ungerechtigkeit seiner Zeitgenossen in manchen Stunden schmerzlich gefühlt und äußert einmal darüber: »Es ist entsetzlicher, von gemeinen Menschen für genialisch, als für einen Narren gehalten zu werden.« Nur Goethes Mutter, die bekannte Frau Rat, die sich selten irre machen ließ, hatte prophetisch schon zu dem Knaben Clemens gesagt: »Dein Reich ist in den Wolken, und nicht von dieser Erde, und so oft es sich mit derselben berührt, wird's Tränen regnen.«

Und der heiteren Sibylle ist's auch diesmal zugetroffen. Kein Unbefangener wird in jenem ergötzlichen Tumulte der verschiedenen Seelen die rechte, wahre Seele, den Kristallquell, der insgeheim alle die wild spielenden Springbrunnen treibt, wir möchten sagen, das eigentlich Wunderbare seiner Wunderlichkeiten verkennen; es ist das unverwüstlich tiefe religiöse Gefühl, das er mit (Zacharias) Werner[2] gemein hatte; und eben der von der Frau Rat prophezeite schmerzliche Zusammenstoß jener beiden Reiche in ihm bildet das wunderbare Regenbogenspiel seiner Poesie. – Sein Briefwechsel mit seiner Schwester Bettina (von dieser unter dem Titel »Clemens Brentanos Frühlingskranz« herausgegeben) ist ein merkwürdiges Denkmal der in ihm arbeitenden Gegensätze. Er spielt hier den altklugen Hofmeister gegen seine jüngere Schwester; das steht ihm gar seltsam zu Gesicht und wird ihm offenbar herzlich sauer, weshalb er denn auch oft genug aus der Rolle fällt und von Bettina derb ausgelacht wird. Überall aber ist die heimliche Angst vor sich selber fühlbar, vor dem eigenen Dämon, den er in der gleichbegabten Schwester wie ein erschreckendes Spiegelbild wiedererkannt und daher aus allen Kräften bekämpft; das Ganze ist wie ein Monolog eines Besessenen, dessen innere Geister hier, nur mit verschiedenen Stimmen, wechselweis miteinander streiten. Oder ist es nicht, als spräche er recht eigentlich von sich selbst, wenn er in Beziehung auf Bettina sagt: »Wehe! Mir ist, als stehe ich auf einem vulkanischen Boden, wo die verwitterte Lava, von der schaffenden Natur üppig begrünt, hervorbricht in Flammen und verzehrt es wieder. Und hie und da liegen Brandstätten unter dem ewigblauen Himmel. Was nützt mein guter Wille, meine Stimme, mein Wort? Wie könnte das diesen Boden erschüttern, in dem ein innerliches Wirken verborgene Wege schleicht, und dann, jeder Gewalt unerreichbar, plötzlich das begonnene Gepflegte zerstörend aufflammt.« Oder wenn er an einer anderen Stelle von den sogenannten großen Menschen redet, die Gott mit berauschendem Stolze für ihre Mühe mit den Wissenschaften belohnt und sie die schöne Mitte verachten lehrt; und dann der Schwester zuruft: »Ich bitte Dich, bleibe in dieser Mitte und steige nur in die Höhe um zu beten.« – In seiner frühesten Dichtung schon: »Godwi, oder das steinerne Bild der Mutter«, kündigt sich dieser Kampf, freilich noch roh und düster, an, und er nennt es selber einen verwilderten Roman. Dieser Roman enthielt schon damals (1801 und 1802) ungefähr alle Elemente, womit die jetzige Literatur als mit neuen Erfindungen prahlt: Weltschmerz, Emanzipation

---

[1] Proteus: weissagender, dem Poseidon unterstellter Meergreis, der von der Gabe der Weissagung nur gezwungen Gebrauch machte
[2] Zacharias Werner (1768–1823): bedeutender, heute weitgehend vergessener Dramatiker

des Fleisches und des Weibes und revolutionäres Umkehren der Dinge. Und dennoch ist er
120 wieder gänzlich verschieden von jener neuesten Literatur. Denn einmal klingt auch im
»Godwi« in den einzelnen eingestreuten Volksliedern überall schon ein tieferer, ja religiöser Ernst fast sehnsüchtig hindurch; und sodann überkommt den Dichter selbst mitten
in dieser Verwirrung die tödlichste Langeweile, Ekel und Abscheu davor, und er vernichtet sofort, was er im ersten Bande geschaffen, im zweiten Bande schonungslos wieder
125 durch die bitterste Ironie. Er selbst sagt: »Ich werde die Kunst an diesem Buche rächen,
oder untergehen.« – Auch in dem wundervollen Lustspiele »Ponce de Leon«, wo ein
wahrhaft dämonischer Witz mit der Wirklichkeit, wie eine Fontäne mit goldenen Kugeln
spielt, ist doch im Grunde dieser poetisch zerfahrene, träumerische Ponce eigentlich der
Dichter selbst, gegen den er alle Ironie gewendet; und in seiner »Geschichte vom braven
130 Kasperl und der schönen Annerl« entfaltet er mitten durch den fatalistischen Spuk eines
dunkel hereinragenden Verhängnisses das tragische Spiel eines edlen Gemüts mit der
falschen Ehre, in einfachen, ergreifenden Zügen das schöne Grundthema variierend: tue
deine Pflicht und gib Gott allein die Ehre. – Und immer lichter und mächtiger ringt sich
der unsichtbare Schutzengel, der ihn durchs Leben begleitet, aus den Trümmern einer
135 verworrenen Jugend empor. Es ist, als vernähmen wir seinen leisen Flügelschlag in dem
»Tagebuch der Ahnfrau«, wo die schönsten Lieder wie Glockenklänge durch das Wal-
desrauschen herübertönen. So auch in der »Chronika eines fahrenden Schülers«, dem
sich, obgleich er arm und verlassen, die Natur und das Leben in aller Freudigkeit aufschließen, weil er alles unschuldig und mit herzlicher Frömmigkeit und Demut betrachtet;
140 denn »Du sollst nicht traurig sein um des Leides willen, das Dich auf Erden treffen wird,
nein, nur um Deiner und aller Schuld, deren Strafe das Leid ist. Auf Erden sind wir alle
arm, und müssen mannigfach mit unserem Leben herumwandeln, und lernen, und bleiben doch arme Schüler, bis der Herr sich unser erbarmet und uns einführt durch seinen
bitteren Tod in das ewige Leben.« – Seine Lieder endlich haben Klänge, die von keiner
145 Kunst der Welt erfunden werden, sondern überall nur aus der Tiefe einer reinen Seele
kommen. (...)
Am siegreichsten aber vielleicht zeigt sich die höhere Versöhnung jener dichterischen
Doppelnatur Brentanos in seinen hinterlassenen Märchen. (...) Hier ist es nun allerdings
zunächst wieder das ursprünglich Dämonische, das uns übermächtig entgegentritt, in
150 dem fast magischen Naturgefühl, in dem beständigen Wetterleuchten des Witzes, der wie
eine unabwendbare Naturgewalt über Freund und Feind ergeht, in einer ganz entfesselten
Phantasie, die den verborgenen Zusammenhang des Entlegensten blitzartig aufdeckt, als
ob sich das Unerhörte eben von selbst verstünde. (...) Man spricht von Brettern, die die
Welt bedeuten; man könnt es vielmehr vom Märchen sagen. Da probiert die Sage die
155 Geschichte, die arme, gebundene Natur träumt von Erlösung und spricht im Traume in
abgebrochenen, wundersamen Lauten, rührend, kindisch, erschütternd, es ist das alte,
wunderbare Lied, das in allen Dingen schläft. Aber nur ein reiner, gottergebener, keuscher Sinn kennt die Zauberformel, die es weckt, und wir erhalten eine große Meinung
von Brentanos ethischer Gewalt, wenn wir ihn so durch den Sommernachtstraum der
160 Welt, ihn deutend und lösend, auf dem Märchen-Rhein dahinfahren sehen,

> »Himmel oben, Himmel unten,
> Stern und Mond in Wellen lacht,
> Und in Traum und Lust gewunden
> Spiegelt sich die fromme Nacht«.

Nach allem diesem könnte in der Tat nur eine sehr beschränkte Beurteilung, die für 165
unsichtbare Geisteskämpfe überhaupt kein Verständnis hat, Brentano zu den Zerrissenen
zählen wollen. Denn was bei ihm wohl zuweilen so erscheint, beruht keineswegs, wie bei
den Zerrissenen, auf Unglauben, auf einer bloßen Negation oder Blasiertheit, mit einem
Worte: nicht auf einem inneren Bankerott, sondern vielmehr auf einem geistigen Über-
schusse, der in den hergebrachten Formeln der Poesie nicht aufgehen will. Und wenn jene 170
ihre Blöße mit den Lappen der Genialität, die Brentano verschwenderisch als Lumpen
weggeworfen, mühselig zu flicken und zu behängen suchen und mit ihrer Armut obendrein noch kokettieren; so hat dieser dagegen den Zwiespalt in sich stets als eine Krankheit erkannt, die man nicht freventlich hegen, sondern bezwingen soll.

In: Joseph von Eichendorff: Werke. Bd. 3: Schriften zur Literatur. München: Winkler 1976, S. 834 ff.

Hans Magnus Enzensberger
Die Lebensspur

Der Vater war ein wohlhabender Kaufmann italienischer Abstammung; die Mutter, Maximiliane von Laroche, entstammte einer glänzenden Familie aus dem Rheinland. Die
Großmutter Brentanos, Sophie Laroche, war eine gescheite Schriftstellerin, mit Wieland
eng befreundet, von Goethe gern besucht. Die Verbindung ihrer Tochter mit dem reichen
Witwer aus Frankfurt, der ein finsterer Mann gewesen sein muß, war keine Liebesheirat; 5
wie dessen erste Frau, so starb auch Maximiliane jung, nachdem sie in der barbarischen
Weise jener Zeit fast jährlich ein Kind zur Welt gebracht und von zwölfen vier schon früh
wieder verloren hatte. Am 9. September 1778 kam, in Ehrenbreitstein am Rhein, Clemens
zur Welt. Dort, im Haus der Großeltern, hat er einen großen Teil seiner Kindheit ver-
bracht. Mit seiner Erziehung nahm der Vater es erst dann genau, als es zu spät war. Die 10
Schulzeit verbrachte er bei sonderbaren und spießbürgerlichen Verwandten, zu denen
man ihn nach Koblenz erst, dann nach Mannheim und Bonn schickte. Mit sechzehn
Jahren sollte Clemens als Kaufmannslehrling ins väterliche Kontor eintreten. Zwei Jahre
gingen hin, bis der Vater einsah, daß gegen den mutwilligen Widerstand des Sohnes kein
Kraut gewachsen war. Kurz vor seinem Tod erlaubte er ihm, ein Brotstudium zu ergreifen. 15
Clemens wählte, wie fast zur gleichen Zeit Novalis, das der Bergwissenschaften. Aus
diesem Studium wurde nichts. Zwar ging Brentano im Sommer 1797 nach Halle, im Jahr
darauf jedoch taucht er in Jena auf, ohne doch irgendwelche Fortschritte in der Berg- oder
irgend sonst einer Wissenschaft zu machen. Ein Besuch in Frankfurt führte ihn nach
langer Zeit wieder mit Bettina zusammen; er hat vermutlich den Grund zu der leiden- 20
schaftlichen Zuneigung der Geschwister zueinander gelegt.
In Jena begann Clemens zu schreiben. Er fand dort einen Kreis ebenbürtiger Geister; die
Nova der Frühromantik war eben aufgeflammt. Er begegnete, zwanzigjährig, einer großen Leidenschaft. Sophie Mereau war eine mittelmäßige Dichterin, aber ihr Mut, ihr
Zauber und ihre Liebeskraft müssen groß gewesen sein. Das Drama dieser tiefen, bis auf 25
den Grund ihrer Existenz gehenden Beziehung ist uns in einem einzigartigen Briefwechsel
zwischen den Liebenden aufbewahrt. Erst nach fünf Jahren willigt Sophie in die Heirat

ein. Brentano schreibt einen Roman und veröffentlicht ihn, er produziert eine literarische Parodie, die schnell vergessen, und ein Lustspiel, das nie aufgeführt wird, er kehrt nach
30 Frankfurt zurück, unternimmt Rheinfahrten, zieht nach Marburg und Göttingen, knüpft und zerreißt Liebschaften, gewinnt Freunde und verliert sie wieder, aber im Grunde beschäftigt ihn nichts als die Liebe zu Sophie; sie ist auch der Quell seines Dichtens – bis er sie, im Herbst 1803, zur Frau gewinnt. Nur eine Begegnung, die neben diesem Liebeskampf auf Tod und Gedeih nicht verblaßt, fällt in diese Jahre: im Sommer 1801 trifft
35 Brentano in Göttingen den Studenten der Physik Achim von Arnim: ein Kairos[1] der deutschen Geistesgeschichte und der Anfang einer Freundschaft, die erst nach Brentanos Umkehr langsam erloschen ist. Früh fassen die beiden Vertrauten den Plan ihrer Sammlung alter deutscher Lieder; an der Festigkeit Arnims gewinnt Brentano eine Stütze für die durchfurchten Jahre seiner Lebensmitte.
40 Brentano gründet einen Hausstand in Marburg; die beiden Brüder Grimm gehen dort ein und aus. Sein erstes Kind stirbt, kaum fünf Wochen alt; er beschließt, nach Heidelberg zu ziehen, wo er gemeinsam mit Arnim den ersten Band des Wunderhorns redigiert. Auch die Anfänge des Märchenwerks fallen in diese Zeit. Die Napoleonischen Kriege überziehen Europa, aber Brentano nimmt sie nur als dumpfes Verhängnis wahr, als Unordnung der
45 äußeren Welt, mit der seine inneren Krisen nichts zu tun haben. Auch sein zweites Kind bleibt nicht am Leben, und bei der Geburt des dritten, im Oktober 1806, stirbt Sophie mit ihm im Kindbett. Clemens hat diesen Verlust nie verwinden können; das nächste Jahrzehnt seines Lebens war eine Irrfahrt ohne Ende. Frankfurt, Kassel, Heidelberg, Landshut, München, Berlin, ein Gut im Böhmischen, Prag und Wien, schließlich wiederum
50 Berlin: das waren ihre Stationen. Eine völlig irrsinnige zweite Ehe, die mit einer Scheidung endete; eine Zeit gesellschaftlichen Glanzes im patriotisch bewegten Berlin; eine Episode als Gutsbesitzer, die er mit Verlust und Ärger bezahlte; Theaterhoffnungen in Österreich, die in einem Pfeifkonzert untergingen; wunderliche Pläne und heimliche Abenteuer: es schlug ihm alles zum Unheil aus.
55 Im September 1816 lernte Brentano in Berlin eine Pfarrerstochter namens Luise Hensel kennen, die fromme Gesangbuchverse schrieb. Die Leidenschaft, die er zu ihr faßte, war der tiefste Ausdruck seiner Krise, eine wilde Mischung aus erotischer Getriebenheit und religiöser Qual. Sie endete damit, daß er allein blieb und zu dem katholischen Glauben seiner Kindheit zurückkehrte. Er sagte sich von seinen Freunden und von aller literari
60 schen Arbeit los. Im Herbst 1818 zog er nach Dülmen. Dort lebte eine stigmatisierte Augustinernonne, die sich visionäre Kräfte beimaß. In fast fünfjähriger Arbeit schrieb Brentano die Geschichte und Offenbarungen dieser Frau (sie hieß Anna Katharina Emmerich) nieder; er hat sie später auch veröffentlicht. Diese Aufzeichnungen, deren Authentizität umstritten ist, haben eine Verbreitung gefunden, die seinem dichterischen
65 Werk versagt geblieben ist: sie nehmen heute noch einen Platz in der katholischen Erbauungsliteratur vieler Länder ein.
Nach dem Tod jener Nonne hat Brentano noch achtzehn Jahre lang gelebt; er brachte die meisten von ihnen in Koblenz, Regensburg und München zu; zurückgezogen, von Schuldgefühlen verfolgt, ein wunderlicher alter Junggeselle: »Er war stärker im Gesicht und am
70 Körper geworden und trug einen groben wollenen Kittel. In seiner Stube lag alles recht durcheinander, und in seiner Schlafkammer daneben war's noch ärger. Die weißen Kalkwände waren alle mit großen und kleinen Ölbildern, meist auf Holz gemalt, zugehängt,

---

[1] Kairos: Gott der günstigen Gelegenheit, des rechten Augenblicks

meist alten Bekannten, die er in Heidelberg und Landshut schon hatte. Möbel waren gar keine da, nur eine Kommode, woraus die Schubladen genommen waren, die auf der Erde lagen, und ein paar Stühle. Er selbst saß in einem Sessel, alles grob von Tannenholz 75 gemacht; sein Arbeitstisch waren ein paar abgehobelte Dielen mit ein paar Füßen. Tisch, Stühle, Schubladen standen in der Stube herum, alles lag voller Bücher, Papierrollen, Kupferstiche, gedruckten und ungedruckten Papiers; ein alter Koffer in einer Ecke, mit schmutziger Wäsche, die halb heraushing; sein brauner Ausgehüberrock und sein Hut lagen da, wo er sie gerade ablegte, und wenn er monatelang nicht ausging, blieben sie 80 gewiß an Ort und Stelle liegen.« So lebte er in den letzten Jahren, scheu, mißtrauisch, von Höllenangst geplagt. Am 28. Juli 1842 ist er an einer Herzkrankheit gestorben. Auf dem Friedhof zu Aschaffenburg liegt er begraben.

In: Clemens Brentano: Gedichte, Erzählungen, Briefe. Hg. v. Hans Magnus Enzensberger. Frankfurt/M./Hamburg: Fischer 1958, S. 197 f.

Eichendorff entwirft das Idealporträt eines romantischen Dichters.
1. Wie stellt er die unmittelbare Rezeptionsgeschichte dar?
2. Beschreiben Sie den Zwiespalt im Leben Brentanos.
3. Welches Lebensgefühl der Romantiker betont Eichendorff besonders?

Auch Hans Magnus Enzensberger beschreibt den Zwiespalt in Brentanos Leben.
1. Welche Gründe führt er an?
2. Zeichnen Sie den romantischen Umkreis, den Enzensberger entwirft, nach.
Zusammenfassung: In welchen Wesensmerkmalen unterscheiden sich die beiden Lebens-skizzen?

Clemens Brentano
Der Spinnerin Nachtlied

Es sang vor langen Jahren
Wohl auch die Nachtigall,
Das war wohl süßer Schall,
Da wir zusammen waren.

5 Ich sing' und kann nicht weinen,
Und spinne so allein
Den Faden klar und rein
So lang der Mond wird scheinen.

Als wir zusammen waren
10 Da sang die Nachtigall,
Nun mahnet mich ihr Schall,
Daß du von mir gefahren.

So oft der Mond mag scheinen,
Denk' ich wohl dein allein,
15 Mein Herz ist klar und rein,
Gott wolle uns vereinen.

Seit du von mir gefahren,
Singt stets die Nachtigall,
Ich denk' bei ihrem Schall,
20 Wie wir zusammen waren.

Gott wolle uns vereinen
Hier spinn' ich so allein,
Der Mond scheint klar und rein,
Ich sing' und möchte weinen.

In: Clemens Brentano: Gedichte. Hg. v. Wolfgang Frühwald, Bernhard Gajek, Friedhelm Kemp. München: dtv 1977, S. 131; © Hanser, München 1968.

Clemens Brentano

Hör, es klagt die Flöte wieder,
Und die kühlen Brunnen rauschen.
Golden wehn die Töne nieder,
Stille, stille, laß uns lauschen!

5 Holdes Bitten, mild Verlangen,
Wie er süß zum Herzen spricht!
Durch die Nacht, die mich umfangen,
Blickt zu mir der Töne Licht.

In: Clemens Brentano: Gedichte. Hg. v. Wolfgang Frühwald, Bernhard Gajek, Friedhelm Kemp. München: dtv 1977, S. 144 ff.; © Hanser, München 1968.

Clemens Brentano
Lurely

Singet leise, leise, leise,
Singt ein flüsternd Wiegenlied,
Von dem Monde lernt die Weise,
Der so still am Himmel zieht.

5 Denn es schlummern in dem Rheine
Jetzt die lieben Kindlein klein,
Ameleya wacht alleine
Weinend in dem Mondenschein.

Singt ein Lied so süß gelinde,
10 Wie die Quellen auf den Kieseln,
Wie die Bienen um die Linde
Summen, murmeln, flüstern, rieseln.

In: Clemens Brentano: Gedichte. Hg. v. Wolfgang Frühwald, Bernhard Gajek, Friedhelm Kemp. München: dtv 1977, S. 247 f.; © Hanser, München 1968.

Clemens Brentano
Verzweiflung an der Liebe in der Liebe

In Liebeskampf? in Todeskampf gesunken?
Ob Atem noch von ihren Lippen fließt?
Ob ihr der Krampf den kleinen Mund verschließt?
Kein Öl die Lampe? oder keinen Funken?

5 Der Jüngling – betend? tot? in Liebe trunken?
Ob er der Jungfrau höchste Gunst genießt?
Was ist's, das der gefallne Becher gießt?
Hat Gift, hat Wein, hat Balsam sie getrunken?

Des Jünglings Arme Engelsflügel werden –
10 Nein, Mantelsfalten – Leichentuches Falten.
Um sie strahlt Heil'genschein – zerraufte Haare.

Strahl' Himmelslicht, flamm' Hölle zu der Erde
Brich der Verzweiflung rasende Gewalten,
Enthüll' – verhüll' – das Freudenbett – die Bahre!

In: Clemens Brentano: Gedichte. Hg. v. Wolfgang Frühwald, Bernhard Gajek, Friedhelm Kemp.
München: dtv 1977, S. 200; © Hanser, München 1968.

Clemens Brentano

Einsam will ich untergehn,
Keiner soll mein Leiden wissen,
Wird der Stern, den ich gesehn
Von dem Himmel mir gerissen
5 Will ich einsam untergehn
Wie ein Pilger in der Wüste.

Einsam will ich untergehn,
Wie ein Pilger in der Wüste,
Wenn der Stern, den ich gesehn,
10 Mich zum letzten Male grüßte
Will ich einsam untergehn
Wie ein Bettler auf der Heide.

Einsam will ich untergehn,
Wie ein Pilger in der Wüste,
Wenn der Stern, den ich gesehn
10 Mich zum letzten Male grüßte
Will ich einsam untergehn
Wie ein Bettler auf der Heide.

Einsam will ich untergehn
20 Wie der Tag im Abendgrauen,
Will der Stern, den ich gesehn
Nicht mehr auf mich niederschauen,
Will ich einsam untergehn
Wie ein Sklave an der Kette.

25 Einsam will ich untergehn
Wie ein Sklave an der Kette,
Scheint der Stern, den ich gesehn
Nicht mehr auf mein Dornenbette
Will ich einsam untergehn
30 Wie ein Schwanenlied im Tode.

Einsam will ich untergehn
Wie ein Schwanenlied im Tode,
Ist der Stern, den ich gesehn
Mir nicht mehr ein Friedensbote
35 Will ich einsam untergehn
Wie ein Schiff in wüsten Meeren.

Einsam will ich untergehn
Wie ein Schiff in wüsten Meeren,
Wird der Stern, den ich gesehn
40 Jemals weg von mir sich kehren,
Will ich einsam untergehn
Wie der Trost in stummen Schmerzen.

Einsam will ich untergehn
Wie der Trost in stummen Schmerzen,
45 Soll den Stern, den ich gesehn
Jemals meine Schuld verscherzen,
Will ich einsam untergehn
Wie mein Herz in deinem Herzen.

25. August 1817

In: Clemens Brentano: Gedichte. Hg. v. Wolfgang Frühwald, Bernhard Gajek, Friedhelm Kemp.
München: dtv 1977, S. 389 f.; © Hanser, München 1968.

Landschaft. K. F. Schinkel. Gezeichnet während einer Erzählung des Clemens Brentano.

1. *Nennen Sie die »typisch romantischen« Motive in den ersten drei abgedruckten Gedichten.*
2. *Welche beiden Hauptmotive werden im Gedicht »Verzweiflung an der Liebe in der Liebe« kunstvoll verschränkt?*
3. *Zeichnen Sie das Kompositionsschema des Gedichts »Einsam will ich untergehn« nach.*
4. *Interpretieren Sie dieses Gedicht von den letzten beiden Versen her.*

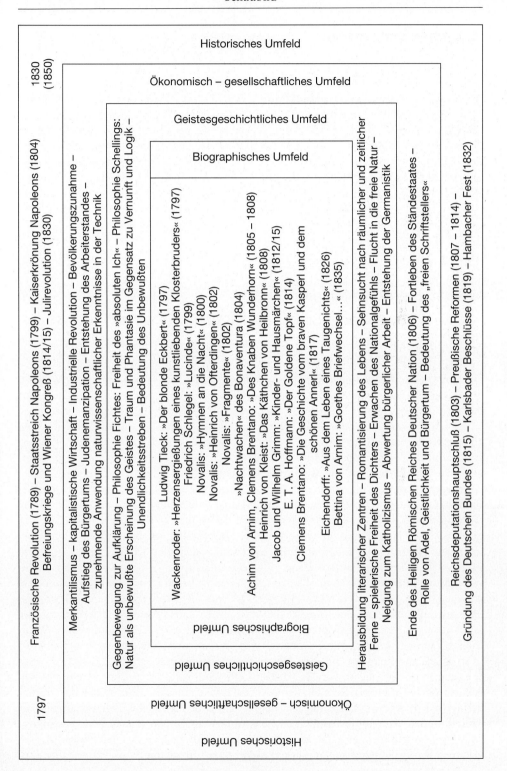

2. Themen und Formen

Poetisierung des Lebens

Als erste programmatische Schrift der Romantik gelten Wackenroders (vgl. S. 184) »Herzensergießungen eines kunstliebenden Klosterbruders«, in denen er die Erfahrung der Synästhesie, d. h. der Verschmelzung verschiedenartiger Empfindungen, formulierte. Friedrich Schlegel (vgl. S. 183) und Novalis (vgl. S. 182 f.) wählen für ihre Aussagen die literarische Form des Fragments in dem Bewußtsein, aus der Unendlichkeit des Stoffes nur beschränkte Bereiche auswählen und behandeln zu können, die zu erweitern und zu verknüpfen sind. So nennt Novalis seine 1798 herausgegebene Fragmentensammlung »Blüthenstaub« und versteht die Fragmente als »Anfangssätze«, »literarische Sämereien«, die er in die Öffentlichkeit hinausschicken will.

Wilhelm Heinrich Wackenroder

Von zwei wunderbaren Sprachen und deren geheimnisvoller Kraft (1797)

Die Sprache der Worte ist eine große Gabe des Himmels, und es war eine ewige Wohltat des Schöpfers, daß er die Zunge des ersten Menschen löste, damit er alle Dinge, die der Höchste um ihn her in die Welt gesetzt, und alle geistigen Bilder, die er in seine Seele gelegt hatte, nennen, und seinen Geist in dem mannigfaltigen Spiele mit diesem Reichtum von
5 Namen üben konnte. Durch Worte herrschen wir über den ganzen Erdkreis; durch Worte erhandeln wir uns mit leichter Mühe alle Schätze der Erde. *Nur das Unsichtbare, das über uns schwebt,* ziehen Worte nicht in unser Gemüt herab.
Die irdischen Dinge haben wir in unsrer Hand, wenn wir ihre Namen aussprechen; – aber wenn wir die Allgüte Gottes, oder die Tugend der Heiligen nennen hören, welches doch
10 Gegenstände sind, die unser ganzes Wesen ergreifen sollten, so wird allein unser Ohr mit leeren Schallen gefüllt, und unser Geist nicht, wie es sollte, erhoben.
Ich kenne aber *zwei wunderbare Sprachen,* durch welche der Schöpfer den Menschen vergönnt hat, die himmlischen Dinge in ganzer Macht, so viel es nämlich, (um nicht verwegen zu sprechen) sterblichen Geschöpfen möglich ist, zu fassen und zu begreifen. Sie
15 kommen durch ganz andere Wege zu unserm Inneren, als durch die Hülfe der Worte; sie bewegen auf *einmal,* auf eine wunderbare Weise, unser ganzes Wesen, und drängen sich in jede Nerve und jeden Blutstropfen, der uns angehört. Die eine dieser wundervollen Sprachen redet nur *Gott;* die andere reden nur wenige Auserwählte unter den Menschen, die er zu seinen Lieblingen gesalbt hat. Ich meine: *die Natur* und *die Kunst.* –
20 Seit meiner frühen Jugend her, da ich den Gott der Menschen zuerst aus den uralten heiligen Büchern unserer Religion kennen lernte, war mir die *Natur* immer das gründlichste und deutlichste Erklärungsbuch über sein Wesen und seine Eigenschaften. Das Säuseln in den Wipfeln des Waldes, und das Rollen des Donners, haben mir geheimnisvolle Dinge von ihm erzählet, die ich in Worten nicht aufsetzen kann. Ein schönes Tal, von
25 abenteuerlichen Felsengestalten umschlossen, oder ein glatter Fluß, worin gebeugte

Bäume sich spiegeln, oder eine heitere grüne Wiese von dem blauen Himmel beschienen, – ach diese Dinge haben in meinem inneren Gemüte mehr wunderbare Regungen zuwege gebracht, haben meinen Geist von der Allmacht und Allgüte Gottes inniger erfüllt, und meine ganze Seele weit mehr gereinigt und erhoben, als es je die Sprache der Worte vermag. Sie ist, dünkt mich, ein allzu irdisches und grobes Werkzeug, um das Unkörper- 30 liche, wie das Körperliche, damit zu handhaben.

Ich finde hier einen großen Anlaß, die Macht und Güte des Schöpfers zu preisen. Er hat um uns Menschen eine unendliche Menge von Dingen umhergestellt, wovon jedes ein anderes Wesen hat, und wovon wir keines verstehen und begreifen. Wir wissen nicht, was ein Baum ist; nicht, was eine Wiese, nicht, was ein Felsen ist; wir können nicht in unserer 35 Sprache mit ihnen reden; wir verstehen nur *uns* untereinander. Und dennoch hat der Schöpfer in das Menschenherz eine solche wunderbare Sympathie zu diesen Dingen gelegt, daß sie demselben, auf unbekannten Wegen, Gefühle, oder Gesinnungen, oder wie man es nennen mag, zuführen, welche wir nie durch die abgemessensten Worte erlangen.

Die Weltweisen sind, aus einem an sich löblichen Eifer für die Wahrheit, irre gegangen; sie 40 haben die Geheimnisse des Himmels aufdecken, und unter die irdischen Dinge, in irdische Beleuchtung stellen wollen, und die *dunkeln Gefühle* von denselben, mit kühner Verfechtung ihres Rechtes, aus ihrer Brust verstoßen. – Vermag der schwache Mensch die Geheimnisse des Himmels aufzuhellen? Glaubt er verwegen ans Licht ziehen zu können, was Gott mit seiner Hand bedeckt? Darf er wohl die *dunkeln Gefühle*, welche wie verhüllte 45 Engel zu uns herniedersteigen, hochmütig von sich weisen? – Ich ehre sie in tiefer Demut; denn es ist große Gnade von Gott, daß er uns diese echten Zeugen der Wahrheit herabsendet. Ich falte die Hände, und bete an. –

Die *Kunst* ist eine Sprache ganz anderer Art, als die Natur; aber auch ihr ist durch ähnliche dunkle und geheime Wege, eine wunderbare Kraft auf das Herz des Menschen 50 eigen. Sie redet durch Bilder der Menschen, und bedienet sich also einer Hieroglyphenschrift, deren Zeichen wir dem Äußern nach, kennen und verstehen. Aber sie schmelzt das Geistige und Unsinnliche, auf eine so rührende und bewunderungswürdige Weise, in die sichtbaren Gestalten hinein, daß wiederum unser ganzes Wesen, und alles, was an uns ist, von Grund auf bewegt und schon erschüttert wird. Manche Gemälde aus der Leidensge- 55 schichte Christi, oder von unsrer heiligen Jungfrau, oder aus der Geschichte der Heiligen, haben, ich darf es wohl sagen, mein Gemüt mehr gesäubert, und meinem inneren Sinne tugendseligere Gesinnungen eingeflößt, als Systeme der Moral und geistliche Betrachtungen. Ich denke unter andern noch mit Inbrunst an ein über alles herrlich gemaltes Bild unsers heiligen Sebastian, wie er nackt an einen Baum gebunden steht, ein Engel ihm die 60 Pfeile aus der Brust zieht, und ein anderer Engel vom Himmel einen Blumenkranz für sein Haupt bringt. Diesem Gemälde verdanke ich sehr eindringliche und haftende christliche Gesinnungen, und ich kann mir jetzt kaum dasselbe lebhaft vorstellen, ohne daß mir die Tränen in die Augen kommen.

Die Lehren der Weisen setzen nur unser Gehirn, nur die eine Hälfte unseres Selbst, in 65 Bewegung; aber die zwei wunderbaren Sprachen, deren Kraft ich hier verkündige, rühren unsere Sinne sowohl als unsern Geist; oder vielmehr scheinen dabei, (wie ich es nicht anders ausdrücken kann,) alle Teile unsers (uns unbegreiflichen) Wesens zu einem einzigen, neuen Organ zusammenzuschmelzen, welches die himmlischen Wunder, auf diesem zwiefachen Wege, faßt und begreift. 70

Die eine der Sprachen, welche der Höchste selber von Ewigkeit zu Ewigkeit fortredet, die ewig lebendige, unendliche *Natur,* ziehet uns durch die weiten Räume der Lüfte unmit-

telbar zu der Gottheit hinauf. Die *Kunst* aber, die, durch sinnreiche Zusammensetzungen von gefärbter Erde und etwas Feuchtigkeit, die menschliche Gestalt in einem engen,
75 begrenzten Raume, nach innerer Vollendung strebend, nachahmt, (eine Art von Schöpfung, wie sie sterblichen Wesen hervorzubringen vergönnt ward,) – sie schließt uns die Schätze in der menschlichen Brust auf, richtet unsern Blick in unser Inneres, und zeigt uns das Unsichtbare, ich meinte alles was edel, groß und göttlich ist, in menschlicher Gestalt. –
80 Wenn ich aus dem Gottgeweiheten Tempel unsers Klosters von der Betrachtung Christi am Kreuz, ins Freie hinaustrete, und der Sonnenschein vom blauen Himmel mich warm und lebendig umfängt, und die schöne Landschaft mit Bergen, Gewässer und Bäumen mein Auge rührt; so sehe ich eine eigene Welt Gottes vor mir hervorgehen, und fühle auf eigene Weise große Dinge in meinem Inneren sich erheben. – Und wenn ich aus dem
85 Freien wieder in den Tempel trete, und das Gemälde von Christo am Kreuze mit Ernst und Innigkeit betrachte; so sehe ich wiederum eine andere ganz eigene Welt Gottes vor mir hervorgehen, und fühle auf andre, eigene Weise sich große Dinge in meinem Innern erheben. –
Die Kunst stellet uns die höchste menschliche Vollendung dar. Die Natur, so viel davon
90 ein sterbliches Auge sieht, gleichet abgebrochenen Orakelsprüchen aus dem Munde der Gottheit. Ist es aber erlaubt, also von dergleichen Dingen zu reden, so möchte man vielleicht sagen, daß Gott wohl die ganze Natur oder die ganze Welt auf ähnliche Art, wie wir ein Kunstwerk, ansehen möge.

In: Wilhelm Heinrich Wackenroder: Herzensergießungen eines kunstliebenden Klosterbruders. Berlin: Unger 1797, S. 131 f.

1. *Der Ausschnitt ist klar aufgebaut. Entwerfen sie eine Gliederung des Gedankengangs.*
2. *Wackenroder sieht Natur und Kunst anders, als wir sie heute zu sehen gewohnt sind. Worin besteht der Unterschied?*
3. *Worin erkennen Sie den Gedanken und die Erfahrung der Synästhesie?*
4. *Worin besteht der letzte Sinn der beiden »Sprachen«?*
5. *In welchem Verhältnis stehen Künstler und Kunstwerk?*

Friedrich Schlegel
Athenäums-Fragment 116 (1798)

Die romantische Poesie ist eine progressive Universalpoesie. Ihre Bestimmung ist nicht bloß, alle getrennten Gattungen der Poesie wieder zu vereinigen, und die Poesie mit der Philosophie und Rhetorik in Berührung zu setzen. Sie will, und soll auch Poesie und Prosa, Genialität und Kritik, Kunstpoesie und Naturpoesie bald mischen, bald verschmel-
5 zen, die Poesie lebendig und gesellig, und das Leben und die Gesellschaft poetisch machen, den Witz poetisieren, und die Formen der Kunst mit gediegnem Bildungsstoff jeder Art anfüllen und sättigen, und durch die Schwingungen des Humors beseelen. Sie umfaßt alles, was nur poetisch ist, vom größten wieder mehrere Systeme in sich enthaltenden

Systeme der Kunst, bis zu dem Seufzer, dem Kuß, den das dichtende Kind aushaucht in kunstlosen Gesang. Sie kann sich so in das Dargestellte verlieren, daß man glauben 10 möchte, poetische Individuen jeder Art zu charakterisieren, sei ihr Eins und Alles; und doch gibt es noch keine Form, die so dazu gemacht wäre, den Geist des Autors vollständig auszudrücken: so daß manche Künstler, die nur auch einen Roman schreiben wollten, von ungefähr sich selbst dargestellt haben. Nur sie kann gleich dem Epos ein Spiegel der ganzen umgebenden Welt, ein Bild des Zeitalters werden. Und doch kann auch sie am 15 meisten zwischen dem Dargestellten und dem Darstellenden, frei von allem realen und idealen Interesse auf den Flügeln der poetischen Reflexion in der Mitte schweben, diese Reflexion immer wieder potenzieren und wie in einer endlosen Reihe von Spiegeln vervielfachen. Sie ist der höchsten und der allseitigsten Bildung fähig; nicht bloß von innen heraus, sondern auch von außen hinein; indem sie jedem, was ein Ganzes in ihren Pro- 20 dukten sein soll, alle Teile ähnlich organisiert, wodurch ihr die Aussicht auf eine grenzenlos wachsende Klassizität eröffnet wird. Die romantische Poesie ist unter den Künsten was der Witz der Philosophie, und die Gesellschaft, Umgang, Freundschaft und Liebe im Leben ist. Andre Dichtarten sind fertig, und können nun vollständig zergliedert werden. Die romantische Dichtart ist noch im Werden; ja das ist ihr eigentliches Wesen, daß sie 25 ewig nur werden, nie vollendet sein kann. Sie kann durch keine Theorie erschöpft werden, und nur eine divinatorische Kritik dürfte es wagen, ihr Ideal charakterisieren zu wollen. Sie allein ist unendlich, wie sie allein frei ist, und das als ihr erstes Gesetz anerkennt, daß die Willkür des Dichters kein Gesetz über sich leide. Die romantische Dichtart ist die einzige, die mehr als Art, und gleichsam die Dichtkunst selbst ist: denn in einem gewissen 30 Sinn ist oder soll alle Poesie romantisch sein.

In: Der Poesiebegriff der deutschen Romantik. Hg. v. Karl Konrad Pohlheim. Paderborn: Schöningh 1972, S. 80 f.

1. *Wie charakterisiert Schlegel Poesie in diesem Text? Stellen Sie einen Vergleich mit Lexikondefinitionen an.*
2. *Versuchen Sie eine Zusammenfassung der weit ausschweifenden Gedankengänge.*

Novalis
Fragmente über Poesie (1798)

Dichter und Priester waren im Anfang eins, und nur spätere Zeiten haben sie getrennt. Der echte Dichter ist aber immer Priester, so wie der echte Priester immer Dichter geblieben. Und sollte nicht die Zukunft den alten Zustand der Dinge wieder herbeiführen?

Unser Alltagsleben besteht aus lauter erhaltenden, immer wiederkehrenden Verrichtungen. Dieser Zirkel von Gewohnheiten ist nur Mittel zu einem Hauptmittel, unserm irdi- 5 schen Dasein überhaupt, das aus mannigfaltigen Arten zu existieren gemischt ist.

Philister leben nur ein Alltagsleben. Das Hauptmittel scheint ihr einziger Zweck zu sein. Sie tun das alles, um des irdischen Lebens willen; wie es scheint und nach ihren eignen Äußerungen scheinen muß. Poesie mischen sie nur zur Notdurft unter, weil sie nun einmal eine gewisse Unterbrechung ihres täglichen Laufs gewöhnt sind. In der Regel erfolgt diese 10

Unterbrechung alle sieben Tage, und könnte ein poetisches Septanfieber heißen. Sonntags ruht die Arbeit, sie leben ein bißchen besser als gewöhnlich und dieser Sonntagsrausch endigt sich mit einem etwas tiefern Schlafe als sonst; daher auch montags alles noch einen raschern Gang hat. Ihre parties de plaisir müssen konventionell, gewöhnlich, modisch
15 sein, aber auch ihr Vergnügen verarbeiten sie, wie alles, mühsam und förmlich.

Den höchsten Grad seines poetischen Daseins erreicht der Philister bei einer Reise, Hochzeit, Kindtaufe und in der Kirche. Hier werden seine kühnsten Wünsche befriedigt, und oft übertroffen.

Die Poesie hebt jedes Einzelne durch eine eigentümliche Verknüpfung mit dem übrigen
20 Ganzen – und wenn die Philosophie durch ihre Gesetzgebung die Welt erst zu dem wirksamen Einfluß der Ideen bereitet, so ist gleichsam Poesie der Schlüssel der Philosophie, ihr Zweck und ihre Bedeutung; denn die Poesie bildet die schöne Gesellschaft – die Weltfamilie – die schöne Haushaltung des Universums.

Die Welt muß romantisiert werden. So findet man den ursprünglichen Sinn wieder. Ro-
25 mantisieren ist nichts als eine qualitative Potenzierung. Das niedre Selbst wird mit einem bessern Selbst in dieser Operation identifiziert. So wie wir selbst eine solche qualitative Potenzenreihe sind. Diese Operation ist noch ganz unbekannt. Indem ich dem Gemeinen einen hohen Sinn, dem Gewöhnlichen ein geheimnisvolles Ansehen, dem Bekannten die Würde des Unbekannten, dem Endlichen einen unendlichen Schein gebe, so romantisiere
30 ich es – Umgekehrt ist die Operation für das Höhere, Unbekannte, Mystische, Unendliche – dies wird durch diese Verknüpfung logarithmisiert – es bekommt einen geläufigen Ausdruck. Romantische Philosophie. *Lingua romana.* Wechselerhöhung und Erniedrigung.

In: Novalis: Schriften. Hg. v. J. Minor. Bd. 2. Jena: Diederichs 1923, S. 126 ff.

Versuchen Sie, die einzelnen Fragmente mit eigenen Worten zu erklären.

Märchen – verzauberte Welt

Mit dem »Blonden Eckbert« begründet Ludwig Tieck (vgl. S. 183 f.) das romantische Kunstmärchen. Jedoch auch Gattungsbezeichnungen wie »Märchennovelle«[1] und »Märchenerzählung«[2] finden sich. Die Trennung dieser Begriffe scheint schwierig, denn die Definitions- und Ab-grenzungsversuche der verschiedenen literarischen Nachschlagewerke widersprechen sich häufig oder überschneiden sich. Für das eine Lexikon ist die Erzählung »im weiteren Sinne Bezeichnung für alle Arten epischer Gestaltung von realen oder fiktiven Geschehnisfolgen«[3], für das andere ist

[1] Kindlers Literaturlexikon im dtv. Bd. 5. München: dtv 1974, S. 1553.
[2] Die deutsche Literatur. Ein Abriß in Text und Darstellung. Romantik II. Hg. v. Hans-Jürgen Schmitt. Stuttgart: Reclam ³1980, S. 24.
[3] Schülerduden. Die Literatur. Hg. v. der Redaktion Literatur des Bibliographischen Instituts unter der Leitung von Gerhard Kwiatkowski. Mannheim/Wien/Zürich: Bibliographisches Institut 1980. S. 137.

sie eine »Form der epischen Dichtung bei der wirkliche oder vom Autor erfundene Begebenheiten, Handlungen und Situationen in der Sprache der Prosa von einem Erzähler dargeboten werden«[1].

Ähnliches gilt für die Novelle, bei der eigentlich nur die Wortherleitung aus dem Italienischen und die Bedeutung »Neuigkeit« unumstritten sind. Ein Lexikon bekennt offen: »Die verschiedenen Formen der Novelle sind nur schwer auf einen Nenner zu bringen.«[2], ein anderes rafft gedrängt zusammen: »Im Vergleich zur Erzählung meist kürzere, straffer strukturierte, oft eine fast dramatische Zuspitzung auf das Wesentliche aufweisende Form der Prosa-Literatur, deren Thema Symbolcharakter haben kann.«[3]

Einig sind sich alle Lexika in der Zitierung von Goethes bekannter Definition, daß die Novelle »eine sich ereignete unerhörte Begebenheit« sei. Einig ist man sich darüber hinaus, daß Boccaccios »Il Decamerone« (1349–53) und Goethes »Unterhaltungen deutscher Ausgewanderten« (1795) Novellenzyklen seien, die vorbildhaft gewirkt hätten.

Bei den Versuchen, das Kunstmärchen einzugrenzen, wird nicht so sehr auf die Form, sondern auf den Inhalt gesehen, indem als Kriterium der Begriffsbestimmung die phantastische, die Naturgesetzen entgegengesetzte, nach Raum und Zeit nicht festgelegte Weltsicht hervorgehoben wird. Einig ist man sich in der Unterscheidung zwischen Volks- und Kunstmärchen. Vereinfacht gesagt, sind Volksmärchen, so wie sie von den Brüdern Grimm (vgl. S. 181, 235 f.) gesammelt wurden, jene Märchen, die lange tradiert wurden und deren Verfasser unbekannt sind. Bei Kunstmärchen, die im allgemeinen raffinierter komponiert sind,

ist der Verfasser und dessen Kunstabsicht bekannt.

Die Romantiker, die sich gerade um die Konstituierung der Novelle und des Kunstmärchens bemühten (Tieck, Friedrich Schlegel, Novalis u. a.), definierten mit philologischer Freude, mußten aber gerade an dem romantischen Prinzip der Verschränkung aller Gattungsformen letztlich scheitern. Der Begriff »Märchennovelle« umschreibt das Dilemma.

Wir verzichten bei der Beispielauswahl dieses Buches bewußt auf eine Eingrenzung und Definition. Zweifellos ist Tiecks »Blonder Eckbert« ein Kunstmärchen. Aber könnte man es nicht auch genausogut als raffinierte psychologische Novelle ansehen? Ist Novalis' (vgl. S. 182 f.) »Erzählung« von Atlantis nun ein Märchen oder eine Novelle? Die märchenhaften Züge sind beherrschend und nicht zu übersehen. Deutet die Ausgrenzung von realer Zeit und realem Ort nicht eher auf ein philosophisches Programm, das in Form einer »Märchenerzählung« formuliert werden soll? E. T. A. Hoffmanns (vgl. S. 182) »Goldener Topf« wird als »Märchen der neuen Zeit« bezeichnet. Von welchen Zügen anderer Gattungen wird es durchdrungen? Eichendorffs (vgl. S. 180 f.) »Taugenichts« gilt schlichtweg als Novelle, obwohl Benno von Wiese in seiner bekannten Interpretation von einer »Erzählung« spricht. In welchem »märchenhaften« verzauberten Raum spielt sich das Geschehen ab! »Was Welt ist und was Welt bedeutet, wird immer nur von der Seele aus sichtbar, in jenen Stimmung gewordenen Bildern, die sich durch die Geschichte hindurchziehen, ja, die Geschichte selber sind«[4], schreibt von Wiese.

Eine genaue Abgrenzung scheint unmöglich. Aber ist dies nicht das spezifisch

[1] Knaurs Lexikon der Weltliteratur. Hg. v. Diether Krywalski. München ³1986, S. 876.
[2] Duden, a.a.O., S. 300.
[3] Knaurs Lexikon, a.a.O., S. 918.
[4] Benno von Wiese: Die deutsche Novelle von Goethe bis Kafka. Düsseldorf: Bagel 1960, S. 79.

Romantische, die »Durchdringung des Alltäglichen mit dem Wunderbaren«, die »progressive Universalpoesie«, Verschmelzung, Entgrenzung? Denn »wenn es gilt, die Welt schrittweise im Poetischen aufzuheben, verlieren alle gattungsspezifischen Festschreibungen ihre Berechtigung, sie stören, und an ihrer Stelle wirken formsprengende, entgrenzende und synthetisierende Kräfte«[1].

1. *Stellen Sie nach den gebräuchlichsten Nachschlagewerken Definitionen von Erzählung, Novelle, Volksmärchen und Kunstmärchen zusammen. Vergleichen Sie diese, und nehmen Sie kritisch zu Ihrem Befund Stellung.*
2. *Gestalterisches Schreiben: Nehmen Sie einen Ihnen bekannten Märchenanfang (z. B. Grimms Märchen), und variieren Sie ihn im Stil, indem Sie den Märchenanfang in einen Erzählungs- und Novellenanfang umgestalten.*
   – Welche Beobachtungen machen Sie bei Ihrer Arbeit?
   – Welche Stilmittel müssen Sie einsetzen, um die jeweilige Gattung schon im Anfang zu treffen.
3. *Besorgen Sie sich eine gute Reproduktion von Friedrichs »Kreuz im Gebirge«. Stimmen Sie mit der Kurzcharakteristik auf S. 203 überein? Wie würden Sie Ihre »Empfindungen« schriftlich darlegen?*

Ludwig Tieck
Der blonde Eckbert (1797)

In einer Gegend des Harzes wohnte ein Ritter, den man gewöhnlich nur den blonden Eckbert nannte. Er war ohngefähr vierzig Jahre alt, kaum von mittlerer Größe, und kurze hellblonde Haare lagen schlicht und dicht an seinem blassen eingefallenen Gesichte. Er lebte sehr ruhig für sich und war niemals in den Fehden seiner Nachbarn verwickelt, auch
5 sah man ihn nur selten außerhalb den Ringmauern seines kleinen Schlosses. Sein Weib liebte die Einsamkeit eben so sehr, und beide schienen sich von Herzen zu lieben, nur klagten sie gewöhnlich darüber, daß der Himmel ihre Ehe mit keinen Kindern segnen wolle.
Nur selten wurde Eckbert von Gästen besucht, und wenn es auch geschah, so wurde
10 ihretwegen fast nichts in dem gewöhnlichen Gange des Lebens geändert, die Mäßigkeit wohnte dort, und die Sparsamkeit selbst schien alles anzuordnen. Eckbert war alsdann heiter und aufgeräumt, nur wenn er allein war, bemerkte man an ihm eine gewisse Verschlossenheit, eine stille zurückhaltende Melankolie.
Niemand kam so häufig auf die Burg als Philipp Walther, ein Mann, dem sich Eckbert
15 angeschlossen hatte, weil er an diesem ohngefähr dieselbe Art zu denken fand, der auch er am meisten zugethan war. Dieser wohnte eigentlich in Franken, hielt sich aber oft über ein halbes Jahr in der Nähe von Eckberts Burg auf, sammelte Kräuter und Steine, und

---

[1] Hugo Aust: Novelle. Stuttgart: Metzler 1990, S. 77. Vgl. in diesem Zusammenhang die Ausführungen zur Novelle im Poetischen Realismus (S. 306 ff.).

Kreuz im Gebirge. C. D. Friedrich. Um 1811/12. »Im Vordergrund grasiger Boden, Felsblöcke mit einer Quelle, Gestrüpp, eine begehbare, obwohl unwirtliche Zone. Dahinter ein unbestimmbarer Raum: vor undurchdringlichem Himmel Tannen um den Giebel einer gotischen Kirche. Und auf der Grenzebene zwischen beiden Schichten erhebt sich das Kreuz zwischen Felsen und dürren Sträuchern. Wasser des Lebens, das unter ihm entspringt, fließt dem Betrachter entgegen, doch das Kreuz selbst ist nur dem Herzen erreichbar. Und nur wen der Glaube bis zu Christus trägt, kann den Bereich der Vision betreten. Denn diese Landschaft ist komplex konstruiert. Ihre Tiefe setzt hinter dem Kreuz aus, geht in unbezeichnete Dimensionen der Ahnung über. Dieser Form liegt ein tiefer Sinn zugrunde. Sie ist als symbolische Zerstörung von Raum und Zeit zu verstehen, die F. Schlegel als ›wesentlichen Charakterzug des Transzendentalen‹ hervorgehoben hat.«

In: W. Sumowski: Gotische Dome bei Caspar David Friedrich. Klassizismus und Romantik in Deutschland. Nürnberg: Ausstellungskatalog 1966, S. 40.

beschäftigte sich damit, sie in Ordnung zu bringen, er lebte von einem kleinen Vermögen und war von Niemand abhängig. Eckbert begleitete ihn oft auf seinen einsamen Spazier-
20 gängen, und mit jedem Jahre entspann sich zwischen ihnen eine innigere Freundschaft.

Es gibt Stunden, in denen es den Menschen ängstigt, wenn er vor seinem Freunde ein Geheimniß haben soll, was er bis dahin oft mit vieler Sorgfalt verborgen hat, die Seele fühlt dann einen unwiderstehlichen Trieb, sich ganz mitzutheilen, dem Freunde auch das Innerste aufzuschließen, damit er um so mehr unser Freund werde. In diesen Augenblik-
25 ken geben sich die zarten Seelen einander zu erkennen, und zuweilen geschieht es wohl auch, daß einer vor der Bekanntschaft des andern zurück schreckt.

Es war schon Herbst, als Eckbert an einem neblichten Abend mit seinem Freunde und seinem Weibe Bertha um das Feuer eines Kamines saß. Die Flamme warf einen hellen Schein durch das Gemach und spielte oben an der Decke, die Nacht sah schwarz zu den
30 Fenstern herein, und die Bäume draußen schüttelten sich vor nasser Kälte. Walther klagte über den weiten Rückweg, den er habe, und Eckbert schlug ihm vor, bei ihm zu bleiben, die halbe Nacht unter traulichen Gesprächen hinzubringen, und dann in einem Gemache des Hauses bis am Morgen zu schlafen. Walther ging den Vorschlag ein, und nun ward Wein und die Abendmahlzeit hereingebracht, das Feuer durch Holz vermehrt, und das
35 Gespräch der Freunde heitrer und vertraulicher.

Als das Abendessen abgetragen war, und sich die Knechte wieder entfernt hatten, nahm Eckbert die Hand Walthers und sagte: Freund, ihr solltet euch einmal von meiner Frau die Geschichte ihrer Jugend erzählen lassen, die seltsam genug ist. – Gern, sagte Walther, und man setzte sich wieder um den Kamin.
40 Es war jetzt gerade Mitternacht, der Mond sah abwechselnd durch die vorüber flattern-den Wolken. Ihr müßt mich nicht für zudringlich halten, fing Bertha an, mein Mann sagt, daß ihr so edel denkt, daß es unrecht sei, euch etwas zu verhehlen. Nur haltet meine Erzählung für kein Mährchen, so sonderbar sie auch klingen mag.

Ich bin in einem Dorfe geboren, mein Vater war ein armer Hirte. Die Haushaltung bei
45 meinen Eltern war nicht zum Besten bestellt, sie wußten sehr oft nicht, wo sie das Brod hernehmen sollten. Was mich aber noch weit mehr jammerte, war, daß mein Vater und meine Mutter sich oft über ihre Armuth entzweiten, und einer dem andern dann bittere Vorwürfe machte. Sonst hört' ich beständig von mir, daß ich ein einfältiges dummes Kind sei, das nicht das unbedeutendste Geschäft auszurichten wisse, und wirklich war ich
50 äußerst ungeschickt und unbeholfen, ich ließ alles aus den Händen fallen, ich lernte weder nähen noch spinnen, ich konnte nichts in der Wirthschaft helfen, nur die Noth meiner Eltern verstand ich sehr gut. Oft saß ich dann im Winkel und füllte meine Vorstellungen damit an, wie ich ihnen helfen wollte, wenn ich plötzlich reich würde, wie ich sie mit Gold und Silber überschütten und mich an ihrem Erstaunen laben möchte, dann sah ich Geister
55 herauf schweben, die mir unterirdische Schätze entdeckten, oder mir kleine Kiesel gaben, die sich in Edelsteine verwandelten, kurz, die wunderbarsten Phantasien beschäftigten mich, und wenn ich nun aufstehn mußte, um irgend etwas zu helfen, oder zu tragen, so zeigte ich mich so viel ungeschickter, weil mir der Kopf von allen den seltsamen Vorstel-lungen schwindelte.
60 Mein Vater war immer sehr ergrimmt auf mich, daß ich eine so ganz unnütze Last des Hauswesens sei, er behandelte mich daher oft ziemlich grausam, und es war selten, daß ich ein freundliches Wort von ihm vernahm. So war ich ungefähr acht Jahre alt geworden, und es wurden nun ernstliche Anstalten gemacht, daß ich etwas thun, oder lernen sollte. Mein Vater glaubte, es wäre nur Eigensinn oder Trägheit von mir, um meine Tage in

Müssiggang hinzubringen, genug, er setzte mir mit Drohungen unbeschreiblich zu, da 65 diese aber doch nichts fruchteten, züchtigte er mich auf die grausamste Art, indem er sagte, daß diese Strafe mit jedem Tage wiederkehren sollte, weil ich doch nur ein unnützes Geschöpf sei.

Die ganze Nacht hindurch weint' ich herzlich, ich fühlte mich so außerordentlich verlassen, ich hatte ein solches Mitleid mit mir selbst, daß ich zu sterben wünschte. Ich fürchtete 70 den Anbruch des Tages, ich wußte durchaus nicht, was ich anfangen sollte, ich wünschte mir alle mögliche Geschicklichkeit und konnte gar nicht begreifen, warum ich einfältiger sei, als die übrigen Kinder meiner Bekanntschaft. Ich war der Verzweiflung nahe.

Als der Tag graute, stand ich auf und eröffnete, fast ohne daß ich es wußte, die Thür unsrer kleinen Hütte. Ich stand auf dem freien Felde, bald darauf war ich in einem Walde, 75 in den der Tag kaum noch hinein blickte. Ich lief immerfort, ohne mich umzusehn, ich fühlte keine Müdigkeit, denn ich glaubte immer, mein Vater würde mich noch wieder einholen, und, durch meine Flucht gereizt, mich noch grausamer behandeln.

Als ich aus dem Walde wieder heraus trat, stand die Sonne schon ziemlich hoch, ich sah jetzt etwas Dunkles vor mir liegen, welches ein dichter Nebel bedeckte. Bald mußte ich 80 über Hügel klettern, bald durch einen zwischen Felsen gewundenen Weg gehn, und ich

Tieck: »Der blonde Eckbert«.
Illustration von L. Grimm.

errieth nun, daß ich mich wohl in dem benachbarten Gebirge befinden müsse, worüber ich anfing mich in der Einsamkeit zu fürchten. Denn ich hatte in der Ebene noch keine Berge gesehen, und das bloße Wort Gebirge, wenn ich davon hatte reden hören, war
85 meinem kindischen Ohr ein fürchterlicher Ton gewesen. Ich hatte nicht das Herz zurück zu gehn, meine Angst trieb mich vorwärts; oft sah ich mich erschrocken um, wenn der Wind über mir weg durch die Bäume fuhr oder ein ferner Holzschlag weit durch den stillen Morgen hintönte. Als mir Köhler und Bergleute endlich begegneten und ich eine fremde Aussprache hörte, wäre ich vor Entsetzen fast in Ohnmacht gesunken.

In: Ludwig Tieck: Schriften. Bd. 4: Phantasus, 1. Theil. Berlin: Reimer 1928, S. 144 ff.

Zum Vergleich

Ludwig Tieck
Trauer

Wie schnell verschwindet
So Licht als Glanz,
Der Morgen findet
Verwelkt den Kranz,

5 Der gestern glühte
In aller Pracht,
Denn er verblühte
In dunkler Nacht.

Es schwimmt die Welle
10 Des Lebens hin,
Und färbt sich helle,
Hat's nicht Gewinn;

Die Sonne neiget,
Die Röte flieht,
15 Der Schatten steiget
Und Dunkel zieht:

So schwimmt die Liebe
Zu Wüsten ab,
Ach! daß sie bliebe
20 Bis an das Grab!

Doch wir erwachen
Zu tiefer Qual;
Es bricht der Nachen,
Es löscht der Strahl,

25 Vom schönen Lande
Weit weggebracht
Zum öden Strande,
Wo um uns Nacht.

In: Das große deutsche Gedichtbuch. Hg. v. Karl Otto Conrady. Kronberg/Ts.: Athenäum 1977, S. 360.

Ludwig Tieck
Wunder der Liebe
Glosse

Mondbeglänzte Zaubernacht,
Die den Sinn gefangen hält,
Wundervolle Märchenwelt,
Steig auf in der alten Pracht!

5 Liebe läßt sich suchen, finden,
Niemals lernen, oder lehren,
Wer da will die Flamm' entzünden,
Ohne selbst sich zu verzehren,
Muß sich reinigen der Sünden.
10 Alles schläft, weil er noch wacht,
Wann der Stern der Liebe lacht,
Goldne Augen auf ihn blicken,
Schaut er trunken von Entzücken
Mondbeglänzte Zaubernacht.

15 Aber nie darf er erschrecken,
Wenn sich Wolken dunkel jagen,
Finsterniß die Sterne decken,
Kaum der Mond es noch will wagen,
Einen Schimmer zu erwecken.
20 Ewig steht der Liebe Zelt,
Von dem eignen Licht erhellt,
Aber Mut nur kann zerbrechen,
Was die Furcht will ewig schwächen,
Die den Sinn gefangen hält.

25 Keiner Liebe hat gefunden,
Dem ein trüber Ernst beschieden,
Flüchtig sind die goldnen Stunden,
Welche immer den vermieden,
Den die bleiche Sorg' umwunden:
30 Wer die Schlange an sich hält,
Dem ist Schatten vorgestellt,
Alles was die Dichter sangen,
Nennt der Arme, eingefangen,
Wundervolle Märchenwelt.

35 Herz, im Glauben auferblühend,
Fühlt alsbald die goldnen Scheine,
Die es lieblich in sich ziehend
Macht zu eigen sich und seine,
In der schönsten Flamme glühend.
40 Ist das Opfer angefacht,
Wird's dem Himmel dargebracht,
Hat die Liebe angenommen,
Auf dem Altar hell entglommen,
Steig auf in der alten Pracht.

In: Ludwig Tieck: Gedichte. Zweiter Teil. Faksimiledruck nach der Ausgabe v. 1821–23. Heidelberg: Lambert Schneider 1967, S. 212 ff.

Besorgen Sie sich den Text des »Blonden Eckbert«, und arbeiten Sie diesen Text und die Gedichte nach folgenden Gesichtspunkten durch:
1. *Welche unterschiedlichen Gegenden durchwandert Bertha auf ihrer Flucht von zu Hause? Wann erscheint die Darstellung realistisch, wann phantastisch?*
2. *Welche märchenhaften Motive können Sie feststellen?*
3. *Zeichnen Sie die kunstvolle Komposition des Gedichtes »Wunder der Liebe« nach.*
4. *Wie wird das Thema Liebe im »Blonden Eckbert« und im Gedicht behandelt?*
   – Welche Berührungspunkte lassen sich finden?
   – In welcher Beziehung stehen Liebe und Märchenwelt?
5. *Gestalterisches Schreiben: Welche Änderungen müßte man vornehmen, um aus dieser Geschichte eine Kriminalgeschichte zu machen?*

Novalis
Das Märchen von Atlantis (1799)

Ein alter König hielt einen glänzenden Hof. Weit und breit strömten Menschen herzu, um Theil an der Herrlichkeit seines Lebens zu haben, und es gebrach weder den täglichen Festen an Überfluß köstlicher Waaren des Gaumes, noch an Musik, prächtigen Verzierungen und Trachten, und tausend abwechselnden Schauspielen und Zeitvertreiben, noch
5 endlich an sinnreicher Anordnung, an klugen, gefälligen, und unterrichteten Männern zur Unterhaltung und Beseelung der Gespräche, und an schöner, anmuthiger Jugend von beyden Geschlechtern, die die eigentliche Seele reitzender Feste ausmachen. Der alte König, der sonst ein strenger und ernster Mann war, hatte zwey Neigungen, die der wahre Anlaß dieser prächtigen Hofhaltung waren, und denen sie ihre schöne Einrichtung zu
10 danken hatte. Eine war die Zärtlichkeit für seine Tochter, die ihm als Andenken seiner früh verstorbenen Gemahlin und als ein unaussprechlich liebenswürdiges Mädchen unendlich theuer war, und für die er gern alle Schätze der Natur und alle Macht des menschlichen Geistes aufgeboten hätte, um ihr einen Himmel auf Erden zu verschaffen. Die Andere war eine wahre Leidenschaft für die Dichtkunst und ihre Meister. Er hatte
15 von Jugend auf die Werke der Dichter mit innigem Vergnügen gelesen, an ihre Sammlung aus allen Sprachen großen Fleiß und große Summen gewendet, und von jeher den Umgang der Sänger über alles geschätzt. Von allen Enden zog er sie an seinen Hof und überhäufte sie mit Ehren. Er ward nicht müde ihren Gesängen zuzuhören, und vergaß oft die wichtigsten Angelegenheiten, ja die Bedürfnisse des Lebens über einem neuen, hinrei-
20 ßenden Gesange. Seine Tochter war unter Gesängen aufgewachsen, und ihre ganze Seele war ein zartes Lied geworden, ein einfacher Ausdruck der Wehmut und Sehnsucht. Der wohlthätige Einfluß der beschützten und geehrten Dichter zeigte sich im ganzen Lande, besonders aber am Hofe. Man genoß das Leben mit langsamen, kleinen Zügen wie einen köstlichen Trank, und mit desto reinerem Wohlbehagen, da alle widrige gehässige Lei-
25 denschaften, wie Mißtöne von der sanften harmonischen Stimmung verscheucht wurden, die in allen Gemüthern herrschend war. Frieden der Seele und innres seeliges Anschauen einer selbst geschaffenen, glücklichen Welt war das Eigenthum dieser wunderbaren Zeit geworden, und die Zwietracht erschien nur in den alten Sagen der Dichter, als eine ehmalige Feindinn der Menschen. Es schien, als hätten die Geister des Gesanges ihrem
30 Beschützer kein lieblicheres Zeichen der Dankbarkeit geben können, als seine Tochter, die alles besaß, was die süßeste Einbildungskraft nur in der zarten Gestalt eines Mädchens vereinigen konnte. Wenn man sie an den schönen Festen unter einer Schaar reitzender Gespielen, im weißen glänzenden Gewande erblickte, wie sie den Wettgesängen der begeisterten Sänger mit tiefem Lauschen zuhörte, und erröthend einen duftenden Kranz auf
35 die Locken des Glücklichen drückte, dessen Lied den Preis gewonnen hatte: so hielt man sie für die sichtbare Seele jener herrlichen Kunst, die jene Zaubersprüche beschworen hätten, und hörte auf sich über die Entzückungen und Melodien der Dichter zu wundern. Mitten in diesem irdischen Paradies schien jedoch ein geheimnißvolles Schicksal zu schweben. Die einzige Sorge der Bewohner dieser Gegenden betraf die Vermählung der
40 aufblühenden Prinzessin, von der die Fortdauer dieser seligen Zeiten und das Verhängniß des ganzen Landes abhing. Der König ward immer älter. Ihm selbst schien diese Sorge lebhaft am Herzen zu liegen, und doch zeigte sich keine Aussicht zu einer Vermählung für sie, die allen Wünschen angemessen gewesen wäre. Die heilige Ehrfurcht für das könig-

liche Haus erlaubte keinem Unterthan, an die Möglichkeit zu denken, die Prinzessin zu besitzen. Man betrachtete sie wie ein überirdisches Wesen, und alle Prinzen aus andern 45 Ländern, die sich mit Ansprüchen auf sie am Hofe gezeigt hatten, schienen so tief unter ihr zu seyn, daß kein Mensch auf den Einfall kam, die Prinzessin oder der König werde die Augen auf einen unter ihnen richten. Das Gefühl des Abstandes hatte sie auch allmählich alle verscheucht, und das ausgesprengte Gerücht des ausschweifenden Stolzes dieser königlichen Familie schien Andern alle Lust zu benehmen, sich ebenfalls gedemüthigt zu 50 sehn. Ganz unbegründet war auch dieses Gerücht nicht. Der König war bey aller Milde beynah unwillkührlich in ein Gefühl der Erhabenheit gerathen, was ihm jeden Gedanken an die Verbindung seiner Tochter mit einem Manne von niedrigerem Stande und dunklerer Herkunft unmöglich oder unerträglich machte. Ihr hoher, einziger Werth hatte jenes Gefühl in ihm immer mehr bestätigt. Er war aus einer uralten Morgenländischen Königs- 55 familie entsprossen. Seine Gemahlin war der letzte Zweig der Nachkommenschaft des berühmten Helden Rustan[1] gewesen. Seine Dichter hatten ihm unaufhörlich von seiner Verwandtschaft mit den ehemaligen übermenschlichen Beherrschern der Welt vorgesungen, und in dem Zauberspiegel ihrer Kunst war ihm der Abstand seiner Herkunft von dem Ursprunge der andern Menschen, die Herrlichkeit seines Stammes noch heller er- 60 schienen, so daß es ihn dünkte, nur durch die edlere Klasse der Dichter mit dem übrigen Menschengeschlechte zusammenzuhängen. Vergebens sah er sich mit voller Sehnsucht nach einem zweyten Rustan um, indem er fühlte, daß das Herz seiner aufblühenden Tochter der Zustand seines Reichs, und sein zunehmendes Alter ihre Vermählung in aller Absicht sehr wünschenswerth machten. (…) 65

In: Novalis: Werke in einem Band. Hg. v. Hans-Joachim Mähl u. Richard Samuel. München: Hanser 1981, S. 259 ff.

1. *Besorgen Sie sich den gesamten Text des Märchens, und arbeiten Sie ihn durch.*
2. *Gestalterisches Schreiben: Indem Sie die »romantischen« Stilelemente übertreiben, läßt sich mit etwas Geschick eine Parodie schreiben. Erkennen Sie in der Übertreibung den »romantischen« Stilwillen?*

Eine Annäherung an das Märchen von Atlantis

In diesem Märchen, das fahrende Kaufleute im dritten Kapitel des Romans »Heinrich von Ofterdingen« erzählen, kann man wesentliche Elemente romantischer Poesie erkennen. Der königliche Hof erscheint als ein weltenthobenes poetisches, irdisches Paradies, das von der Sanftmut des alternden Königs, vom Liebreiz der Prinzessin und den Gesängen und Gesprächen von Dichtern und Philosophen belebt wird. Verborgen vom Geschehen bei Hofe, doch nahebei, liegt die Idylle von Vater und Sohn, die beide sich der Erforschung der Natur widmen, aber nicht in einem zergliedernden, analysierend aufklärerischen Verständnis, sondern in einem allumfassenden Sinne, der die »Sympathie« der Dinge zu erfassen trachtet.

[1] Rustan: Held, der in Firdûsis epischem »Königsbuch« (10. Jh.) gegen die Türken kämpft. Firdûsi (ca. 940–1020) gilt als der bedeutendste epische Dichter Persiens.

Da die Prinzessin wegen ihrer hohen Abstammung und ihrer außergewöhnlichen Schönheit und Bildung keinen passenden Gemahl zu finden scheint, ist es die Sehnsucht des Königs, daß sich ihm ein zweiter Rustan zeige, der, mit der Prinzessin vereint, den Fortbestand des Reiches garantiere. Es ist ein Charakterzug des Märchens, daß die Erfüllung ohne Zutun anderer und ohne Wissen und Bedacht geschieht.

Unerkannt betritt die Prinzessin das Reich von Vater und Sohn, gelangt in einen Bereich, der im Gegensatz zum Hof nicht von der Poesie, sondern von der Natur beherrscht wird. Der mythische Ort, der, abgegrenzt von der übrigen Welt, gleichsam in einem eigenen Raum liegt, wird durch die blaue Flamme, die auf dem Herd »emporspielt« besonders hervorgehoben und vermittelt den Eindruck einer »seltsamen Heiligkeit«. Die blaue Flamme wiederum ist eine Variante der blauen Blume aus dem Anfangskapitel des Romans, jenem Leitsymbol und -motiv aller romantischen Kunst.

»Wie im Märchen« geschieht es den beiden, der Prinzessin und dem Jüngling, daß sie sich nicht nur prosaisch auf den ersten Blick verlieben, sondern daß sie vom ersten Augenblick an immer tiefer erkennen, daß sie beide durch ein Geschick füreinander bestimmt sind.

Geschick und Bestimmung werden durch den Karfunkel dinglich symbolisiert. Es geschieht der Prinzessin, daß sie den Talisman, dessen Besitz ihre Freiheit sicherte, auf dem Weg vom Landgut verliert. Und abermals geschieht es mit mythischer Notwendigkeit, daß der Jüngling auch den Stein, das Unterpfand seiner und ihrer Liebe findet, so daß die Freiheit der Prinzessin in die Hand des Jünglings gelangt.

Selbstverständlich zieht es die Prinzessin wie magisch an den Ort ihrer Liebe zurück.

Während der Tage des näheren Kennenlernens trägt die Prinzessin in das Reich der Natur die Poesie, indem sie dem Jüngling das Spiel auf der Laute und Gesang lehrt.

War der Karfunkel das magische Zeichen für die Unausweichlichkeit des Geschicks, so ist die Laute – hier unübersehbar als dichterisches Symbol gesetzt – ein bewußtes Instrument für die Vereinigung von Jüngling und Prinzessin und darüber hinaus von Königshof und Landgut, aber vor allem von Poesie und Natur.

Nicht nur die Poesie in Gestalt der Prinzessin, die die Laute spielt, erweitert das Lebens- und Weltgefühl des Jünglings. Der Vater belehrt seinerseits die in der Prinzessin verkörperte Poesie, indem er ihr die überall verbreiteten Naturgeheimnisse enträtselt und ihr von der Sympathie spricht, durch die die Welt entstanden sei und durch die die Gestirne in ihrem harmonikalen Reigen vereinigt werden. Poesie belehrt die Natur, Natur belehrt die Poesie; aus beider Vereinigung entsteht die Märchenwelt, der mythische Ort und das Goldene Zeitalter.

Als im Gewitter die Liebenden in die Höhle flüchten, bringt sie eine »höhere Macht« in eine »romantische Lage«. Die Höhle gilt seit alters in der Dichtung – und die Romantiker wußten es natürlich – als schützende Weltberghöhle, als Mutterschoß, als Ort der Vereinigung der Gegensätze von Himmel und Erde. Hier feiern Prinzessin und Jüngling ihre Hochzeitsnacht, hier vereinigen sich realiter und symbolisch Natur und Poesie. Aus der Vereinigung entspringt neues Leben, das die Sehnsucht des alternden Königs erfüllt und das Goldene Zeitalter herausführt.

Es sei nur angemerkt, wie weit diese Höhle von der banalen Wirklichkeit und Erfahrungswelt entfernt ist: Die Höhle ist trocken und mit reinlichem Moose bewachsen; ein Feuer kann ohne weiteres entfacht werden; ein Mandelstrauch hängt mitten im Frühling mit Früchten herein; eine Quelle stillt den Durst; die Laute ist nicht während des Unwetters verquollen oder zerbrochen; die Sorgen und Ängste der beiden verfliegen im Nu. Von vergleichbarer Bedeutung sind die unterirdischen Zimmer auf dem Landgut, in denen sich die Prinzessin verbirgt, um wie die Sonne in alten Mythen nach geraumer Zeit im nächsten Frühling, gesegnet mit neuem Leben, freudeverbreitend wieder auf die Erde, das heißt auch an den Königshof, zurückzukehren.

Die Rückkehr ist wiederum keine alltägliche Rückkehr, sie geschieht mit der Notwendigkeit der Poesie und des Mythos. Der Jüngling überhöht das Geschehen, indem er es im Gesang dem erwartungsfrohen Hofe poetisch verklärt schildert.

Was könnte im Märchen unumgänglicher sein, als daß sich die Qual des Königs löst, seine Sehnsucht sich endgültig erfüllt und das Notwendige, mythisch Bestimmte und Vorhergesehene geschieht: In reiner Harmonie führen die Prinzessin und der zum Prinzen emporgehobene Jüngling mit ihrem Kind das Goldene Zeitalter heran, in dem sich Natur und Poesie zu einer himmlischen und neuen paradiesischen Einheit verschmolzen haben. Das Märchen schließt mit dem schon beinahe resignierend-ironischen Satz: »Nur in Sagen heißt es, daß Atlantis von mächtigen Fluten den Augen entzogen worden sei.«

Der romantische Dichter bleibt aufgerufen, das verborgene Atlantis wieder der Welt zu enthüllen.

Zum Vergleich

Novalis
Wenn nicht mehr Zahlen und Figuren

Wenn nicht mehr Zahlen und Figuren
Sind Schlüssel aller Kreaturen,
Wenn die, so singen oder küssen,
Mehr als die Tiefgelehrten wissen,
5 Wenn sich die Welt ins freie Leben,
Und in die Welt wird zurückbegeben,
Wenn dann sich wieder Licht und Schatten
Zu echter Klarheit werden gatten,
Und man in Märchen und Gedichten
10 Erkennt die wahren Weltgeschichten,
Dann fliegt vor *einem* geheimen Wort
Das ganze verkehrte Wesen fort.

In: Novalis: Schriften. Hg. v. J. Minor. Bd. 4. Jena: Diederichs 1923, S. 239.

Novalis
Die Liebe

Wenn sanft von Rosenhügeln
Der Tag nach Westen schleicht,
Der Nacht mit Schlummerflügeln
Und Sternenchor entweicht,

5 Will ich die Liebe singen
Auf der Theorbe[1] hier,
Mein Lockenhaar umschlingen
Mit süßen Myrten ihr.

Es soll dann widertönen
10 In dieser Grotte Nacht
Das Loblied meiner Schönen,
Wenn nur die Quelle wacht.

Und wenn vom Morgensterne
Mir Wonne niederblinkt,
15 Und sich die heitre Ferne
Mit Rosenkranz umschlingt,

Tön ich in kühlen Klüften
Auch meiner Liebe Lied,
Umtanzt von Blumendüften,
20 Wenn aller Schlummer flieht.

Und rund um mich erwachet
Der Nachtigallen Chor,
Und jede Aue lachet
Und jeder Hirt ist Ohr.

25 Nein, süßers als die Liebe
Empfand kein Sterblicher,
Was hie bevor war trübe,
Wird durch sie lieblicher.

In: Novalis: Schriften. Hg. v. J. Minor. Bd. 1. Jena: Diederichs 1923, S. 9.

1. *Vergleichen Sie das Kunstmärchen von Atlantis mit Ihnen bekannten Volksmärchen. Achten Sie insbesondere auf*
   – die Struktur der Erzählung,
   – die handelnden Personen,
   – die Behandlung des Wunderbaren,
   – den Bezug zur Realität.
2. *Welche Motive aus dem »Märchen von Atlantis« tauchen im Gedicht »Die Liebe« auf?*
3. *Zeigen Sie die Parallelen zwischen romantischer Dichtungstheorie (vgl. 196 ff.) und dem Gedicht »Wenn nicht mehr Zahlen und Figuren«.*
4. *Verfolgen Sie den syntaktischen Aufbau des Gedichts, und vergleichen Sie ihn mit dem Strophenbau.*
5. *Inwiefern sind in diesem Gedicht alle wesentlichen Elemente des Märchens angestimmt?*

[1] Theorbe (it.-fr.): Baßlaute von 14–24 Saiten (vom 16. bis 18. Jh. als Generalbaßbegleitung verwendet)

Die Fantasie erscheint zum Troste. E. T. A. Hoffmann. Um 1794. »In der Bildmitte steht die allegorische Phantasie mit ausgebreiteten, gleichsam empfangenden Armen; sie steht, oder schwebt, als Mantelmadonna im bunten Durcheinander verschiedener Kobolde und Ungeheuer neben und Engelchen über ihr. Sie erscheint einem jungen Mann, der neben einem den gesamten linken Bildrand einnehmenden Vorhang und vor einem Stuhl steht, an dessen Lehne eine Theater- oder Karnevalsmaske hängt. In die Visions- oder Traumdarstellung sind durchaus ›realistische‹ Momente eingebaut. Die Fratzen und Kobolde sollen Gesichtern von Mitgliedern aus Hoffmanns Familie ähnlich gewesen sein. (...) Die Phantasie trägt einen Umhang, auf dessen heller Seite eine junge Frau abgebildet ist. In dem jungen Mann hat sich der Jurastudent Hoffmann als schüchterner und der Phantasie ergebener Bewunderer abgebildet, er senkt etwas devot den Kopf. Oder schaut er vor allem die junge Frau auf dem Umhang an? Jedenfalls erscheint ihm die Phantasie als Tröstende.«

In: Helmut Göbel: E. T. A. Hoffmann als Maler und Zeichner. In: E. T. A. Hoffmann. Sonderband aus der Reihe TEXT + KRITIK. Hg. v. Heinz Ludwig Arnold. München: edition text + kritik 1992, S. 157.

E. T. A. Hoffmann
Der goldne Topf (1814)

Der Widerspruch in E. T. A. Hoffmanns (vgl. S. 182) Werk, das zwischen realer und irrealer Welt schwankt, erklärt sich zum Teil aus seiner zerrissenen Kindheit und aus dem Zwiespalt, in dem zu leben er gezwungen war. »Ich meine«, sagte Hoffmann, »daß die Basis der Himmelsleiter, auf der man hinaufsteigen will in höhere Regionen, befestigt sein müsse im Leben, so daß jeder nachzusteigen vermag. Befindet er sich dann, immer höher und höher hinaufgeklettert, in einem phantastischen Zauberreich, so wird er glauben, dies Reich gehöre auch noch in sein Leben hinein und sei eigentlich der wunderbar herrlichste Teil desselben.« Die Scheidung zwischen Wirklichkeit und Traum wird ihm immer schwerer. Aus der Höhe des phantastischen Zauberreiches nimmt der Alltag gespenstische und außerreale Züge an. »Feindliche Prinzipien fallen dich an, und nur die innere Kraft, mit der du den Anfechtungen widerstehst, kann dich retten vor Schmach und Verderbnis«, heißt es im »Goldenen Topf«.

Der Student Anselmus, der mit einem bühnenreifen Auftritt – der Dichter kann den Theatermann nie verleugnen – in die Welt des »Märchens aus der neuen Zeit« stolpert und der die Welt mit den Augen eines Poeten betrachtet, verliebt sich unter einem Holunderbaum in ein goldgrünes Schlänglein. Vergebens sucht die Welt der Philister ihn zurückzugewinnen. Im Hause des Archivarius Lindhorst, der ein Geisterfürst ist, gewinnt er nach manchem unheimlichen Spuk die Tochter Serpentina, eben jenes geliebte Schlänglein, und wird mit ihr zu einem seligen Leben nach Atlantis entrückt. »Ist denn«, fragt der Archivarius Lindhorst, »überhaupt des Anselmus Seligkeit etwas anderes als das Leben in der Poesie, der sich der heilige Einklang aller Wesen als tiefstes Geheimnis der Natur offenbart?«

Erste Vigilie
Die Unglücksfälle des Studenten Anselmus – Des Konrektors Paulmann Sanitätsknaster und die goldgrünen Schlangen

Am Himmelfahrtstage, nachmittags um drei Uhr, rannte ein junger Mensch in Dresden durchs Schwarze Tor, und geradezu in einen Korb mit Äpfeln und Kuchen hinein, die ein altes häßliches Weib feilbot, so, daß alles, was der Quetschung glücklich entgangen, hinausgeschleudert wurde, und die Straßenjungen sich lustig in die Beute teilten, die ihnen
5 der hastige Herr zugeworfen. Auf das Zetergeschrei, das die Alte erhob, verließen die Gevatterinnen ihre Kuchen- und Branntweintische, umringten den jungen Menschen und schimpften mit pöbelhaftem Ungestüm auf ihn hinein, so daß er, vor Ärger und Scham verstummend, nur seinen kleinen nicht eben besonders gefüllten Geldbeutel hinhielt, den die Alte begierig ergriff und schnell einsteckte. Nun öffnete sich der festgeschlossene
10 Kreis, aber indem der junge Mensch hinausschoß, rief ihm die Alte nach: »Ja renne – renne nur zu, Satanskind – ins Kristall bald dein Fall – ins Kristall!« – Die gellende, krächzende Stimme des Weibes hatte etwas Entsetzliches, so daß die Spaziergänger verwundert stillstanden, und das Lachen, das sich erst verbreitet, mit einem Mal verstummte. – Der Student Anselmus (niemand anders war der junge Mensch) fühlte sich, unerachtet
15 er des Weibes sonderbare Worte durchaus nicht verstand, von einem unwillkürlichen Grausen ergriffen, und er beflügelte noch mehr seine Schritte, um sich den auf ihn gerichteten Blicken der neugierigen Menge zu entziehen. Wie er sich nun durch das Gewühl geputzter Menschen durcharbeitete, hörte er überall murmeln: »Der arme junge Mann – Ei! – über das verdammte Weib!« – Auf ganz sonderbare Weise hatten die geheimnisvol-
20 len Worte der Alten dem lächerlichen Abenteuer eine gewisse tragische Wendung gegeben, so daß man dem vorhin ganz Unbemerkten jetzt teilnehmend nachsah. Die Frauenzimmer

verziehen dem wohlgebildeten Gesichte, dessen Ausdruck die Glut des innern Grimms noch erhöhte, sowie dem kräftigen Wuchse des Jünglings alles Ungeschick, sowie den ganz aus dem Gebiete aller Mode liegenden Anzug. Sein hechtgrauer Frack war nämlich so zugeschnitten, als habe der Schneider, der ihn gearbeitet, die moderne Form nur von Hörensagen gekannt, und das schwarzatlasne wohlgeschonte Unterkleid gab dem Ganzen einen gewissen magistermäßigen Stil, dem sich nun wieder Gang und Stellung durchaus nicht fügen wollte. – Als der Student schon beinahe das Ende der Allee erreicht, die nach dem Linkischen Bade führt, wollte ihm beinahe der Atem ausgehen. Er war genötigt, langsamer zu wandeln; aber kaum wagte er den Blick in die Höhe zu richten, denn noch immer sah er die Äpfel und Kuchen um sich tanzen, und jeder freundliche Blick dieses oder jenes Mädchens war ihm nur der Reflex des schadenfrohen Gelächters am Schwarzen Tor. So war er bis an den Eingang des Linkischen Bades gekommen; eine Reihe festlich gekleideter Menschen nach der andern zog herein. Musik von Blasinstrumenten ertönte von innen, und immer lauter und lauter wurde das Gewühl der lustigen Gäste. Die Tränen wären dem armen Studenten Anselmus beinahe in die Augen getreten, denn auch *er* hatte, da der Himmelfahrtstag immer ein besonderes Familienfest für ihn gewesen, an der Glückseligkeit des Linkischen Paradieses teilnehmen, ja er hatte es bis zu einer halben Portion Kaffee mit Rum und einer Bouteille Doppelbier treiben wollen, und um so recht schlampampen zu können, mehr Geld eingesteckt, als eigentlich erlaubt und tunlich war. Und nun hatte ihn der fatale Tritt in den Äpfelkorb um alles gebracht, was er bei sich getragen. An Kaffee, an Doppelbier, an Musik, an den Anblick der geputzten Mädchen – kurz! – an alle geträumten Genüsse war nicht zu denken; er schlich langsam vorbei und schlug endlich den Weg an der Elbe ein, der gerade ganz einsam war. Unter einem Holunderbaume, der aus der Mauer hervorgesprossen, fand er ein freundliches Rasenplätzchen; da setzte er sich hin und stopfte eine Pfeife von dem Sanitätsknaster[1], den ihm sein Freund, der Konkrektor Paulmann geschenkt. – Dicht vor ihm plätscherten und rauschten die goldgelben Wellen des schönen Elbstroms, hinter demselben streckte das herrliche Dresden kühn und stolz seine lichten Türme empor in den duftigen Himmelsgrund, der sich hinabsenkte auf die blumigen Wiesen und frisch grünenden Wälder, und aus tiefer Dämmerung gaben die zackichten Gebirge Kunde vom fernen Böhmerlande. Aber finster vor sich hinblickend, blies der Student Anselmus die Dampfwolken in die Luft, und sein Unmut wurde endlich laut, indem er sprach: »Wahr ist es doch, ich bin zu allem möglichen Kreuz und Elend geboren! – Daß ich niemals Bohnen-König[2] geworden, daß ich im Paar oder Unpaar immer falsch geraten, daß mein Butterbrot immer auf die fette Seite gefallen, von allem diesen Jammer will ich gar nicht reden; aber, ist es nicht ein schreckliches Verhängnis, daß ich, als ich denn doch nun dem Satan zum Trotz Student geworden war, ein Kümmeltürke[3] sein und bleiben mußte? – Ziehe ich wohl je einen neuen Rock an, ohne gleich das erste Mal einen Talgfleck hineinzubringen, oder mir an einem übel eingeschlagenen Nagel ein verwünschtes Loch hineinzureißen? Grüße ich wohl je einen Herrn Hofrat oder eine Dame, ohne den Hut weit von mir zu schleudern, oder gar auf dem glatten Boden auszugleiten und schändlich umzustülpen? Hatte ich nicht schon in Halle jeden Markttag eine bestimmte Ausgabe von drei bis vier Groschen für zertretene Töpfe, weil mir der Teufel in den Kopf setzt, meinen Gang geradeaus zu nehmen, wie die

---

[1] Sanitätsknaster: schlechter Tabak
[2] Bohnen-König: derjenige, der am Dreikönigstage eine eingebackene Bohne gefunden hat
[3] Kümmeltürke: Großsprecher, Prahlhans

65 Laminge? Bin ich denn ein einziges Mal ins Kollegium, oder wo man mich sonst hinbe-
schieden, zu rechter Zeit gekommen? Was half es, daß ich eine halbe Stunde vorher
ausging, und mich vor die Tür hinstellte, den Drücker in der Hand, denn sowie ich mit
dem Glockenschlage aufdrücken wollte, goß mir der Satan ein Waschbecken über den
Kopf, oder ließ mich mit einem Heraustretenden zusammenrennen, daß ich in tausend
70 Händel verwickelt wurde, und darüber alles versäumte. – Ach! ach! wo seid ihr hin, ihr
seligen Träume künftigen Glücks, wie ich stolz wähnte, ich könne es wohl hier noch bis
zum Geheimen Sekretär bringen! Aber hat mir mein Unstern nicht die besten Gönner
verfeindet? – Ich weiß, daß der Geheime Rat, an den ich empfohlen bin, verschnittenes
Haar nicht leiden mag; mit Mühe befestigt der Friseur einen kleinen Zopf an meinem
75 Hinterhaupt, aber bei der ersten Verbeugung springt die unglückselige Schnur, und ein
munterer Mops, der mich umschnüffelt, apportiert im Jubel das Zöpfchen dem Geheimen
Rate. Ich springe erschrocken nach, und stürze über den Tisch, an dem er frühstückend
gearbeitet hat, so daß Tassen, Teller, Tintenfaß – Sandbüchse klirrend herabstürzen, und
der Strom von Schokolade und Tinte sich über die eben geschriebene Relation ergießt.
80 ›Herr, sind Sie des Teufels!‹ brüllt der erzürnte Geheime Rat, und schiebt mich zur Tür
hinaus. – Was hilft es, daß mir der Konrektor Paulmann Hoffnung zu einem Schreiber-
dienste gemacht hat, wird es denn mein Unstern zulassen, der mich überall verfolgt!
Nur noch heute! – Ich wollte den lieben Himmelfahrtstag recht in der Gemütlichkeit
feiern, ich wollte ordentlich was daraufgehen lassen. Ich hätte ebensogut wie jeder andere
85 Gast in Linkes Bade stolz rufen können: ›Markör – eine Flasche Doppelbier – aber vom
besten bitte ich!‹ – Ich hätte bis spät abends sitzen können, und noch dazu ganz nahe bei
dieser oder jener Gesellschaft herrlich geputzter schöner Mädchen. Ich weiß es schon, der
Mut wäre mir gekommen, ich wäre ein ganz anderer Mensch geworden; ja, ich hätte es so
weit gebracht, daß wenn diese oder jene gefragt: ›Wie spät mag es wohl jetzt sein?‹ oder:
90 ›Was ist denn das, was sie spielen?‹ da wäre ich mit leichtem Anstande aufgesprungen,
ohne mein Glas umzuwerfen oder über die Bank zu stolpern; mich in gebeugter Stellung
anderthalb Schritte vorwärtsbewegend, hätte ich gesagt: ›Erlauben Sie, Mademoiselle,
Ihnen zu dienen, es ist die Ouvertüre aus dem Donauweibchen‹, oder: ›Es wird gleich
sechs Uhr schlagen.‹ – Hätte mir das ein Mensch in der Welt übel deuten können? – Nein!
95 sage ich, die Mädchen hätten sich so schalkhaft lächelnd angesehen, wie es wohl zu
geschehen pflegt, wenn ich mich ermutige zu zeigen, daß ich mich auch wohl auf den
leichten Weltton verstehe und mit Damen umzugehen weiß. Aber da führt mich der Satan
in den verwünschten Äpfelkorb, und nun muß ich in der Einsamkeit meinen Sanitätsknaster –« Hier wurde der Student Anselmus in seinem Selbstgespräche durch ein sonder-
100 bares Rieseln und Rascheln unterbrochen, das sich dicht neben ihm im Grase erhob, bald
aber in die Zweige und Blätter des Holunderbaums hinaufglitt, der sich über seinem
Haupte wölbte. Bald war es, als schüttle der Abendwind die Blätter, bald, als kos'ten
Vögelein in den Zweigen, die kleinen Fittige im mutwilligen Hin- und Herflattern rührend. – Da fing es an zu flüstern und zu lispeln, und es war, als ertönten die Blüten wie
105 aufgehangene Kristallglöckchen. Anselmus horchte und horchte. Da wurde, er wußte
selbst nicht wie, das Gelispel und Geflüster und Geklingel zu leisen halbverwehten Worten:
»Zwischen durch – zwischen ein – zwischen Zweigen, zwischen schwellenden Blüten,
schwingen, schlängeln, schlingen wir uns – Schwesterlein – Schwesterlein, schwinge dich
110 im Schimmer – schnell, schnell herauf – herab – Abendsonne schießt Strahlen, zischelt der
Abendwind – raschelt der Tau – Blüten singen – rühren wir Zünglein, singen wir mit

Blüten und Zweigen – Sterne bald glänzen – müssen herab – zwischen durch, zwischen ein schlängeln, schlingen, schwingen wir uns Schwesterlein.«

So ging es fort in Sinne verwirrender Rede. Der Student Anselmus dachte: Das ist denn doch nur der Abendwind, der heute mit ordentlich verständlichen Worten flüstert. – Aber in dem Augenblick ertönte es über seinem Haupte, wie ein Dreiklang heller Kristallglok- 115 ken; er schaute hinauf und erblickte drei in grünem Gold erglänzende Schlänglein, die sich um die Zweige gewickelt hatten, und die Köpfchen der Abendsonne entgegenstreck- ten. Da flüsterte und lispelte es von neuem in jenen Worten, und die Schlänglein schlüpf- ten und kos'ten auf und nieder durch die Blätter und Zweige, und wie sie sich so schnell 120 rührten, da war es, als streue der Holunderbusch tausend funkelnde Smaragde durch seine dunklen Blätter. »Das ist die Abendsonne, die so in dem Holunderbusch spielt«, dachte der Student Anselmus, aber da ertönten die Glocken wieder, und Anselmus sah, wie eine Schlange ihr Köpfchen nach ihm herabstreckte. Durch alle Glieder fuhr es ihm wie ein elektrischer Schlag, er erbebte im Innersten – er starrte hinauf, und ein Paar 125 herrliche dunkelblaue Augen blickten ihn an mit unaussprechlicher Sehnsucht, so daß ein nie gekanntes Gefühl der höchsten Seligkeit und des tiefsten Schmerzes seine Brust zer- sprengen wollte. Und wie er voll heißen Verlangens immer in die holdseligen Augen schaute, da ertönten stärker in lieblichen Akkorden die Kristallglocken, und die funkeln- den Smaragde fielen auf ihn herab und umspannen ihn, in tausend Flämmchen um ihn 130 herflackernd und spielend mit schimmernden Goldfaden. Der Holunderbusch rührte sich und sprach: »Du lagst in meinem Schatten, mein Duft umfloß dich, aber du verstandest mich nicht. Der Duft ist meine Sprache, wenn ihn die Liebe entzündet.« Der Abendwind strich vorüber und sprach: »Ich umspielte deine Schläfe, aber du verstandest mich nicht, der Hauch ist meine Sprache, wenn ihn die Liebe entzündet.« Die Sonnenstrahlen bra- 135 chen durch das Gewölk, und der Schein brannte wie in Worten: »Ich umgoß dich mit glühendem Gold, aber du verstandest mich nicht; Glut ist meine Sprache, wenn sie die Liebe entzündet.«

Und immer inniger und inniger versunken in den Blick des herrlichen Augenpaars, wurde heißer die Sehnsucht, glühender das Verlangen. Da regte und bewegte sich alles, wie zum 140 frohen Leben erwacht. Blumen und Blüten dufteten um ihn her, und ihr Duft war wie herrlicher Gesang von tausend Flötenstimmen und was sie gesungen, trugen im Widerhall die goldenen vorüberfliehenden Abendwolken in ferne Lande. Aber als der letzte Strahl der Sonne schnell hinter den Bergen verschwand, und nun die Dämmerung ihren Flor über die Gegend warf, da rief, wie aus weiter Ferne, eine rauhe tiefe Stimme: 145 »Hei, hei, was ist das für ein Gemunkel und Geflüster da drüben? – Hei, hei, wer sucht mir doch den Strahl hinter den Bergen! – genug gesonnt, genug gesungen – Hei, hei, durch Busch und Gras – durch Gras und Strom! – Hei – hei – Her u – u – u nter – Her u – u – u nter!«

So verschwand die Stimme wie im Murmeln eines fernen Donners, aber die Kristallglok- 150 ken zerbrachen im schneidenden Mißton. Alles war verstummt, und Anselmus sah, wie die drei Schlangen schimmernd und blinkend durch das Gras nach dem Strome schlüpf- ten; rischelnd und raschelnd stürzten sie sich in die Elbe, und über den Wogen, wo sie verschwunden, knisterte ein grünes Feuer empor, das in schiefer Richtung nach der Stadt zu leuchtend verdampfte. 155

In: E. T. A. Hoffmann: Fantasiestücke in Callots Manier. München: Winkler 1967, S. 179 ff.

1. *Welche Ereignisse machen deutlich, daß der Student Anselmus im Widerstreit mit der Welt steht?*
2. *Wie unterscheidet sich Anselmus von den ihn umgebenden Menschen?*
3. *Tragen Sie zusammen, was zu den einzelnen Schauplätzen gesagt wird? Wo hört die erfahrbare Realität auf, wo beginnt das Wunderbare?*
4. *Gestalterisches Schreiben: Wenn Sie versuchsweise aus diesem Märchen eine realistische Erzählung machen wollten, welche stilistischen und inhaltlichen Änderungen müßten Sie vornehmen? Probieren Sie diesen Versuch an einer längeren Textpassage aus.*
5. *Vorschlag für ein Referat: Stellen Sie den Inhalt des gesamten Märchens vor.*

Joseph von Eichendorff
Aus dem Leben eines Taugenichts (1826)

Die Erzählung »Aus dem Leben eines Taugenichts« von Joseph von Eichendorff (vgl. S. 180 f.) bietet eigentlich ein Nichts an Handlung; das Wesentliche sind die idyllische Stimmung, Traumseligkeit, Wanderlust, Sehnsucht nach der Ferne, verzaubernde Sommernächte, in denen verschlafene Brunnen plätschern, südliche Paläste, in denen verkleidete junge adlige Mädchen wandeln, und Glück und Liebe und Gesang. Die verzauberte Schönheit der Welt und die selbstverständliche Leichtigkeit, mit der sie sich dem Taugenichts öffnet, werden mit einer derartigen Intensität geschildert, daß man bei der Lektüre glaubt, alles könnte einmal Wirklichkeit gewesen sein.

Mit der Geige unter dem Arm geht der Müllerssohn auf Wanderschaft. Als Gärtner und Zöllner liebt er eine angebliche Schloßdame. Wandernd und fahrend kommt er nach Italien und schließlich nach verwirrenden Abenteuern auf ein Schloß bei Wien, wo seine Hochzeit mit der vermeintlichen Gräfin, einer Nichte des Pförtners, bei dem er früher im Dienst stand, stattfindet. Die Erzählung endet im großen Einverständnis mit der Welt und allem Geschehen: »– und es war alles, alles gut!«

Holzschnitt von Ludwig Richter
zu Eichendorffs Gedicht
»Wem Gott will rechte Gunst erweisen ...«

Erstes Kapitel

Das Rad an meines Vaters Mühle brauste und rauschte schon wieder recht lustig, der Schnee tröpfelte emsig vom Dache, die Sperlinge zwitscherten und tummelten sich dazwischen; ich saß auf der Türschwelle und wischte mir den Schlaf aus den Augen; mir war so recht wohl in dem warmen Sonnenscheine. Da trat der Vater aus dem Hause; er hatte schon seit Tagesanbruch in der Mühle rumort und die Schlafmütze schief auf dem Kopfe, der sagte zu mir: »Du Taugenichts! da sonnst du dich schon wieder und dehnst und reckst dir die Knochen müde, und läßt mich alle Arbeit allein tun. Ich kann dich hier nicht länger füttern. Der Frühling ist vor der Tür, geh auch einmal hinaus in die Welt und erwirb dir selber dein Brot.« – »Nun«, sagte ich, »wenn ich ein Taugenichts bin, so ist's gut, so will ich in die Welt gehn und mein Glück machen.« Und eigentlich war mir das recht lieb, denn es war mir kurz vorher selber eingefallen, auf Reisen zu gehn, da ich die Goldammer, welche im Herbst und Winter immer betrübt an unserm Fenster sang: »Bauer, miet' mich, Bauer, miet' mich!« nun in der schönen Frühlingszeit wieder ganz stolz und lustig vom Baume rufen hörte: »Bauer, behalt deinen Dienst!« – Ich ging also in das Haus hinein und holte meine Geige, die ich recht artig spielte, von der Wand, mein Vater gab mir noch einige Groschen Geld mit auf den Weg, und so schlenderte ich durch das lange Dorf hinaus. Ich hatte recht meine heimliche Freude, als ich da alle meine alten Bekannten und Kameraden rechts und links, wie gestern und vorgestern und immerdar, zur Arbeit hinausziehen, graben und pflügen sah, während ich so in die freie Welt hinausstrich. Ich rief den armen Leuten nach allen Seiten recht stolz und zufrieden Adjes zu, aber es kümmerte sich eben keiner sehr darum. Mir war es wie ein ewiger Sonntag im Gemüte. Und als ich endlich ins freie Feld hinauskam, da nahm ich meine liebe Geige vor und spielte und sang, auf der Landstraße fortgehend:

>»Wem Gott will rechte Gunst erweisen,
Den schickt er in die weite Welt,
Dem will er seine Wunder weisen
In Berg und Wald und Strom und Feld.

Die Trägen, die zu Hause liegen,
Erquicket nicht das Morgenrot,
Sie wissen nur vom Kinderwiegen
Von Sorgen, Last und Not und Brot.

Die Bächlein von den Bergen springen,
Die Lerchen schwirren hoch vor Lust,
Was sollt' ich nicht mit ihnen singen
Aus voller Kehl' und frischer Brust?

Den lieben Gott laß ich nur walten;
Der Bächlein, Lerchen, Wald und Feld
Und Erd' und Himmel will erhalten,
Hat auch mein' Sach' aufs best' bestellt!«

40 Indem, wie ich mich so umsehe, kommt ein köstlicher Reisewagen ganz nahe an mich heran, der mochte wohl schon einige Zeit hinter mir drein gefahren, sein, ohne daß ich es merkte, weil mein Herz so voller Klang war, denn es ging ganz langsam, und zwei vornehme Damen steckten die Köpfe aus dem Wagen und hörten mir zu. Die eine war besonders schön und jünger als die andere, aber eigentlich gefielen sie mir alle beide. Als
45 ich nun aufhörte zu singen, ließ die ältere still halten und redete mich holdselig an: »Ei, lustiger Gesell, Er weiß ja recht hübsche Lieder zu singen.« Ich nicht zu faul dagegen: »Euer Gnaden aufzuwarten, wüßt' ich noch viel schönere.« Darauf fragte sie mich wieder: »Wohin wandert Er denn schon so am frühen Morgen?« Da schämte ich mich, daß ich das selber nicht wußte, und sagte dreist: »Nach Wien«; nun sprachen beide miteinander
50 ander in einer fremden Sprache, die ich nicht verstand. Die jüngere schüttelte einige Mal mit dem Kopfe, die andere lachte aber in einem fort und rief mir endlich zu: »Spring Er nur hinten mit auf, wir fahren auch nach Wien.« Wer war froher als ich! Ich machte eine Reverenz und war mit einem Sprunge hinter dem Wagen, der Kutscher knallte, und wir flogen über die glänzende Straße fort, daß mir der Wind am Hute pfiff.
55 Hinter mir gingen nun Dorf, Gärten und Kirchtürme unter, vor mir neue Dörfer, Schlösser und Berge auf; unter mir Saaten, Büsche und Wiesen bunt vorüberfliegend, über mir unzählige Lerchen in der klaren blauen Luft – ich schämte mich, laut zu schreien, aber innerlichst jauchzte ich und strampelte und tanzte auf dem Wagentritt herum, daß ich bald meine Geige verloren hätte, die ich unterm Arme hielt. Wie aber dann die Sonne
60 immer höher stieg, rings am Horizont schwere weiße Mittagswolken aufstiegen, und alles in der Luft und auf der weiten Fläche so leer und schwül und still wurde über den leise wogenden Kornfeldern, da fiel mir erst wieder mein Dorf ein und mein Vater und unsere Mühle, wie es da so heimlich kühl war an dem schattigen Weiher, und daß nun alles so weit, weit hinter mir lag. Mir war dabei so kurios zumute, als müßt' ich wieder umkeh-
65 ren; ich steckte meine Geige zwischen Rock und Weste, setzte mich voller Gedanken auf den Wagentritt hin und schlief ein.
Als ich die Augen aufschlug, stand der Wagen still unter hohen Lindenbäumen, hinter denen eine breite Treppe zwischen Säulen in ein prächtiges Schloß führte. Seitwärts durch die Bäume sah ich die Türme von Wien. Die Damen waren, wie es schien, längst ausge-
70 stiegen, die Pferde abgespannt. Ich erschrak sehr, da ich auf einmal so allein saß, und sprang geschwind in das Schloß hinein, da hörte ich von oben aus dem Fenster Lachen.

In: Joseph von Eichendorff: Ahnung und Gegenwart. Aus dem Leben eines Taugenichts. Hg. v. Julius Zeitler. Berlin/Leipzig: Der Tempel o. J., S. 369 ff.

1. *Arbeiten Sie den Gegensatz zwischen dem Taugenichts (= romantische Existenz) und dem Vater (= Philister) heraus, indem Sie besonderes Augenmerk auf das Verhältnis der beiden zur Fremde, zu Kunst und Natur, zum Mitmenschen, zur Arbeit legen und die allgemeine Lebenseinstellung der beiden charakterisieren.*
2. *In welchem Verhältnis steht das eingestreute Gedicht zur Handlung?*
3. *Wie wird die Landschaft charakterisiert?*
4. *Gestalterisches Schreiben: Erfinden Sie, indem Sie den Stil Eichendorffs imitieren, eine Fortsetzung der Geschichte.*

Weiterführung

Wandern ist ein Hauptthema vieler romantischer Dichter, besonders aber ein Kennzeichen der Dichtung Eichendorffs. Deshalb ist die Gedichtauswahl auf dieses Thema abgestimmt und gleichsam eine Variation zum »Taugenichts«. Wandern ist aber nicht nur sehnsuchtsvolles Spazieren in der Natur, die Eichendorff als Gottes Schöpfung preist, sondern auch Sinnbild für den Weg des Menschen, für seine Pilgerschaft auf Erden. Christliches Gedankengut fließt nicht im dogmatisch-kirchlichen Sinne in seine Gedichte und Prosa ein, sondern bildet die Grundstimmung. Da die Natur in Gottes Hand ist, ist sie bei aller Abgründigkeit die Verheißung einer sinnvoll geordneten Schöpfung und letztlich auch eine Verheißung für den Menschen, der mit der Stimmung in Eichendorffs Gedichten zu fühlen weiß.

Joseph von Eichendorff
Frisch auf!

Ich saß am Schreibtisch bleich und krumm,
Es war mir in meinem Kopfe ganz dumm
Vor Dichten, wie ich alle die Sachen
Sollte aufs allerbeste machen.
5 Da guckt am Fenster im Morgenlicht
Durch Weinlaub ein wunderschönes Gesicht,
Guckt und lacht, kommt ganz herein,
Und kramt mir unter den Blättern mein.
Ich, ganz verwundert: Ich sollt dich kennen –
10 Sie aber, statt ihren Namen zu nennen:
Pfui, in dem Schlafrock siehst ja aus
Wie ein verfallenes Schilderhaus!
Willst du denn hier in der Tinte sitzen.
Schau, wie die Felder da draußen blitzen!
15 So drängt sie mich fort unter Lachen und Streit,
Mir tat's um die schöne Zeit nur leid.
Drunten aber unter den Bäumen
Stand ein Roß mit funkelnden Zäumen,
Sie schwang sich lustig mit mir hinauf,
20 Die Sonne draußen ging eben auf.
Und eh ich mich konnte bedenken und fassen,
Ritten wir rasch durch die stillen Gassen,
Und als wir kamen vor die Stadt,
Das Roß auf einmal zwei Flügel hatt',
25 Mir schauerte es recht durch alle Glieder:

Mein Gott, ist's denn schon Frühling wieder? –
Sie aber wies mir, wie wir so zogen,
Die Länder, die unten vorüberflogen,
Und hoch über dem allerschönsten Wald
30 Machte sie lächend auf einmal halt.
Da sah ich erschrocken zwischen den Bäumen
Meine Heimat unten, wie in Träumen,
Das Schloß, den Garten und die stille Luft,
Die blauen Berge dahinter im Duft,
35 Und alle die schöne alte Zeit
In der wundersamen Einsamkeit.
Und als ich mich wandte, war ich allein,
Das Roß nur wiehert in den Morgen hinein,
Mir aber war's als wäre ich wieder jung,
40 Und wußte der Lieder noch genung!

In: Joseph von Eichendorff: Gedichte. Bd. 1. Berlin/Leipzig: Der Tempel o. J., S. 90.

Joseph von Eichendorff
Wünschelrute

Schläft ein Lied in allen Dingen,
Die da träumen fort und fort;
Und die Welt hebt an zu singen,
Triffst du nur das Zauberwort.

In: Joseph von Eichendorff: Gedichte. Bd. 1. Berlin/Leipzig: Der Tempel o. J., S. 103.

Joseph von Eichendorff
Allgemeines Wandern

Vom Grund bis zu den Gipfeln
So weit man sehen kann,
Jetzt blüht's in allen Wipfeln,
Nun geht das Wandern an:

5 Die Quellen von den Klüften,
Die Ström auf grünem Plan,
Die Lerchen hoch in Lüften,
Der Dichter frisch voran.

Und die im Tal verderben
10 In trüber Sorgen Haft,
Er möcht sie alle werben
Zu dieser Wanderschaft.

Und von den Bergen nieder
Erschallt sein Lied ins Tal,
15 Und die zerstreuten Brüder
Faßt Heimweh allzumal.

Da wird die Welt so munter
Und nimmt die Reiseschuh,
Sein Liebchen mitten drunter,
20 Die nickt ihm heimlich zu.

Und über Felsenwände
Und auf dem grünen Plan
Das wirrt und jauchzt ohn' Ende –
Nun geht das Wandern an!

In: Joseph von Eichendorff: Gedichte. Bd. 1. Berlin/Leipzig: Der Tempel o.J., S.3f.

Joseph von Eichendorff
Frische Fahrt

Laue Luft kommt blau geflossen,
Frühling, Frühling soll es sein!
Waldwärts Hörnerklang geschossen,
Mut'ger Augen lichter Schein;
5 Und das Wirren bunt und bunter
Wird ein magisch wilder Fluß,
In die schöne Welt hinunter
Lockt dich dieses Stromes Gruß.

Und ich mag mich nicht bewahren!
10 Weit von euch treibt mich der Wind,
Auf dem Strome will ich fahren,
Von dem Glanze selig blind!
Tausend Stimmen lockend schlagen,
Hoch Aurora flammend weht,
15 Fahre zu, ich mag nicht fragen,
Wo die Fahrt zu Ende geht!

In: Joseph von Eichendorff: Gedichte. Bd. 1. Berlin/Leipzig: Der Tempel o.J., S.3.

Joseph von Eichendorff
Heimweh

Wer in die Fremde will wandern,
Der muß mit der Liebsten gehn,
Es jubeln und lassen die andern
Den Fremden alleine stehn.

5 Was wisset ihr, dunkele Wipfel,
Von der alten, schönen Zeit?
Ach, die Heimat hinter den Gipfeln,
Wie liegt sie von hier so weit.

Am liebsten betracht' ich die Sterne,
10 Die schienen, wie ich ging zu ihr,
Die Nachtigall hör' ich so gerne,
Sie sang vor der Liebsten Tür.

Der Morgen, das ist meine Freude!
Da steig' ich in stiller Stund'
15 Auf den höchsten Berg in die Weite,
Grüß dich, Deutschland, aus Herzensgrund!

In: Joseph von Eichendorff: Gedichte. Bd. 1. Berlin/Leipzig: Der Tempel o. J., S. 39.

Joseph von Eichendorff
Abschied

O Täler weit, o Höhen,
O schöner, grüner Wald,
Du meiner Lust und Wehen
Andächt'ger Aufenthalt!
5 Da draußen, stets betrogen,
Saust die geschäft'ge Welt,
Schlag noch einmal die Bogen
Um mich, du grünes Zelt!

Wenn es beginnt zu tagen,
10 Die Erde dampft und blinkt,
Die Vögel lustig schlagen,
Daß dir dein Herz erklingt:
Da mag vergehn, verwehen
Das trübe Erdenleid,
15 Da sollst du auferstehen
In junger Herrlichkeit!

Da steht im Wald geschrieben
Ein stilles, ernstes Wort
Von rechtem Tun und Lieben,
20 Und was des Menschen Hort.
Ich habe treu gelesen
Die Worte, schlicht und wahr,
Und durch mein ganzes Wesen
Ward's unaussprechlich klar.

25 Bald werd' ich dich verlassen,
Fremd in der Fremde gehn,
Auf buntbewegten Gassen
Des Lebens Schauspiel sehn;
Und mitten in dem Leben
30 Wird deines Ernst's Gewalt
Mich Einsamen erheben,
So wird mein Herz nicht alt.

In: Joseph von Eichendorff: Gedichte. Bd. 1. Berlin/Leipzig: Der Tempel o. J., S. 25.

Verschaffen Sie sich zunächst einen Überblick über die Gedichtfolge unter dem Gesichtspunkt: Lebenslauf eines romantischen Dichters.
1. Arbeiten Sie aus den Gedichten wiederkehrende Motive heraus.
2. Vergleichen Sie diese mit denen aus dem »Taugenichts«.

Frisch auf!
1. *Inwiefern ist die dargestellte Situation für den romantischen Dichter typisch?*
2. *Um wen handelt es sich bei der weiblichen Gestalt und bei dem Roß?*

Wünschelrute
Vergleichen Sie dieses Gedicht mit »Wenn nicht mehr Zahlen und Figuren« (vgl. S. 211)
von Novalis. Welche Parallelen können Sie feststellen?

Allgemeines Wandern; Frische Fahrt
1. *Worin gleichen sich beide Gedichte (Motive; Bilder), worin unterscheiden sie sich?*
2. *Versuchen Sie die Wirkung des unterschiedlichen Metrums zu beschreiben.*

Heimweh; Abschied
Theodor W. Adorno äußert über Eichendorff: »Eichendorff verherrlicht, was ist, und
meint doch nicht das Seiende. Er war kein Dichter der Heimat, sondern des Heimwehs.«
– Versuchen Sie, unter diesem Gesichtspunkt die beiden Gedichte zu verstehen.
– Trifft das Wort Adornos auch auf die Anfangspassagen des »Taugenichts« zu?

Literatur von Frauen

In den letzten Jahren wurde der Aspekt, daß sich in der Romantik Frauen auf einer breiteren Basis am literarischen Leben beteiligten, stärker beachtet. Dennoch gibt die Art der Begegnung Anlaß zu Kritik: »Die Autorinnen der Romantik werden in biographischen Essays vorgestellt, ihr Werk wird in Auswahlbänden herausgegeben, aber sorgfältig edierte Gesamtausgaben existieren in vielen Fällen noch gar nicht. Das Schicksal interessiert, diese Frauen gelten als Muster der Selbstverwirklichung; dabei unterbleibt die Beschäftigung mit den Texten selbst, mit dem Werk, gerade so, als ob diese Frauen als Schriftstellerinnen nicht ernst zu nehmen wären.«[1] Eine derjenigen, die sich intensiv mit den schreibenden Frauen der Romantik beschäftigte, ist die Schriftstellerin Christa Wolf (geb. 1929). Sie begründet ihr Interesse mit dem Vakuum, das 1976 in der ehemaligen DDR mit der Biermann-Ausbürgerung entstanden war und es ihr unmöglich machte, sich mit Gegenwartsthemen auseinanderzusetzen. In einem Gespräch, das sie mit Frauke Meyer-Gosau 1982 führte und das »Projektionsraum Romantik« überschrieben ist, erklärt sie, was sie an der Romantik interessierte. Im Anschluß werden Texte von Karoline von Günderrode (vgl. S. 181) und Bettina von Arnim (vgl. S. 180) abgedruckt, die einen ersten Einblick in das literarische Schaffen von Frauen in der Romantik vermitteln wollen.

[1] Lieselotte Kinskofer: Die Frau interessiert und nicht das Werk. In: Süddeutsche Zeitung 261/1984 (11./12. 11. 1984), S. II.

Christa Wolf
Projektionsraum Romantik

Was mich dann in zunehmendem Maße interessiert hat, als ich mich damit beschäftigte, war ihr, der Romantiker, Versuch eines Lebensexperiments. Es ging nicht mehr um Literatur allein, nicht mal mehr in erster Linie, sondern darum, was diese damals jungen Leute versucht haben: in Gruppen lebend, da es in der Gesellschaft nicht ging, am Rande
5 der Gesellschaft, aber, literarisch gesehen, in ihrem Zentrum. Das ist merkwürdig; sie konnten als Literaten zentral wirksam sein, während sie doch zugleich am Rande der bürgerlichen Gesellschaft lebten mit ihren verschiedenen Experimenten. Wie sie das gemacht haben, wie sie das durchgestanden haben, wie die Frauen gerade in diesen Gruppen das initiiert haben, da sie es mit am meisten brauchten – wie sie das durchgehalten
10 haben auch über die ungeheuren gesellschaftlichen und persönlichen Konflikte hin und alle möglichen Arten von materiellen Schwierigkeiten –, das hat mich brennend interessiert. Das eigentlich ist für mich dann unter dem Begriff »Romantik« zusammengeflossen. Der Begriff hat sich für mich ganz verändert. All das, was er hatte, als ich noch Germanistik studierte, und was heute vielleicht noch manche darin sehen: Mondscheinroman-
15 tik, Liebesschmerz, Herzensweh, romantisiertes Mittelalter, Klerikalismus – das alles ist er jetzt nicht mehr für mich. Sondern die frühe Romantik ist der Versuch eines gesellschaftlichen Experiments einer kleinen progressiven Gruppe, die dann, nachdem die Gesellschaft sich ihr gegenüber totalitär und ablehnend verhalten hat, restriktiv in jeder Hinsicht, unter diesem Druck auseinanderbricht und in verschiedene Richtungen hin sich
20 zurückzieht. Da entsteht dann alles mögliche, da entsteht Klerikalismus, da entsteht dieses Zurück-zum-Mittelalter, alles, was man will. Aber es gab eine Zeit, da war das progressiv, und das hat mich interessiert.

In: Christa Wolf: Die Dimension des Autors. Essays und Aufsätze. Reden und Gespräche 1959–85. Darmstadt/Neuwied: Luchterhand 1987, S. 882.

Karoline von Günderrode
Briefe

An Gunda Brentano

Hanau, d. 29. August 1801

Es ist ein häßlicher Fehler von mir daß ich so leicht in einen Zustand des Nichtempfindens verfallen kann, und ich freue mich über jede Sache die mich aus demselben reist. Gestern las ich Ossians[1] Darthula, und es wirkte so angenehm auf mich; der alte Wunsch einen Heldentod zu sterben ergrif mich mit groser Heftigkeit; unleidlich war es mir noch zu
5 leben, unleidlicher ruhig und gemein zu sterben. Schon oft hatte ich den unweiblichen Wunsch mich in ein wildes Schlachtgetümmel zu werfen, zu sterben. Warum ward ich kein Mann! ich habe keinen Sinn für weibliche Tugenden, für Weiberglükseeligkeit. Nur das Wilde Grose, Glänzende gefällt mir. Es ist ein unseliges aber unverbesserliches Mis-

---

[1] Ossian: mythologischer Held des südirischen Sagenzyklus

verhältniss in meiner Seele; und es wird und muß so bleiben, denn ich bin ein Weib, und habe Begierden wie ein Mann, ohne Männerkraft. Darum bin ich so wechselnd, und so uneins mit mir. 10

In: Karoline von Günderrode: Der Schatten eines Traumes. Gedichte, Prosa, Briefe, Zeugnisse von Zeitgenossen. Hg. u. mit einem Essay v. Christa Wolf. Frankfurt/M.: Luchterhand 1981, S. 140.

An Friedrich Creuzer

Frankfurt, 18. Nov. [1805]

Mein ganzes Leben bleibt dir gewidmet, geliebter süßer Freund. In solcher Ergebung in so anspruchsloser Liebe werd ich immer Dir angehören Dir leben und Dir sterben.
Liebe mich auch immer Geliebter. Laß keine Zeit, kein Verhältniß zwischen uns treten. Den Verlust Deiner Liebe könnte ich nicht ertragen. Versprich mir mich nimmer zu verlassen. O Du Leben meines Lebens verlasse meine Seele nicht. Sieh' es ist mir freier und 5 reiner geworden, seit ich allem irrdischen Hoffen entsagte. In heilige Wehmuth hat sich der ungestüme Schmerz aufgelöset. Das Schicksal ist besiegt. Du bist mein über allem Schicksal. Es kann Dich mir nicht mehr entreißen, da ich Dich auf solche Weise gewonnen habe.

An Friedrich Creuzer

undatiert (1806)

Ich sende dir ein Schnupftuch, das für dich von nicht geringerer Bedeutung sein soll, als das, welches Othello der Desdemona[1] schenkte. Ich habe es lange, um es zu weihen, auf meinem Herzen getragen. Dann habe ich mir die linke Brust gerade über dem Herzen aufgeritzt und die hervorgehenden Blutstropfen auf dem Tuch gesammelt. Siehe, so konnte ich das Zarteste für dich verletzen. Drücke es an deine Lippen; es ist meines 5 Herzens Blut! So geweiht, hat dieses Schnupftuch die seltene Tugend, daß es vor allem Unmut und Zweifel verwahrt. Ferner wird es dir ein zärtliches Pfand sein.

In: Die Liebe der Günderode. Ein Roman in Briefen. Hg. v. Franz Josef Görtz. München/Zürich: Piper 1991, S. 240 f., 244.

[1] In Shakespeares »Othello« schickt die Titelfigur seiner späteren Frau Desdemona als erstes Liebespfand ein Taschentuch.

Karoline von Günderrode
Die eine Klage

Wer die tiefste aller Wunden
Hat in Geist und Sinn empfunden
Bittrer Trennung Schmerz;
Wer geliebt was er verlohren,
5 Lassen muß, was er erkohren,
Das geliebte Herz,

Der versteht in Lust die Thränen
Und der Liebe ewig Sehnen
Eins in Zwei zu sein,
10 Eins im Andern sich zu finden,
Daß der Zweiheit Gränzen schwinden
Und des Daseins Pein.

Wer so ganz in Herz und Sinnen
Konnt' ein Wesen liebgewinnen
15 O! den tröstet's nicht
Daß für Freuden, die verlohren,
Neue werden neu gebohren:
Jene sind's doch nicht.

Das geliebte, süße Leben,
20 Dieses Nehmen und dies Geben,
Wort und Sinn und Blick,
Dieses Suchen und dies Finden,
Dieses Denken und Empfinden
Giebt kein Gott zurück.

In: Karoline von Günderode: Gedichte. Hg. v. Franz Görtz. Frankfurt/M.: Insel 1985, S. 54.

Karoline von Günderrode
Vorzeit, und neue Zeit

Ein schmaler rauher Pfad schien sonst die Erde.
Und auf den Bergen glänzt der Himmel über ihr,
Ein Abgrund ihr zur Seite war die Hölle,
Und Pfade führten in den Himmel und zur Hölle.

5 Doch alles ist ganz anders nun geworden,
Der Himmel ist gestürzt, der Abgrund ausgefüllt,
Und mit Vernunft bedeckt, und sehr bequem zum Gehen.

Des Glaubens Höhen sind nun demolieret.
Und auf der flachen Erde schreitet der Verstand,
10 Und misset alles aus, nach Klafter und nach Schuhen.

In: Karoline von Günderode: Gedichte. Hg. v. Franz Görtz. Frankfurt/M.: Insel 1985, S. 83.

Karoline von Günderrode

Liebst du das Dunkel
Tauigter Nächte
Graut dir der Morgen
Starrst du ins Spatrot
5 Seufzest beim Mahle
Stößest den Becher
Weg von den Lippen
Liebst du nicht Jagdlust
Reizet dich Ruhm nicht
10 Schlachtengetümmel
Welken dir Blumen
Schneller am Busen
Als sie sonst welkten
Drängt sich das Blut dir
15 Pochend zum Herzen.

In: Karoline von Günderode: Gedichte. Hg. v. Franz Görtz. Frankfurt/M.: Insel, S. 64.

Bettina von Arnim
Bericht über Karoline von Günderrode (1835)

Über die Günderrode ist mir am Rhein unmöglich zu schreiben, ich bin nicht so empfindlich, aber ich bin hier am Platz nicht weit genug vom Gegenstand ab, um ihn ganz zu
übersehen; – gestern war ich da unten, wo sie lag; die Weiden sind so gewachsen, daß sie
den Ort ganz zudecken; und wie ich mir so dachte, wie sie voll Verzweiflung hier herlief,
und so rasch das gewaltige Messer sich in die Brust stieß, und wie das da tagelang in ihr 5
gekocht hatte, und ich, die so nah mit ihr stand, jetzt an demselben Orte gehe hin und her
an demselben Ufer, in süßem Überlegen meines Glückes, und alles und das Geringste, was
mir begegnet, scheint mir mit zu dem Reichtum meiner Seligkeit zu gehören; da bin ich
wohl nicht geeignet, jetzt alles zu ordnen und den einfachen Faden unseres Freunde-
lebens, von dem ich doch nur alles anspinnen könnte, zu verfolgen. – Nein es kränkt mich 10
und ich mache ihr Vorwürfe, wie ich ihr damals in Träumen machte, daß sie die schöne
Erde verlassen hat; sie hätt noch lernen müssen, daß die Natur Geist und Seele hat und
mit dem Menschen verkehrt und sich seiner und seines Geschickes annimmt und daß
Lebensverheißungen in den Lüften uns umwehen; ja, sie hat's bös mit mir gemacht, sie ist
mir geflüchtet, grade wie ich mit ihr teilen wollte alle Genüsse. Sie war so zaghaft; eine 15
junge Stiftsdame, die sich fürchtete, das Tischgebet laut herzusagen, sie sagte mir oft, daß
sie sich fürchtet, weil die Reihe an ihr war; sie wollte vor den Stiftsdamen das Benedicite
nicht laut hersagen. Unser Zusammenleben war schön; es war die erste Epoche, in der ich
mich gewahr ward; – sie hatte mich zuerst aufgesucht in Offenbach, sie nahm mich bei
der Hand und forderte, ich solle sie in der Stadt besuchen; nachher waren wir alle Tage 20
beisammen; bei ihr lernte ich die ersten Bücher mit Verstand lesen; sie wollte mich Geschichte lehren, sie merkte aber bald, daß ich zu sehr mit der Gegenwart beschäftigt war,

als daß mich die Vergangenheit hätte lange fesseln können. (...) – Sie war so sanft und weich in allen Zügen, wie eine Blondine; sie hatte braunes Haar, aber blaue Augen, die
25 waren gedeckt mit langen Augenwimpern; wenn sie lachte, so war es nicht laut, es war vielmehr ein sanftes, gedämpftes Girren, in dem sich Lust und Heiterkeit sehr vernehmlich aussprach; – sie ging nicht, sie wandelte, wenn man verstehen will, was ich damit auszuprechen meine; – ihr Kleid war ein Gewand, was sie in schmeichelnden Falten umgab, das kam von ihren weichen Bewegungen her; – ihr Wuchs war hoch, ihre Gestalt
30 war zu fließend, als daß man es mit dem Worte *schlank* ausdrücken könnte; sie war schüchtern-freundlich und viel zu willenlos, als daß sie in der Gesellschaft sich bemerkbar gemacht hätte. (...)
Sie las mir ihre Gedichte vor und freute sich meines Beifalls, als wenn ich ein großes Publikum wär; ich war aber auch voll lebendiger Begierde es anzuhören; nicht als ob ich
35 mit dem Verstand das Gehörte gefaßt habe, – es war vielmehr ein mir unbekanntes Element, und die weichen Verse wirkten auf mich wie der Wohllaut einer fremden Sprache, die einem schmeichelt, ohne daß man sie übersetzen kann. – Wir lasen zusammen den Werther und sprachen viel über den Selbstmord; sie sagte: ›Recht viel lernen, recht viel fassen mit dem Geist und dann früh sterben; ich mag's nicht erleben, daß mich die Jugend
40 verläßt.‹ (...) Sie wollte mir Philosophie lehren; was sie mir mitteilte, verlangte sie von mir aufgefaßt, und dann auf meine Art schriftlich wiedergegeben; die Aufsätze, die ich ihr hierüber brachte, las sie mit Staunen; es war nie auch eine entfernte Ahndung von dem, was sie mir mitgeteilt hatte; ich behauptete im Gegenteil so hätt ich es verstanden; – sie nannte diese Aufsätze Offenbarungen, gehöht durch die süßesten Farben einer entzückten
45 Immagination; sie sammelte sie sorgfältig, sie schrieb mir einmal: Jetzt verstehst Du nicht, wie tief diese Eingänge in das Bergwerk des Geistes führen, aber einst wird es Dir sehr wichtig sein, denn der Mensch geht oft öde Straßen; je mehr er Anlage hat durchzudringen, je schauerlicher ist die Einsamkeit seiner Wege, je endloser die Wüste. Wenn Du aber gewahr wirst, wie tief Du Dich hier in den Brunnen des Denkens niedergelassen hast und
50 wie Du da unten ein neues Morgenrot findest und mit Lust wieder heraufkömmst und von Deiner tieferen Welt sprichst, dann wird Dichs trösten, denn die Welt wird nie mit Dir zusammenhängen, Du wirst keinen anderen Ausweg haben als zurück durch diesen Brunnen in den Zaubergarten Deiner Phantasie; es ist aber keine Phantasie, es ist eine Wahrheit, die sich in ihr spiegelt. Der Genius benützt die Phantasie, um unter ihren Formen das
55 Göttliche, was der Menschengeist in seiner idealen Erscheinung nicht fassen könnte, mitzuteilen oder einzuflößen; ja Du wirst keinen andern Weg des Genusses in Deinem Leben haben, als den sich die Kinder versprechen von Zauberhöhlen, von tiefen Brunnen; wenn man durch sie gekommen, so findet man blühende Gärten, Wunderfrüchte, kristallne Paläste, wo eine noch unbegriffne Musik erschallt und die Sonne mit ihren Strah-
60 len Brücken baut, auf denen man festen Fußes in ihr Zentrum spazieren kann; – das alles wird sich Dir in diesen Blättern zu einem Schlüssel bilden, mit dem Du vielleicht tief versunkne Reiche wieder aufschließen kannst, drum verliere mir nichts und wehre auch nicht solchen Reiz, der Dich zum Schreiben treibt, sondern lerne mit Schmerzen denken, ohne welche nie der Genius in den Geist geboren wird; – wenn er erst in Dich eingefleischt
65 ist, dann wirst Du Dich der Begeistrung freuen, wie der Tänzer sich der Musik freut.

Aus: Bettina von Arnim: Goethes Briefwechsel mit einem Kinde. In: Karoline von Günderrode. Der Schatten eines Traumes. Gedichte, Prosa, Briefe, Zeugnisse von Zeitgenossen. Hg. u. mit einem Essay v. Christa Wolf. Frankfurt/M.: Luchterhand 1981, S. 257 ff.

1. *Welche Schlüsse lassen sich für den Charakter der Günderrode aus den Briefstellen ziehen? Inwieweit vermitteln diese Briefstellen den Eindruck eines romantischen Lebensgefühls?*
2. *Analysieren Sie Form und Inhalt der Gedichte der Karoline von Günderrode.*
3. *Welche Bedeutung hat Karoline von Günderrode für Bettina von Arnim? Zeigen Sie, daß es sich bei dem Text um einen bewußt gestalteten literarischen Text handelt.*
4. *Prüfen Sie kritisch: Kann man an den Texten ablesen, ob diese von Frauen oder Männern geschrieben wurden? Halten Sie Geschlechtszugehörigkeit für ein Kriterium für die Beurteilung von Literatur?*
5. *Vorschlag für ein Referat:*
   Referieren Sie den Inhalt des ganzen Gesprächs von Christa Wolf und Frauke Meyer-Gosau »Projektionsraum Romantik«.
   Literatur: Christa Wolf: Projektionsraum Romantik. In: dies.: Die Dimension des Autors. Essays und Aufsätze, Reden und Gespräche. 1959–85. Darmstadt/Neuwied: Luchterhand 1987, S. 878 ff.

Volksdichtung und Kritik

Ein gesteigertes Nationalgefühl war der Grund dafür, daß die Überlieferung eigenen Volksguts bei der Heidelberger Romantik an Bedeutung gewann. Man wendete sich allmählich von Frankreich ab, dem eigenen Volk, Staat und Geist zu und entdeckte dabei die Denkmäler der mittelalterlichen Vergangenheit. Diese Tendenz wurde stärker mit der Herrschaft Napoleons.

Eine der wichtigsten Veröffentlichungen dieser Zeit stellt die Volksliedsammlung »Des Knaben Wunderhorn« dar, zu der Achim von Arnim und Clemens Brentano (vgl. S. 185 ff.) während einer Rheinreise 1802 angeregt wurden und deren erster Band 1805 erschien.

Heinrich Heine (vgl. S. 249 f.) blickt aus zeitlicher und räumlicher Distanz – er lebte zu dieser Zeit im Exil in Frankreich – auf die, wie er es nennt, »romantische Schule«. Seine Schrift wendete sich zunächst an die Franzosen, die von Deutschland nicht viel mehr wußten als das, was Frau von Staël ihnen berichtet hatte, und versuchte das Bild Deutschlands, das sie entworfen hatte und das seiner Meinung nach falsch war, zu korrigieren. An den Romantikern läßt er kaum ein gutes Haar. Der hier abgedruckte Auszug aus dem Aufsatz »Die romantische Schule« beschäftigt sich mit der Hinwendung der Romantiker zur Volksdichtung.

Heinrich Heine
Die romantische Schule (1836)

Herr Clemens Brentano mag wohl jetzt 50 Jahre alt sein, und er lebt zu Frankfurt, einsiedlerisch zurückgezogen, als ein korrespondierendes Mitglied der katholischen Propaganda. Sein Name ist in der letzten Zeit fast verschollen, und nur wenn die Rede von den Volksliedern, die er mit seinem verstorbenen Freunde Achim von Arnim herausgege-

5 ben, wird er noch zuweilen genannt. Er hat nämlich, in Gemeinschaft mit letzterem, unter dem Titel: »des Knaben Wunderhorn«, eine Sammlung Lieder herausgegeben, die sie, teils noch im Munde des Volkes, teils auch in fliegenden Blättern und seltenen Druckschriften gefunden haben. Dieses Buch kann ich nicht genug rühmen; es enthält die holdseligsten Blüten des deutschen Geistes, und wer das deutsche Volk von einer liebens-
10 würdigen Seite kennen lernen will, der lese diese Volkslieder. In diesem Augenblick liegt dieses Buch vor mir, und es ist mir als röche ich den Duft der deutschen Linden. Die Linde spielt nämlich eine Hauptrolle in diesen Liedern, in ihrem Schatten kosen des Abends die Liebenden, sie ist ihr Lieblingsbaum, und vielleicht aus dem Grunde, weil das Lindenblatt die Form eines Menschenherzens zeigt. Diese Bemerkung machte einst ein deutscher
15 Dichter, der mir am liebsten ist, nämlich ich. Auf dem Titelblatte jenes Buches ist ein Knabe, der das Horn bläst; und wenn ein Deutscher in der Fremde dieses Bild lange betrachtet, glaubt er die wohlbekanntesten Töne zu vernehmen, und es könnte ihn wohl dabei das Heimweh beschleichen, wie den Schweizer Landsknecht, der auf der Straßburger Bastei Schildwache stand, fern den Kuhreigen hörte, die Pike von sich warf, über den
20 Rhein schwamm, aber bald wieder eingefangen und als Deserteur erschossen wurde. Das »Knaben Wunderhorn« enthält darüber das rührende Lied:

> Zu Straßburg auf der Schanz,
> Da ging mein Trauern an,
> Das Alphorn hört ich drüben wohl anstimmen,
> 25 Ins Vaterland mußt ich hinüberschwimmen,
> Das ging nicht an.
>
> Ein Stund in der Nacht
> Sie haben mich gebracht:
> Sie führten mich gleich vor des Hauptmanns Haus,
> 30 Ach Gott, sie fischten mich im Strome auf,
> Mit mir ists aus.
>
> Früh morgens um zehn Uhr
> Stellt man mich vor das Regiment;
> Ich soll da bitten um Pardon,
> 35 Und ich bekomm doch meinen Lohn,
> Das weiß ich schon.
>
> Ihr Brüder allzumal,
> Heut seht Ihr mich zum letztenmal;
> Der Hirtenbub ist doch nur schuld daran,
> 40 Das Alphorn hat mir solches angetan,
> Das klag ich an. – – –

Welch ein schönes Gedicht! Es liegt in diesen Volksliedern ein sonderbarer Zauber. Die Kunstpoeten wollen diese Naturerzeugnisse nachahmen, in derselben Weise, wie man künstliche Mineralwässer verfertigt. Aber wenn sie auch, durch chemischen Prozeß, die
45 Bestandteile ermittelt, so entgeht ihnen doch die Hauptsache, die unzersetzbare sympa-

Titelkupfer des »Wunderhorns«. 2. Band. 1808.

thetische Naturkraft. In diesen Liedern fühlt man den Herzschlag des deutschen Volks. Hier offenbart sich all seine düstere Heiterkeit, all seine närrische Vernunft. Hier trommelt der deutsche Zorn, hier pfeift der deutsche Spott, hier küßt die deutsche Liebe. Hier perlt der echt deutsche Wein und die echt deutsche Träne. Letztere ist manchmal doch noch köstlicher als ersterer; es ist viel Eisen und Salz darin. Welche Naivität in der Treue! [50] In der Untreue, welche Ehrlichkeit! (...)

»Des Knaben Wunderhorn« ist ein zu merkwürdiges Denkmal unserer Literatur und hat auf die Lyriker der romantischen Schule, namentlich auf unseren vortrefflichen Herren Uhland, einen zu bedeutenden Einfluß geübt, als daß ich es unbesprochen lassen durfte.
55 Dieses Buch und das »Nibelungenlied« spielten eine Hauptrolle in jener Periode. Auch von letzterem muß hier eine besondere Erwähnung geschehen. Es war lange Zeit von nichts anderem als vom »Nibelungenlied« bei uns die Rede, und die klassischen Philologen wurden nicht wenig geärgert, wenn man dieses Epos mit der »Ilias« verglich, oder wenn man gar darüber stritt, welches von beiden Gedichten das vorzüglichere sei? Und
60 das Publikum sah dabei aus wie ein Knabe, den man ernsthaft fragt: hast du lieber ein Pferd oder einen Pfefferkuchen? Jedenfalls ist aber dieses »Nibelungenlied« von großer gewaltiger Kraft. Ein Franzose kann sich schwerlich einen Begriff davon machen. Und gar von der Sprache worin es gedichtet ist. Es ist eine Sprache von Stein und die Verse sind gleichsam gereimte Quadern. Hie und da, aus den Spalten, quellen rote Blumen hervor,
65 wie Blutstropfen, oder zieht sich der lange Epheu herunter, wie grüne Tränen. Von den Riesenleidenschaften, die sich in diesem Gedichte bewegen, könnt Ihr kleinen artigen Leutchen Euch noch viel weniger einen Begriff machen. Denkt Euch es wäre eine helle Sommernacht, die Sterne, bleich wie Silber, aber groß wie Sonnen, träten hervor am blauen Himmel, und alle gotischen Dome von Europa hätten sich ein Rendezvous gege-
70 ben auf einer ungeheuer weiten Ebene, und da kämen nun ruhig herangeschritten der Straßburger Münster, der Kölner Dom, der Glockenturm von Florenz, die Kathedrale von Rouen, usw., und diese machten der schönen Notre-Dame-de-Paris ganz artig die Kour. Es ist wahr, daß ihr Gang ein bißchen unbeholfen ist, daß einige darunter sich sehr linkisch benehmen, und daß man über ihr verliebtes Wackeln manchmal lachen könnte.
75 Aber dieses Lachen hätte doch ein Ende, sobald man sähe, wie sie in Wut geraten, wie sie sich unter einander würgen, wie Notre-Dame-de-Paris verzweiflungsvoll ihre beiden Steinarme gen Himmel erhebt, und plötzlich ein Schwert ergreift, und dem größten aller Dome das Haupt vom Rumpfe herunterschlägt. Aber nein, Ihr könnt Euch auch dann von den Hauptpersonen des »Nibelungenlieds« keinen Begriff machen; kein Turm ist hoch
80 und kein Stein ist so hart wie der grimmige Hagen und die rachgierige Kriemhilde.
Wer hat aber dieses Lied verfaßt? Eben so wenig wie von den Volksliedern weiß man den Namen des Dichters, der das »Nibelungenlied« geschrieben. Sonderbar! von den vortrefflichsten Büchern, Gedichten, Bauwerken und sonstigen Denkmälern der Kunst, weiß man selten den Urheber. Wie hieß der Baumeister, der den Kölner Dom erdacht? Wer hat dort
85 das Altarbild gemalt, worauf die schöne Gottesmutter und die heiligen drei Könige so erquicklich abkonterfeit sind? Wer hat das Buch Hiob gedichtet, das so viele leidende Menschengeschlechter getröstet hat? Die Menschen vergessen nur zu leicht die Namen ihrer Wohltäter; die Namen des Guten und Edelen, der für das Heil seiner Mitbürger gesorgt, finden wir selten im Munde der Völker, und ihr dickes Gedächtnis bewahrt nur
90 die Namen ihrer Dränger und grausamen Kriegshelden. Der Baum der Menschheit vergißt des stillen Gärtners, der ihn gepflegt in der Kälte, getränkt in der Dürre und vor schädlichen Tieren geschützt hat; aber er bewahrt treulich die Namen, die man ihm in seine Rinde unbarmherzig eingeschnitten mit scharfem Stahl, und er überliefert sie in immer wachsender Größe den spätesten Geschlechtern.

In: Heinrich Heine: Werke. Hg. v. Helmut Schanze. Bd. 4: Schriften über Deutschland. Frankfurt/M.: Insel 1968, S. 247 ff.

1. *Was rühmt Heine besonders an den Volksliedern? Kann man Heine zustimmen, daß Volkslieder gleichsam Naturerzeugnisse sind?*
2. *In welchen Details vergleicht Heine die Volkslieder mit dem Nibelungenlied?*
3. *Stellen Sie Passagen zusammen, in denen Heine seinen Text durch Ironie relativiert.*

Wissenschaft

Eines von Friedrich Schlegels (vgl. S. 183) Athenäumsfragmenten lautet: »Die drei größten Tendenzen des Zeitalters sind die Wissenschaftslehre, Wilhelm Meister und die Französische Revolution. Aber alle drei sind sie doch nur Tendenzen ohne gründliche Ausführung.«[1] Mit dem Begriff Wissenschaftslehre verweist Schlegel auf die Rezeption von Denkelementen von Johann Gottlieb Fichtes Philosophie, ein Auszug aus »Über Goethes Meister« ist auf S. 116 f. abgedruckt, die dritte Tendenz spricht für sich selbst.

Im Sinne Fichtes wirkten Wilhelm und Jacob Grimm (vgl. S. 181) aus »romantischem« Geist wissenschaftlich, führten mit ihrem Forschen das neue Zeitalter herauf und begründeten innerhalb der Philologie eine neue Wissenschaft.

Die Brüder sammelten und gaben gemeinsam die »Kinder- und Hausmärchen« (1812/15, 2 Bde., vermehrt 1819/22, 3 Bde.) heraus, die nach Inhalt und Form verschiedene Arten prosaischer Volksdichtung (Zauber-, Schwank-, Tiermärchen, Lügengeschichten, Schwänke, Gleichniserzählungen und Legenden) enthalten. Der Stil der Volksmärchen ist durch die einfache, natürliche Erzählweise des Volkes geprägt. Aus den vielen Varianten, die die Brüder im Laufe ihrer Sammeltätigkeit fanden, wurden von beiden bei späteren Neuauflagen die ursprünglichste und charakteristischste ausgewählt. Die meisterhafte,

am Volksmund geschulte literarische Formung ist vor allem Wilhelm Grimms Verdienst, der den Tendenzen der Romantik näher stand als sein Bruder. Bis an ihr Lebensende vermehrten und verbesserten die beiden Gelehrten in sieben Neuauflagen ihre Sammlung. Die Märchensammlung der Brüder Grimm wurde nicht nur in Deutschland in unzähligen Ausgaben bis in die Gegenwart immer wieder aufgelegt, sondern erlangte durch Übersetzungen in fast alle Sprachen auch weltliterarische Wirkung. Zu den berühmtesten Märchen gehören »Aschenputtel«, »Das tapfere Schneiderlein«, »Der Wolf und die sieben Geißlein«, »Die Bremer Stadtmusikanten«, »Dornröschen«, »Hans im Glück«, »Hänsel und Gretel«, »Frau Holle«, »Rotkäppchen«, »Rumpelstilzchen« und »Schneewittchen«.

Von Bedeutung war auch die Beschäftigung der Brüder Grimm mit altem Sagengut. 1816 und 1818 erschienen 585 Stücke, gesammelt als »Deutsche Sagen«. Wesentlich für die Erarbeitung entscheidender Grundlagen der Germanistik war Wilhelm Grimms wissenschaftliches Hauptwerk über »Die deutsche Heldensage« (1829). Jacob Grimm, der bahnbrechende historisch-philologische (»Deutsche Grammatik«, 1819/37) und editorische (»Reinhart Fuchs«, 1834) Werke vorlegte, begann 1838 als Krönung seiner Lebensarbeit gemeinsam mit seinem Bruder die Heraus-

---

[1] Friedrich Schlegel: Kritische Ausgabe. Hg. v. Ernst Behler. Bd. 18. München/Paderborn/Wien: Schöningh 1968, S. 85.

gabe des etymologisch und sprachge-schichtlich angelegten Monumentalwerkes »Deutsches Wörterbuch« (Bd. 1–3, 1854–1862), das später von Generationen von Sprachwissenschaftlern fortgesetzt wurde. 1961 wurde das »Deutsche Wörter-buch« durch die Akademien der Wissen-schaften in Berlin und Göttingen mit dem 32. Band abgeschlossen. Seit 1965 er-scheint in Lieferungen eine nach den neue-sten Erkenntnissen der germanistischen Sprachwissenschaft überarbeitete Neuauf-lage des gewaltigen Werkes.

Die Auszüge aus der Vorrede zum »Deut-schen Wörterbuch« beschwören, ganz im Geiste der Romantik und der romantischen Sprachwissenschaft, die Erwartung, die Ja-cob Grimm mit seinem Werk verband. Wen mag es nicht wehmütig und altväterlich-idealistisch berühren, wenn er liest, daß »das wörterbuch zum hausbedarf, mit ver-langen, oft mit andacht« studiert werden sollte und daß »der vater ein paar wörter ausheben und sie abends mit den knaben« durchgehen solle, um ihre Sprachgabe zu überprüfen und die eigene aufzufrischen.

Die letzten Sätze der Vorrede zum »Deut-schen Wörterbuch« umschreiben voll Hoff-nung und Pathos die nationale Einheit, die sich im Sinne Herders aus der gemeinsa-men Sprache konstituiert. War damals die nationale Einheit des deutschen Volkes, wie sie 1841 Hoffmann von Fallersleben in der ersten Strophe des Deutschlandliedes (vgl. S. 295) »von der Maas bis an die Memel, von der Etsch bis an den Belt« besungen hatte, vor der politischen Zersplitterung des Deutschen Bundes nur ein Traum, so hat in den letzten 150 Jahren der Versuch der Verwirklichung dieses Gedankens zu Katastrophen geführt, die ein übersteiger-ter Nationalismus verursachte.

Jacob Grimm hatte auch dezidierte Vorstel-lungen über die Rechtschreibung und die Druckschrift. Er wandte sich gegen die so-genannte gotische Fraktur und favorisierte die lateinische Antiqua. In der Rechtschrei-bung trat er für eine konsequente Klein-schreibung ein, nahm lediglich Eigenna-men und Absatzanfänge von ihr aus. Weite-re Besonderheiten der Schreibung Jacob Grimms, die er für die Zukunft durchset-zen wollte, erschließen sich im Studium des abgedruckten Textes.

Jacob Grimm

Aus der Vorrede zum »Deutschen Wörterbuch« (1854)

Was ist eines wörterbuchs zweck? nach seiner umfassenden allgemeinheit kann ihm nur ein groszes, weites ziel gesteckt sein.

Es soll ein heiligthum der sprache gründen, ihren ganzen schatz bewahren, allen zu ihm den eingang offen halten. das niedergelegte gut wächst wie die wabe und wird ein hehres 5 denkmal des volks, dessen vergangenheit und gegenwart in ihm sich verknüpfen.

Die sprache ist allen bekannt und ein geheimnis. wie sie den gelehrten mächtig anzieht, hat sie auch der menge natürliche lust und neigung eingepflanzt. ›wie heiszt doch das wort, dessen ich mich nicht mehr recht erinnern kann?‹ ›der mann führt ein seltsames wort im munde, was mag es eigentlich sagen wollen?‹ ›zu dem ausdruck musz noch es 10 bessere beispiele geben, lasz uns nachschlagen.‹

Diese neigung kommt dem verständnis auf halbem wege entgegen. das wörterbuch braucht gar nicht nach platter deutlichkeit zu ringen und kann sich ruhig alles üblichen geräths bedienen, dessen die wissenschaft so wenig als das handwerk entbehrt und der leser bringt das geschick dazu mit oder erwirbt sichs ohne mühe. fragst du den schuster, den becker um etwas, er antwortet dir auch mit seinen wörtern und es bedarf wenig oder keiner deutung.

Auch ist gar keine noth, dasz allen alles verständlich, dasz jedem jedes wort erklärt sei, er gehe an dem unverstandnen vorüber und wird es das nächstemal vielleicht fassen. nenne man ein gutes buch, dessen verständnis leicht wäre und nicht einen unergründlichen hintergrund hätte, das wörterbuch insgemein führt so schweren stof mit sich, dasz die gelehrtesten bei manchem verstummen oder noch nicht rechten bescheid wissen. auf zahllosen stufen dürfen auch die andern leser bei seite lassen, was ihres vermögens nicht ist, in ihren gesichtskreis nicht fällt oder was selbst sie abstöszt. leser jedes standes und alters sollen auf den unabsehbaren strecken der sprache nach bienenweise nur in die kräuter und blumen sich niederlassen, zu denen ihr hang sie führt und die ihnen behagen.

Einen haufen bücher mit übelerfundenen titeln gibt es, die hausieren gehn und das bunteste und unverdaulichste gemisch des manigfalten wissens feil tragen. fände bei den leuten die einfache kost der heimischen sprache eingang, so könnte das wörterbuch zum hausbedarf, und mit verlangen, oft mit andacht gelesen werden. warum sollte sich nicht der vater ein paar wörter ausheben und sie abends mit den knaben durchgehend zugleich ihre sprachgabe prüfen und die eigne anfrischen? die mutter würde gern zuhören. frauen, mit ihrem gesunden mutterwitz und im gedächtnis gute sprüche bewahrend, tragen oft wahre begierde ihr unverdorbnes sprachgefühl zu üben, vor die kisten und kasten zu treten, aus denen wie gefaltete leinwand lautere wörter ihnen entgegen quellen: ein wort, ein reim führt dann auf andere und sie kehren öfter zurück und heben den deckel von neuem. man darf nur nicht die fesselnde gewalt eines nachhaltigen füllhorns, wie man das wörterbuch zu nennen pflegt, und den dienst, den es thut vergleichen mit dem ärmlichen eines dürren handlexicons, das ein paarmal im jahr aus dem staub unter der bank hervor gelangt wird, um den streit zu schlichten, welche von zwei schlechten schreibungen den vorzug verdiene oder die steife verdeutschung eines geläufigen, fremden ausdrucks aufzutreiben.

Wer mag berechnen, welchen nutzen das wörterbuch dadurch stiftet, dasz es unvermerkt gegenüber denen, die sich mit fremden sprachen brüsten, eine lebhaftere empfindung für den werth, häufig die überlegenheit der eigenen einflöszt, und die vorlage anschaulicher beispiele, ganz abgesehn von dem, was sie beweisen sollen, liebe zu der einheimischen literatur stärker weckt. im hohen alterthum half dem gedächtnis das hersagen gebundner lieder und bewahrte damit zugleich auch die sprache. bei völkern, die keine oder eine dürftige literatur erzeugten, musten sprachformen, wörter und ausdrucksweisen aus mangel an wiederholung in vergessenheit sinken; den verfall reichgewesener sprachen in arme mundarten lehrt ein solcher abgang lebendiger übung begreifen. den glanz der alten sprachen haben dichtkunst und werke des geistes empor getragen und erhalten; wesentlich scheinen die wörterbücher auf gesicherte dauer der neueren sprachen einzuwirken, ein grund mehr ihnen vorschub zu leisten. schützen sie nicht alle wörter, so halten sie doch die mehrzahl aufrecht; wenige leser eines wörterbuchs werden in abrede stellen, wie viel einzelnes sie ihm zu danken haben. die lebendigste überlieferung erfolgt freilich von munde zu munde und nach verschiedenheit der landschaften ist ein menschenschlag rühriger und sprachgewandter als der andere. durch ausgestreuten samen können aber auch verödete fluren wieder urbar werden.

Sprachforschung wird durch jedwede den denkmälern zugewandte aufmerksamkeit und
60 sorgfalt gefördert und ergeht sich auf unermeszlichem felde, es scheint sogar, je mehr sie
sich alle ihre mittel selbst bereite und zutrage, dasz sie desto eigenthümlicher auftreten
möge. doch unverhältnismäszig den gröszten beistand gewährt ihr das wörterbuch, von
dem an genau bestimmter stelle alle wörter in so geordnetem Überblick dargeboten
werden, wie ihn jener noch unbeholfne fleisz, und sei es der unermüdlichste, nimmer zu
65 wege bringt. das wörterbuch gleicht einem gerüsteten schlagfertigen heer, mit welchem
wunder ausgerichtet werden und wogegen die ausgesuchteste streitkraft im einzelnen
nichts vermag. ich habe dies an meinem beispiel selbst erfahren, als ich die alte grammatik
noch ohne beistand eines wörterbuchs aufzubauen trachtete und gewahre jetzt bei voller
und alphabetischer ausarbeitung der neuen sprache, wie allein durch festgehaltnen schritt
70 und regelmäszigen gang die abgelegensten stellen erreicht und besetzt werden, an denen
sonst vorüber gegangen würde. einem uhrwerke gleich läszt sich das wörterbuch für den
gebrauch des gemeinen mannes nur mit derselben genauigkeit einrichten, die auch der
astronom begehrt, und wenn es überhaupt nutzen soll, gibt es kein anderes als ein wissenschaftliches. (...)
75 Deutsche geliebte landsleute, welches reichs, welches glaubens ihr seiet, tretet ein in die
euch allen aufgethane halle eurer angestammten, uralten sprache, lernet und heiliget sie
und haltet an ihr, eure volkskraft und dauer hängt in ihr. noch reicht sie über den Rhein in
das Elsasz bis nach Lothringen, über die Eider tief in Schleswigholstein, am ostseegestade
hin nach Riga und Reval, jenseits der Karpathen in Siebenbürgens altdakisches gebiet.
80 Auch zu euch, ihr ausgewanderten Deutschen, über das salzige meer gelangen wird das
buch und euch wehmütige, liebliche gedanken an die heimatsprache eingeben oder befe-
stigen, mit der ihr zugleich unsere und euere dichter hinüber zieht, wie die englischen und
spanischen in Amerika ewig fortleben.

In: Jacob Grimm und Wilhelm Grimm: Deutsches Wörterbuch. Bd. 1. Leipzig: Hirzel 1854, Spalte
XII ff.

1. *Stellen Sie thesenartig Jacob Grimms Argumente zum Zweck eines deutschen Wörter-*
   buchs zusammen.
2. *Welche Argumente werden durch den Zeitgeist und durch die romantische Bewegung*
   bestimmt?
3. *Stellen Sie einige Beispielwörter aus dem »Grimmschen Wörterbuch« vor, indem Sie*
   den Aufbau und den Inhalt des zum Wort gehörenden Textes erläutern. (Das »Deut-
   sche Wörterbuch« der Brüder Grimm ist 1984 bei dtv als fotomechanischer Nachdruck
   erschienen.)

Weiterentwicklung

Im 19. Jahrhundert entwickeln sich besonders rasch innerhalb der Naturwissenschaften Physik und Chemie, innerhalb der
Geisteswissenschaften vor allem die Ge-
schichtswissenschaft und die Literaturwissenschaft, in Deutschland als nationale
Wissenschaft gleichsam die Germanistik,
deren Wegbereiter die Brüder Grimm waren. Die Philosophie möchte nun diese beiden großen Erkenntisbereiche begrifflich

und methodisch sondern und ihre zugrundeliegenden Axiome klar erkennen. Wilhelm Dilthey gilt als einer der Vordenker, der die jeweilige erkenntnistheoretische Eigenart der beiden großen Wissenschaftsbereiche herausgestellt hat.

Wilhelm Dilthey (1833–1911) war seit 1867 Professor in Basel, Kiel und Breslau und seit 1882 in Berlin. Dilthey ist der Gründer einer wissenschaftlichen Lebens- und Erlebnisphilosophie und philosophischer Interpret der im 19. Jahrhundert aufblühenden Geisteswissenschaften. Ein Hauptarbeitsgebiet war die systematische Grundlegung der Geisteswissenschaften, deren methodische und erkenntnistheoretische Selbständigkeit er zu sichern suchte. Ihre Gegenstände werden durch das »Verstehen« ergriffen, das wiederum ein »Erlebnis« voraussetzt. Die Kunst der wissenschaftlichen Deutung geistesgeschichtlicher Zusammenhänge bezeichnet Dilthey im Anschluß an die klassische Philologie als Hermeneutik.

Wilhelm Dilthey
Der Aufbau der geschichtlichen Welt in den Geisteswissenschaften (1910)

Ich gehe von dem umfassenden Tatbestand aus, welcher die feste Grundlage jedes Räsonnements über die Geisteswissenschaften bildet. Neben den Naturwissenschaften hat sich eine Gruppe von Erkenntnissen entwickelt, naturwüchsig, aus den Aufgaben des Lebens selbst, welche durch die Gemeinsamkeit des Gegenstandes miteinander verbunden sind. Solche Wissenschaften sind Geschichte, Nationalökonomie, Rechts- und Staatswis- 5 senschaften, Religionswissenschaft, das Studium von Literatur und Dichtung, von Raumkunst und Musik, von philosophischen Weltanschauungen und Systemen, endlich die Psychologie. Alle diese Wissenschaften beziehen sich auf dieselbe große Tatsache: das Menschengeschlecht. Sie beschreiben und erzählen, urteilen und bilden Begriffe und Theorien in Beziehung auf diese Tatsache. 10
Was man als Physisches und Psychisches zu trennen pflegt, ist in dieser Tatsache ungesondert. Sie enthält den lebendigen Zusammenhang beider. Wir sind selber Natur, und die Natur wirkt in uns, unbewußt, in dunklen Trieben; Bewußtseinszustände drücken sich in Gebärde, Mienen, Worten beständig aus, und sie haben ihre Objektivität in Institutionen, Staaten, Kirchen, wissenschaftlichen Anstalten: eben in diesen Zusammenhängen 15 bewegt sich die Geschichte.
Dies schließt natürlich nicht aus, daß die Geisteswissenschaften, wo ihre Zwecke es fordern, sich der Unterscheidung des Physischen und Psychischen bedienen. Nur daß sie sich bewußt bleiben müssen, daß sie dann mit Abstraktionen arbeiten, nicht mit Entitäten[1], und daß diese Abstraktionen nur in den Schranken des Gesichtspunktes Geltung 20 haben, unter dem sie entworfen sind. Ich stelle den Gesichtspunkt dar, aus welchem die nachfolgende Grundlegung Psychisches und Physisches unterscheidet und welcher den Sinn bestimmt, in dem ich die Ausdrücke anwende. Das Nächstgegebene sind die Erleb-

---

[1] Entität (lat.): Wesenheit, Seinshaftigkeit

nisse. Diese stehen nun aber (. . .) in einem Zusammenhang, der im ganzen Lebensverlauf
25 inmitten aller Veränderungen permanent beharrt; auf seiner Grundlage entsteht das, was
ich als den erworbenen Zusammenhang des Seelenlebens früher beschrieben habe; er
umfaßt unsere Vorstellungen, Wertbestimmungen und Zwecke, und er besteht als eine
Verbindung dieser Glieder. Und in jedem derselben existiert nun der erworbene Zusammenhang in eigenen Verbindungen, in Verhältnissen von Vorstellungen, in Wertabmes-
30 sungen, in der Ordnung der Zwecke. Wir besitzen diesen Zusammenhang, er wirkt beständig in uns, die im Bewußtsein befindlichen Vorstellungen und Zustände sind an ihm
orientiert, unsere Eindrücke werden durch ihn apperzipiert[1], er reguliert unsere Affekte:
so ist er immer da und immer wirksam, ohne doch bewußt zu sein. Ich wüßte nicht, was
dagegen eingewandt werden könnte, wenn an dem Menschen durch Abstraktion dieser
35 Zusammenhang von Erlebnissen innerhalb eines Lebenslaufs abgesondert und als das
Psychische zum logischen Subjekt von Urteilen und theoretischen Erörterungen gemacht
wird. Die Bildung dieses Begriffs rechtfertigt sich dadurch, daß das in ihm Ausgesonderte
als logisches Subjekt Urteile und Theorien möglich macht, die in den Geisteswissenschaften notwendig sind. Ebenso legitim ist der Begriff des Physischen. Im Erlebnis treten
40 Eindrücke, Impressionen, Bilder auf. Physische Gegenstände sind nun das zu praktischen
Zwecken ihnen Untergelegte, durch dessen Setzung die Impressionen konstruierbar werden. Beide Begriffe können nur angewandt werden, wenn wir uns dabei bewußt bleiben,
daß sie nur aus der Tatsache Mensch abstrahiert sind – sie bezeichnen nicht volle Wirklichkeiten, sondern sind nur legitim gebildete Abstraktionen.
45 Die Subjekte der Aussagen in den angegebenen Wissenschaften sind von verschiedenem
Umfang – Individuen, Familien, zusammengesetztere Verbände, Nationen, Zeitalter, geschichtliche Bewegungen oder Entwicklungsreihen, gesellschaftliche Organisationen, Systeme der Kultur und andere Teilausschnitte aus dem Ganzen der Menschheit – schließlich diese selbst. Es kann von ihnen erzählt, sie können beschrieben, es können Theorien
50 von ihnen entwickelt werden. Immer aber beziehen sich diese auf dieselbe Tatsache:
Menschheit oder menschlich-gesellschaftlich-geschichtliche Wirklichkeit. Und so entsteht
zunächst die Möglichkeit, diese Wissenschaftsgruppe durch ihre gemeinsame Beziehung
auf dieselbe Tatsache: Menschheit zu bestimmen und von den Naturwissenschaften abzugrenzen. Zudem ergibt sich aus dieser gemeinsamen Beziehung weiter ein Verhältnis
55 gegenseitiger Begründung der Aussagen über die in dem Tatbestand »Menschheit« enthaltenen logischen Subjekte. Die beiden großen Klassen der angegebenen Wissenschaften,
das Studium der Geschichte bis zur Beschreibung des heutigen Gesellschaftszustandes
und die systematischen Wissenschaften des Geistes, sind an jeder Stelle aufeinander angewiesen und bilden so einen festen Zusammenhang.

In: Wilhelm Dilthey: Die Philosophie des Lebens. Aus seinen Schriften ausgewählt v. Herman
Nohl. Stuttgart: Teubner 1961.

1. *Der Ausschnitt ist klar aufgebaut. Entwerfen sie die dazu gehörende Gliederung.*
2. *Was ist für Dilthey die Grundlage aller Geisteswissenschaft?*
3. *Wodurch unterscheidet sich die psychische Seite des Menschen von der physischen?*
   Welche Folgerungen hat dieser Unterschied für das von Dilthey entworfene System?

---

[1] apperzipieren (lat.): bewußt wahrnehmen, deutlich auffassen

III. BIEDERMEIER, JUNGES DEUTSCHLAND, VORMÄRZ

1. Grundlagen

Die Befreiungskriege gegen die napoleonische Vorherrschaft in Deutschland hatten das Bürgertum und vor allem seine Jugend als Kampf für eine einheitliche deutsche Nation verstanden. Nach dem endgültigen Sieg über Napoleon bei Waterloo 1815 erwarteten sie darüber hinaus eine Verfassung, die eine politische Mitgestaltung erlauben sollte und gleichzeitig fürstliche Willkür ausschaltete. Die deutschen Fürsten jedoch wollten unter dem Vorsitz des österreichischen Staatskanzlers Fürst Metternich auf dem Wiener Kongreß 1814/15 die vorrevolutionären Verhältnisse wiederherstellen und die gesamteuropäische Bewegung des Liberalismus zurückdrängen. Die Restauration (Wiederherstellung) setzte ein, als nach der Ermordung des Lustspieldichters und russischen Staatsrates August von Kotzebue als vermeintlichem Feind der deutschen Freiheit und Einheit Metternich mit Hilfe des Bundes die »Karlsbader Beschlüsse« durchsetzte. Durch Verbot der Burschenschaften, strenge Überwachung der Universitäten, Zensur und Demagogenverfolgung sollte die deutsche Freiheitsbewegung im Keim erstickt werden.

Die Julirevolution von 1830 in Frankreich war ein Sieg des Liberalismus über die alten Mächte und wirkte auf die Gegner der Restauration in ganz Europa wie eine Aufforderung.

Am 24. Februar 1848 hatten sich in Paris Kleinbürger und Industriearbeiter gegen das Zensuswahlrecht erhoben. Im Gegensatz zu 1830 sprang diesmal die Revolution nach Deutschland über und breitete sich im März über das ganze Land aus. Deshalb spricht man von der Märzrevolution oder

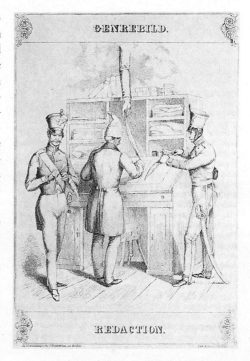

Genrebild/Redaction. Berlin um 1843.

den Märzereignissen. Als unmittelbare Folge der Barrikadenkämpfe in Berlin und Wien trat Metternich zurück.

Im Mai wurde die Frankfurter Nationalversammlung einberufen. Unter den Abgeordneten befanden sich viele Gelehrte und Dichter wie Ludwig Uhland, Ernst Moritz Arndt und Jacob Grimm. Im weitschweifigen Reden zu den großen Fragen der Zeit – großdeutsch oder kleindeutsch, Republik oder Monarchie – verspielten sie die Gunst der Stunde.

Als am 1. September 1850 der alte Bundestag in Frankfurt wieder zusammentrat, war die Revolution des Jahres 1848 endgültig gescheitert.

Freiheitsheld vom 18. und 19. März 1848 in Berlin.

Gesellschaftliche Veränderungen durch Naturwissenschaft, Technik und Industrie

1814 Lokomotive (George Stephenson)

1819 Mechanische Werkstatt (Friedrich Harkort)

1832/33 Elektromagnetismus für Fernverständigung (Karl Friedrich Gauß, Wilhelm Eduard Weber)

1833 Elektrolyse (Michael Faraday)

1834 Elektromotor (Moritz Hermann von Jacobi)

1835 Erste deutsche Eisenbahn

1836 Zündnadelgewehr (Hinterlader) (Johann Nikolaus von Dreyse)

1837 Fotografie (Louis Daguerre) Schreibtelegraf (Samuel F. B. Morse)

1841 Kunstdünger (Justus von Liebig)

1846 Erste leistungsfähige Nähmaschine (Elias Howe)

Je weiter Naturwissenschaft und Technik das Leben veränderten, um so mehr breitete sich das Gefühl der Unsicherheit und Heimatlosigkeit unter den Menschen aus. Die gegen Ende der Epoche einsetzende Industrialisierung förderte das reiche Großbürgertum und brachte gleichzeitig eine breite Arbeiterschaft hervor, während auf der anderen Seite immer häufiger Handwerker und Bauern verarmten und in die Städte abwanderten. In wenigen Jahrzehnten entstand in den wachsenden Großstädten eine bisher unbekannte Massengesellschaft. Ungeahnte Reisemöglichkeiten und eine Fülle von Informationen durch Ausweitung des Buch- und Pressewesens erweiterten den Horizont breiter Bevölkerungsschichten.

Kampf zwischen Bürgern und Soldaten in Berlin. 18. und 19. März 1848.

Erläutern Sie in Anwendung Ihrer naturwissenschaftlichen Kenntnisse in Kurzvorträgen die Bedeutung einzelner Neuerungen. Sie können folgendes Gliederungsschema zugrundelegen:
1. *Die Person, die die Neuerung entwickelt hat*
2. *Die Erfindung oder Weiterentwicklung*
3. *Die zeitgenössische Resonanz*
4. *Die ökonomischen, künstlerischen, militärischen etc. Auswirkungen*
5. *Niederschlag in der zeitgenössischen Literatur.*

Philosophie

Zwei überragende Philosophen, Hegel und Schopenhauer, bestimmen nicht nur den Geist der Epoche, sondern des ganzen 19. Jahrhunderts.

Georg Wilhelm Friedrich Hegel (1770–1831) versteht in seinen Hauptwerken »Phänomenologie des Geistes« (1807), »Wissenschaft der Logik« (1812) und »Enzyklopädie der philosophischen Wissenschaften« (1817) die Welt als geschichtlichen Prozeß. Das Absolute, den Weltgeist, setzt Hegel zum Inbegriff der Wirklichkeit. Alle geschichtlichen und kulturellen Erscheinungen sind Offenbarungen dieses

Eisenbahn-Scene. Nach einem Aquarell von J. A. Klein, 1842, gestochen 1858 von A. Schöll.

Weltgeistes. Im Bewußtsein des Menschen gelangt der absolute Geist zum Bewußtsein seiner selbst. Der Weltgeist verwirklicht sich in immer höherer Vollkommenheit im einzelnen Menschen und vor allem im Staat, der diese Menschen organisiert. Nach Hegels dialektischem Denkmodell vollzieht sich diese Entwicklung im Dreischritt von These und Antithese zur Synthese. Die nicht zu verneinenden Gegensätze werden in der Synthese durch einen Sprung in eine andere, höhere Qualität aufgehoben.

Arthur Schopenhauer (1788–1860) sah in seinem Hauptwerk »Die Welt als Wille und Vorstellung« (1819) das Wesen der Welt nicht im Geist, sondern im Willen, der den Menschen zu immer neuen Wünschen anstachelt. Dieser Daseinsdrang gebiert neues Leben und damit auch gleichzeitig neues Leid. Von diesem Leid kann sich der Mensch nur durch die Verneinung des Lebens und des Willens, durch Selbstüberwindung und Mitleid zum anderen Menschen befreien.

Mit diesen Ideen des philosophischen Pessimismus beeinflußte Schopenhauer das Werk Grillparzers, Hebbels und Raabes und besonders den Komponisten Richard Wagner.

Für den Religionsphilosophen Ludwig Feuerbach (1804–1872) sind Gott und Religion nur Projektionen menschlicher Wünsche und Hoffnungen in eine transzendente Welt. Daher muß der Glaube durch Wissenschaft und Vernunft ersetzt werden.

David Friedrich Strauß (1808–1874) sah im Neuen Testament nur Sage, Allegorie und Mythos, zeitbedingte Bilder, die vor der Realität des 19. Jahrhunderts keinen Bestand mehr hätten.

Der französische Frühsozialist Claude-Henri de Saint-Simon (1760–1825) forderte mit seinen Schülern, den Saint-Simonisten, die Befreiung der Sinnlichkeit, die Frauenemanzipation und die Utopie einer brüderlich geeinten Weltgesellschaft. Diese Ideen wiederum beeinflußten Heinrich Heine und die Jungdeutschen.

Im Gegensatz zur heute weit verbreiteten Meinung waren nicht Karl Marx und Friedrich Engels die großen Innovatoren und Begründer des wissenschaftlichen Sozialismus im 19. Jahrhundert, sondern Sozialisten, Volkswirtschaftler und Kommunisten wie Wilhelm Schultz (1797–1860), Johann Karl Robertus (1805–1875), Moses Heß (1812–1875), Wilhelm Weitling (1808–1871) u. a. Als selbständiger Theoretiker der Arbeiterbewegung wurde Ferdinand Lassalle (1825–1864) zum Begründer der sozialdemokratischen Bewegung in Deutschland.

W. Weitling: Garantien der Harmonie und Freiheit. Hamburg: Verlag des Verfassers [3]1849.

Georg Wilhelm Friedrich Hegel
Vorrede: Vom wissenschaftlichen Erkennen (1807)

So wird auch durch die Bestimmung des Verhältnisses, das ein philosophisches Werk zu andern Bestrebungen über denselben Gegenstand zu haben glaubt, ein fremdartiges Interesse hereingezogen und das, worauf es bei der Erkenntnis der Wahrheit ankommt, verdunkelt. So fest der Meinung der Gegensatz des Wahren und des Falschen wird, so pflegt sie auch entweder Beistimmung oder Widerspruch gegen ein vorhandenes philoso- 5 phisches System zu erwarten und in einer Erklärung über ein solches nur entweder das eine oder das andere zu sehen. Sie begreift die Verschiedenheit philosophischer Systeme nicht so sehr als die fortschreitende Entwicklung der Wahrheit, als sie in der Verschiedenheit nur den Widerspruch sieht. Die Knospe verschwindet in dem Hervorbrechen der Blüte, und man könnte sagen, daß jene von dieser widerlegt wird: ebenso wird durch die 10 Frucht die Blüte für ein falsches Dasein der Pflanze erklärt, und als ihre Wahrheit tritt jene an die Stelle von dieser. Diese Formen unterscheiden sich nicht nur, sondern verdrängen sich auch als unverträglich miteinander. Aber ihre flüssige Natur macht sie zugleich zu Momenten der organischen Einheit, worin sie sich nicht nur nicht widerstreiten, sondern

15 eins so notwendig als das andere ist, und diese gleiche Notwendigkeit macht erst das
Leben des Ganzen aus. Aber der Widerspruch gegen ein philosophisches System pflegt
teils sich selbst nicht auf diese Weise zu begreifen, teils auch weiß das auffassende Bewußtsein gemeinhin nicht, ihn von seiner Einseitigkeit zu befreien oder frei zu erhalten,
und in der Gestalt des streitend und sich zuwider Scheinenden gegenseitig notwendige
20 Momente zu erkennen.

In: Georg Wilhelm Friedrich Hegel: Recht – Staat – Geschichte. Eine Auswahl aus seinen Werken.
Hg. u. erläutert v. Friedrich Bülow. Stuttgart: Kröner 1955, S. 123 f.

*Hegel entwickelt in seiner berühmten Vorrede zur »Phänomenologie des Geistes«, »daß
die Verschiedenheit der philosophischen Systeme als fortschreitende Entwicklung der
Wahrheit zu begreifen sei«[1].*
1. *Erklären Sie die Dialektik, die in dem »organischen Bild« von Knospe, Blüte und
   Frucht verborgen ist.*
2. *Der Gedanke der Entwicklung ist dem deutschen Idealismus eigen. Bei welchen Dichtern und Philosophen, die in diesem Band abgedruckt sind, finden Sie den Gedanken
   wieder?*

Arthur Schopenhauer
Von der Nichtigkeit und dem Leiden des Lebens (1819)

Wir fühlen den Schmerz, aber nicht die Schmerzlosigkeit; wir fühlen die Sorge, aber nicht
die Sorglosigkeit; die Furcht, aber nicht die Sicherheit. Wir fühlen den Wunsch, wie wir
Hunger und Durst fühlen; sobald er aber erfüllt worden, ist es damit, wie mit dem
genossenen Bissen, der in dem Augenblick, da er verschluckt wird, für unser Gefühl
5 dazuseyn aufhört. Genüsse und Freuden vermissen wir schmerzlich, sobald sie ausbleiben: aber Schmerzen, selbst wenn sie nach langer Anwesenheit ausbleiben, werden nicht
unmittelbar vermißt, sondern höchstens wird absichtlich, mittelst der Reflexion, ihrer
gedacht. Denn nur Schmerz und Mangel können positiv empfunden werden und kündi-
gen daher sich selbst an: das Wohlseyn hingegen ist bloß negativ. Daher eben werden wir
10 der drei größten Güter des Lebens, Gesundheit, Jugend und Freiheit, nicht als solcher
inne, so lange wir sie besitzen; sondern erst nachdem wir sie verloren haben: denn auch
sie sind Negationen. Daß Tage unsers Lebens glücklich waren, merken wir erst, nachdem
sie unglücklichen Platz gemacht haben. – In dem Maaße, als die Genüsse zunehmen,
nimmt die Empfänglichkeit für sie ab: das Gewohnte wird nicht mehr als Genuß emp-
15 funden. Eben dadurch aber nimmt die Empfänglichkeit für das Leiden zu: denn das
Wegfallen des Gewohnten wird schmerzlich gefühlt. Also wächst durch den Besitz das
Maaß des Nothwendigen, und dadurch die Fähigkeit Schmerz zu empfinden. – Die Stun-

[1] Friedrich Bülow: Vorspann. In: Georg Wilhelm Friedrich Hegel: Recht – Staat – Geschichte.
Eine Auswahl aus seinen Werken. Hg. u. erläutert v. Friedrich Bülow. Stuttgart: Kröner 1955.

den gehn desto schneller hin, je angenehmer; desto langsamer, je peinlicher sie zugebracht werden: weil der Schmerz, nicht der Genuß das Positive ist, dessen Gegenwart sich fühlbar macht. Eben so werden wir bei der Langenweile der Zeit inne, bei der Kurzweil nicht. 20 Beides beweist, daß unser Daseyn dann am glücklichsten ist, wann wir es am wenigsten spüren: woraus folgt, daß es besser wäre, es nicht zu haben. – Große, lebhafte Freude läßt sich schlechterdings nur denken als Folge großer vorhergegangener Noth: denn zu einem Zustande dauernder Zufriedenheit kann nichts hinzukommen, als etwas Kurzweil, oder auch Befriedigung der Eitelkeit. Darum sind alle Dichter genöthigt, ihre Helden in ängst- 25 liche und peinliche Lagen zu bringen, um sie daraus wieder befreien zu können: Drama und Epos schildern demnach durchgängig nur kämpfende, leidende, gequälte Menschen, und jeder Roman ist ein Guckkasten, darin man die Spasmen und Konvulsionen des geängstigten menschlichen Herzens betrachtet.

In: Arthur Schopenhauer: Sämtliche Werke. Nach der ersten, von Julius Frauenstädt besorgten Gesamtausgabe neu bearbeitet u. hg. v. Arthur Hübscher. Bd. 2: Die Welt als Wille und Vorstellung. Leipzig: Brockhaus 1938, S. 657 f.

1. *Geben Sie mit eigenen Worten die Argumente Schopenhauers wieder, mit denen er die Nichtigkeit des Lebens begründet.*
2. *Analysieren Sie die Argumentationsstruktur.*
3. *Charakterisieren Sie die Sprache.*
4. *Vorschlag für ein Referat: Stellen Sie z. B. den § 52 im 3. Buch aus »Die Welt als Wille und Vorstellung« vor, in dem Schopenhauer von der Bedeutung der Musik spricht. Diese Stelle u. a. hat das 19. Jahrhundert und besonders Richard Wagner geprägt.*

Hegel   Schopenhauer

Biographien

Georg Büchner wurde am 17.10.1813 bei Darmstadt geboren. Er studierte Medizin in Straßburg (1831) und Gießen (1833). Hier gründete er die illegale »Gesellschaft für Menschenrechte« und schrieb den »Hessischen Landboten« (1834), eine der revolutionärsten Flugschriften seiner Zeit. Als seine Verhaftung drohte, floh er, steckbrieflich gesucht, Anfang 1835 nach Straßburg. In dieser Zeit entstanden seine wesentlichen Werke, so »Dantons Tod«, der im Juli 1835 in verstümmelter Form als Buch erschien, das voller ironischer Zeitanspielungen steckende Lustspiel »Leonce und Lena«, (1836, erschienen 1842) das verlorengegangene Drama »Pietro Aretino«, Übersetzungen zweier Dramen Victor Hugos und die meisterhafte Erzählung »Lenz« (1836, erschienen 1839) in der er den Aufenthalt des Sturm-und-Drang-Dramatikers Jakob Reinhold Michael Lenz bei Pfarrer Oberlin 1779 in den Vogesen voll psychologischer Einfühlung

schildert. Nach seiner Promotion wurde ihm an der neuen Universität Zürich eine Dozentur angeboten. Er bereitete seine Habilitation vor und konnte noch eine Reihe von Vorträgen halten, bevor er am 19.2.1837 an Typhus starb. Sein soziales Drama »Woyzeck« ist unvollendet geblieben.

Büchner gestaltet, bei allem Fatalismus der Geschichte gegenüber, die bewegenden Kräfte geschichtlicher Umwälzungen in realistischer Sicht. Sein Werk blieb über ein halbes Jahrhundert einem breiteren Publikum verschlossen. Die eigentliche Rezeption Büchners begann im Naturalismus (Veröffentlichung des »Woyzeck« 1879), doch seit dieser Zeit wird er von Vertretern der verschiedensten literarischen Strömungen geschätzt. So stehen z. B. H. H. Jahnn und B. Brecht in der Nachfolge Büchners, der erste als Verwandter seiner Weltsicht, der zweite als Bewunderer seiner dramatischen Gestaltung.

Annette von Droste-Hülshoff wurde am 10.1. 1797 auf Schloß Hülshoff bei Münster geboren, nahm am häuslichen Unterricht der Brüder teil, lernte wie diese Latein und Griechisch und entwickelte, dadurch daß sie in enger Verbindung mit der Natur aufwuchs, einen Natursinn, der den Kern ihrer Dichtungen ausmacht. Im Elternhaus hatten die Brüder Grimm verkehrt. Mit Schillers Werken war das Mädchen früh vertraut geworden. Im Hause ihres Schwagers Freiherr von Laßberg in Meersburg am Bodensee lernte sie Uhland, Kerner, Schwab kennen.

Seit 1840 Freundschaft zu dem jungen Westfalen Levin Schücking (1814–1883). Erst dieser erkannte ihre vorwiegend lyrische Begabung. Als aus der Freundschaft zu dem so viel jüngeren Mann eine nie frei ausgesprochene Liebe geworden war, entfaltete sich ihre ganze Kunst. In dem einen Winter von 1841 auf 1842 sind die meisten ihrer bleibenden Gedichte entstanden, so viele kurz nach einander, daß ein ganzer Band daraus wurde, der 1844 bei Cotta erschien. Am 24.5.1848 ist sie in Meersburg am Bodensee gestorben.

Büchner

Droste-Hülshoff

Grillparzer

Annette von Droste-Hülshoff gestaltet in ihrer Lyrik, v.a. in den »Heidebildern«, den Einbruch des Dämonischen, Magischen und Unheimlichen in die von Menschen geordnete Welt.

Franz Grillparzer wurde am 15. 1. 1791 in Wien als Sohn eines Advokaten und einer musikalischen, aber gemütskranken Mutter geboren. Nach dem Besuch des St.-Anna-Gymnasiums in Wien studierte er Staats- und Rechtswissenschaft. Seit 1813 arbeitete er im österreichischen Staatsdienst, zuletzt als Archivdirektor. Zwischen 1818 und 1823 war er Theaterdichter des Burgtheaters, nachdem er mit dem Drama »Die Ahnfrau« (1817) einen ersten Erfolg errungen hatte. Auch die folgenden Tragödien, so »Sappho« (1819) und die Trilogie »Das goldene Vließ« (»Der Gastfreund« – »Die Argonauten« – »Medea«, 1822), »König Ottokars Glück und Ende« (1825) und »Ein treuer Diener seines Herrn« (1830) fanden allgemeine Beachtung, wenn auch die Zensur ihm immer wieder Beschränkungen auferlegte. Sein melancholischer, depressiver Charakter führte ihn dazu, nach dem Mißerfolg des Lustspiels

Heinrich Heine, am 13. 12. 1797 in Düsseldorf geboren, entstammte einer jüdischen Kaufmannsfamilie, durchlief zuerst eine Kaufmannslehre, um anschließend in Bonn, Göttingen und Berlin Jura zu studieren. Er verlor aber bald sein Interesse an der Rechtswissenschaft, dafür traten Philosophie und Literaturwissenschaft in den Vordergrund. Hegels Vorlesungen in Berlin hörte er mit Begeisterung. Ein

Werke: »Gedichte« (1838); »Bei uns zu Lande auf dem Lande« (1841); »Die Judenbuche« (1842); »Bilder aus Westfalen« (1842); »Gedichte« (1844); »Geistliches Jahr« (1851); »Letzte Gaben« (1860).

»Weh dem, der lügt« (1840) kein weiteres Bühnenstück mehr zu Lebzeiten zu veröffentlichen. Grillparzer wollte auf der einen Seite dem Humanitätsideal der Weimarer Klassik nacheifern und sah zugleich auf der anderen Seite, daß die Verwirklichung bürgerlicher Freiheiten durch die Restaurationszeit immer stärker behindert wurde. Die Tragik seiner Gestalten liegt in dem Konflikt, in dieser Welt handeln zu müssen und gleichzeitig zu wissen, daß alles Handeln notwendig in Schuld führt. Aus seiner späteren Schaffensperiode stammen die Dramen »Des Meeres und der Liebe Wellen« (1840), »Der Traum ein Leben« (1840), »Libussa« (1872), »Ein Bruderzwist in Habsburg« (1872) »Die Jüdin von Toledo« (1873) und die Erzählung »Der arme Spielmann« (1848). Grillparzer starb am 21. 1. 1872 in Wien.

Fußreise in den Harz führte Heine 1824 zu Goethe. Im Juni 1825 trat er zum evangelischen Glauben über. Nach erfolglosen Bemühungen um eine Professur in München und einer längeren Italienreise ging er 1831 als Korrespondent für die Augsburger »Allgemeine Zeitung« nach Paris. 1835 wurden seine Schriften zusammen mit denen der Jungdeutschen durch den Deutschen Bundestag verboten.

Heine

Mörike

Stifter

249

In Paris ließ sich Heine von den frühsozialistischen Schriften Saint-Simons beeinflussen. In seinen letzten Lebensjahren war Heine wegen eines schweren Rückenmarkleidens an die »Matratzengruft« gefesselt. Er starb am 17. 2. 1856 in Paris.

Heine ist neben Goethe der weltweit bekannteste deutsche Dichter. Für ihn sind ironische Distanz und Brechung seiner Hauptthemen (enttäuschte Liebe, Todessehnsucht u. a.) charakteristisch. Heine gilt als Anreger moderner Lyrik bis in die Gegenwart, da er zahlreiche Stilelemente, wie Verfremdung und ironische Zeitkritik, vorwegnahm. Seine Balladen haben sich bis heute als Bildungsgut erhalten (z. B. »Belsazar«). Zahlreiche Lieder Heines wurden zu Volksliedern, obwohl er sie als Parodien auf Lieder der Romantik geschrieben hatte, wie z. B. »Ich weiß nicht, was soll es bedeuten«.

Werke: »Das Buch der Lieder« (1827); »Neue Gedichte« (1844); »Deutschland. Ein Wintermärchen« (1844); »Atta Troll. Ein Sommernachtstraum« (1847); »Der Romanzero« (1851); »Reisebilder« (1826–1831).

Eduard Mörike wurde am 8. 9. 1804 in Ludwigsburg geboren. Nach dem Studium der Theologie im Tübinger Stift 1822 bis 1826 war er bis 1843 Pfarrer in verschiedenen schwäbischen Orten. Nach seiner vorzeitigen Pensionierung widmete er sich ganz der Dichtung als Lyriker, Erzähler, Verfasser von Versidyllen und Nachdichtungen aus dem Griechischen und Lateinischen. Mörike erstrebte in seinem Werk, das das Bildungsgut der Antike und der Klassik, der Romantik und des Christentums in sich aufnahm, die künstlerisch harmonische Gestaltung des Menschen und der Welt, des Zusammenklangs von Ich und Welt. Über alle persönlichen Erschütterungen, über die Krisen der Restaurationszeit und der Vormärzjahre hinweg strebte Mörike nach Harmonie. Unter gedämpftem Humor verbarg er den tragischen Unterton seiner Existenz im Abseits des großen weltläufigen Getriebes, der ein Anschein biedermeierlichen Philistertums anhaftet. Kunst allein, wie er sie begriff, sah er als Aufgabe seines Lebens an: »Ist denn Kunst etwas anderes als ein Versuch, das zu ersetzen, was uns die Wirklichkeit versagt?«

Mörike starb am 4. 6. 1875 in Stuttgart.

Werke: »Maler Nolten« (1832); »Gedichte« (1838, erweitert 1848); »Idylle vom Bodensee« (1846); »Das Stuttgarter Hutzelmännchen« (1853).

Adalbert Stifter wurde am 23. 10. 1805 in Oberplan im Böhmerwald geboren. Er war Sohn eines Leinewebers und Flachshändlers. Seit 1818 besuchte er das Gymnasium der Benediktiner in Kremsmünster. Als Vorbereitung für das Lehramt studierte er in Wien Malerei, Philosophie, Geschichte und Naturwissenschaften. Vom Abschluß seines Studiums bis zu seiner Heirat mit Amalie Mohaupt (1837) war er in Wiener Adelsfamilien als Hauslehrer tätig. 1848 siedelte er nach Linz über, wo er 1850 zum Schulrat und Inspektor der Volksschulen in Oberösterreich berufen wurde.

Wegen eines schweren Leberleidens beendete er am 28. 1. 1868 in Linz selbst sein Leben.

Von der Romantik und von Jean Paul ausgehend, näherte Stifter sich immer mehr den klassischen Idealen Humanität, Maß, Ordnung und Goethes kosmischer Naturauffassung. In der Natur erkannte er das »sanfte Gesetz« der Gerechtigkeit und Liebe, das dem modernen Menschen abhanden gekommen ist. Über das immer wieder aufgegriffene Thema der Entsagung und Überwindung legt sich Stifters gläubiges Bewußtsein von der Fortdauer eines humanen, tätigen Lebens: »Weil das Ganze höher steht als der Teil, weil das Gute größer ist als der Tod.«

Werke: »Die Mappe meines Urgroßvaters« (1841/42); »Studien« (1844–50; darunter »Der Hochwald«, »Die Mappe«, »Abdias«, »Brigitta«, »Der Hagestolz«); »Bunte Steine« (1853); »Der Nachsommer« (1857); »Witiko« (1865–67).

2. Biedermeier

Mit dem Begriff Biedermeier als Bezeichnung für den Kunststil der Innendekoration von Wohnräumen, Möbeln und Gebrauchsgegenständen verbinden sich klare Assoziationen. Auf die Literatur angewandt, schien er lange problematisch, was an der umgangssprachlichen Verwendung des Begriffs liegen mag, denn hier meint Biedermann oder Biedermeier einen treuherzigen, philiströs beschränkten, spießigen Menschen, der sich gerne in die häusliche Sphäre vor dem Ungemach der Zeit zurückzieht. Dabei ist zu bedenken, daß das »*Wort* bieder... ursprünglich ein heroisches Wort« ist und »die offene Tapferkeit, die unbedingte Ehrlichkeit, auch wenn diese nicht opportun ist«[1] meint. In der Zeit nach den Napoleonischen Kriegen wurde es zur Modeerscheinung, bieder zu sein, wodurch das Wort abgenutzt wurde. Vollends zur Trivialisierung des Begriffs kam es, als der Arzt Adolf Kußmaul (1822–1902) und der Oberamtsrichter Ludwig Eichrodt (1827–1892) in der humoristischen Zeitschrift »Fliegende Blätter« 1855–1857 die unfreiwillig komischen Gedichte des Schulmeisters Samuel Friedrich Sauter (1766–1846«) parodierten und unter dem Titel »Die Gedichte des schwäbischen Schulmeisters Gottlieb Biedermaier (mit »a«) und seines Freundes Horatius Treuherz« herausgaben. Heute ist der Begriff in der Literaturgeschichte für eine Reihe voneinander unabhängiger Autoren etabliert, die in landschaftlicher Gebundenheit schrieben, denen es aber »gar nicht in den Sinn« kam, »ein anspruchsvolles Programm aufzustellen«[2].

[1] Friedrich Sengle: Biedermeierzeit. Deutsche Literatur im Spannungsfeld zwischen Revolution und Restauration 1815–1848. Stuttgart: Metzler 1971, S. 121.
[2] Ebd., S. 123.

Bürgerliches Wohn- und Eßzimmer. 1846.

Idylle?

Die Biedermeierdichter folgten keinem Programm, hatten keine wegweisende Zeitschrift, bildeten keine Gruppe, wohnten weit voneinander entfernt und kannten einander kaum. Sie schufen ihre Dichtung in ländlichen Gegenden, zurückgezogen vom Treiben der Welt, was zu dem Vorwurf des Provinzialismus führte. Doch die Idylle trügt. Wohl kann man in den einzelnen Werken Eduard Mörikes, Annette von Droste-Hülshoffs und Franz Grillparzers gemütvolle und idyllische Züge erkennen, charakteristisch für alle drei sind aber die Spannungen, Brüche und Abgründe, die von einer sanften Oberfläche nur mühsam verdeckt werden. So sieht man heute im Begriff Biedermeier auch die abgründigen Dimensionen mitschwingen.

Franz Grillparzer

Die Begegnung mit dem armen Spielmann

Der folgende Auszug stammt aus der Novelle »Der arme Spielmann« (1848) von Franz Grillparzer (vgl. S. 249), in der er manche eigene Charakterzüge in die Person des Spielmanns gelegt hat. Der Autor erzählt von der Begegnung mit einem Menschen, der an der Wirklichkeit gescheitert ist, da er nicht über die Fertigkeit im Geigenspiel verfügt, sein Innerstes, seine Seele, in einer gefälligen Form auszudrücken. Trotzdem erscheint ihm die Musik, die er in seinem Inneren hört, die er aber nicht gestalten kann, als »ein ganzes Himmelsgebäude, gehalten von Gottes Hand«. Unter der biedermeierlichen Beschränkung und gewissen Kauzigkeit verbirgt sich der pythagoreisch-platonische Gedanke, daß die Töne als Proportionen in Oktave, Quart und Quint usw. ein Analogon zum harmonikal geordneten Weltenbau sind. In dieser Erkenntnis liegt letztlich Grillparzers Humanität begründet, die er in seiner Zeit in zunehmendem Maße gefährdet sah. Nicht zufällig stammt von Grillparzer das Diktum, das sich im Laufe des zwanzigsten Jahrhunderts phasenweise bewahrheitet hat,
»Der Weg der neuern Bildung geht
Von Humanität
Durch Nationalität
Zur Bestialität.«

In die Nähe des kleinen Türchens gekommen, das aus dem Augarten nach der Taborstraße führt, hörte ich plötzlich den bekannten Ton der alten Violine wieder. Ich verdoppelte meine Schritte, und, siehe da! der Gegenstand meiner Neugier stand, aus Leibeskräften spielend, im Kreise einiger Knaben, die ungeduldig einen Walzer von ihm verlangten. »Einen Walzer spiel!« riefen sie; »einen Walzer, hörst du nicht?« Der Alte geigte 5 fort, scheinbar ohne auf sie zu achten, bis ihn die kleine Zuhörerschar schmähend und spottend verließ, sich um einen Leiermann sammelnd, der seine Drehorgel in der Nähe aufgestellt hatte.
»Sie wollen nicht tanzen«, sagte wie betrübt der alte Mann, seine Musikgeräte zusammenlesend. Ich war ganz nahe zu ihm getreten. »Die Kinder kennen eben keinen andern 10 Tanz, als den Walzer«, sagte ich. »Ich spielte einen Walzer«, versetzte er, mit dem Geigenbogen den Ort des soeben gespielten Stückes auf seinem Notenblatte bezeichnend.
»Man muß derlei auch führen, der Menge wegen. Aber die Kinder haben kein Ohr«, sagte er, indem er wehmütig den Kopf schüttelte. – »Lassen Sie mich wenigstens ihren Undank wieder gut machen«, sprach ich, ein Silberstück aus der Tasche ziehend und ihm hinrei- 15 chend. – »Bitte! bitte!« rief der alte Mann, wobei er mit beiden Händen ängstlich abwehrende Bewegungen machte, »in den Hut! in den Hut!« – Ich legte das Geldstück in den vor ihm stehenden Hut, aus dem es unmittelbar darauf der Alte herausnahm und ganz zufrieden einsteckte, »das heißt einmal mit reichem Gewinn nach Hause gehen«, sagte er schmunzelnd. – »Eben recht«, sprach ich, »erinnern sie mich auf einen Umstand, 20 der schon früher mein Neugier rege machte! Ihre heutige Einnahme scheint nicht die beste gewesen zu sein, und doch entfernen Sie sich in einem Augenblicke, wo eben die eigentliche Ernte angeht. Das Fest dauert, wissen Sie wohl, die ganze Nacht, und Sie könnten da leicht mehr gewinnen als an acht gewöhnlichen Tagen. Wie soll ich mir das erklären?«

25 »Wie Sie sich das erklären sollen«, versetzte der Alte. »Verzeihen Sie, ich weiß nicht, wer Sie sind, aber Sie müssen ein wohltätiger Herr sein und ein Freund der Musik«, dabei zog er das Silberstück noch einmal aus der Tasche und drückte es zwischen seine gegen die Brust gehobenen Hände. »Ich will Ihnen daher nur die Ursachen angeben, obgleich ich oft deshalb verlacht worden bin. Erstens war ich nie ein Nachtschwärmer und halte es auch

30 nicht für recht, andere durch Spiel und Gesang zu einem solchen widerlichen Vergehen anzureizen; zweitens muß sich der Mensch in allen Dingen eine gewisse Ordnung fest-setzen, sonst gerät er ins Wilde und Unaufhaltsame. Drittens endlich – Herr! ich spiele den ganzen Tag für die lärmenden Leute und gewinne kaum kärglich Brot dabei; aber der Abend gehört mir und meiner armen Kunst.«

35 »Abends halte ich mich zu Hause und« – dabei ward seine Rede immer leiser, Röte überzog sein Gesicht, sein Auge suchte den Boden – »da spiele ich denn aus der Einbil-dung, so für mich ohne Noten. Phantasieren, glaub' ich, heißt es in den Musikbüchern.« Wir waren beide ganze stille geworden. Er, aus Beschämung über das verratene Geheim-nis seines Innern; ich, voll Erstaunen, den Mann von den höchsten Stufen der Kunst

40 sprechen zu hören, der nicht imstande war, den leichtesten Walzer faßbar wiederzugeben. Er bereitete sich indes zum Fortgehen. »Wo wohnen Sie?« sagte ich. »Ich möchte wohl einmal Ihren einsamen Übungen beiwoh-nen.« – »Oh«, versetzte er fast flehend, »Sie wissen wohl, das Gebet gehört ins Kämmer-lein.« – »So will ich Sie denn einmal am Tage besuchen«, sagte ich. – »Den Tag über«,

45 erwiderte er, »gehe ich meinem Unterhalt bei den Leuten nach.« – »Also des Morgens denn.« – »Sieht es doch beinahe aus«, sagte der Alte lächelnd, »als ob Sie, verehrter Herr, der Beschenkte wären, und ich, wenn es mir erlaubt ist zu sagen, der Wohltäter; so freundlich sind Sie, und so widerwärtig ziehe ich mich zurück. Ihr vornehmer Besuch wird meiner Wohnung immer eine Ehre sein; nur bäte ich, daß Sie den Tag ihrer Dahinkunft

50 mir großgünstig im voraus bestimmten, damit weder Sie durch Ungehörigkeit aufgehal-ten, noch ich genötigt werde ein zur Zeit etwa begonnenes Geschäft unziemlich zu un-terbrechen. Mein Morgen nämlich hat auch seine Bestimmung. Ich halte es jedenfalls für meine Pflicht, meinen Gönnern und Wohltätern für ihr Geschenk eine nicht ganz unwür-dige Gegengabe darzureichen. Ich will kein Bettler sein, verehrter Herr. Ich weiß wohl,

55 daß die übrigen öffentlichen Musikleute sich damit begnügen, einige auswendig gelernte Gassenhauer, Deutschwalzer, ja wohl gar Melodien von unartigen Liedern, immer wieder von denselben anfangend, fort und fort herabzuspielen, so daß man ihnen gibt, um ihrer los zu werden, oder weil ihr Spiel die Erinnerung genossener Tanzfreuden oder sonst unordentlicher Ergötzlichkeiten wieder lebendig macht. Daher spielen sie auch aus dem

60 Gedächtnis und greifen falsch mitunter, ja häufig. Von mir aber sei fern zu betrügen. Ich habe deshalb, teils weil mein Gedächtnis überhaupt nicht das beste ist, teils weil es für jeden schwierig sein dürfte, verwickelte Zusammensetzungen geachteter Musikverfasser Note für Note bei sich zu behalten, diese Hefte mir selbst ins reine geschrieben.« Er zeigte dabei durchblätternd auf sein Musikbuch, in dem ich zu meinem Entsetzen mit sorgfäl-

65 tiger aber widerlich steifer Schrift ungeheuer schwierige Kompositionen alter berühmter Meister, ganz schwarz von Passagen und Doppelgriffen erblickte. Und derlei spielte der alte Mann mit seinen ungelenken Fingern! »Indem ich nun diese Stücke spiele«, fuhr er fort, »bezeige ich meiner Verehrung den nach Stand und Würden geachteten, längst nicht mehr lebenden Meistern und Verfassern, tue mir selbst genug und lebe der angenehmen

70 Hoffnung, daß die mir mildest gereichte Gabe nicht ohne Entgelt bleibt durch Veredlung des Geschmackes und Herzens der ohnehin von so vielen Seiten gestörten und irregelei-

teten Zuhörerschaft. Da derlei aber, auf daß ich bei meiner Rede bleibe« – und dabei überzog ein selbstgefälliges Lächeln seine Züge – »da derlei aber eingeübt sein will, sind meine Morgenstunden ausschließend diesem Exerzitium bestimmt. Die drei ersten Stunden des Tages der Übung, die Mitte dem Broterwerb und der Abend mir und dem lieben 75 Gott, das heißt nicht unehrlich geteilt«, sagte er, und dabei glänzten seine Augen, wie feucht; er lächelte aber.

»Gut denn«, sagte ich, »so werde ich Sie einmal Morgens überraschen. Wo wohnen Sie?« Er nannte mir die Gärtnergasse. – »Hausnummer?« – »Nummer 34 im ersten Stocke«. – »In der Tat«, rief ich, »im Stockwerke der Vornehmen?« – »Das Haus«, sagte er, »hat 80 zwar eigentlich nur ein Erdgeschoß; es ist aber oben neben der Bodenkammer noch ein kleines Zimmer, das bewohne ich gemeinschaftlich mit zwei Handwerksgesellen.« – »Ein Zimmer zu dreien?« – »Es ist abgeteilt«, sagte er, »und ich habe mein eigenes Bette.« »Es wird spät«, sprach ich, »und Sie wollen nach Hause. Auf Wiedersehen denn!« und dabei fuhr ich in die Tasche, um das früher gereichte gar zu kleine Geldgeschenk allenfalls 85 zu verdoppeln. Er aber hatte mit der einen Hand das Notenpult, mit der andern seine Violine angefaßt und rief hastig: »Was ich devotest verbitten muß. Das Honorarium für mein Spiel ist mir bereits in Fülle zu teil geworden, eines andern Verdienstes aber bin ich mir zur Zeit nicht bewußt.« Dabei machte er mir mit einer Abart vornehmer Leichtigkeit einen ziemlich linkischen Kratzfuß und entfernte sich, so schnell ihn seine alten Beine 90 trugen.

In: Franz Grillparzer: Gesammelte Werke. Sprüche und Epigramme, Aphorismen, Erzählungen. Hg. v. Edwin Rolett u. August Sauer. Wien: Schroll 1923, S. 226 ff.

1. *Welche Bedeutung hat für den Spielmann die Musik?*
2. *Zeigen Sie im einzelnen, wie die Welt des armen Spielmanns beschaffen ist:*
   – *Welche Einstellungen prägen ihn?*
   – *Welche moralischen Maßstäbe läßt seine Persönlichkeit erkennen?*
   – *Wie entsteht der kauzige Grundzug in seinem Wesen?*

Annette von Droste-Hülshoff

In Annette von Droste-Hülshoffs (vgl. S. 248 f.) Gedichten stehen nicht mehr Empfindungen und Gefühle im Vordergrund, sondern die Anschauung. Ausgehend vom Äußeren, vom Wahrnehmbaren, von einer alle Sinne einbeziehenden Erfahrung der Landschaft und der Natur, erzählt, meditiert und reflektiert sie, arbeitet seelische Phänomene Schritt für Schritt, Gedanken für Gedanken heraus.

Annette von Droste-Hülshoff
Im Moose (1844)

Als jüngst die Nacht dem sonnenmüden Land
Der Dämmrung leise Boten hat gesandt,
Da lag ich einsam noch in Waldes Moose.
Die dunklen Zweige nickten so vertraut,
5 An meiner Wange flüsterte das Kraut,
Unsichtbar duftete die Heiderose.

Und flimmern sah ich durch der Linde Raum
Ein mattes Licht, das im Gezweig der Baum
Gleich einem mächt'gen Glühwurm schien zu tragen,
10 Es sah so dämmernd wie ein Traumgesicht,
Doch wußte ich, es war der Heimat Licht,
In meiner eignen Kammer angeschlagen.

Ringsum so still, daß ich vernahm im Laub
Der Raupe Nagen, und wie grüner Staub
15 Mich leise wirbelnd Blätterflöckchen trafen.
Ich lag und dachte, ach, so manchem nach,
Ich hörte meines eignen Herzens Schlag,
Fast war es mir, als sei ich schon entschlafen.

Gedanken tauchten aus Gedanken auf,
20 Das Kinderspiel, der frischen Jahre Lauf,
Gesichter, die mir lange fremd geworden;
Vergeßne Töne summten um mein Ohr,
Und endlich trat die Gegenwart hervor,
Da stand die Welle, wie an Ufers Borden.

25 Dann, gleich dem Bronnen, der verrinnt im Schlund
Und drüben wieder sprudelt aus dem Grund,
So stand ich plötzlich in der Zukunft Lande;
Ich sah mich selber, gar gebückt und klein,
Geschwächten Auges, am ererbten Schrein
30 Sorgfältig ordnen staub'ge Liebespfande.

Die Bilder meiner Lieben sah ich klar,
In einer Tracht, die jetzt veraltet war,
Mich sorgsam lösen aus verblichnen Hüllen,
Löckchen, vermorscht, zu Staub zerfallen schier,
35 Sah über die gefurchte Wange mir
Langsam herab die karge Träne quillen.

Und wieder an des Friedhofs Monument,
Dran Namen standen, die mein Lieben kennt,
Da lag ich betend, mit gebrochnen Knieen,
40 Und – horch, die Wachtel schlug! kühl strich der Hauch –
Und noch zuletzt sah ich, gleich einem Rauch,
Mich leise in der Erde Poren ziehen.

Ich fuhr empor und schüttelte mich dann,
Wie einer, der dem Scheintod erst entrann
45 Und taumelte entlang die dunklen Hage,
Noch immer zweifelnd, ob der Stern am Rain
Sei wirklich meiner Schlummerlampe Schein
Oder das ew'ge Licht am Sarkophage.

In: Annette von Droste-Hülshoff: Werke und Briefe. Hg. u. eingeleitet v. Karl Martin Schiller. Bd. 1.
Meersburg: Hendel 1928, S. 86 f.

Annette von Droste-Hülshoff
Am letzten Tage des Jahres (1839)

Das Jahr geht um,
Der Faden rollt sich sausend ab.
Ein Stündchen noch, das letzte heut,
Und stäubend rieselt in sein Grab,
5 Was einstens war lebend'ge Zeit
Ich harre stumm.

's ist tiefe Nacht!
Ob wohl ein Auge offen noch?
In diesen Mauern rüttelt dein
10 Verrinnen, Zeit! Mir schaudert; doch
Es will die letzte Stunde sein
Einsam durchwacht.

Geschehen all,
Was ich begangen und gedacht,
15 Was mir aus Haupt und Herzen stieg,
Das steht nun, eine ernste Wacht,
Am Himmelstor. O halber Sieg!
O schwerer Fall!

Wie reißt der Wind
20 Am Fensterkreuze! Ja, es will
Auf Sturmesfittiche das Jahr
Zerstäuben, nicht ein Schatten still
Verhauchen unterm Sternenklar.
Du Sündenkind!

25 War nicht ein hohl
Und heimlich Sausen jeden Tag
In deiner wüsten Brust Verlies,
Wo langsam Stein an Stein zerbrach,
Wenn es den kalten Odem stieß
30 Vom starren Pol?

Mein Lämpchen will
Verlöschen, und begierig saugt
Der Docht den letzten Tropfen Öl.
Ist so mein Leben auch verraucht?
35 Eröffnet sich des Grabes Höhl'
Mir schwarz und still?

Wohl in dem Kreis,
Den dieses Jahres Lauf umzieht,
Mein Leben bricht. Ich wußt' es lang,
40 Und dennoch hat dies Herz geglüht
In eitler Leidenschaften Drang.
Mir bricht der Schweiß

Der tiefsten Angst
Auf Stirn und Hand. Wie? Dämmert feucht
45 Ein Stern dort durch die Wolken nicht?
Wär' es der Liebe Stern vielleicht
Dir zürnend mit dem trüben Licht,
Daß du so bangst?

Horch, welch Gesumm?
50 Und wieder? Sterbemelodie!
Die Glocke regt den ehrnen Mund.
O Herr, ich falle auf das Knie:
Sei gnädig meiner letzten Stund'!
Das Jahr ist um!

In: Annette von Droste-Hülshoff: Werke und Briefe. Hg. u. eingeleitet v. Karl Martin Schiller. Bd. 2. Meersburg: Hendel 1928, S. 136 f.

1. *Charakterisieren Sie die Sprechweise des lyrischen Ich. Beachten Sie Satzbau und Satzarten. Welchen Eindruck hinterläßt die Sprache?*
2. *Verfolgen Sie den Gedankengang.*

Eduard Mörike

Die wenigen abgedruckten Gedichte aus Eduard Mörikes (vgl. S. 250) umfangreichem lyrischen Werk gehören wohl zum zeitlosen Bestand deutscher Lyrik. Unter dem Schleier biedermeierlicher Stille bricht die Tragik aller menschlichen Existenz hervor.
Die Novelle »Mozart auf der Reise nach Prag« wird zu den bedeutendsten Prosaschöpfungen und zu den schönsten Künstlergeschichten der deutschen Literatur gerechnet. Die frei erfundene Begebenheit korrigiert das bieder-bürgerliche, heiter-problemlose Mozartbild seiner Zeit und verklärt gleichzeitig in den heiteren und anscheinend nebensächlichen Dialogen poetisch die Wirklichkeit. Den Tannenwald sieht Mörike mit anderen Augen, als es romantische Naturschwärmer je getan hätten. Der Vergleich mit einer möglichen romantischen Behandlung der Eingangsszene eröffnet einen ersten Zugang zur Novelle.

Eduard Mörike
Das verlassene Mägdlein

Früh, wann die Hähne krähn,
Eh die Sternlein verschwinden,
Muß ich am Herde stehn,
Muß Feuer zünden.

5 Schön ist der Flammen Schein,
Es springen die Funken;
Ich schaue so drein,
In Leid versunken.

Plötzlich, da kommt es mir,
10 Treuloser Knabe,
Daß ich die Nacht von dir
Geträumet habe.

Träne auf Träne dann
Stürzet hernieder;
15 So kommt der Tag heran –
O ging er wieder!

In: Eduard Mörike: Sämtliche Werke. Wien/München/Basel: Desch 1956, S. 43.

Eduard Mörike
Auf eine Lampe

Noch unverrückt, o schöne Lampe, schmückest du,
An leichten Ketten zierlich aufgehangen hier,
Die Decke des nun fast vergessnen Lustgemachs.
Auf deiner weißen Marmorschale, deren Rand
5 Der Efeukranz von goldengrünem Erz umflicht,
Schlingt fröhlich eine Kinderschar den Ringelreihn.
Wie reizend alles! lachend, und ein sanfter Geist
Des Ernstes doch ergossen um die ganze Form –
Ein Kunstgebild der echten Art. Wer achtet sein?
10 Was aber schön ist, selig scheint es in ihm selbst.

In: Eduard Mörike: Sämtliche Werke. Wien/München/Basel: Desch 1956, S. 75.

Eduard Mörike
Um Mitternacht

Gelassen stieg die Nacht ans Land,
Lehnt träumend an der Berge Wand,
Ihr Auge sieht die goldne Waage nun
Der Zeit in gleichen Schalen stille ruhn;
5 Und kecker rauschen die Quellen hervor,
Sie singen der Mutter, der Nacht, ins Ohr
Vom Tage,
Vom heute gewesenen Tage.

Das uralt alte Schlummerlied,
10 Sie achtet's nicht, sie ist es müd;
Ihr klingt des Himmels Bläue süßer noch,
Der flüchtgen Stunden gleichgeschwungnes Joch.
Doch immer behalten die Quellen das Wort,
Es singen die Wasser im Schlafe noch fort
15 Vom Tage,
Vom heute gewesenen Tage.

In: Eduard Mörike: Sämtliche Werke. Wien/München/Basel: Desch 1956, S. 88.

Eduard Mörike
Verborgenheit

Laß, o Welt, o laß mich sein!
Locket nicht mit Liebesgaben,
Laßt dies Herz alleine haben
Seine Wonne, seine Pein!

5 Was ich traure, weiß ich nicht,
Es ist unbekanntes Wehe;
Immerdar durch Tränen sehe
Ich der Sonne liebes Licht.

Oft bin ich mir kaum bewußt,
10 Und die helle Freude zücket
Durch die Schwere, so mich drücket
Wonniglich in meiner Brust.

Laß, o Welt, o laß mich sein!
Locket nicht mit Liebesgaben,
15 Laßt dies Herz alleine haben
Seine Wonne, seine Pein!

In: Eduard Mörike: Sämtliche Werke. Wien/München/Basel: Desch 1956, S. 82.

Eduard Mörike
Mozart auf der Reise nach Prag (1855)

Im Herbst des Jahre 1787 unternahm Mozart in Begleitung seiner Frau eine Reise nach Prag, um Don Juan daselbst zur Aufführung zu bringen.
Am dritten Reisetag, den vierzehnten September, gegen elf Uhr morgens fuhr das wohlgelaunte Ehepaar, noch nicht viel über dreißig Stunden Wegs von Wien entfernt, in nord-
5 westlicher Richtung jenseits vom Mannhardsberg und der deutschen Thaya bei Schrems, wo man das schöne Mährische Gebirg' bald vollends überstiegen hat.
»Das mit drei Postpferden bespannte Fuhrwerk«, schreibt die Baronesse von T. an ihre Freundin, »eine stattliche gelbrote Kutsche, war Eigentum einer gewissen alten Generalin Volkstett, die sich auf ihren Umgang mit dem Mozartischen Hause und ihre ihm erwie-
10 senen Gefälligkeiten von jeher scheint etwas zugut getan zu haben.« – Die ungenaue Beschreibung des fraglichen Gefährts wird sich ein Kenner des Geschmacks der achtziger Jahre noch etwa durch einige Züge ergänzen. Der gelbrote Wagen ist hüben und drüben am Schlage mit Blumenbuketts, in ihren natürlichen Farben gemalt, die Ränder mit schmalen Goldleisten verziert, der Anstrich aber noch keineswegs von jenem spiegelglat-
15 ten Lack der heutigen Wiener Werkstätten glänzend, der Kasten auch nicht völlig ausgebaucht, obwohl nach unten zu kokett mit einer kühnen Schweifung eingezogen; dazu kommt ein hohes Gedeck mit starrenden Ledervorhängen, die gegenwärtig zurückgestreift sind.
Von dem Kostüm der beiden Passagiere sei überdies so viel bemerkt. Mit Schonung für die
20 neuen im Koffer eingepackten Staatsgewänder war der Anzug des Gemahls bescheidentlich von Frau Konstanzen ausgewählt; zu der gestickten Weste von etwas verschossenem Blau sein gewohnter brauner Überrock mit einer Reihe großer und dergestalt fassonierter Knöpfe, daß eine Lage rötliches Rauschgold durch ihr sternartiges Gewebe schimmerte, schwarzseidene Beinkleider, Strümpfe und auf den Schuhen vergoldete Schnallen. Seit

einer halben Stunde hat er wegen der für diesen Monat außerordentlichen Hitze sich des 25
Rocks entledigt und sitzt, vergnüglich plaudernd, barhaupt, in Hemdärmeln da. Madame
Mozart trägt ein bequemes Reisehabit, hellgrün und weiß gestreift; halb aufgebunden
fällt der Überfluß ihrer schönen, lichtbraunen Locken auf Schulter und Nacken herunter;
sie waren Zeit ihres Leben noch niemals von Puder entstellt, während der starke in einen
Zopf gefaßte Haarwuchs ihres Gemahls für heute nur nachlässiger als gewöhnlich damit 30
versehen ist.

Man war eine sanft ansteigende Höhe zwischen fruchtbaren Feldern, welche hie und da
die ausgedehnte Waldung unterbrachen, gemachsam hinauf und jetzt am Waldsaum an-
gekommen.

»Durch wieviel Wälder«, sagte Mozart, »sind wir nicht heute, gestern und ehegestern 35
schon passiert ! – Ich dachte nichts dabei, geschweige daß mir eingefallen wäre, den Fuß
hineinzusetzen. Wir steigen einmal aus da, Herzenskind, und holen von den blauen Glok-
ken, die dort so hübsch im Schatten stehen. Deine Tiere, Schwager, mögen ein bißchen
verschnaufen!«

Indem sie sich beide erhoben, kam ein kleines Unheil an den Tag, welches dem Meister 40
einen Zank zuzog. Durch seine Achtlosigkeit war ein Flakon mit kostbarem Riechwasser
aufgegangen und hatte seinen Inhalt unvermerkt in die Kleider und Polster ergossen. »Ich
hätt' es denken können«, klagte sie; »Es duftete schon lang so stark! O weh, ein volles
Fläschchen echte Rosée d'Aurore rein ausgeleert! Ich sparte sie wie Gold.« – »Ei, Närr-
chen«, gab er ihr zum Trost zurück, »begreife doch, auf solche Weise ganz allein war uns 45
dein Götter-Riechschnaps etwas nütze. Erst saß man in einem Backofen, und all dein
Gefächel half nichts, bald aber schien der ganze Wagen gleichsam ausgekühlt; du
schriebst es den paar Tropfen zu, die ich mir auf den Jabot goß; wir waren neu belebt, und
das Gespräch floß munter fort, statt daß wir sonst die Köpfe hätten hängen lassen, wie die
Hämmel auf des Fleischers Karren; und diese Wohltat wird uns auf dem ganzen Weg 50
begleiten. Jetzt aber laß uns doch einmal zwei Wienerische Nos'n recht expreß hier in die
grüne Wildnis stecken!«

Sie stiegen Arm in Arm über den Graben an der Straße und sofort tiefer in die Tannen-
dunkelheit hinein, die, sehr bald bis zur Finsternis verdichtet, nur hin und wieder von
einem Streifen Sonne auf sammetnem Moosboden grell durchbrochen ward. Die erquick- 55
liche Frische, im plötzlichen Wechsel gegen die außerhalb herrschende Glut, hätte dem
sorglosen Mann ohne die Vorsicht der Begleiterin gefährlich werden können. Mit Mühe
drang sie ihm das in Bereitschaft gehaltene Kleidungsstück auf. »Gott, welche Herrlichkeit!« rief er, an den hohen Stämmen hinaufblickend, aus. »Man ist als wie in einer
Kirche. Mir deucht, ich war niemals in einem Wald, und besinne mich jetzt erst, was es 60
doch heißt, ein ganzes Volk von Bäumen beieinander! Keine Menschenhand hat sie ge-
pflanzt, sind alle selbst gekommen und stehen so, nur eben weil es lustig ist beisammen
wohnen und wirtschaften. Siehst du, mit jungen Jahren fuhr ich doch in halb Europa hin
und her, habe die Alpen gesehn und das Meer, das Größeste und Schönste, was erschaffen
ist: jetzt steht von ungefähr der Gimpel in einem ordinären Tannenwald an der böhmi- 65
schen Grenze verwundert und verzückt, daß solches Wesen irgend existiert, nicht etwa
nur so una finzione di poeti ist, wie ihre Nymphen, Faune und dergleichen mehr, auch
kein Komödienwald, nein aus dem Erdboden herausgewachsen, von Feuchtigkeit und
Wärmelicht der Sonne großgezogen! Hier ist zu Haus der Hirsch mit seinem wundersamen zackigen Gestäude auf der Stirn, das possierliche Eichhorn, der Auerhahn, der Hä- 70
her.« – Er bückte sich, brach einen Pilz und pries die prächtige hochrote Farbe des

Schirms, die zarten weißlichen Lamellen an dessen unterer Seite, auch steckte er verschiedene Tannenzapfen ein.

»Man könnte denken«, sagte die Frau, »du habest noch nicht zwanzig Schritte hinein in
75 den Prater gesehen, der solche Raritäten doch auch wohl aufzuweisen hat.«

»Was Prater! Sapperlot, wie du nur das Wort hier nennen magst! Vor lauter Karossen, Staatsdegen, Roben und Fächern, Musik und allem Spektakel der Welt, wer sieht denn da noch sonst etwas? Und selbst die Bäume dort, so breit sie sich auch machen, ich weiß nicht – Bucheckern und Eicheln, am Boden verstreut, sehn halter aus als wie Geschwi-
80 sterkind mit der Unzahl verbrauchter Korkstöpsel darunter. Zwei Stunden weit riecht das Gehölz nach Kellnern und nach Saucen.«

»O unerhört«, rief sie, »so redet nun der Mann, dem gar nichts über das Vergnügen geht, Backhähnl im Prater zu speisen!«

In: Eduard Mörike: Sämtliche Werke. Wien/München/Basel: Desch 1956, S. 950 ff.

Kirche und Pfarrhaus in Ochsenwang. E. Mörike.

Das verlassene Mägdlein
1. *Bestimmen Sie das Reim- und Versschema.*
2. *Zeichnen Sie den Gedankenverlauf nach.*

Auf eine Lampe
Interpretieren Sie das Gedicht von seiner letzten Zeile her. Welcher philosophische Ansatz könnte dabei Pate gestanden haben?

Um Mitternacht
1. *Mit welchen Stilfiguren stellt Mörike die Nacht dar?*
2. *Versuchen Sie, alle stilistischen und formalen Mittel zu erkennen, mit denen Mörike den Schwebezustand um Mitternacht im Gedicht vergegenwärtigt.*
3. *Welcher literarischen Epoche würden Sie das Gedicht zurechnen? Geben Sie eine Begründung.*

Verborgenheit
Beschreiben Sie das Lebensgefühl, das dieses Gedicht ausspricht. Können Sie darin epochentypische Züge erblicken?

Mozart auf der Reise nach Prag
1. *Ordnen Sie den ersten Satz stilistisch ein. Betrachtet man nur den ersten Satz: Welche Textsorte wäre dann in der Fortsetzung zu vermuten?*
2. *Die Romantik verklärte die »Waldeinsamkeit«. Wie sieht Mörike den Wald?*
3. *Welches Lebensgefühl wird aus den Dialogen deutlich?*
4. *»Mozart auf der Reise nach Prag« ist eine Künstlernovelle. Welche weiteren Künstlernovellen sind in diesem Buch teilweise abgedruckt? Welche anderen können Sie nennen?*

»Das sanfte Gesetz«

Adalbert Stifter (vgl. S. 250) hat seiner Sammlung von sechs Erzählungen »Bunte Steine« eine programmatische Vorrede beigegeben, in der er seine Ansichten über »Großes und Kleines« und den Begriff des »sanften Gesetzes« in konzentrierter Form darlegt. Das ästhetische Prinzip Stifters zielt auf den Versuch einer Bewahrung, der sich gegen Zerfallserscheinungen und Auflösungstendenzen der Zeit richtet.

Adalbert Stifter
Vorrede zu den Erzählungen »Bunte Steine« (1853)

Weil wir aber schon einmal von dem Großen und Kleinen reden, so will ich meine Ansichten darlegen, die wahrscheinlich von denen vieler anderer Menschen abweichen. Das Wehen der Luft, das Rieseln des Wassers, das Wachsen der Getreide, das Wogen des Meeres, das Grünen der Erde, das Glänzen des Himmels, das Schimmern der Gestirne halte ich für groß: Das prächtig einherziehende Gewitter, den Blitz, welcher Häuser 5 spaltet, den Sturm, der die Brandung treibt, den feuerspeienden Berg, das Erdbeben, welches Länder verschüttet, halte ich nicht für größer als obige Erscheinungen, ja ich

halte sie für kleiner, weil sie nur Wirkungen viel höherer Gesetze sind. Sie kommen auf
einzelnen Stellen vor, und sind die Ergebnisse einseitiger Ursachen. Die Kraft, welche die
10 Milch im Töpfchen der armen Frau empor schwellen und übergehen macht, ist es auch,
die die Lava in dem feuerspeienden Berge empor treibt und auf den Flächen der Berge
hinabgleiten läßt. Nur augenfälliger sind diese Erscheinungen und reißen den Blick des
Unkundigen und Unaufmerksamen mehr an sich, während der Geisteszug des Forschers
vorzüglich auf das Ganze und Allgemeine geht und nur in ihm allein Großartigkeit zu
15 erkennen vermag, weil es allein das Welterhaltende ist. Die Einzelheiten gehen vorüber,
und ihre Wirkungen sind nach kurzem kaum noch erkennbar. (...)
So wie es in der äußeren Natur ist, so ist es auch in der inneren, in der des menschlichen
Geschlechtes. Ein ganzes Leben voll Gerechtigkeit, Einfachheit, Bezwingung seiner selbst,
Verstandesgemäßheit, Wirksamkeit in seinem Kreise, Bewunderung des Schönen, verbun-
20 den mit einem heiteren, gelassenen Sterben, halte ich für groß: mächtige Bewegungen des
Gemütes, furchtbar einherrollenden Zorn, die Begier nach Rache, den entzündeten Geist,
der nach Tätigkeit strebt, umreißt, ändert, zerstört, und in der Erregung oft das eigene
Leben hinwirft, halte ich nicht für größer, sondern für kleiner, da diese Dinge so gut nur
Hervorbringungen einzelner und einseitiger Kräfte sind, wie Stürme, feuerspeiende Berge,
25 Erdbeben. Wir wollen das sanfte Gesetz zu erblicken suchen, wodurch das menschliche
Geschlecht geleitet wird. Es gibt Kräfte, die nach dem Bestehen des Einzelnen zielen. Sie
nehmen alles und verwenden es, was zum Bestehen und zum Entwickeln desselben notwendig ist. Sie sichern den Bestand des Einen und dadurch den aller. Wenn aber jemand
jedes Ding unbedingt an sich reißt, was sein Wesen braucht, wenn er die Bedingungen des
30 Daseins eines anderen zerstört, so ergrimmt etwas Höheres in uns, wir helfen dem Schwa-
chen und Unterdrückten, wir stellen den Stand wieder her, daß er ein Mensch neben dem
anderen bestehe und seine menschliche Bahn gehen könne, und wenn wir das getan
haben, so fühlen wir uns befriedigt, wir fühlen uns noch viel höher und inniger, als wir
uns als Einzelne fühlen, wir fühlen uns als ganze Menschheit. Es gibt daher Kräfte, die
35 nach dem Bestehen der gesamten Menschheit hinwirken, die durch die Einzelkräfte nicht
beschränkt werden dürfen; ja im Gegenteile beschränkend auf sie selber einwirken. Es ist
das Gesetz dieser Kräfte, das Gesetz der Gerechtigkeit, das Gesetz der Sitte, das Gesetz,
das will, daß jeder geachtet, geehrt und ungefährdet neben dem anderen bestehe, daß er
seine höhere menschliche Laufbahn gehen könne, sich Liebe und Bewunderung seiner
40 Mitmenschen erwerbe, daß er als Kleinod gehütet werde, wie jeder Mensch ein Kleinod
für alle andern Menschen ist. Dieses Gesetz liegt überall, wo Menschen neben Menschen
wohnen, und es zeigt sich, wenn Menschen gegen Menschen wirken. Es liegt in der Liebe
der Ehegatten zu einander, in der Liebe der Eltern zu den Kindern, der Kinder zu den
Eltern, in der Liebe der Geschwister, der Freunde zu einander, in der süßen Neigung
45 beider Geschlechter, in der Arbeitsamkeit, wodurch wir erhalten werden, in der Tätigkeit,
wodurch man für seinen Kreis, für die Ferne, für die Menschheit wirkt, und endlich in der
Ordnung und Gestalt, womit ganze Gesellschaften und Staaten ihr Dasein umgeben und
zum Abschlusse bringen. Darum haben alte und neue Dichter vielfach diese Gegenstände
benützt, um ihre Dichtungen dem Mitgefühl naher und ferner Geschlechter anheim zu
50 geben. Darum sieht der Menschenforscher, wohin er seinen Fuß setzt, überall nur dieses
Gesetz allein, weil es das einzige Allgemeine, das einzige Erhaltende und nie Endende ist.

In: Adalbert Stifter: Werke. Hg. v. Uwe Japp u. Hans Joachim Piechotta. Bd. 2: Erzählungen II.
Frankfurt/M.: Insel 1978, S. 191 f.

Adalbert Stifter
Brigitta (1843)

Die Vorrede Stifters kann man als intellektuelle Spiegelung dessen sehen, was er in seinen Erzählungen – allen voran »Brigitta« – darstellt.

Inhalt: Brigitta ist ein verschlossenes und äußerlich nicht sonderlich attraktives Mädchen, für dessen innere Schönheit weder die Geschwister noch die Mutter ein Auge haben. Der schönste und am meisten umworbene Mann der Hauptstadt, Stephan Murai, später nur »der Major« genannt, verliebt sich in sie und heiratet sie. Da einige Zeit später Stephan Murai der reizenden Gabriele Aufmerksamkeit schenkt, verstößt Brigitta ihn aus gekränktem Stolz. Brigitta zieht sich mit ihrem Sohn Gustav aufs Land zurück und baut ihr Gut zu einem vorbildlichen Betrieb aus. Nach vielen Jahren kehrt Stephan Murai, der erkannt hat, daß wahre Schönheit nur im Herzen liegt, in seine Heimat zurück und bearbeitet ein Nachbargut Brigittas. In innerer Zuneigung verbunden, pflegen der alternde Major und Brigitta eine herzliche Freundschaft. Schließlich finden die beiden am Krankenbett ihres Sohnes, den sein Vater vor einem Rudel Wölfe gerettet hat, endgültig wieder zusammen. Der abgedruckte Schluß ist ein Loblied auf den Adel innerer Schönheit und das Hohelied der Gattenliebe. Der Ich-Erzähler ist ein junger Besucher des Majors, der Zeuge des sonderbaren Verhältnissen zwischen Brigitta und Murai wird.

Wir hatten alle drei, ohne von den Pferden zu steigen, dem größten Teil dieser Anstalten zugeschaut. Als wir uns aber von den Wirtschaftsgebäuden dem Schlosse zuwendeten, sahen wir, daß Gustav doch verwundet sei. Als wir nämlich unter dem Torbogen anlangten, von wo wir in unsere Zimmer wollten, wandelte ihn eine Übelkeit an, und er drohte
5 von dem Pferde zu sinken. Einer von den Leuten fing ihn auf und hob ihn herunter, da sahen wir, daß die Lenden des Tieres von Blut gefärbt waren. Wir brachten ihn in eine Wohnung des Erdgeschosses, die gegen den Garten hinausging, der Major befahl, sogleich Feuer in den Kamin zu machen und das Bett zu bereiten. Als indessen die schmerzende Stelle entblößt worden war, untersuchte er selber die Wunde. Es war ein leichter Biß im
10 Schenkel, ohne Gefahr, nur der Blutverlust und die vorhergegangene Aufregung ließ jetzt den Jüngling mit Ohnmachten kämpfen. Er ward in das Bett gebracht, und sofort ein Bote an den Arzt und einer an Brigitta abgefertigt. Der Major blieb bei dem Bette und sorgte, daß keine der Ohnmachten überhand nehmen könne. Als der Arzt kam, gab er ein stärkendes Mittel, erklärte die Sache für durchaus ungefährlich und sagte, daß der Blut-
15 verlust selber ein Heilmittel gewesen sei, da er die Heftigkeit der Entzündung mindere, die sonst solchen Bißwunden gern folge. Das einzige Krankheitsübel sei die Gewalt der Gemütsbewegung, und ein paar Tage Ruhe werden das Fieber und die Abspannung gänzlich heben. Man war beruhigt und erfreut, und der Arzt schied unter den Danksagungen aller; denn es war keiner, der den Knaben nicht liebte. Gegen Abend erschien Brigitta, und nach
20 ihrer entschlossenen Art ruhte sie nicht eher, als bis sie den Körper ihres Sohnes Glied um Glied geprüft und sich überzeugt hatte, daß außer der Bißwunde nichts vorhanden sei, das ein Übel drohen könnte. Als die Untersuchung vorüber war, blieb sie doch noch an dem Bette sitzen und reichte nach der Vorschrift des Arztes die Arznei. Für die Nacht mußte ihr ein schnell zusammengerafftes Bett in dem Krankenzimmer gemacht werden. Am andern
25 Morgen saß sie wieder neben dem Jünglinge und horchte auf seinen Atem, da er schlief und so süß und erquickend schlief, als wolle er nie mehr erwachen. – Da geschah ein herzerschütternder Auftritt. Ich sehe den Tag noch vor Augen. Ich war hinabgegangen, um mich nach dem Befinden Gustavs zu erkundigen, und trat in das Zimmer, das neben dem Krankengemache befindlich war, ein. Ich habe schon gesagt, daß die Fenster gegen
30 den Garten hinausgingen: die Nebel hatten sich gehoben, und eine rote Wintersonne schaute durch die entlaubten Zweige in das Zimmer herein. Der Major war schon zugegen, er stand an dem Fenster, das Angesicht gegen das Glas gekehrt, als sähe er hinaus. Im Krankengemache, durch dessen Tür ich hineinschaute, und dessen Fenster durch ganz leichte Vorhänge etwas verdunkelt waren, saß Brigitta und sah auf ihren Sohn. Plötzlich
35 entrang sich ihren Lippen ein freudiger Seufzer, ich blickte genauer hin und sah, daß ihr Auge mit Süßigkeit an dem Antlitze des Knaben hänge, der die seinigen offen hatte; denn er war nach langem Schlafe aufgewacht und schaute heiter um sich. Aber auch auf der Stelle, wo der Major gestanden war, hatte ich ein leichtes Geräusch vernommen, und wie ich hinblickte, sah ich, daß er sich halb umgewendet hatte, und daß an seinen Wimpern
40 zwei harte Tropfen hingen. Ich ging gegen ihn und fragte ihn, was ihm sei. Er antwortete leise: »Ich habe kein Kind.«
Brigitta mußte mit ihrem scharfen Gehör die Worte vernommen haben; denn sie erschien in diesem Augenblick unter der Tür des Zimmers, sah sehr scheu auf meinen Freund, und mit einem Blicke, den ich nicht beschreiben kann, und der sich gleichsam in der zaghaf-
45 testen Angst nicht getraute, eine Bitte auszusprechen, sagte sie nichts, als das einzige Wort: »Stephan.«

Der Major wendete sich vollends herum – beide starrten sich eine Sekunde an – nur eine Sekunde – dann aber vorwärts tretend, lag er eines Sturzes in ihren Armen, die sich mit maßloser Heftigkeit um ihn schlossen. Ich hörte nichts, als das tiefe, leise Schluchzen des Mannes, wobei das Weib ihn immer fester umschlang und immer fester an sich drückte. 50
»Nun keine Trennung mehr, Brigitta, für hier und die Ewigkeit.«
»Keine, mein teurer Freund!«
Ich war in höchster Verlegenheit und wollte still hinausgehen; aber sie hob ihr Haupt und sagte: »Bleiben Sie, bleiben Sie.«
Das Weib, das ich immer ernst und strenge gesehen hatte, hatte an seinem Halse geweint. 55
Nun hob sie, noch in Tränen schimmernd, die Augen – und so herrlich ist das Schönste, was der arme, fehlende Mensch hienieden vermag, das Verzeihen – daß mir ihre Züge wie in unnachahmlicher Schönheit strahlten, und mein Gemüt in tiefer Rührung schwamm.
»Arme, arme Gattin«, sagte er beklommen, »fünfzehn Jahre mußte ich dich entbehren, und fünfzehn Jahre warst du geopfert.« 60
Sie aber faltete die Hände und sagte, bittend in sein Antlitz blickend: »Ich habe gefehlt, verzeihe mir, Stephan, die Sünde des Stolzes – ich habe nicht geahnt, wie gut du seist – es war ja bloß natürlich, es ist ein sanftes Gesetz der Schönheit, das uns zieht.« – –
Er hielt ihr den Mund zu und sagte: »Wie kannst du nur so reden, Brigitta – ja, es zieht uns das Gesetz der Schönheit, aber ich mußte die ganze Welt durchziehen, bis ich lernte, 65
daß sie im Herzen liegt, und daß ich sie daheim gelassen in einem Herzen, das es einzig gut mit mir gemeint hat, das fest und treu ist, das ich verloren glaubte, und das doch durch alle Jahre und Länder mit mir gezogen. – O Brigitta, Mutter meines Kindes! Du standest Tag und Nacht vor meinen Augen.«
»Ich war dir nicht verloren«, antwortete sie, »ich habe traurige, reuevolle Jahre verlebt! – 70
Wie bist du gut geworden, jetzt kenne ich dich, wie bist du gut geworden, Stephan!«
Und wieder stürzten sie sich in die Arme, als könnten sie sich nicht ersättigen, als könnten sie an das gewonnene Glück nicht glauben. Sie waren wie zwei Menschen, von denen eine große Last genommen ist. Die Welt stand wieder offen. Eine Freude, wie man sie nur an Kindern findet, war an ihnen – in dem Augenblicke waren sie auch unschuldig, wie die 75
Kinder; denn die reinigendste, die allerschönste Blume der Liebe, aber nur der höchsten Liebe, ist das Verzeihen, darum wird es auch immer an Gott gefunden und an Müttern. Schöne Herzen tun es öfter – schlechte nie.
Die zwei Gatten hatten mich wieder vergessen und wandten sich in das Krankenzimmer, wo Gustav, der das Ganze dunkel ahnte, wie eine glühende, blühende Rose lag, und ihnen 80
atemlos entgegenharrte.
»Gustav, Gustav, er ist dein Vater, und du hast es nicht gewußt«, rief Brigitta, als sie über die Schwelle in das verdunkelte Zimmer traten.
Ich aber ging in den Garten hinaus und dachte: »O wie heilig, o wie heilig muß die Gattenliebe sein, und wie arm bist du, der du von ihr bisher nichts erkanntest, und das 85
Herz nur höchstens von der trüben Lohe der Leidenschaft ergreifen ließest.« – –
Erst spät ging ich in das Schloß zurück und fand alles gelöst und gelüftet. Geschäftige Freude, wie heiterer Sonnenschein, wehte durch alle Zimmer. Man empfing mich mit offenen Armen als Zeugen des schönsten Auftrittes. Man hatte mich schon allenthalben suchen lassen, da ich ihnen, als sie zu sehr mit sich beschäftigt waren, aus den Augen 90
gekommen war. Sie erzählten mir teils gleich in abgebrochenen Sätzen, teils die folgenden Tage im Zusammenhange alles, was sich zugetragen hatte, und was ich oben angemerkt habe.

Mein Reisefreund war also Stephan Murai gewesen. Er war unter dem Namen Bathori,
95 der einem seiner weiblichen Vorfahren gehörte, gereist. So hatte ich ihn auch gekannt,
aber er ließ sich immer Major nennen, welchen Rang er in Spanien erworben hatte, und
alle Welt nannte ihn auch den Major. Da er in der ganzen Welt gewesen war, ging er, von
seinem Innern gezogen, unter demselben Namen nach dem wüsten Sitze Uwar, wo er nie
gewesen war, wo ihn niemand kannte, und wo er, wie er recht gut wußte, der Nachbar
100 seines getrennten Weibes werden würde. Gleichwohl kam er nicht zu ihr hinüber, die
schon so schön auf Maroshely waltete, bis der Ruf die Kunde ihrer Todeskrankheit zu
ihm trug. Da machte er sich auf, ritt hinüber, trat zu ihr, die ihn vor Fieber nicht kannte,
blieb Tag und Nacht bei ihrem Bette, wachte über sie und pflegte sie, bis sie genas. Damals
durch den gegenseitigen Anblick gerührt und von leiser Liebe getrieben, aber dennoch
105 ängstlich vor der Zukunft, weil sie sich nicht kannten, und weil sich wieder etwas Fürch-
terliches zutragen könnte, schlossen sie jenen seltsamen Vertrag der bloßen Freundschaft,
den sie jahrelang hielten, und den bisher keines zuerst anzurühren wagte, bis ihn das
Geschick durch einen scharfen Schnitt, den es in beider Herzen tat, trennte und zu dem
schöneren, natürlicheren Bunde wieder zusammenfügte.
110 Alles war nun gut.
Nach vierzehn Tagen wurde es in der Gegend kund getan, und die lästigen Glückwün-
scher kamen von nahe und von ferne.
Ich aber blieb noch den ganzen Winter bei den Leuten und zwar auf Maroshely, wo
vorläufig alles wohnte, und von wo der Major im Sinne hatte, Brigitta nie fortzuziehen,
115 weil sie da in Mitte ihrer Schöpfung sei. Am freudigsten war schier Gustav, der immer so
an dem Major gehangen war, der ihn immer leidenschaftlich und einseitig den herrlichsten Mann dieser Erde nannte, und der ihn nun als Vater verehren durfte, ihn, an dem sein
Auge wie an einer Gottheit hing.
Ich habe jenes Winters zwei Herzen kennen gelernt, die sich nun erst recht zu einer vollen,
120 wenn auch verspäteten Blume des Glückes aufschlossen.
Ich werde diese Herzen nie, nie vergessen! – –
Im Frühjahre nahm ich wieder mein deutsches Gewand, meinen deutschen Stab und
wanderte dem deutschen Vaterlande zu. Ich sah auf dem Rückwege Gabrielens Grabmal,
die schon vor zwölf Jahren im Gipfel ihrer jugendlichen Schönheit gestorben war. Auf
125 dem Marmor standen zwei große, weiße Lilien.
Mit trüben, sanften Gedanken zog ich weiter, bis die Leitha überschritten war, und die
lieblichen, blauen Berge des Vaterlandes vor meinen Augen dämmerten.

In: Erzählungen von Adalbert Stifter. Ausgewählt u. eingeleitet v. Josef Hofmiller. München:
Langen 1923, S. 173 ff.

1. *Geben Sie mit eigenen Worten das »sanfte Gesetz« Stifters wieder.*
   – *Welchen Argumenten Stifters stimmen Sie zu, welche lehnen Sie ab?*
   – *Läßt sich dieses Gesetz heute noch angesichts der geschichtlichen und ökologischen
      Erfahrungen vertreten?*
2. *Zeichnen Sie die Stationen innerer Entwicklung nach, in denen sich das »sanfte Gesetz« entfaltet.*
3. *Welches Land meint Stifter, wenn sein Erzähler in sein deutsches Vaterland ziehen will?*

3. Junges Deutschland und Vormärz

Während bei den Biedermeierdichtern die Gegensätze der Zeit mittelbar, ja scheinbar ungewollt zum Ausdruck kommen, werden sie vom Jungen Deutschland konkret erfahren und reflektiert. Das Etikett Vormärz wiederum erhält eine Gruppe von Lyrikern, die im Jahrzehnt vor der Märzrevolution 1848 mit ihren pathetischen Gedichten große Erfolge erzielten.

Der Name Junges Deutschland klingt sehr deutsch, wurde aber der »Giovine Italia« oder der »Jeune France« nachgebildet. Karl Gutzkow (1811–78) spricht in einem Brief an Cotta vom November 1833 von einer »Jeune Allemagne«. Im April 1834 widmete Ludolf Wienbarg (1802–72) seine »Ästhetischen Feldzügen« ausdrücklich dem »jungen Deutschland«, jedoch hatte er bei Verwendung des Begriffs weniger an eine bestimmte Gruppe, als allgemein an die akademische Jugend gedacht. Amtlich bestätigt wurde der Begriff durch einen Bundestagsbeschluß von 1835, der sich gegen die »konstituierte Koterie[1]« des »Autorenvereins um Ludolf Wienbarg und Dr. Gutzkow« wandte und außerdem Heinrich Heine (vgl. S. 249 f.), Heinrich Laube (1806–84) und Theodor Mundt (1808–61) erwähnte. Wenn auch Heine hier genannt wird, so muß er doch eher, zusammen mit Ludwig Börne (1786–1837), zu den Vorbildern der Jungdeutschen gerechnet werden. Gemeinsam ist diesen Autoren ein neues Zeitbewußtsein, Opposition gegen die traditionelle Literatur, die Neubestimmung der Literatur als Mittel der Gesellschaftsveränderung. Heine bezeichnet die Schriftsteller des Jungen Deutschland als solche, »die keinen Unterschied machen wollen zwischen Leben und Schreiben, – die zur gleichen Zeit Künstler, Tribune und Apostel sind«. Das Junge Deutschland bevorzugt die verschiedenen Formen der Zweckprosa, wie Feuilleton, Essay, Brief, Memoiren und Reisebeschreibungen. Der politische Journalismus hat in ihrem Kreis seine Wurzeln.

Feuilleton: Die Jungdeutschen übernahmen 1835 von Frankreich die journalistische Darstellungsform des Feuilletons, um in aktuellen Aufsätzen – Kunstkritiken, Rezensionen und Glossen – zu Fragen des kulturellen und geistigen Lebens Stellung nehmen zu können. Politische Agitation und Sozialkritik flossen oft mit ein.

Essay: Auch der Essay als kürzere Abhandlung über einen literarischen, wissenschaftlichen oder zeitgeschichtlichen Gegenstand in künstlerisch anspruchvoller Sprache war eine literarische Form, die der auf Tagespolitik abgestellten Sichtweise der Jungdeutschen entsprach.

Aesthetische Feldzüge.

Dem jungen Deutschland

gewidmet

von

L. Wienbarg.

Hamburg,
bei Hoffmann und Campe.
1834.

---

[1] Koterie: Kaste, Klüngel, Sippschaft.

Reisebriefe und Reisebeschreibungen: Diese Darstellungsform, die Heine v. a. in seinen »Reisebildern« (1826–1831) und Ludwig Börne in seinen »Briefen aus Paris« (1832–1834) vorbildhaft gestalteten, reflektieren die bewegten Zeiten mit ihren neuen Verkehrsverhältnissen (Eisenbahn, Dampfschiff). Sie ermöglichen den Autoren, brisante Inhalte hinter Banalitäten zu verstecken.

Berliner Lesecafé. G. Taubert. 1832. Das Gemälde zeigt ein Interieur von drei hintereinanderliegenden Räumen, in denen lesende, zuhörende und diskutierende Männer versammelt sind. Die Räume lassen die verschiedenen Funktionen des Lesecafés, stille Lektüre, Diskussion und Verzehr, erkennen. Die Anwesenden im ersten Raum sind zumeist in Zeitungen vertieft, im zweiten Raum hören sie einem Redner zu, und in der Tür zum dritten Raum steht der Wirt, der sich ebenfalls dem Redner zuwendet. An den Wänden hängen Landschaftsbilder und eine Landkarte, die auf vielen Darstellungen von Lesegesellschaften zu finden ist und auf den weiten Diskussionshorizont der Mitglieder hindeutet. An hervorgehobener Stelle hängt ein Porträt des preußischen Königs Friedrich Wilhelm III. Die Loyalität und Staatstreue des Cafébesuchers, die zu dieser Zeit nicht selbstverständlich war, ist so betont.

Aufbruch

Das Hambacher Fest vom 27. bis 30.5.1832 war eine Massenkundgebung für ein freies und einiges Deutschland. Dem Aufruf des Hauptredners Philipp Jacob Siebenpfeiffer (1785–1849) folgten 30 000 Menschen – Studenten, aber auch Kleinbürger und Handwerker. Sie forderten unter den Fahnen Schwarz-Rot-Gold ein einiges und freies Deutschland als Republik.

Den Aufbruch in ästhetischer Hinsicht formulierte Ludolf Wienbarg (1802–72). Die »Worte der Zueignung« gehören zu den 24 Vorlesungen Wienbargs, die er als »Ästhetische Feldzüge« bezeichnete und 1833 an der Universität Kiel hielt. Diese Feldzüge führte er gegen veraltete Philosophie und Ästhetik. Für ihn stehen Kunst und Leben in enger Wechselbeziehung.

Philipp Jacob Siebenpfeiffer
»Und es wird kommen der Tag ...« (27.5.1832)

Vaterland – Freiheit – ja! ein freies deutsches Vaterland – dies der Sinn des heutigen Festes, dies die Worte, deren Donnerschall durch alle deutschen Gemarken drang, den Verrätern der deutschen Nationalsache die Knochen erschütternd, die Patrioten aber anfeuernd und stählend zur Ausdauer im heiligen Kampfe, »im Kampf zur Abschüttelung innerer und äußerer Gewalt«. (...) 5
Wir widmen unser Leben der Wissenschaft und der Kunst, wir messen die Sterne, prüfen Mond und Sonne, wir stellen Gott und Mensch, Höll' und Himmel in poetischen Bildern dar, wir durchwühlen die Körper- und Geisteswelt: aber die Regungen der Vaterlandsliebe sind uns unbekannt. Die Erforschung dessen, was dem Vaterlande not tut, ist Hochverrat, selbst der leise Wunsch, nur erst wieder ein Vaterland, eine frei-menschliche Hei- 10 mat zu erstreben, ist Verbrechen. Wir helfen Griechenland befreien vom türkischen Joche, wir trinken auf Polens Wiedererstehung, wir zürnen, wenn der Despotismus der Könige den Schwung der Völker in Spanien, in Italien, in Frankreich lähmt, wir blicken ängstlich nach der Reformbill Englands, wir preisen die Kraft und die Weisheit des Sultans, der sich mit der Wiedergeburt seiner Völker beschäftigt, wir beneiden den Nordamerikaner um 15 sein glückliches Los, das er sich mutvoll selbst erschaffen: aber knechtisch beugen wir den Nacken unter das Joch der eigenen Dränger. (...)
Wir bauen mit dem Schweiße zinspflichtiger Armen dem Übermute Paläste, der Üppigkeit Schauspielhäuser und Tanzsäle, der Unterdrückung Kasernen und Zwingburgen, der Lust Landhäuser und Bäder, dem Stolz errichten wir Prunkschlösser, der Eitelkeit Museen und 20 Kunstgalerien, den Völkerschlächtern Säulen des Ruhmes: aber für irgendein deutsches Nationaldenkmal hat die weite deutsche Erde keinen Raum, haben seine vierunddreißig souveränen Fürsten keinen Sinn; eine Nationalhalle suchst du umsonst, wo die Majestät des deutschen Volkes widerstrahle, das freie Gesetz im Innern gründend, die Würde nach außen bewahrend. (...) 25
Und es wird kommen der Tag, der Tag des edelsten Siegstolzes, wo der Deutsche vom Alpengebirg und der Nordsee, vom Rhein, der Donau und der Elbe den Bruder im Bruder umarmt, wo die Zollstöcke und die Schlagbäume, wo alle Hoheitszeichen der Trennung

und Hemmung und Bedrückung verschwinden, samt den Konstitutiönchen, die man
30 etlichen mürrischen Kindern der großen Familie als Spielzeug verlieh; wo freie Straßen
und freie Ströme den freien Umschwung aller Nationalkräfte und Säfte bezeugen; wo die
Fürsten die bunten Hermeline feudalistischer Gottstatthalterschaft mit der männlichen
Toga deutscher Nationalwürde vertauschen, und der Beamte, der Krieger, statt mit der
Bedientenjacke des Herrn und Meisters, mit der Volksbinde sich schmückt; wo nicht 34
35 Städte und Städtlein, von 34 Höfen das Almosen empfangend, um den Preis hündischer
Unterwerfung, sondern wo alle Städte, frei emporblühend aus eigenem Saft, um den Preis
patriotischer Gesinnung, patriotischer Tat ringen; wo jeder Stamm, im Innern frei und
selbständig, zu bürgerlicher Freiheit sich entwickelt, und ein starkes, selbstgewobenes
Bruderband alle umschließt zu politischer Einheit und Kraft; wo die deutsche Flagge, statt
40 Tribut an Barbaren zu bringen, die Erzeugnisse unseres Gewerbefleißes in fremde Welt-
teile geleitet und nicht mehr unschuldige Patrioten für das Henkerbeil auffängt, sondern
allen freien Völkern den Bruderkuß bringt. (...) Ja, er wird kommen der Tag, wo ein
gemeinsames deutsches Vaterland sich erhebt, das alle Söhne als Bürger begrüßt und alle
Bürger mit gleicher Liebe, mit gleichem Schutz umfaßt; wo die erhabene Germania da-
45 steht auf dem erzenen Piedestal der Freiheit und des Rechts, in der einen Hand die Fackel
der Aufklärung, welche zivilisierend hinausleuchtet in die fernsten Winkel der Erde, in der
andern die Waage des Schiedsrichteramts, streitenden Völkern das selbst erbetene Gesetz
des Friedens spendend, jenen Völkern, von welchen wir jetzt das Gesetz der Gewalt und
den Fußtritt höhnender Verachtung empfangen. (...)
50 Es lebe das freie, das einige Deutschland!
Hoch leben die Polen, der Deutschen Verbündete!
Hoch leben die Franken, der Deutschen Brüder, die unsere
Nationalität und Selbständigkeit achten!
Hoch lebe jedes Volk, das seine Ketten bricht und mit uns
55 den Bund der Freiheit schwört!
Vaterland – Volkshoheit – Völkerbund hoch!

In: Formen oppositioneller Literatur in Deutschland. Hg. v. Bernd Ogan. Stuttgart: Reclam 1975,
S. 23 ff.

Zug auf das Hambacher Schloß am 25.5.1832. J. Weber. 1832.

Ludolf Wienbarg
Worte der Zueignung

Dir junges Deutschland widme ich diese Reden, nicht dem alten. Ein jeder Schriftsteller sollte nur gleich von vorn herein erklären, welchem Deutschland er sein Buch bestimmt und in wessen Hände er dasselbe zu sehen wünscht. Liberal und illiberal sind Bezeichnungen, die den wahren Unterschied keineswegs angeben. Mit dem Schilde der Liberalität ausgerüstet sind jetzt die meisten Schriftsteller, die für das alte Deutschland schreiben, sei es für das adlige, oder für das gelehrte, oder für das philiströse alte Deutschland, aus welchen drei Bestandtheilen dasselbe bekanntlich zusammengesetzt ist. Wer aber dem jungen Deutschland schreibt, der erklärt, daß er jenen altdeutschen Adel nicht anerkennt, daß er jene altdeutsche, todte Gelehrsamkeit in die Grabgewölbe ägyptischer Pyramiden verwünscht, und daß er allem altdeutschen Philisterium den Krieg erklärt und dasselbe bis unter den Zipfel der wohlbekannten Nachtmütze unerbittlich zu verfolgen Willens ist.

Dir junges Deutschland widme ich diese Reden, flüchtige Ergüsse wechselnder Aufregung, aber alle aus der Sehnsucht des Gemüths nach einem besseren und schöneren Volksleben entsprungen. Ich hielt sie als Vorlesungen auf einer norddeutschen Akademie[1], hoffe aber, sie werden den Geruch der vier Fakultäten nicht mit sich bringen, der bekanntlich nicht der frischeste ist. Ich war noch von *der Luft da draußen* angeweht und der Sommer 1833 war der erste und letzte meines Dozirens. Universitätsluft, Hofluft und sonstige schlechte und verdorbene Luftarten, die sich vom freien und sonnigen Völkertage absondern, muß man entweder gänzlich vermeiden oder nur auf kurze Zeit einathmen. Riechflaschen mit scharfsatirischem Essig, wie ihn z. B. Börne[2] in Paris destillirt, sind in diesem Fall nicht zu verachten. Lobenswerth ist auch die Vorsicht, die man beim Besuch der Hundsgrotte[3] beobachtet – sonderlich wenn's in die Hofluft geht – man bücke sich nicht zu oft und zu tief. Abschreckend ist das Beispiel von Ministern und Hofleuten, die des Lichtes ihrer Augen und ihres Verstandes dadurch beraubt worden sind und schwer und ängstlich nach Luft schnappen.

Dir junges Deutschland widme ich diese Reden, dem bräunlichen wie dem blonden, welches letztere mich umgab und die Muse war, die mich zweimal in der Woche begeisterte. Ja, begeisternd ist der Anblick aufstrebender Jünglinge, aber Zorn und Unmuth mischt sich in die Begeisterung, wenn man sie als Züchtlinge gelehrter Werkanstalten vor sich sieht. Sclaverei ist ihr Studium, nicht Freiheit. Stricke und Bande müssen sie flechten für ihre eigenen Arme und Füße, dazu verurtheilt sie der Staat. Die Unglücklichen, wie haben sie mich gesucht und geliebt, als ich ihnen die Freiheit wenigstens im Bilde zeigte.

In: Ludolf Wienbarg: Aesthetische Feldzüge. Hamburg: Hoffmann und Campe 1834, S. V f.

---

[1] norddeutsche Akademie: Universität Kiel
[2] Ludwig Börne: Briefe aus Paris. Hamburg: Hoffmann und Campe 1831 ff.
[3] Hundsgrotte: »Grotta del Cane«. Höhle in der Nähe von Neapel, über deren Boden eine 0,5 m hohe Schicht von Kohlensäure lagert, so daß ein Hund betäubt wird und bei längerem Verweilen stirbt.

Philipp Jacob Siebenpfeiffer: »Und es wird kommen der Tag ...«
1. *Aus dem Geschichtsunterricht müßten Ihnen die meisten Ereignisse bekannt sein. Erläutern Sie die von Siebenpfeiffer erwähnten zeitgenössischen Anspielungen, indem Sie diese in den größeren Zusammenhang einordnen.*
2. *Welcher rhetorischen Stilmittel bedient sich Siebenpfeiffer mit Vorliebe? Welche Wirkung geht von ihnen aus?*

Ludolf Wienbarg: Worte der Zueignung
1. *Mit welchen Argumenten setzt Wienbarg das »junge Deutschland« vom »alten« ab?*
2. *Erscheint Ihnen die Einleitung konkret oder eher allgemein? Begründen Sie Ihre Entscheidung.*

Wienbarg und Siebenpfeiffer stimmen das Thema »einiges Deutschland« an: Verfolgen Sie diesen Gedanken im Kapitel »Über Deutschland« (S. 290 ff.). Welche Akzente (z. B. Großdeutschland, Demokratie, Republik, Monarchie, soziale Frage) setzen die verschiedenen Autoren?

Geschichtsbetrachtung

Georg Büchner (vgl. S. 248) beschäftigte sich seit Februar/März 1834 intensiv mit historischen Werken zur Französischen Revolution. Um seinem Werk eine möglichst große Authentizität zu geben, montierte er in den Text wörtliche oder abgeänderte Zitate. Aus der Gegenüberstellung von Quelle und endgültigem Text lassen sich Stilwille und rhetorische Absicht ablesen.
Er verwendete folgende Quellen:
Die Geschichte unserer Zeit, bearbeitet von Carl Strahlheim. Stuttgart 1826–30. (Zit. als: U. Z.)
Louis-Adolphe Thiers: Histoire de la Révolution Française, 10 Bde. Paris 1823–27. (Zit. als: Thiers)
Galerie historique des Contemporains, ou nouvelle Biographie..., 8 Bde. Brüssel 1818–26. (Zit. als: Galerie historique)
1835 schrieb er in fünf Wochen das eigene Erfahrungen verarbeitende Geschichtsdrama »Dantons Tod« nieder. Es wurde 1835 verstümmelt und 1879 auf der Grundlage der ursprünglichen Handschrift gedruckt und erst 1902 uraufgeführt. Von seinem zweiten Hauptwerk, dem Dramen-Fragment »Woyzeck« liegen aus den Jahren 1835/36 zwei handschriftliche Fassungen vor, die erst 1879 veröffentlicht wurden.
Es wurden zwei Szenen aus dem Drama »Dantons Tod« ausgewählt. Die erste im Jakobinerclub beleuchtet in der großen Rede den wachsenden Machtanspruch Robespierres, denn nach Ausschaltung der Hébertisten bildete Danton mit seinen Anhängern die einzige Gefahr für Robespierres alleinige Macht. Als die Spannungen zwischen den beiden Kontrahenten wuchsen, trafen sich Robespierre und Danton am 19. 3. 1794 ein letztes Mal, trennten sich aber unversöhnt. In der Nacht vom 30. 3. zum 31. 3. 1794 ließ Robespierre Danton verhaften. Danton, überwältigt vom Fatalismus des Geschehens und der Geschichte, hatte sich gegen seinen drohenden Untergang nicht gewehrt. Als er als Angeklagter vor dem Revolutionstribunal steht, bäumt er sich – der Resignation nahe – ein letztes Mal auf.
Der Szene »Das Revolutionstribunal« (III/4) ist eine rhetorische Analyse beigegeben. Rhetorik (vgl. auch S. 51 ff.) ist Praxis

und Theorie der auf Wirkung bedachten Rede.

Die griechische und römische Antike hat die Redekunst und damit auch die höhere Bildung wie kein anderes Zeitalter gepflegt, gelehrt und erforscht. Seit der Antike analysiert man Poesie und Rede, indem man bestimmte Stileigentümlichkeiten als Figuren benennt.

In der Neuzeit blühte mit der Französischen Revolution die Rhetorik wieder auf. Bedienten sich die Advokaten wie Robespierre, Saint-Just u. a. noch häufig des gedrechselten Kanzleistils, so schuf der weniger gebildete Danton einen neuen revolutionären Stil, der die Massen begeisterte.

Der Stil Dantons hat viele Redner und Schriftsteller im 19. Jahrhundert beeinflußt.

Robespierre

275

Georg Büchner
Dantons Tod

1. Akt, 3. Szene
Der Jakobinerklub

EIN LYONER. Die Brüder von Lyon senden uns um in eure Brust ihren bittern Unmut auszuschütten. Wir wissen nicht ob der Karren, auf dem Ronsin zur Guillotine fuhr, der Totenwagen der Freiheit war, aber wir wissen, daß seit jenem Tage die Mörder Chaliers wieder so fest auf den Boden treten, als ob es kein Grab für sie gäbe. Habt Ihr
5   vergessen, daß Lyon ein Flecken auf dem Boden Frankreichs ist, den man mit den Gebeinen der Verräter zudecken muß? Habt Ihr vergessen, daß diese Hure der Könige ihren Aussatz nur in dem Wasser der Rhone abwaschen kann? Habt Ihr vergessen, daß dieser revolutionäre Strom die Flotten Pitts im Mittelmeere auf den Leichen der Aristokraten muß stranden machen? Eure Barmherzigkeit mordet die Revolution. Der
10 Atemzug eines Aristokraten ist das Röcheln der Freiheit. Nur ein Feigling stirbt für die Republik, ein Jakobiner tötet für sie. Wißt, finden wir in Euch nicht mehr die Spannkraft der Männer des zehnten August, des September und des 31. Mai, so bleibt uns, wie dem Patrioten Gaillard nur der Dolch des Cato. *(Beifall und verwirrtes Geschrei)*
EIN JAKOBINER. Wir werden den Becher des Socrates mit Euch trinken!
15 LEGENDRE. *(schwingt sich auf die Tribüne.)* Wir haben nicht nötig unsere Blicke auf Lyon zu werfen. Die Leute, die seidne Kleider tragen, die in Kutschen fahren, die in den Logen im Theater sitzen und nach dem Dictionnär der Akademie sprechen, tragen seit einigen Tagen die Köpfe fest auf den Schultern. Sie sind witzig und sagen man müsse Marat und Chalier zu einem doppelten Märtyrertum verhelfen und sie in effigie guil-
20 lotinieren. *(heftige Bewegung in der Versammlung)*
EINIGE STIMMEN. Das sind tote Leute. Ihre Zunge guillotiniert sie.
LEGENDRE. Das Blut dieser Heiligen komme über sie. Ich frage die anwesenden Mitglieder des Wohlfahrtsausschusses, seit wann ihre Ohren so taub geworden sind –
COLLOT D'HERBOIS. *(unterbricht ihn)* Und ich frage Dich Legendre, wessen Stimme
25 solchen Gedanken Atem gibt, daß sie lebendig werden und zu sprechen wagen? Es ist Zeit die Masken abzureißen. Hört! die Ursache verklagt ihre Wirkung, der Ruf sein Echo, der Grund seine Folge. Der Wohlfahrtsausschuß versteht mehr Logik, Legendre! Sei ruhig. Die Büsten der Heiligen werden unberührt bleiben, sie werden wie Medusenhäupter die Verräter in Stein verwandlen.
30 ROBESPIERRE. Ich verlange das Wort.
DIE JAKOBINER. Hört, hört den Unbestechlichen!
ROBESPIERRE. Wir warteten nur auf den Schrei des Unwillens, der von allen Seiten ertönt, um zu sprechen. Unsere Augen waren offen, wir sahen den Feind sich rüsten und sich erheben, aber wir haben das Lärmzeichen nicht gegeben, wir ließen das Volk
35 sich selbst bewachen, es hat nicht geschlafen, es hat an die Waffen geschlagen. Wir ließen den Feind aus seinem Hinterhalt hervorbrechen, wir ließen ihn anrücken, jetzt steht er frei und ungedeckt in der Helle des Tages, jeder Streich wird ihn treffen, er ist tot, sobald ihr ihn erblickt habt.
Ich habe es Euch schon einmal gesagt in zwei Abteilungen, wie in 2 Heereshaufen sind
40 die inneren Feinde der Republik zerfallen. Unter Bannern von verschiedener Farbe und auf den verschiedensten Wegen eilen sie alle dem nämlichen Ziele zu. Die eine dieser

Faktionen ist nicht mehr. In ihrem affektierten Wahnsinn suchte sie die erprobtesten Patrioten als abgenutzte Schwächlinge bei Seite zu werfen um die Republik ihrer kräftigsten Arme zu berauben. Sie erklärte der Gottheit und dem Eigentum den Krieg um eine Diversion zu Gunsten der Könige zu machen. Sie parodierte das erhabne Drama der Revolution um dieselbe durch studierte Ausschweifungen bloß zu stellen. Heberts Triumph hätte die Republik in ein Chaos verwandelt und der Despotismus war befriedigt. Das Schwert des Gesetzes hat den Verräter getroffen. Aber was liegt den Fremden daran, wenn ihnen Verbrecher einer anderen Gattung zur Erreichung des nämlichen Zwecks bleiben? Wir haben nichts getan, wenn wir noch eine andere Faktion zu vernichten haben.

Sie ist das Gegenteil der vorhergehenden. Sie treibt uns zur Schwäche, ihr Feldgeschrei heißt: Erbarmen! Sie will dem Volk seine Waffen und die Kraft, welche die Waffen führt, entreißen um es nackt und entnervt den Königen zu überantworten.

Die Waffe der Republik ist der Schrecken, die Kraft der Republik ist die Tugend. Die Tugend, weil ohne sie der Schrecken verderblich, der Schrecken, weil ohne ihn die Tugend ohnmächtig ist. Der Schrecken ist ein Ausfluß der Tugend, er ist nichts anders als die schnelle, strenge und unbeugsame Gerechtigkeit. Sie sagen der Schrecken sei die Waffe einer despotischen Regierung, die unsrige gliche also dem Despotismus. Freilich, aber so wie das Schwert in den Händen eines Freiheitshelden dem Säbel gleicht, womit der Satellit der Tyrannen bewaffnet ist. Regiere der Despot seine tierähnlichen Untertanen durch den Schrecken, er hat Recht als Despot, zerschmettert durch den Schrecken die Feinde der Freiheit und ihr habt als Stifter der Republik nicht minder Recht. Die Revolutionsregierung ist der Despotismus der Freiheit gegen die Tyrannei.

Erbarmen mit den Royalisten! rufen gewisse Leute. Erbarmen mit Bösewichtern? Nein! Erbarmen für die Unschuld, Erbarmen für die Schwäche, Erbarmen für die Unglücklichen, Erbarmen für die Menschheit. Nur dem friedlichen Bürger gebührt von Seiten der Gesellschaft Schutz. In einer Republik sind nur Republikaner Bürger, Royalisten und Fremde sind Feinde. Die Unterdrücker der Menschheit bestrafen ist Gnade, ihnen verzeihen ist Barbarei. Alle Zeichen einer falschen Empfindsamkeit, scheinen mir Seufzer, welche nach England oder nach Östreich fliegen.

Aber nicht zufrieden den Arm des Volks zu entwaffnen, sucht man noch die heiligsten Quellen seiner Kraft durch das Laster zu vergiften. Dies ist der feinste, gefährlichste und abscheulichste Angriff auf die Freiheit. Das Laster ist das Kainszeichen des Aristokratismus. In einer Republik ist es nicht nur ein moralisches sondern auch ein politisches Verbrechen; der Lasterhafte ist der politische Feind der Freiheit, es ist ihr um so gefährlicher je größer die Dienste sind, die er ihr scheinbar erwiesen. Der gefährlichste Bürger ist derjenige, welcher leichter ein Dutzend rote Mützen verbraucht, als eine gute Handlung vollbringt.

Ihr werdet mich leicht verstehen, wenn ihr an Leute denkt, welche sonst in Dachstuben lebten und jetzt in Karossen fahren und mit ehemaligen Marquisinnen und Baronessen Unzucht treiben. Wir dürfen wohl fragen ist das Volk geplündert oder sind die Goldhände der Könige gedrückt worden, wenn wir Gesetzgeber des Volks mit allen Lastern und allem Luxus der ehemaligen Höflinge Parade machen, wenn wir diese Marquis und Grafen der Revolution reiche Weiber heiraten, üppige Gastmähler geben, spielen, Diener halten und kostbare Kleider tragen sehen. Wir dürfen wohl staunen, wenn wir sie Einfälle haben, schöngeistern und so etwas vom guten Ton bekommen hören. Man hat vor Kurzem auf eine unverschämte Weise den Tacitus parodiert, ich könnte mit dem

Sallust antworten und den Catilina travestieren; doch ich denke, ich habe keine Striche
90 mehr nötig, die Portraits sind fertig.
Keinen Vertrag, keinen Waffenstillstand mit den Menschen welche nur auf Ausplündrung des Volkes bedacht waren, welche diese Ausplündrung ungestraft zu vollbringen
hofften, für welche die Republik eine Spekulation und die Revolution ein Handwerk
war. In Schrecken gesetzt durch den reißenden Strom der Beispiele suchen sie ganz leise
95 die Gerechtigkeit abzukühlen. Man sollte glauben, jeder sage zu sich selbst: wir sind
nicht tugendhaft genug um so schrecklich zu sein. Philosophische Gesetzgeber erbarmt
Euch unserer Schwäche, ich wage Euch nicht zu sagen, daß ich lasterhaft bin, ich sage
Euch also lieber, seid nicht grausam!
Beruhige dich tugendhaftes Volk, beruhigt Euch Ihr Patrioten, sagt Euern Brüdern zu
100 Lyon, das Schwert des Gesetzes roste nicht in den Händen, denen Ihr es anvertraut
habt. – Wir werden der Republik ein großes Beispiel geben ...
(Allgemein Beifall, VIELE STIMMEN: Es lebe d. Republik, es lebe Rob.)
PRÄSIDENT. Die Sitzung ist aufgehoben.

In: Georg Büchner: Werke und Briefe. München: dtv ⁴1983, S. 14 ff.; Quellen S. 485 ff.; © Hanser,
München 1980.

Quelle zu Z. 55–64: U. Z. XII, S. 34 f.: »Ist die Triebfeder der Volksregierung im Frieden die Tugend,
so ist die Triebfeder der Volksregierung in einer Revolution zugleich die Tugend und der Schrekken: die Tugend, weil ohne sie der Schrecken verderblich, der Schrecken, weil ohne denselben
die Tugend ohnmächtig ist. Der Schrecken ist nichts anders, als die schnelle, strenge und unbeugsame Gerechtigkeit (...). Man sagt, der Schrecken sei eine Triebfeder der despotischen
Regierung. Die unsrige gliche also dem Despotismus? Freilich, aber so wie das Schwert in den
Händen eines Freiheitshelden einem Säbel gleicht, womit der Satellit der Tyrannei bewaffnet ist.
Regiere der Despot seine tierähnlichen Untertanen durch den Schrecken, er hat recht als Despot.
Beherrscht durch den Schrecken die Feinde der Freiheit, und ihr habt als Stifter der Republik
nicht minder recht. Die Revolutionsregierung ist der Despotismus der Freiheit gegen die Tyrannei.«
Quelle zu Z. 69–71: U. Z. XII, S. 39: Die Unterdrücker der Menschheit bestrafen, ist Gnade; ihnen
verzeihen, ist Barbarei. U. Z. XII, S. 37: Alle Äußerungen einer falschen Empfindsamkeit scheinen
mir Seufzer, welche nach England oder nach Österreich fliegen.
Quelle zu Z. 95–98: U. Z. XII, S. 73: (...) man sollte glauben, ein jeder sage zu sich selbst: »Wir
sind nicht tugendhaft genug, um so schrecklich zu sein; philosophische Gesetzgeber, erbarmt
euch unserer Schwäche; ich wage euch nicht zu sagen, daß ich lasterhaft bin, ich sage also
lieber: seid nicht grausam!«

Anmerkungen zu I, 3 »Der Jakobinerclub«
Lyon: Hinweis auf die Gegenrevolution in Lyon, die von den Jakobinern blutig niedergeschlagen
wurde
Ronsin: Charles Philippe Henri Ronsin (1751–94), Befehlshaber der Revolutionsarmee, die 1793
Lyon nach den dortigen gegenrevolutionären Bestrebungen zurückeroberte; er wurde als An-
hänger der Hébertisten hingerichtet.
Chaliers: Charles Chaliers (*1747) wurde am 7. 2. 1793 in Lyon als Anhänger Héberts von der
Gegenrevolution hingerichtet und galt als Märtyrer der Revolution.
Pitt: William Pitt der Jüngere (1754–1806), englischer Premierminister, der gegen das revolutio-
näre Frankreich Krieg führte und eine Seeblockade verhängte
zehnten August: 1792, Sturm auf die Tuilerien
des September: Anspielung auf die Septembermorde. Auf Betreiben Marats und mit Duldung
Dantons wurden vom 2.–5. September 1792 Royalisten und Geistliche ermordet, da die an die
Front ziehenden Revolutionsheere befürchteten, diese könnten ihnen in den Rücken fallen.
31. Mai: Verhaftung von Girondisten durch die Jakobiner

Gaillard: Schauspieler und Anhänger der Hébertisten, der Selbstmord beging wie Marcus Porcius Cato (95–46 v. Chr.), ein Gegner Caesars, der sich nach dessen endgültigen Sieg in Utica das Leben nahm

Becher des Socrates: Der griechische Philosoph war dazu verurteilt worden, einen Becher mit dem giftigen Schierlingssaft zu trinken. Trotz der Fluchtmöglichkeit unterwarf er sich dem Urteil und tat so dem Gesetz Genüge.

Dictionnär der Akademie: dictionnaire; Wörterbuch der Akademie, maßgebend für die französische Schriftsprache

in effigie: Nach altem Rechtsbrauch wurde die Strafe an nichtgefaßten Verbrechern symbolisch an deren Bild vollzogen.

Medusenhäupter: Ungeheuer in der griechischen Mythologie, deren Anblick den Betrachter versteinerte

Die eine dieser Faktionen: gemeint sind die Hébertisten. Faktion ist eine politisch aktive (radikale) Grupppierung.

affektiert: unnatürlich, gekünstelt

Diversion: Abweichung; Täuschungsmanöver

noch eine andere Faktion: die Dantonisten

Satellit: Anhänger

England ... Östreich: führende Mitglieder der europäischen Koalition gegen Frankreich

Parade machen: zur Schau stellen

schöngeistern: sich in schöngeistigen, geistreichen Gesprächen ergehen, die nichts bewirken

den Tacitus parodiert: Anspielung auf Camille Desmoulins, der in seiner Zeitung »Le Vieux Cordelier« aus den »Annalen« des römischen Historikers Tacitus (um 55 bis nach 116) dessen Angriffe auf die Schreckenherrschaft des Kaisers Tiberius zitiert und damit die Herrschaft Robespierres attackiert hatte

Sallust...: Der römische Historiker Sallust (86–35 v. Chr.) hatte in seinem Werk »Über die Verschwörung des Catilina« die Ereignisse im Zusammenhang mit den (erfolglosen) Versuchen des römischen Patriziers Catilina (108–62 v. Chr.) die Macht im Staat an sich zu reißen, dargestellt. Robespierre meint mit Catilina Danton.

deinen Büsten: die Büsten Marats und Chaliers

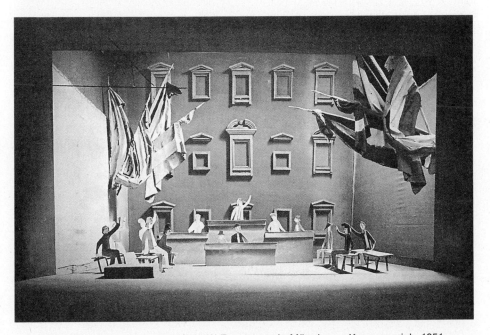

Dantons Tod. Bühnenbildmodell. W. Znamenacek. Münchener Kammerspiele 1951.

Lesen Sie die Szene I, 3 »Der Jakobinerclub«, und beachten Sie besonders die große Rede Robespierres.

1. *In welcher geschichtlichen Situation wird die Rede gehalten (vgl. Anmerkungen)?*
2. *Auf welche Weise nützt Robespierre den entstandenen Tumult, um seine Rede zu beginnen?*
3. *Skizzieren Sie in einer Gliederung den Aufbau der Rede.*
4. *Welcher Hauptargumente bedient sich Robespierre, um seine Gegner bloßzustellen?*
5. *Vergleichen Sie das Original der Rede Robespierres mit der Umformung durch Büchner.*
   – *Was hat Büchner verändert?*
   – *Was hat diese Änderung bewirkt?*

Dramentext	Quellen	
3. Akt, 4. Szene: Das Revolutionstribunal	U.Z. XII, S. 107: »Meine Wohnung ist bald im Nichts und mein Name im Pantheon.«	Vgl. auch U.Z., S. 106–111: Als die Reihe der Rechtfertigung an *Danton* kam, verschmähete er anfangs, sich vor einem Tribunal zu verteidigen, das er selbst gestiftet hatte, und dessen sklavische Verworfenheit er unstreitig nach dem Wohlfahrtsausschuß am besten kannte. Gleich beim Eingange des Verhörs hatte er auf die Frage: wie er heiße und wo er wohne, zur Antwort gegeben: *»Meine Wohnung ist bald im Nichts und mein Name im Pantheon.«*
HERMAN Ihr Name, Bürger.	U.Z. XII, S. 112, Anm.: »Meine Wohnung wird bald das Nichts sein, und meinen Namen werdet ihr im Pantheon der Geschichte lesen.«	
DANTON Die Revolution nennt meinen Namen (Personifizierung). Meine 5 Wohnung ist bald im Nichts (Metapher) und mein Name im Pantheon der Geschichte (Metapher – Rhythmisierung – 10 Ellipse).	Galerie historique, S. 118: »Je suis Danton, assez connu dans la révolution. J'ai trentecinq ans; ma demeure sera bientôt le néant, mais mon nom vivra dans le Panthéon de l'histoire.«	
HERMAN Danton, der Konvent beschuldigt Sie, mit Mirabeau, mit Dumouriez, mit Orléans, mit den 15 Girondisten, den Fremden und mit der Faktion Ludwigs XVII. konspiriert zu haben.	Thiers VI, S. 217 f.: Danton, lui dit le président, la Convention vous accuse d'avoir conspiré avec Mirabeau, avec Dumouriez, avec d'Orléans, avec les girondins, avec l'étranger, et avec la faction qui veut rétablir Louis XVII.	
DANTON Meine Stimme, die 20 ich so oft für die Sache des Volkes ertönen ließ, wird ohne Mühe die Verleumdung zurückweisen (Metonym). Die Elenden, 25 welche mich anklagen, mögen hier erscheinen, und ich werde sie mit Schande bedecken (Aufforderung – Metapher – 30 Coda). Die Ausschüsse mögen sich hierher begeben, ich werde nur vor ihnen antworten (Paral-	– Ma voix, répondit Danton avec son organe puissant, ma voix qui tant de fois s'est fait entendre pour la cause du peuple, n'aura pas de peine à repousser la calomnie. Que les lâches qui m'accusent paraissent, et je les couvrirai d'ignomi- nie ... Que les comités se rendent ici, je ne répondrai que devant eux; il me les faut pour accusateurs et pour témoins ... Qu'ils paraissent ...	Dies wiederholte er jetzt, indem er hinzufügte: »Sollten die Niederträchtigen, die mich verleumden, es wagen, sich mir selbst entgegenzustellen? Sie mögen sich zeigen, und bald werde ich sie selbst mit Schande und Schmach bedecken. Mein Kopf ist hier; er bürgt für alles.

Dramentext

lelstruktur). Ich habe sie
35 als Kläger und als Zeugen nötig (Zweiergrup-
pe). Sie mögen sich zei-
gen (Aufforderung – Va-
riation).
40 Übrigens, was liegt mir
an euch und eurem Urteil
(Alliteration – Rhetori-
sche Frage)? Ich habe es
euch schon gesagt: das
45 Nichts wird bald mein
Asyl sein (Refrain); – das
Leben ist mir zur Last (Alliteration – Parallelstruktur), man mag es mir ent-
50 reißen (Alliteration – Metapher), ich sehne mich
danach, es abzuschüt-
teln (Metapher – Rhyth-
misierung).
55 HERMAN Danton, die Kühnheit ist dem Verbrecher,
die Ruhe der Unschuld
eigen (Gegensatz).

DANTON Privatkühnheit ist
60 ohne Zweifel zu tadeln
(Zugeständnis – Ein-
schränkung). Aber jene
Nationalkühnheit (Ge-
gensatz), die ich so oft
65 gezeigt, mit welcher ich
so oft für die Freiheit gekämpft habe (Ellipse –
Parallelstruktur – Wie-
derholung – Wachsende
70 Glieder – Steigerung), ist
die verdienstvollste aller
Tugenden (Alliteration –
Coda). – Sie ist meine
Kühnheit (Kette – Ver-
75 deutlichung), sie ist es
(Anapher), der ich mich
hier zum Besten der Re-
publik gegen meine er-
bärmlichen Ankläger be-
80 diene (Alliteration – Hyperbel – Gegensatz).
Kann ich mich fassen,
wenn ich mich auf eine
so niedrige Weise ver-
85 leumdet sehe (Rhetori-
sche Frage – Rhythmisie-
rung)?

Quellen

Au reste peu m'importe,
vous et votre jugement ...
je vous l'ai dit: le néant sera
bientôt mon asyle.

La vie m'est à charge,
qu'on me l'arrache (...). Il
me tarde d'en être délivré.

Thiers VI, S. 218 f.: »Danton, dit le président, l'audace est le propre du
crime; le calme est celui de
l'innocence.« –

A ce mot Danton s'écrie.
»L'audace individuelle est
réprimable sans doute;
mais cette audace natio-
nale dont j'ai tant de fois
donné l'exemple, dont j'ai
tant de fois servi la liberté,
est la plus méritoire de tou-
tes les vertus.

Cette audace est la mienne;
c'est celle dont je fais ici
usage pour la république
contre les lâches qui m'ac-
cusent.

Lorsque je me vois si bas-
sement calomnié, puis-je
me contenir?

Das Leben ist mir zur Last;
ich sehne mich nach dem
Augenblicke, wo ich davon
befreit sein werde.«

Der Präsident erinnerte ihn
hierauf, daß Kühnheit dem
Verbrechen, und Ruhe der
Tugend eigen wäre, und
daß er sich gegenwärtig vor
dem Tribunal mit Präzision
rechtfertigen müßte. – »Privatkühnheit«, antwortete
Danton, »ist ohne Zweifel
zu tadeln, und konnte mir
nie zum Vorwurf gemacht
werden; aber National-
kühnheit, wovon ich so oft
das Beispiel gegeben habe,
und wodurch ich so oft der
gemeinen Sache nützlich
geworden bin, ist erlaubt,
ist in Revolutionszeiten sogar notwendig; und aus
dieser Kühnheit mache ich
mir eine Ehre.

Wenn ich mich so schwer
und so ungerechterweise
angeklagt sehe, wie kann
ich da meinen Unwillen gegen meine Verleumder zu-
rückhalten?

Dramentext

Quellen

Von einem Revolutionär wie ich darf man keine kalte Verteidigung erwarten. Männer meines Schlages (Alliteration) sind in Revolutionen unschätzbar (Parallelstruktur – Variation – Hyperbel), auf ihrer Stirne schwebt das Genie der Freiheit (Personifizierung – Metonym – Alliteration).

Mich klagt man an (Emphatische Umstellung), mit Mirabeau, mit Dumouriez, mit Orléans konspiriert, zu den Füßen elender Despoten gekrochen zu haben (Anapher – Asyndeton – Metonym – Hyperbel – Rhythmisierung); mich fordert man auf (Anapher – Parallelstruktur), vor der unentrinnbaren, unbeugsamen Gerechtigkeit zu antworten (Alliteration). – Du elender Saint Just, wirst der Nachwelt für diese Lästerung verantwortlich sein (Zuruf – Sprung – Coda)!

HERMAN Ich fordere Sie auf, mit Ruhe zu antworten; gedenken Sie Marats, er trat mit Ehrfurcht vor seine Richter.

DANTON Sie haben die Hände an mein ganzes Leben gelegt (Metapher – Hyperbel), so mag es sich denn aufrichten und ihnen entgegentreten (Aufforderung – Rhythmisierung – Wachsende Glieder); unter dem Gewicht jeder meiner Handlungen werde ich sie begraben (Metapher). – Ich bin nicht stolz darauf. Das

Ce n'est pas d'un révolutionnaire comme moi qu'il faut attendre une défense froide … les hommes de ma trempe sont inappréciables dans les révolutions … c'est sur leur front qu'est empreint le génie de la liberté.« – En disant ces mots, Danton agitait sa tête et bravait le tribunal. Ses traits si redoutés produisaient une impression profonde. Le peuple, que la force touche, laissait échapper un murmure approbateur.

»Moi, continuait Danton, moi accusé d'avoir conspiré avec Mirabeau, avec Dumouriez, avec Orléans, d'avoir rampé aux pieds des vils despotes! c'est moi que l'on somme de répondre à la justice inévitable, inflexible … Et toi, lâche Saint-Just, tu répondras à la postérité de ton accusation contre le meilleur soutien de la liberté …« –

Le président lui recommande de nouveau d'être calme, et lui cite l'exemple de Marat, qui répondit avec respect au tribunal.

Ist von einem Revolutionsfreunde, wie ich bin, eine kaltblütige Verteidigung zu erwarten? Männer meines Schlages sind nicht zu bezahlen; in unauslöschlichen Charakteren tragen sie das Siegel der Freiheit an der Stirn.

Und doch beschuldigt man mich, zu den Füßen niedriger Despoten gekrochen, mich der Partei der Freiheit widersetzt, mich mit Mirabeau und Dumouriez verschworen zu haben!
Und ich soll vor der unvermeidlichen, der unerbittlichen Gerechtigkeit antworten!
Und du, St. Just, du wirst der Nachwelt für die Verunehrung des besten Volksfreundes, des besten Volksverteidigers verantwortlich sein!«

Danton

Dramentext

Quellen

140 Schicksal führt uns den Arm (Zugeständnis – Metapher), aber nur gewaltige Naturen sind seine Organe (Metapher – Einschränkung – Coda).

145 Ich habe auf dem Marsfelde dem Königtume den Krieg erklärt (Metonym), ich habe es am 10. August geschlagen, 150 ich habe es am 21. Januar getötet und den Königen den Königskopf als Fehdehandschuh hingeworfen (Anapher – Parallel-155 struktur – Wachsende Glieder – Steigerung – Vergleich). Wenn ich einen Blick auf diese Schandschrift werfe (Alli-160 teration), fühle ich mein ganzes Wesen beben (Metapher – Hyperbel – Rhythmisierung). Wer sind denn die, wel-165 che Danton nötigen mußten, sich an jenem denkwürdigen Tage (Alliteration) zu zeigen (Rhetorische Frage)? Wer sind 170 denn die privilegierten Wesen (Umschreibung), von denen er seine Energie borgte (Anapher – Parallelstruktur – Iro-175 nie)? – Meine Ankläger mögen erscheinen (Zuruf)! Ich bin ganz bei Sinnen, wenn ich es verlange. Ich werde die platten 180 Schurken (Umschreibung) entlarven und sie in das Nichts zurückschleudern (Metapher), aus dem sie nie hätten 185 hervorkriechen sollen (Metapher – Anapher – Coda).

HERMAN Hören Sie die Klingel nicht?

190 DANTON Die Stimme eines Menschen, welcher seine Ehre und sein Leben verteidigt, muß deine Schel-

›Le Moniteur universel‹, 1. 2. 1793: On vous menace des rois, vous avez déclaré la guerre aux rois; vous leur avez jeté le gant, ce gant est la tête d'un tyran.

»Man wirft mir vor«, setzte er hinzu, »ich habe mich in dem Augenblicke nach Arcis-sur-Aube begeben, wo die Ereignisse des 10. Augusts vorbereitet waren, und der Kampf zwischen den freien Menschen und den Sklaven beginnen sollte. Ich antworte auf diese Beschuldigung: Ich habe damals erklärt, daß das französische Volk siegen oder daß ich sterben müßte (...).

Wo sind denn die, welche Danton nötigen mußten, sich an diesem merkwürdigen Tage zu zeigen? Wo sind die privilegierten Wesen, von denen er seine Energie erborgte?

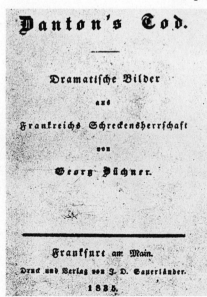

283

Dramentext

195 le überschreien (Metonym). Ich habe im Sep-
tember die junge Brut
der Revolution mit den
zerstückten Leibern der
Aristokraten geätzt
200 (Metapher). Meine Stimme hat aus dem Golde
der Aristokraten und Rei-
chen dem Volke Waffen
geschmiedet (Metonym –
205 Metapher – Parallelstruktur). Meine Stimme (Ana-
pher) war der Orkan, wel-
cher die Satelliten des
Despotismus (Metapher)
210 unter Wogen von Bajo-
netten (Metapher) be-
grub (Metapher – Coda –
Steigerung).
HERMAN Danton, Ihre Stim-
215 me ist erschöpft, Sie sind
zu heftig bewegt. Sie
werden das nächste Mal
Ihre Verteidigung be-
schließen, Sie haben
220 Ruhe nötig. – Die Sitzung
ist aufgehoben.
DANTON Jetzt kennt ihr Danton – noch wenige Stun-
den, und er wird in den
225 Armen des Ruhmes ent-
schlummern (Personifi-
zierung – Euphemisti-
sche Umschreibung –
Coda).

U. Z. XII, S. 111: »Seit zwei
Tagen kennt das Tribunal
Danton; morgen hofft er im
Schoß des Ruhmes zu ent-
schlummern (...).«

In: Hermann Schlüter: Grundkurs der Rhetorik. München: dtv [8]1983, S. 313 ff.

In: Georg Büchner: Werke und Briefe. München: dtv 1988, S. 485 ff.

Quellen

·DANTON·

Die Lebhaftigkeit, mit welcher sich Danton verteidigt
hatte, bewog seine Richter
zu dem Vorschlag: Er
möchte, was er noch zu seiner Rechtfertigung zu sa-
gen hätte, auf einen Zeitpunkt verschieben, wo er
gelassener sein würde.
Danton nahm diesen Vor-
schlag mit den Worten an:
»Seit zwei Tagen kennt das
Tribunal Danton; morgen
hofft er im Schoße des
Ruhms zu entschlummern;
nie hat er um Gnade gebe-
ten, und mit aller Heiterkeit,
welche dem ruhigen Ge-
wissen eigen ist, wird er
aufs Blutgerüst eilen.«

Anmerkungen zu III, 4 »Das Revolutionstribunal«
Mirabeau: Honoré Gabriel de Riqueti Graf von Mirabeau (1749–91), ursprünglich Führer (Theo-
retiker) des dritten Standes. 1790 Präsident der Jakobiner. 1791 versuchte er zwischen Revolu-
tion und König auszugleichen und eine monarchistische Verfassung einzuführen. Er wurde im
Pantheon beigesetzt. Als 1793 seine Verbindung zum König bekannt wurde, riß das Volk seine
Gebeine aus der Grabstätte und verstreute sie.
Dumouriez: Charles François Dumouriez (1739–1823) befehligte als General die Revolutions-
truppen, kam mit Jakobinern in Konflikt, die ihn als Girondisten verdächtigten. Floh nach Öster-
reich.
Orléans: Als Philippe Egalité war er Mitglied des Konvents und stimmte als Verwandter des
Königs für den Tod Ludwigs XVI. 1793 wurde er wegen des Verdachts monarchistischer Bestre-
bungen hingerichtct.
Fremde: ausländische Feinde der Revolution

Ludwig des XVII.: (1785–95) wurde am 21.1.1793 von der royalistischen Partei zum König ausgerufen; er starb am 8.6.1795 in Gefangenschaft.
elender Saint Just: Er hatte am 31. März im Konvent die Anklage erhoben.
gedenken Sie Marats: Marat war 1793 des Verrats beschuldigt, aber freigesprochen worden.
auf dem Marsfelde: Danton hatte Brissot geraten, am 17.7.1791 auf dem Marsfeld, einen Exerzierplatz in der Nähe der Militärakademie, eine Unterschriftenaktion für die Absetzung des Königs und für die Einführung der Republik zu veranstalten.
21. Januar: 1793 Hinrichtung Ludwigs XVI.
Satelliten des Despotismus: der Adel
Nach: Georg Büchner: Werke und Briefe. Münchner Ausgabe. München: dtv 1988, S. 505 ff.

Danton vor dem Revolutionstribunal.
Zeitgenössischer Stich. Anonyme Reproduktion.

In der Szene III, 4 »Das Revolutionstribunal« sind die einzelnen rhetorischen Figuren eingearbeitet.
1. *Stellen Sie fest, welche rhetorischen Figuren Büchner im Gegensatz zur Originalrede eingefügt hat. (Die einzelnen Figuren werden im Glossar erläutert.)*
2. *Welche Wirkung ist mit dieser Umgestaltung verbunden?*
3. *Welche Teile hat Büchner aus der Originalrede nicht übernommen? Was bewirkt diese Kürzung?*
4. *Erproben Sie Ihre am Beispiel der Reden aus Büchners »Danton« erworbenen Kenntnisse an der Rede Siebenpfeiffers (S. 271 ff.).*

Ästhetik

Zu Fragen der Ästhetik hat sich Büchner nicht in einer größeren geschlossenen Abhandlung geäußert. Seine Dichtungstheorie läßt sich zum einen aus seinen Briefen – abgedruckt wird der Brief an seine Familie vom 28. Juli 1835 aus Straßburg – und dem sogenannten »Kunstgespräch« aus der Erzählung »Lenz« ableiten. Diese Erzählung hatte Büchner als Beitrag für die von Karl Gutzkow und Ludolf Wienbarg redigierte Zeitschrift »Deutsche Revue« 1835 verfaßt. Da die Zeitschrift verboten wurde, konnte die Erzählung erst 1839 postum veröffentlicht werden. In ihr bedient sich Büchner eines ähnlichen Verfahrens wie in »Dantons Tod«. Er stützt sich auf Briefe des Sturm-und-Drang-Dichters Jakob Michael Reinhold Lenz und das Tagebuch des Pfarrers Oberlin, der sich um Lenz in der Zeit der Krise vom 20.1. bis 8.2.1778 kümmerte. In dieser Erzählung führt Lenz, dem Büchner seine eigenen literaturtheoretischen Anschauungen in den Mund legt, das im Anschluß abgedruckte Gespräch mit dem befreundeten Dichter Christoph Kaufmann.

Georg Büchner

Anmerkungen zum Drama »Dantons Tod«

Über mein Drama muß ich einige Worte sagen: erst muß ich bemerken, daß die Erlaubniß, einige Änderungen machen zu dürfen, allzu sehr benutzt worden ist. Fast auf jeder Seite weggelassen, zugesetzt, und fast immer auf die dem Ganzen nachtheiligste Weise. Manchmal ist der Sinn ganz entstellt oder ganz und gar weg, und fast platter Unsinn steht an der
5 Stelle. Außerdem wimmelt das Buch von den abscheulichsten Druckfehlern. Man hatte mir keinen *Correcturbogen* zugeschickt. Der Titel ist abgeschmackt, und mein Name steht darauf, was ich ausdrücklich verboten hatte; er steht außerdem nicht auf dem Titel meines Manuscripts. Außerdem hat mir der Corrector einige Gemeinheiten in den Mund gelegt, die ich in meinem Leben nicht gesagt haben würde. Gutzkows glänzende Kritiken
10 habe ich gelesen und zu meiner Freude dabei bemerkt, daß ich keine Anlagen zur Eitelkeit habe. Was übrigens die sogenannte Unsittlichkeit meines Buchs angeht, so habe ich Folgendes zu antworten: der dramatische Dichter ist in meinen Augen nichts, als ein Geschichtsschreiber, steht aber *über* Letzterem dadurch, daß er uns die Geschichte zum zweiten Mal erschafft und uns gleich unmittelbar, statt eine trockne Erzählung zu geben,
15 in das Leben einer Zeit hinein versetzt, uns statt Charakteristiken Charaktere, und statt Beschreibungen Gestalten gibt. Seine höchste Aufgabe ist, der Geschichte, wie sie sich wirklich begeben, so nahe als möglich zu kommen. Sein Buch darf weder *sittlicher* noch *unsittlicher* sein, als die *Geschichte selbst*; aber die Geschichte ist vom lieben Herrgott nicht zu einer Lectüre für junge Frauenzimmer geschaffen worden, und da ist es mir auch
20 nicht übel zu nehmen, wenn mein Drama ebensowenig dazu geeignet ist. Ich kann doch aus einem Danton und den Banditen der Revolution nicht Tugendhelden machen! Wenn ich ihre Liederlichkeit schildern wollte, so mußte ich sie eben liederlich sein, wenn ich ihre Gottlosigkeit zeigen wollte, so mußte ich sie eben wie Atheisten sprechen lassen. Wenn einige unanständige Ausdrücke vorkommen, so denke man an die weltbekannte, obscöne
25 Sprache der damaligen Zeit, wovon das, was ich meine Leute sagen lasse, nur ein schwa-

cher Abriß ist. Man könnte mir nur noch vorwerfen, daß ich einen solchen Stoff gewählt hätte. Aber der Einwurf ist längst widerlegt. Wollte man ihn gelten lassen, so müßten die größten Meisterwerke der Poesie verworfen werden. Der Dichter ist kein Lehrer der Moral, er erfindet und schafft Gestalten, er macht vergangene Zeiten wieder aufleben, und die Leute mögen dann daraus lernen, so gut, wie aus dem Studium der Geschichte 30 und der Beobachtung dessen, was im menschlichen Leben um sie herum vorgeht. Wenn man so wollte, dürfte man keine Geschichte studieren, weil sehr viele unmoralische Dinge darin erzählt werden, müßte mit verbundenen Augen über die Gasse gehen, weil man sonst Unanständigkeiten sehen könnte, und müßte über einen Gott Zeter schreien, der eine Welt erschaffen, worauf so viele Liederlichkeiten vorfallen. Wenn man mir übrigens 35 noch sagen wollte, der Dichter müsse die Welt nicht zeigen wie sie ist, sondern wie sie sein solle, so antworte ich, daß ich es nicht besser machen will, als der liebe Gott, der die Welt gewiß gemacht hat, wie sie sein soll. Was noch die sogenannten Idealdichter anbetrifft, so finde ich, daß sie fast nichts als Marionetten mit himmelblauen Nasen und affectirtem Pathos, aber nicht Menschen von Fleisch und Blut gegeben haben, deren Leid und Freude 40 nicht mitempfinden macht, und deren Thun und Handeln mir Abscheu oder Bewunderung einflößt. Mit einem Wort, ich halte viel auf Goethe oder Shakspeare, aber sehr wenig auf Schiller. Daß übrigens noch die ungünstigsten Kritiken erscheinen werden, versteht sich von selbst; denn die Regierungen müssen doch durch ihre bezahlten Schreiber beweisen lassen, daß ihre Gegner Dummköpfe oder unsittliche Menschen sind. Ich halte 45 übrigens mein Werk keineswegs für vollkommen, und werde jede wahrhaft ästhetische Kritik mit Dank annehmen.

In: Georg Büchner: Werke und Briefe. München: dtv 1988, S. 305 f.

Georg Büchner
»Kunstgespräch« aus »Lenz«

Über Tisch war Lenz wieder in guter Stimmung, man sprach von Literatur, er war auf seinem Gebiete; die idealistische Periode fing damals an, Kaufmann war ein Anhänger davon, Lenz widersprach heftig. Er sagte: Die Dichter, von denen man sage, sie geben die Wirklichkeit, hätten auch keine Ahnung davon, doch seien sie immer noch erträglicher, als die, welche die Wirklichkeit verklären wollten. Er sagte: Der liebe Gott hat die Welt 5 wohl gemacht wie sie sein soll, und wir können wohl nicht was Besseres klecksen, unser einziges Bestreben soll sein, ihm ein wenig nachzuschaffen. Ich verlange in Allem – Leben, Möglichkeit des Daseins, und dann ist's gut; wir haben dann nicht zu fragen, ob es schön, ob es häßlich ist, das Gefühl, daß Was geschaffen sei, Leben habe, stehe über diesen Beiden, und sei das einzige Kriterium in Kunstsachen. Übrigens begegne es uns nur selten, 10 in Shakespeare finden wir es und in den Volksliedern tönt es einem ganz, in Göthe manchmal entgegen. Alles Übrige kann man ins Feuer werfen. Die Leute können auch keinen Hundsstall zeichnen. Da wolle man idealistische Gestalten, aber Alles, was ich davon gesehen, sind Holzpuppen. Dieser Idealismus ist die schmählichste Verachtung der menschlichen Natur. Man versuche es einmal und senke sich in das Leben des Geringsten 15 und gebe es wieder, in den Zuckungen, den Andeutungen, dem ganzen feinen, kaum

bemerkten Mienenspiel; er hätte dergleichen versucht im »Hofmeister« und den »Soldaten«. Es sind die prosaischsten Menschen unter der Sonne; aber die Gefühlsader ist in fast
allen Menschen gleich, nur ist die Hülle mehr oder weniger dicht, durch die sie brechen
20 muß. Man muß nur Aug und Ohren dafür haben. Wie ich gestern neben am Tal hinauf-
ging, sah ich auf einem Steine zwei Mädchen sitzen, die eine band ihre Haare auf, die
andre half ihr; und das goldne Haar hing herab, und ein ernstes bleiches Gesicht, und
doch so jung, und die schwarze Tracht und die andre so sorgsam bemüht. Die schönsten,
innigsten Bilder der altdeutschen Schule geben kaum eine Ahnung davon. Man möchte
25 manchmal ein Medusenhaupt sein, um so eine Gruppe in Stein verwandeln zu können,
und den Leuten zurufen. Sie standen auf, die schöne Gruppe war zerstört; aber wie sie so
hinabstiegen, zwischen den Felsen war es wieder ein anderes Bild. Die schönsten Bilder,
die schwellendsten Töne, gruppieren, lösen sich auf. Nur eins bleibt: eine unendliche
Schönheit, die aus einer Form in die andre tritt, ewig aufgeblättert, verändert, man kann
30 sie aber freilich nicht immer festhalten und in Museen stellen und auf Noten ziehen und
dann Alt und Jung herberufen, und die Buben und Alten darüber radotieren[1] und sich
entzücken lassen. Man muß die Menschheit lieben, um in das eigentümliche Wesen jedes
einzudringen, es darf einem keiner zu gering, keiner zu häßlich sein, erst dann kann man
sie verstehen; das unbedeutendste Gesicht macht einen tiefern Eindruck als die bloße
35 Empfindung des Schönen, und man kann die Gestalten aus sich heraustreten lassen, ohne
etwas vom Äußern hinein zu kopieren, wo einem kein Leben, keine Muskeln, kein Puls
entgegen schwillt und pocht. Kaufmann warf ihm vor, daß er in der Wirklichkeit doch
keine Typen für einen Apoll von Belvedere oder eine Raphaelische Madonna finden
würde. Was liegt daran, versetze er, ich muß gestehen, ich fühle mich dabei sehr tot. Wenn
40 ich in mir arbeite, kann ich auch wohl was dabei fühlen, aber ich tue das Beste daran. Der
Dichter und Bildende ist mir der Liebste, der mir die Natur am Wirklichsten gibt, so daß
ich über seinem Gebild fühle, Alles Übrige stört mich. Die Holländischen Maler sind mir
lieber, als die Italienischen, sie sind auch die einzigen faßlichen; ich kenne nur zwei Bilder,
und zwar von Niederländern, die mir einen Eindruck gemacht hätten, wie das neue
45 Testament; das Eine ist, ich weiß nicht von wem, Christus und die Jünger von Emaus.
Wenn man so liest, wie die Jünger hinausgingen, es liegt gleich die ganze Natur in den
Paar Worten. Es ist ein trüber, dämmernder Abend, ein einförmiger roter Streifen am
Horizont, halbfinster auf der Straße, da kommt ein Unbekannter zu ihnen, sie sprechen,
er bricht das Brot, da erkennen sie ihn, in einfach-menschlicher Art, und die göttlich-
50 leidenden Züge reden ihnen deutlich, und sie erschrecken, denn es ist finster geworden,
und es tritt sie etwas Unbegreifliches an, aber es ist kein gespenstisches Grauen; es ist wie
wenn einem ein geliebter Toter in der Dämmerung in der alten Art entgegenträte, so ist
das Bild, mit dem einförmigen, bräunlichen Ton darüber, dem trüben stillen Abend. Dann
ein anderes. Eine Frau sitzt in ihrer Kammer, das Gebetbuch in der Hand. Es ist sonn-
55 täglich aufgeputzt, der Sand gestreut, so heimlich rein und warm. Die Frau hat nicht zur
Kirche gekonnt, und sie verrichtet die Andacht zu Hause, das Fenster ist offen, sie sitzt
danach hingewandt, und es ist als schwebten zu dem Fenster über die weite ebne Landschaft die Glockentöne von dem Dorfe herein und verhallet der Sang der nahen Gemeinde
aus der Kirche her, und die Frau liest den Text nach.

In: Georg Büchner: Werke und Briefe. Wiesbaden: Insel 1958, S. 94 ff.

[1] radotieren: veraltet für schwätzen, faseln

1. *Mit welchen Argumenten wendet sich Büchner mit Lenz gegen die idealistische Kunstauffassung? Zeichnen Sie den Gedankengang mit eigenen Worten nach.*
2. *Hat Georg Büchner sein Kunstprogramm in »Dantons Tod« verwirklicht? Suchen Sie entsprechende Belege aus dem Dramenausschnitt heraus.*

Rezeption

Was Büchner in seinem Brief vorausgesagt hatte, nämlich daß viele ungünstige Kritiken folgen würden, trat auch bald ein. Eine pikante Rezension stammt von Karl Christian Baur (1788–1877), Büchners ehemaligem Deutschlehrer.

Rezept aus der neuesten ästhetischen Küche.

Willst du ein Werk des Genies erzeugen,
Darfst deinen Kopf keiner Regel mehr beugen;
Regellos muß dir das All erscheinen,
Im Kleinen, im Großen, im Großen, im Kleinen.
Kein Glaube, kein Gott, eine Lüge die Welt,
Nur bunte Decke das Sternen=Zelt;
Das Jenseit ein eitler, thörichter Traum;
Das Diesseit ein hohler, luftiger Schaum;
Die Tugend ein leerer, ein flüchtiger Schall,
Gewissen — ein äffender Wiederhall,
Die Liebe recht fleischlich, ein Zeitvertreib,
Die Ehe zum Lachen, zum Spielen das Weib;
Nichts Großes und Heiliges weiter im Leben;
Kein Hoffen, kein Wünschen, kein würdiges Streben,
Nicht Zucht, noch Sitte, nicht Scham, noch Scheu,
Nur blitzig und witzig, nur frech und — neu!
Was sonst die Menschen mit Ehrfurcht begrüßen,
Du, reiß es zu Boden und tritt es mit Füßen!
Um Alles in Eine Lehre zu fassen.
Frei mußt du den Geist in dir wirken lassen,
Ganz sansculotte und ungenirt,
Als wärst du vom Teufel inspirirt.
Und bist du recht glühend vom höllischen Brand,
Und ist dir verkohlet so Herz als Verstand,
Dann Samiels zischende Feder zur Hand,
Die Erde gefegt mit dem Hexenbesen! —
So wirst du vergöttert und rasend gelesen.

B... r.

In: Frankfurter Konversationsblatt (Beilage zur Frankfurter Ober-Postamts-Zeitung. – Frankfurt a. M.: Fürstl. Thurn u. Taxische Zeitungs-Expedition, No. 246 vom 5. September 1835. Abgedruckt in: Georg Büchner. Revolutionär, Wissenschaftler. Ausstellungskatalog: Mathildenhöhe Darmstadt 1987. Basel/Frankfurt/M.: Stroemfeld/Roter Stern 1987, S. 250.

1. Welche neuen Tendenzen in der Dichtung geißelt der Deutschlehrer?
2. Welchem Kunstverständnis scheint er anzuhängen?
3. Welche ästhetischen Grundsätze hat hingegen Büchner aufgestellt?
4. Beurteilen Sie das Gedicht des Deutschlehrers nach Form und Inhalt.

Über Deutschland

Heinrich Heine (vgl. S. 249 f.) gilt im Ausland nach Goethe als der größte deutsche Lyriker. In ironischer Distanz und Gebrochenheit übernahm er das klassisch-romantische Erbe und versuchte, es mit utopisch-sozialistischem Gedankengut in eine neue Epoche zu führen. Gleichzeitig jedoch wurde er zum Seismographen des geistigen, kulturellen, politischen und wirtschaftlichen Umbruchs seiner Zeit. Seine Person und sein Werk sind ein Spiegel für die Gegensätze in der ersten Hälfte des 19. Jahrhunderts. Seine Lyrik bewegt sich zwischen romantischer Liebestrunkenheit und deren Scheitern an der prosaischen Wirklichkeit. Neben Liebesgedichten, Volksliedern und Romanzen stehen zeitkritische, politische und polemische Gedichte und Versepen. Wir stellen Heine hier mit seiner politisch-agitatorischen und wehmütig-ironischen Seite vor, erinnern aber daran, daß Balladen wie »Belsazar« oder das Volkslied »Ich weiß nicht, was soll es bedeuten« bis heute zum allgemeinen Bildungsgut gehören. Eine der Reiseimpressionen aus der Sammlung »Reisebilder« (1826–30) ist »Die Harzreise«, die nach einer vierwöchigen Fußreise durch den Harz entstanden ist. Die »Reisebilder« sind eine höchst subjektive, ironisch-spöttische Schilderung der Natur und der politisch-gesellschaftlichen Verhältnisse.

Heinrich Heine
Die Harzreise (1826)

Von Goslar ging ich den andern Morgen weiter, halb auf Geratewohl, halb in der Absicht, den Bruder des Klausthaler Bergmanns aufzusuchen. Wieder schönes, liebes Sonntagswetter. Ich bestieg Hügel und Berge, betrachtete, wie die Sonne den Nebel zu verscheuchen suchte, wanderte freudig durch die schauernden Wälder, und um mein träumendes
5 Haupt klingelten die Glockenblümchen von Goslar. In ihren weißen Nachtmänteln standen die Berge, die Tannen rüttelten sich den Schlaf aus den Gliedern, der frische Morgenwind frisierte ihnen die herabhängenden, grünen Haare, die Vöglein hielten Bettstunde, das Wiesental blitzte wie eine diamantenbesäete Golddecke, und der Hirt schritt darüber hin mit seiner läutenden Herde. Ich mochte mich wohl eigentlich verirrt haben.
10 Man schlägt immer Seitenwege und Fußsteige ein, und glaubt dadurch näher zum Ziel zu gelangen. Wie im Leben überhaupt, gehts uns auch auf dem Harze. Aber es gibt immer gute Seelen, die uns wieder auf den rechten Weg bringen; sie tun es gern, und finden noch obendrein ein besonderes Vergnügen daran, wenn sie uns mit selbstgefälliger Miene und wohlwollend lauter Stimme bedeuten: welche große Umwege wir gemacht, in welche
15 Abgründe und Sümpfe wir versinken konnten, und welch ein Glück es sei, daß wir so

wegkundige Leute, wie sie sind, noch zeitig angetroffen. Einen solchen Berichtiger fand ich unweit der Harzburg. Es war ein wohlgenährter Bürger von Goslar, ein glänzend wampiges, dummkluges Gesicht; er sah aus, als habe er die Viehseuche erfunden. Wir gingen eine Strecke zusammen, und er erzählte mir allerlei Spukgeschichten, die hübsch klingen konnten, wenn sie nicht alle darauf hinausliefen, daß es doch kein wirklicher 20 Spuk gewesen, sondern daß die weiße Gestalt ein Wilddieb war, und daß die wimmernden Stimmen von den eben geworfenen Jungen einer Bache (wilden Sau), und das Geräusch auf dem Boden von der Hauskatze herrührte. Nur wenn der Mensch krank ist, setzte er hinzu, glaubt er Gespenster zu sehen; was aber seine Wenigkeit anbelange, so sei er selten krank, nur zuweilen leide er an Hautübeln, und dann kuriere er sich jedesmal mit nüch- 25 ternem Speichel. Er machte mich auch aufmerksam auf die Zweckmäßigkeit und Nützlichkeit in der Natur. Die Bäume sind grün, weil Grün gut für die Augen ist. Ich gab ihm recht und fügte hinzu, daß Gott das Rindvieh erschaffen, weil Fleischsuppen den Menschen stärken, daß er die Esel erschaffen, damit sie dem Menschen zu Vergleichungen dienen können, und daß er den Menschen selbst erschaffen, damit er Fleischsuppen essen 30 und kein Esel sein soll. Mein Begleiter war entzückt, einen Gleichgestimmten gefunden zu haben, sein Antlitz erglänzte noch freudiger, und bei dem Abschiede war er gerührt. Solange er neben mir ging, war gleichsam die ganze Natur entzaubert, sobald er aber fort war, fingen die Bäume wieder an zu sprechen, und die Sonnenstrahlen erklangen und die Wiesenblümchen tanzten, und der blaue Himmel umarmte die grüne Erde. Ja, ich weiß es 35 besser; Gott hat den Menschen erschaffen, damit er die Herrlichkeit der Welt bewundere. Jeder Autor, und sei er noch so groß, wünscht, daß sein Werk gelobt werde. Und in der Bibel, den Memoiren Gottes, steht ausdrücklich: daß er die Menschen erschaffen zu seinem Ruhm und Preis.

In: Heinrich Heine: Werke. Reisebilder, Erzählende Prosa, Aufsätze. Hg. v. Wolfgang Preisendanz. Frankfurt/M.: Insel 1968, S. 113 f.

1. *Mit unterschiedlichen Brechungen setzt sich Heine stilistisch vom Naturbild der Romantik ab und nimmt es gegen Schluß dieses Auszuges verwandelt wieder auf. Zeichnen Sie diese Brechungen gedanklich nach.*
2. *Wie distanziert sich Heine von der platten aufklärerischen Haltung seines Begleiters?*
3. *In den großen Tageszeitungen erscheinen im allgemeinen einmal wöchentlich in Reisebeilagen auch Reisebeschreibungen.*
   – Stellen Sie eine derartige Reisebeschreibung vor.
   – Wie unterscheidet sich stilistisch eine solche Reisebeschreibung von Heines Reisebildern?
4. *Gestalterisches Schreiben: Verfassen Sie ein Reisebild Ihrer Urlaubsreise.*

Heinrich Heine

Ich hatte einst ein schönes Vaterland.
Der Eichenbaum
Wuchs dort so hoch, die Veilchen nickten sanft.
Es war ein Traum.

5 Das küßte mich auf deutsch und sprach auf deutsch
(Man glaubt es kaum,
Wie gut es klang) das Wort: »Ich liebe dich!«
Es war ein Traum.

In: Heinrich Heine: Gedichte. Hg. v. Georges Schlocher. Stuttgart: Reclam 1969, S. 117.

Heinrich Heine
Nachtgedanken (1831)

Denk ich an Deutschland in der Nacht,
Dann bin ich um den Schlaf gebracht,
Ich kann nicht mehr die Augen schließen,
Und meine heißen Tränen fließen.

5 Die Jahre kommen und vergehn!
Seit ich die Mutter nicht gesehn,
Zwölf Jahre sind schon hingegangen;
Es wächst mein Sehnen und Verlangen.

Mein Sehnen und Verlangen wächst.
10 Die alte Frau hat mich behext,
Ich denke immer an die alte,
Die alte Frau, die Gott erhalte!

Die alte Frau hat mich so lieb,
Und in den Briefen, die sie schrieb,
15 Seh ich, wie ihre Hand gezittert,
Wie tief das Mutterherz erschüttert.

Die Mutter liegt mir stets im Sinn.
Zwölf lange Jahre flossen hin,
Zwölf lange Jahre sind verflossen,
20 Seit ich sie nicht ans Herz geschlossen.

Deutschland hat ewigen Bestand,
Es ist ein kerngesundes Land,
Mit seinen Eichen, seinen Linden
Werd ich es immer wiederfinden.

Barrikade vor dem Köllnischen Rathaus.
Berlin. 18./19. März 1848.

292

25 Nach Deutschland lechzt ich nicht so sehr,
Wenn nicht die Mutter dorten wär;
Das Vaterland wird nie verderben,
Jedoch die alte Frau kann sterben.

Seit ich das Land verlassen hab,
30 So viele sanken dort ins Grab,
Die ich geliebt – wenn ich sie zähle,
So will verbluten meine Seele.

Und zählen muß ich – Mit der Zahl
Schwillt immer höher meine Qual,
35 Mir ist, als wälzten sich die Leichen
Auf meine Brust – Gottlob! Sie weichen!

Gottlob! Durch meine Fenster bricht
Französisch heitres Tageslicht;
Es kommt mein Weib, schön wie der Morgen,
40 Und lächelt fort die deutschen Sorgen.

In: Heinrich Heine: Werke. Hg. v. Christoph Siegrist. Bd. 1: Gedichte. Frankfurt/M.: Insel, S. 123 f.

Bestattung der für die Freiheit gefallenen Kämpfer. Berlin, 22. März 1848.

Einzug des »Vorparlaments« in die Frankfurter Paulskirche am 30. März 1848.

Die Gedichte Heines variieren lyrisch das Thema Deutschland. Die ersten beiden Verse aus dem Gedicht »Nachtgedanken« werden immer dann zitiert, wenn vermeintlich irgend etwas Bedenkliches in Deutschland geschieht.
1. Ist eine derartige Zitierung mit dem Inhalt des ganzen Gedichtes zu rechtfertigen?
2. Interpretieren Sie die beiden letzten Strophen.
*   – In welchem Verhältnis stehen sie zum Ganzen des Gedichts?*
*   – Inwiefern verändern diese beiden Strophen inhaltlich die vorausgehenden acht Strophen.*

Das Lied der Deutschen

Nach der Veröffentlichung seiner »Unpolitischen Lieder« (1840/41) verlor August Heinrich Hoffmann von Fallersleben (1798–1874) seine Stellung als Germanistikprofessor in Breslau. Im August 1841 schrieb er auf Helgoland, das zu dieser Zeit britisch war, das »Deutschlandlied«, das 1922 in der Weimarer Republik von Friedrich Ebert zur Nationalhymne bestimmt wurde.

Mißverständnisse haben immer wieder die beiden Anfangszeilen der ersten Strophe ausgelöst. Im Sinne eines deutschen Patriotismus verband Hoffmann von Fallersleben mit diesen Versen keinen chauvinistischen Großmachtsanspruch, sondern wollte, anstelle der Zerstückelung des Reichs und der Fürstenwillkür, ein einiges Deutschland. Hoffmann von Fallersleben versteht also das einige Deutschland als über den Einzelstaaten stehend. In der zweiten Strophe klingt die burschenschaftliche Sanges- und Weinseligkeit durch, die so gar nicht zu einer Nationalhymne paßt.

Nach 1933 gingen die Nationalsozialisten zielstrebig daran, das »Deutschlandlied«, in dem sie ein freiheitlich-bürgerliches Lied sahen, für die Partei und die Diktatur zu vereinnahmen. Das »Deutschlandlied« durfte nur noch in Verbindung mit dem Horst-Wessel-Lied gesungen werden.

»Die Fahne hoch! Die Reihen fest geschlossen!
SA marschiert mit ruhig festem Schritt.
Kam'raden, die Rotfront und Reaktion erschossen,
Marschiern im Geist in unsern Reihen mit.«
Die Nachwirkungen dieser Praxis brachten auch das »Deutschlandlied« in Verruf. Die Generation, die unter dem Mißbrauch der Nationalhymne herangewachsen war, konnte sie künftig nicht hören, ohne daß nicht auch Anklänge an das »Horst-Wessel-Lied« und den »Deutschen Gruß« erweckt wurden. Nach langem Ringen um eine neue Hymne einigten sich 1952 Konrad Adenauer und Theodor Heuss in einem Briefwechsel auf das »Deutschlandlied« als Hymne der Bundesrepublik Deutschland. Der Veröffentlichung des Briefwechsels stellte die Bundesregierung eine Erklärung voran: »Es ist daher davon auszugehen, daß das Deutschlandlied als Ganzes Bundeshymne ist, jedoch aus staatspolitischen Gründen bei staatlichen Anlässen nur die dritte Strophe gesungen wird.«

Trotz dieser klaren Bestimmung gerät die Nationalhymne immer wieder in die Diskussion. Die letzte Auseinandersetzung in den 90er Jahren beendete Bundespräsident Richard von Weizsäcker in einem Brief an Bundeskanzler Helmut Kohl:

»Die 3. Strophe des Liedes der Deutschen von Hoffmann von Fallersleben mit der Melodie von Joseph Haydn ist die Nationalhymne für das deutsche Volk.« Diese Strophe habe sich als Symbol bewährt. Sie werde im In- und Ausland gespielt, gesungen und geachtet. Sie bringe die Werte verbindlich zum Ausdruck »denen wir uns als Deutsche, als Europäer und als Teil der Völkergemeinschaft verpflichtet fühlen«. Kohl stimmte dem in einem Schreiben an den Präsidenten zu.

In: Süddeutsche Zeitung vom 26. 8. 1991, S. 1.

August Heinrich Hoffmann von Fallersleben
Das Lied der Deutschen (26. 8. 1841)

Deutschland, Deutschland über alles,
über alles in der Welt,
wenn es stets zum Schutz und Trutze
brüderlich zusammenhält,
5 von der Maas bis an die Memel,
von der Etsch bis an den Belt –
Deutschland, Deutschland über alles,
über alles in der Welt!

Deutsche Frauen, deutsche Treue,
10 deutscher Wein und deutscher Sang
sollen in der Welt behalten
ihren alten schönen Klang,
uns zu edler Tat begeistern
unser ganzes Leben lang –
15 deutsche Frauen, deutsche Treue,
deutscher Wein und deutscher Sang!

Einigkeit und Recht und Freiheit
für das deutsche Vaterland!
Danach laßt uns alle streben
20 brüderlich mit Herz und Hand!
Einigkeit und Recht und Freiheit
sind des Glückes Unterpfand –
blüh im Glanze dieses Glückes,
blühe, deutsches Vaterland!

Lyrik

Die Lyriker des Vormärz kämpften für die Einheit Deutschlands, die Freiheit des Individuums und die Belange der entstehenden Arbeiterschaft. Die oft tagespolitische Dichtung hat ihre Zeit nur in wenigen Fällen überdauert. Sie ist aber als geschichtliches und literaturgeschichtliches Zeugnis von Bedeutung.

Kein anderer Lyrikband löste in der Zeit des Vormärz ähnliche Reaktionen aus wie Georg Herweghs (1817–1875) »Gedichte eines Lebendigen« (1841–43), aus denen das folgende Gedicht gewählt ist. Herweghs Mischung aus Pathos, Sarkasmus und Rhetorik als Kampfaufruf schien das allgemeine politische Bewußtsein zu treffen.

Georg Herwegh
Wiegenlied

Schlafe, was willst du mehr?
Goethe

Deutschland – auf weichem Pfühle
Mach dir den Kopf nicht schwer!
Im irdischen Gewühle
Schlafe, was willst du mehr?

5 Laß jede Freiheit dir rauben,
Setze dich nicht zur Wehr,
Du behältst ja den christlichen Glauben:
Schlafe, was willst du mehr?

Und ob man dir alles verböte,
10 Doch gräme dich nicht zu sehr,
Du hast ja Schiller und Goethe:
Schlafe, was willst du mehr?

Dein König beschützt die Kamele
Und macht sie pensionär,
15 Dreihundert Taler die Seele:
Schlafe, was willst du mehr?

Es fechten dreihundert Blätter
Im Schatten, ein Sparterheer;
Und täglich erfährst du das Wetter:
20 Schlafe, was willst du mehr?

Kein Kind läuft ohne Höschen[1]
Am Rhein, dem freien, umher:
Mein Deutschland, mein Dornröschen,
Schlafe, was willst du mehr?

In: Herweghs Werke. Erster Teil: Gedichte eines Lebendigen. Hg. v. Hermann Tardel. Berlin/Leipzig/Wien/Stuttgart: Bong o. J., S. 130.

[1] ohne Höschen: Sansculotten (›Ohnehose‹) hießen französische Revolutionäre.

Wie das Heer von neuen Zeitungen gegen die Reaction zu Felde zieht.

Joseph Cajetan nach Andreas Geiger, 1848.

IV. POETISCHER REALISMUS UND NATURALISMUS

1. Grundlagen

Das liberale Bürgertum litt noch lange unter den Folgen der fehlgeschlagenen Revolution von 1848. Das Streben nach demokratischen Freiheiten trat vor der Forderung nach Einheit in einem deutschen Reich zurück. 1866 kam es zum deutschen Bruderkrieg, in dessen Folge Preußen unter der Führung Otto von Bismarcks den Deutschen Bund auflöste, Österreich aus der Gestaltung der deutschen Zukunft ausschloß und die selbständigen Staaten nördlich des Mains unter der Oberhoheit Preußens zum Norddeutschen Bund zusammenschloß. 1870/71 erklärte das kaiserliche Frankreich Preußen den Krieg, das mit seinen süddeutschen Verbündeten siegreich blieb. Wilhelm I. wurde im Spiegelsaal von Versailles zum deutschen Kaiser ausgerufen. Das kleindeutsche Reich wurde als Staatenbund mit bundesstaatlichen Institutionen organisiert. Die Annexion El-saß-Lothringens belastete das Verhältnis zwischen Frankreich und Deutschland bis zum Ausbruch des Ersten Weltkriegs.

Bismarck versuchte durch seine Bündnispolitik das neu erstandene kleindeutsche Reich zu stabilisieren und Frankreich gleichzeitig zu isolieren. Seit 1884 beteiligte sich auch das Deutsche Reich an der Aufteilung der letzten »weißen Flecken« auf der Landkarte und betrieb, wie auch die anderen Großmächte, eine imperialistische Weltpolitik. Nachdem Kaiser Wilhelm II. (1888–1918) Bismarck als Kanzler entlassen hatte, wurde die umsichtig bewahrende Politik unter den Nachfolgern nicht mehr fortgesetzt. Zu Anfang des 20. Jahrhunderts veränderte sich die Bündnispolitik durch die Entente zwischen England, Frankreich und Rußland zuungunsten Deutschlands, das seinerseits England durch seine Flottenpolitik provozierte.

Gesellschaftliche Veränderungen durch Naturwissenschaft, Technik und Industrie

Die Zeit bis 1871 war bestimmt durch den Glauben an die Entwicklungsfähigkeit der Naturwissenschaften, der Technik und der Industrie. Es bildeten sich städtische Industriegebiete, vor allem im Ruhrgebiet und in Oberschlesien, in denen kleine Handwerks- und Manufakturbetriebe kaum Überlebenschancen hatten und die die ländliche Bevölkerung in ihrer Suche nach Arbeit anzogen. Es kam zu einer Proletarisierung breiter Schichten, die nichts besaßen als ihre Arbeitskraft.

Karl Marx (1818–1883) konnte mit seinem revolutionären kommunistischen Programm gegen Ferdinand Lassalle immer größeren Einfluß auf die 1869 von Karl Liebknecht und August Bebel gegründete »Sozialdemokratische Arbeiterpartei« gewinnen. Durch die »Sozialistengesetze« (1878) verschärfte sich der Gegensatz zwischen der Reichsregierung und der Sozialdemokratischen Partei, die aber schließlich aus diesem Kampf als stärkste Partei hervorging.

Naturwissenschaften und Technik beschleunigten ihren Siegeszug und bestimmten dadurch auch die Wirklichkeitswahrnehmung breiter Teile des Volkes. Deutschland und Westeuropa wandelten sich von Agrarländern zu Industriestaaten, die von der Innovationskraft der naturwissenschaftlichen Eliten abhängig wurden.

1856 Konverter zur Erzeugung von Stahl (Henry Bessemer)
1859 Spektralanalyse (Robert Kirchhoff, Robert Wilhelm Bunsen)
1861 Fernsprecher (Philipp Reis)
1867 Dynamomaschine (Werner von Siemens)
1867 Dynamit (Alfred Nobel)
1876 Viertaktmotor (Nikolaus Otto)

1879 Glühlampe (Thomas A. Edison)
1882 Tuberkelbazillus (Robert Koch)
1885 Kraftwagen (Daimler, Benz)
1886 Elektromagnetische Wellen (Heinrich Hertz)
1895 Kinematographie (Gebrüder Lumière)
1895 Röntgenstrahlen (Wilhelm Conrad Röntgen)
1897 Braunsche Röhre (Karl Ferdinand Braun)
1897 Dieselmotor (Rudolf Diesel)
1898 Radium, Polonium (Marie Curie)
1900 Quantentheorie (Max Planck)
1903 Motorflugzeug (Brüder Wright)
1905 Spezielle Relativitätstheorie (Albert Einstein)
1909 Kunstdünger (Fritz Haber)

Erläutern Sie in Anwendung Ihrer naturwissenschaftlichen Kenntnisse in Kurzvorträgen die Bedeutung einzelner Neuerungen. Sie können folgendes Gliederungsschema zugrundelegen:
1. Die Person, die die Neuerung entwickelt hat
2. Die Erfindung oder Weiterentwicklung
3. Die zeitgenössische Resonanz
4. Die ökonomischen, künstlerischen, militärischen etc. Auswirkungen
5. Niederschlag in der zeitgenössischen Literatur.

Philosophie

In Deutschland gewann gegen Mitte des 19. Jahrhunderts der Materialismus an Boden, den Ludwig Feuerbach mit seinem naturalistisch-anthropologischen Hegelianismus vorbereitet hatte. Der Materialismus sieht – vereinfacht ausgedrückt – in der Materie und ihren Gesetzen die eigentliche Wirklichkeit der Welt. Alles Geistig-Seelische ist ein Ausfluß der mechanisch-kausal funktionierenden Materie und ihrer Erscheinungen. Atheismus und Kritik am religiösen Bewußtsein sind Grundbestandteile materialistischer Weltsicht.

Der Bruder des Dichters Georg Büchner, Ludwig Büchner (1824–1899), vertrat in seinem Buch »Kraft und Stoff« (1855) einen popularisierten und vergröberten Materialismus, der sich später bei Ernst Haeckel mit einem verallgemeinerten Darwinismus verband.
Karl Marx (1818–1883) und Friedrich Engels (1820–1895) faßten Strömungen der Zeit, oft verspätet, aber trotzdem geschichtswirksam, in der materialistischen oder ökonomischen Geschichtsauffassung zusammen. Marx vertrat in seinem Haupt-

werk »Das Kapital« (1. Band 1867) die Ansicht, nicht der Geist, sondern die ökonomischen Verhältnisse bestimmen den weltgeschichtlichen Prozeß. Das gesellschaftliche Bewußtsein, zu dem er Wissenschaft, Kunst, Politik und Religion rechnet, ist von der Basis ökonomischer Vorgänge abhängig. Im Sinne des dialektischen Prinzips Hegels verläuft der geschichtliche Fortschritt in einer Reihe von Klassenkämpfen ab, deren letzter, der Kampf zwischen Bourgeoisie und Proletariat, die kommunistische Endzeit heraufführen wird.

Für den Naturalismus wurde das Werk Charles Darwins (1809−1882), besonders seine Publikationen »Über die Entstehung der Arten durch natürliche Auslese« (1859) und »Die Abstammung des Menschen und die geschlechtliche Zuchtwahl« (1871), wichtig. Der Mensch sah sich biologisch determiniert, konnte aber seinerseits durch bewußte Gattenwahl zum Fortschritt der Menschheit beitragen.

Naturwissenschaft und Materialismus entgötterten und entzauberten die Welt und trugen so auf ihre Weise mit zur Entfremdung und Heimatlosigkeit der Menschen im 19. und 20. Jahrhundert bei. Die Literatur ist ein Spiegel dieses Daseinsgefühls und alltäglicher Erfahrungen.

Ludwig Büchner
Kraft und Stoff (1855)

Keine Kraft ohne Stoff − kein Stoff ohne Kraft! Eines für sich ist so wenig denkbar als das andere für sich; auseinandergenommen zerfallen beide in leere Abstraktionen. (...)
Welche allgemeine Konsequenz läßt sich aus dieser Erkenntnis ziehen?
Daß diejenigen, welche von einer Schöpferkraft reden, welche die Welt aus sich selbst oder aus dem Nichts hervorgebracht haben soll, mit dem ersten und einfachsten Grund- 5
satze philosophischer und auf Empirie gegründeter Naturbetrachtung unbekannt sind. Wie hätte eine Kraft existieren können, welche nicht an dem Stoffe selbst in die Erscheinung tritt, sondern denselben willkürlich und nach individuellen Rücksichten beherrscht? − Ebensowenig konnten sich gesondert vorhandene Kräfte in die form- und gesetzlose Materie übertragen und auf diese Weise die Welt erzeugen. Denn wir haben gesehen, daß 10 eine getrennte Existenz dieser beiden zu den Unmöglichkeiten gehört. Daß die Welt nicht aus dem Nichts entstehen konnte, wird uns eine spätere Betrachtung lehren, welche von der Unsterblichkeit des Stoffs handelt. Ein Nichts ist nicht bloß ein logisches, sondern auch ein empirisches Unding. Die Welt oder der Stoff mit seinen Eigenschaften, die wir Kräfte nennen, mußten von Ewigkeit sein und werden in Ewigkeit sein müssen − mit 15 einem Worte: die Welt kann nicht geschaffen sein. Freilich ist der Begriff »Ewig« ein solcher, der sich schwer mit unsern endlichen Verstandeskräften zu vertragen scheint; nichtsdestoweniger können wir diese Vorstellung nicht abweisen. In wie vielen anderen Beziehungen noch die Vorstellung einer individuellen Schöpferkraft an Absurditäten leidet, werden wir im Verlaufe unserer späteren Betrachtung einigemal gewahr werden. Daß 20 die Welt nicht regiert wird, wie man sich wohl hin und wieder auszudrücken pflegt, sondern daß die Bewegungen des Stoffs einer vollkommenen und in ihm selbst begründeten Naturnotwendigkeit gehorchen, von der es keine Ausnahme gibt − welcher Gebil-

dete, namentlich aber welcher mit den Erwerbungen der Naturwissenschaften auch nur
25 oberflächlich Vertraute wollte an dieser Wahrheit zweifeln? Daß aber eine Kraft – um
einmal diesen Ausdruck in abstracto zu gebrauchen – nur dann eine Kraft sein, nur dann
existieren kann, wenn und solange sie sich in Tätigkeit befindet – dürfte nicht minder klar
sein. Wollte man sich also eine Schöpferkraft, eine absolute Potenz – einerlei, welchen
Namen man ihr gibt – als die Ursache der Welt denken, so müßte man, den Begriff der
30 Zeit auf sie anwendend, von ihr sagen, daß sie weder vor noch nach der Schöpfung sein
konnte. Vorher konnte sie nicht sein, da sich der Begriff einer solchen Kraft mit der Idee
des Nichts oder des Untätigseins nicht vertragen kann. Eine Schöpferkraft konnte nicht
sein, ohne zu schaffen; man müßte sich denn vorstellen, sie habe sich in vollkommener
Ruhe und Trägheit dem form- und bewegungslosen Stoff gegenüber eine Zeitlang untätig
35 verhalten. (...) Eine ruhende, untätige Schöpferkraft würde eine ebenso leere und haltlose
Abstraktion sein, als die einer Kraft ohne Stoff überhaupt. Nachher konnte oder kann sie
nicht sein, da wiederum Ruhe und Tatenlosigkeit mit dem Begriffe einer solchen Kraft
unverträglich sind und sie selber negieren würden. Die Bewegung des Stoffs folgt allein
den Gesetzen, welche in ihm selber tätig sind, und die Erscheinungsweisen der Dinge sind
40 nichts weiter als Produkte der verschiedenen und mannigfaltigen, zufälligen oder notwendigen Kombinationen stofflicher Bewegungen untereinander. Nie und nirgends, in keiner
Zeit, und nicht bis in die entferntesten Räume hinein, zu denen unser Fernrohr dringt,
konnte eine Tatsache konstatiert werden, welche eine Ausnahme von dieser Regel bedingen, welche die Annahme einer unmittelbar und außer den Dingen wirkenden selbstän-
45 digen Kraft notwendig machen würde. Eine Kraft aber, die sich nicht äußert, kann nicht
existieren. Dieselbe in ewiger, in sich selbst zufriedener Ruhe oder innerer Selbstanschau-
ung versunken vorzustellen – läuft eben wiederum auf eine leere und willkürliche Abstraktion ohne empirische Basis hinaus.

In: Ludwig Büchner: Kraft und Stoff. Mit einer Einleitung u. Anmerkungen hg. v. Wilhelm Bölsche. Leipzig: Kröner o. J., S. 6 ff.

1. *Charakterisieren Sie die Argumentationsweise Büchners.*
2. *Wie erklären Sie sich, daß das Werk so weite Verbreitung fand?*
3. *Welche Behauptungen sind nach Ihren naturwissenschaftlichen Kenntnissen heute
   nicht mehr haltbar?*

Ludwig Büchner

Haeckel in seinem Arbeitszimmer

Biographien

Fontane, Theodor, geboren am 30. 12. 1819 in Neuruppin, gestorben am 20. 9. 1898 in Berlin, war der Sohn eines Apothekers hugenottischer Herkunft. Er selbst bereitete sich auf den Beruf eines Apothekers vor; seine literarischen Neigungen ließen ihn dem »Tunnel über der Spree«, einem Berliner Literaten-Verein beitreten, dem auch Paul Heyse und Theodor Storm angehörten. Hier trug er seine ersten eigenen Balladen vor. Bald wechselte er ganz zum Journalismus über, schrieb 1848 oppositionelle Beiträge in der »Dresdner Zeitung« und war von 1855 bis 1859 freier Korrespondent in England. Die Kriege 1866 und 1870 verfolgte er als Kriegsberichterstatter; hohe Bekanntheit errang er durch seine Reiseliteratur (»Wanderungen durch die Mark Brandenburg«) und durch seine Theaterkritiken. Als Erzähler begann er mit der Gestaltung von Stoffen aus der preußischen Geschichte. Seine Berliner Romane »Irrungen, Wirrungen« (1888), »Stine« (1890), »Frau Jenny Treibel« (1892) und – vor allem – »Effi Briest« (1895) gelten als die bedeutendsten literarischen Spiegelungen der gesellschaftlichen Verhältnisse in ihrer Zeit.
Weitere Werke: »Balladen« (1861); »Vor dem Sturm« (1878); »Schach von Wuthenow« (1883); »Der Stechlin« (1898).

Gerhart Hauptmann wurde am 15. 11. 1862 in Obersalzbrunn/Schlesien als Sohn eines Gastwirts geboren. Wegen der zunehmenden Verarmung seiner Eltern mußte er die Realschule vorzeitig verlassen, war zunächst Landwirtschaftsschüler und trat 1880 in die Bildhauerklasse der Königlichen Kunstschule in Breslau ein. In den folgenden Jahren ließ er sich als gestaltender Künstler ausbilden, nahm Schauspielunterricht, hörte an den Universitäten Jena und Berlin Naturwissenschaften, Philosophie und Geschichte und lebte zeitweise in Rom. Seit 1885 wohnte er als freier Schriftsteller in der Nähe Berlins. Im geistigen Austausch mit Schriftstellern und Wissenschaftlern der naturalistischen Richtung entwickelte sich Hauptmann zum bedeutendsten deutschen Dramatiker im ausgehenden 19. Jahrhundert. In seinen Milieu- und Charakterschilderungen, die von Zola, Ibsen und Tolstoi beeinflußt sind, überwindet er den doktrinären Materialismus und lehnt die deterministische Erklärung des Menschen ab. Der von ihm gezeichnete passive Held, ein Grundtyp seines dramatischen Schaffens, scheitert an der eigenen Triebhaftigkeit und an der Teilnahmslosigkeit der Umwelt. Thematisch stellt Hauptmann das Elend der proletarischen Massen, den Niedergang

Fontane

Hauptmann

Hebbel

der kleinbürgerlichen Welt, die Gleichgültigkeit der Bürokratie und sittlich-religiöse Grundfragen dar. Seine Stücke, von denen einige in schlesischer Mundart geschrieben sind, zeigen deutlich die Merkmale naturalistischer Dramaturgie: detaillierte Hinweise zu Bühnenbild, Kostümen, zur Gestik und Mimik, sowie realistische Dialogführung und eine der Wirklichkeit nachgebildete Sprache. Hauptmanns Dramen haben den heftigen Widerspruch des Großbürgertums herausgefordert, das die Stücke als künstlerisch minderwertig und sittlich untragbar empfunden hat. In den Jahren nach 1900 tritt das naturalistische Element zugunsten neuromantischer und mythisch-sagenhafter Motive zurück. Zu den bedeutenden Dramen aus der Zeit vor 1900 gehören »Vor Sonnenaufgang« (1889), »Einsame Menschen« (1891), »Die Weber« (1892), »Der Biberpelz« (1893) und »Fuhrmann Henschel« (1899). Novellen aus der naturalistischen Schaffensperiode sind »Der Apostel« (1892) und »Bahnwärter Thiel« (1892). Gerhart Hauptmann starb am 6. 6. 1946 in Agnetendorf.

Friedrich Hebbel wurde als Sohn eines Maurers am 18. 3. 1813 in Wesselburen in Schleswig-Holstein geboren und verbrachte seine Jugend in ärmlichsten Verhältnissen. Nach dürftigstem Elementarunterricht wurde er zunächst Maurerlehrling und diente nach dem Tod des Vaters dem Kirchspielvogt in Wesselburen als Schreiber. Eine Gönnerin, die Jugendschriftstellerin Amalie Schoppe, ermöglichte ihm in Hamburg (1835) die Vorbereitung für ein Studium. Seit 1836 konnte Hebbel, u. a. durch die aufopferungsvolle Hilfe der Hamburger Näherin Elise Lensing in Heidelberg und München unter großen Entbehrungen Philosophie, Geschichte und Literatur studieren. Im Winter 1839 mußte Hebbel wegen seiner Armut zu Fuß von München nach Hamburg wandern. Nach dem Erfolg seines Trauerspiels »Judith« gewährte ihm sein Landesherr, König Christian VIII. von Dänemark, ein Stipendium, das Hebbel zu einer Studienreise nach Paris und Italien nutzte. In Wien lernte Hebbel die Burgschauspielerin Christine Enghaus kennen, die er 1846 heiratete und die ihm materielle Sicherheit bot und Verbindungen zum Burgtheater und zum Weimarer Hoftheater eröffnete.

Hebbels Dramen zeigen das Individuum in der Auseinandersetzung zwischen eigenem Willen und allgemeiner Weltordnung. Die Kämpfe gegen das Schicksal, in denen der einzelne unterliegen muß, kennen weder moralische Schuld noch Erlösung. Der tragische Held sieht sich genötigt, sich selbst zu verwirklichen. Dabei muß er zwangsläufig mit der Welt zusammenstoßen und untergehen. In Hebbels Weltanschauung finden sich Einflüsse der Philosophie, vor allem der Hegels und Schopenhauers. Hebbel starb am 13. 3. 1863 in Wien.
Weitere Werke: »Maria Magdalene« (1844); »Herodes und Mariamne« (1859); »Agnes Bernauer« (1852); »Gyges und sein Ring« (1856); »Gedichte« (1857); »Die Nibelungen« (1862); »Demetrius« (1864).

Holz

Mauthner

Storm

Arno Holz wurde am 26. 4. 1863 in Rastenburg (Ostpreußen) als Sohn eines Apothekers geboren und wuchs in Berlin auf, wo er nach abgebrochener Schulbildung als Journalist und Schriftsteller lebte. Angeregt durch Zola, Ibsen und Tolstoi und unter dem Einfluß neuer naturwissenschaftlicher Erkenntnisse wurde er mit seinem Freund Johannes Schlaf zum Vertreter eines »konsequenten Naturalismus«, dessen Ziel er in seiner Schrift »Die Kunst, ihr Wesen und ihre Gesetze« (1890) auf eine halb mathematische Formel brachte. Im Programm »Revolution der Lyrik« (1899) werden Reim, Vers, lyrische Stimmungen und Stilisierungen verworfen. Die Bedeutung von Holz als dogmatischem Naturalisten blieb auf wenige Jahre um 1890 begrenzt, in denen er mit Johannes Schlaf gemeinsam die Novellen »Papa Hamlet« (1889) und das Drama »Familie Selicke« (1890) verfaßte. Zum Monumentalwerk wuchs die Lyrik des »Phantasus« (zuletzt 3 Bände, 1925). Arno Holz starb am 26. 10. 1929 in Berlin. Weitere Werke: »Das Buch der Zeit« (1886); »Neue Gleise. Gemeinsames« (1892); »Socialaristokraten« (1896); »Die Blechschmiede« (1902); »Dafnis« (1904).

Fritz Mauthner wurde am 22. 11. 1849 in Hořitz/Böhmen geboren. Er war ein äußerst vielseitiger Schriftsteller und Sprachphilosoph, der kritisch und mit beißender Ironie das literarische Leben seiner Zeit beobachtete. Schlagartig wurde er durch seine Parodien »Nach berühmten Mustern« (1878) bekannt, in denen er u. a. die zeitgenössischen Modeschriftsteller wie Dahn, Auerbach, Scheffel und Freytag glänzend persiflierte. Als er nach langjährigen Forschungen sein eigentliches Lebenswerk »Beiträge zu einer Kritik der Sprache« (1901 und 1902) herausgab, empörte sich die universitäre Sprachwissenschaft gegen diesen Einbruch eines freien Schriftstellers, der an Wissen und Geist keinem der damaligen Sprachforscher nachstand. Mauthner starb am 29. 6. 1923 in Meersburg/Bodensee.

Der Novellist und Lyriker **Theodor Storm** wurde am 14. 9. 1817 in Husum als Sohn eines Advokaten geboren. Nach dem Abschluß am Katharinen-Gymnasium studierte er in Kiel und Berlin Jura. 1852 mußte er als Gegner der dänischen Herrschaft über Schleswig-Holstein auswandern. Er arbeitete im preußischen Staatsdienst und konnte schließlich 1864 ins nun preußische Husum zurückkehren. Dort wurde er 1867 Amtsrichter. Storm verband in seinen Gedichten und Novellen Husumer Provinz mit Natur, bürgerliche Enge mit scheinbarer Geborgenheit, Sozialkritik mit Heimatsage. Er kann als typischer Vertreter des Poetischen Realismus bezeichnet werden, der die Abgründe von Schuld und Welt, von angemaßtem Adelsdünkel und bürgerlicher Patrizier-Aufrichtigkeit nebeneinander behandelte. Er starb am 4. 7. 1888 in Hademarschen/Holstein.
Werke: »Immensee« (1850); »Sommergeschichten und Lieder« (1851); »Viola Tricolor« (1874); »Aquis submersus« (1876); »Pole Poppenspäler« (1877); »Carsten Curator« (1878); »Hans und Hein Kirch« (1882).

2. Poetischer Realismus

Der Schriftsteller und Kritiker Otto Ludwig (1813–1865) prägte den Begriff »Poetischer Realismus« für die deutsche Variante einer gesamteuropäischen Strömung. Ludwig wollte damit die Dichtung charakterisieren, die die Wirklichkeit darstellt und sie gleichzeitig überhöht, stilisiert und poetisiert. Voraussetzungen für den neuen Stil sind die Fortschritte in Naturwissenschaft, Technik, Verkehr und Industrialisierung.

Trotz der gleichzeitigen Publikationen der Volkswirtschaftler, Sozialisten und Kommunisten wie Proudhon, Rodbertus, Marx und Engels treten soziale Probleme und soziales Verständnis gegenüber den allgemeingültigen und dauernden Daseinsfragen des Menschen in den Hintergrund. Erst der folgende Naturalismus rückt diesen Problemkreis wieder ins Gesichtsfeld der jüngeren Schriftsteller.

Kunstverständnis

Wenn auch eine prägnante Definition dessen, was Realismus ist oder sein soll, fehlt, so läßt sich doch sagen, daß Realismus nicht die krude Widerspiegelung der Wirklichkeit ist. Otto Ludwig fordert vom Dichter »Auswahl, Verdichtung und Stilisierung«[1] und weist dem Realisten einen Platz zwischen Realität und Idealität zu: »Dem *Naturalisten* ist es mehr um die Mannigfaltigkeit zu

thun, dem *Idealisten* mehr um die Einheit. Diese beiden Richtungen sind einseitig, der *künstlerische Realismus* vereinigt sie in einer künstlerischen Mitte.«[2] Theodor Fontane (vgl. S. 301), aus dessen Aufsatz »Unsere lyrische und epische Poesie seit 1848« ein Auszug abgedruckt ist, versteht Realismus als Zusammenhang zwischen Kunst und Leben.

Theodor Fontane
Unsere lyrische und epische Poesie seit 1848 (1853)

Der Realismus in der Kunst ist so alt als die Kunst selbst, ja, noch mehr: Er ist die Kunst. Unsere moderne Richtung ist nichts als eine Rückkehr auf den einzig richtigen Weg, die Wiedergenesung eines Kranken, die nicht ausbleiben konnte, solange ein Organismus noch überhaupt ein lebensfähiger war. Der unnatürlichen Geschraubtheit Gottscheds
5 mußte, nach einem ewigen Gesetz, der schöne, noch unerreicht gebliebene Realismus Lessings folgen, und der blühende Unsinn, der während der dreißiger Jahre dieses Jahrhunderts sich aus verlogener Sentimentalität und gedankenlosem Bilderwust entwickelt hatte, mußte als notwendige Reaktion eine Periode ehrlichen Gefühls und gesunden Men-

---

[1] Fritz Martini: Forschungsbericht zur deutschen Literatur in der Zeit des Realismus. Stuttgart: Metzler 1962, S. 155. Zit. bei: Stephan Kohl: Realismus: Theorie und Geschichte. München: Fink 1977, S. 106.
[2] Otto Ludwig: Studien. Bd. 1. Leipzig: Grunow 1891, S. 541. Zit. bei: Stephan Kohl: Realismus: Theorie und Geschichte. München: Fink 1977, S. 105. Die Bezeichnung »Naturalisten« in diesem Zitat bezieht sich nicht auf den späteren Naturalismus (vgl. S. 328 ff.), sondern auf den kruden Detailrealismus.

schenverstandes nach sich ziehen, von der wir kühn behaupten: Sie ist da. Aus dem
Gesagten ergibt sich von selbst eine nahe Verwandtschaft zwischen der Kunstrichtung 10
unserer Zeit und jener vor beinahe hundert Jahren, und, in der Tat, die Ähnlichkeiten sind
überraschend. Das Frontmachen gegen die Unnatur, sie sei nun Lüge oder Steifheit, die
Shakespeare-Bewunderung, das Aufhorchen auf die Klänge des Volksliedes – unsere Zeit
teilt diese charakteristischen Züge mit den sechziger und siebziger Jahren des vorigen
Jahrhunderts.   15
Beide, Goethe wie Schiller, waren entschiedene Vertreter des Realismus, solange sie »un-
angekränkelt von der Blässe des Gedankens« lediglich aus einem vollen Dichterherzen
heraus ihre Werke schufen. »Werther«, »Götz von Berlichingen« und die wunderbar-
schönen, im Volkstone gehaltenen Lieder der Goetheschen Jugendperiode, so viele ihrer
sind, sind ebenso viele Beispiele für unsere Behauptung, und Schiller nicht minder (dessen 20
Lyrik freilich den Mund zu voll zu nehmen pflegte) stand mit seinen ersten Dramen völlig
auf jenem Felde, auf dem auch wir wieder, sei's über kurz oder lang, einer neuen reichen
Ernte entgegensehen. Die jetzt nach Modebrauch (und auf Kosten des ganzen übrigen
Mannes) über alle Gebühr verherrlichten »Räuber« gehören dieser Richtung weniger an
als »Fiesco« und »Kabale und Liebe«, denn der Realismus ist der geschworene Feind aller 25
Phrase und Überschwenglichkeit, keine glückliche, ihm selber angehörige Wahl des Stoffs
kann ihn aussöhnen mit solchen Mängeln in der Form, die seiner Natur zuwider sind.
(...)
Vor allen Dingen verstehen wir nicht darunter das nackte Wiedergeben alltäglichen Lebens, am wenigsten seines Elends und seiner Schattenseiten. Traurig genug, daß es nötig 30
ist, derlei sich von selbst verstehende Dinge noch erst versichern zu müssen. Aber es ist
noch nicht allzu lange her, daß man (namentlich in der Malerei) Misere mit Realismus
verwechselte und bei Darstellung eines sterbenden Proletariers, den hungernde Kinder
umstehen, oder gar bei Produktionen jener sogenannten Tendenzbilder (schlesische Weber, das Jagdrecht und dergleichen mehr) sich einbildete, der Kunst eine glänzende Rich- 35
tung vorgezeichnet zu haben. Diese Richtung verhält sich zum echten Realismus wie das
rohe Erz zum Metall: Die Erläuterung fehlt. Wohl ist das Motto des Realismus der
Goethesche Zuruf:
           Greif nur hinein ins volle Menschenleben,
           Wo du es packst, da ist's interessant;   40
aber freilich, die Hand, die diesen Griff tut, muß eine künstlerische sein. Das Leben ist
doch immer nur der Marmorsteinbruch, der den Stoff zu unendlichen Bildwerken in sich
trägt; sie schlummern darin, aber nur dem Auge des Geweihten sichtbar und nur durch
seine Hand zu erwecken. Der Block an sich, nur herausgerissen aus einem größeren
Ganzen, ist noch kein Kunstwerk, und dennoch haben wir die Erkenntis als einen unbe- 45
dingten Fortschritt zu begrüßen, daß es zunächst des Stoffes, oder sagen wir lieber des
Wirklichen, zu allem künstlerischen Schaffen bedarf. Diese Erkenntnis, sonst nur im
einzelnen mehr oder minder lebendig, ist in einem Jahrzehnt zu fast universeller Herrschaft in den Anschauungen und Produktionen unserer Dichter gelangt und bezeichnet
einen abermaligen Wendepunkt in unserer Literatur.   50
Wenn wir in vorstehendem – mit Ausnahme eines einzigen Kernspruchs – uns lediglich
negativ verhalten und überwiegend hervorgehoben haben, was der Realismus nicht ist, so
geben wir nunmehr unsere Ansicht über das, was er ist, mit kurzen Worten dahin ab: er ist
die Widerspiegelung alles wirklichen Lebens, aller wahren Kräfte und Interessen im Elemente der Kunst; er ist, wenn man uns diese scherzhafte Wendung verzeiht, eine »Inter- 55

essenvertretung« auf seine Art. Er umfängt das ganze reiche Leben, das Größte wie das Kleinste: den Kolumbus, der der Welt eine neue zum Geschenk machte, und das Wassertierchen, dessen Weltall der Tropfen ist; den höchsten Gedanken, die tiefste Empfindung zieht er in seinen Bereich, und die Grübeleien eines Goethe wie Lust und Leid eines Gretchen sind sein Stoff. Denn alles das ist wirklich. Der Realismus will nicht die bloße Sinnenwelt und nichts als diese; er will am allerwenigsten das bloß Handgreifliche, aber er will das Wahre. Er schließt nichts aus als die Lüge, das Forcierte, das Nebelhafte, das Abgestorbene – vier Dinge, mit denen wir glauben, eine ganze Literaturepoche bezeichnet zu haben.

In: Klassische Deutsche Dichtung. Hg. v. Fritz Martini. Bd. 20. Freiburg: Herder 1966, S. 617 ff.

1. *Welche Erscheinungen und Werke hebt Fontane als vorbildlich heraus?*
2. *Fontane faßt den Begriff Realismus weiter, als es heute Literaturgeschichten tun.*
   – Was ist für Fontane realistische Literatur?
   – Was ist für Fontane Realismus?

Novelle

Die epischen Gestaltungsformen, und hierbei die Novelle (vgl. auch S. 200 ff.), spielen innerhalb des Realismus die größte Rolle. Novelle, von ital. »Neuigkeit«, wurde von Goethe als eine »sich ereignete unerhörte Begebenheit« (1827) definiert, eine Definition, »die auf die Erfahrung des in die alte Ordnung einbrechenden Chaotischen«[1] abzielt. Die Novellentheorie von Paul Heyse (1830–1914), dessen zahlreiche Novellen weitgehend in Vergessenheit geraten sind, und die Theorie von Theodor Storm (vgl. S. 303) waren für die Entwicklung der Novelle von großer Bedeutung. Fritz Mauthner (vgl. S. 303) nähert sich der Novelle von einer ganz anderen Seite.

Paul Heyse
Einleitung zu »Mein Novellenschatz« (1871)

Von dem einfachen Bericht eines merkwürdigen Ereignisses oder einer sinnreich erfundenen abenteuerlichen Geschichte hat sich die Novelle nach und nach zu der Form entwickelt, in welcher gerade die tiefsten und wichtigsten sittlichen Fragen zur Sprache kommen, weil in dieser bescheidenen dichterischen Gattung auch der Ausnahmsfall, das höchst individuelle und allerpersönlichste Recht im Kampf der Pflichten, seine Geltung findet. Fälle, die sich durch den Eigensinn der Umstände und Charaktere und eine durchaus nicht allgemein gültige Lösung der dramatischen Behandlung entziehen, sittliche Zartheit oder Größe, die zu ihrem Verständniß der sorgfältigsten Einzelzüge bedarf, alles Einzige und Eigenartige, selbst Grillige und bis an die Grenze des Häßlichen sich Verir-

[1] Otto Buntel: Grundbegriffe der Literatur. Frankfurt/M.: Hirschgraben. [7]1968, S. 69.

rende ist von der Novelle dichterisch zu verwerthen. Denn es bleibt ihr von ihrem Ur- 10
sprung her ein gewisses Schutzrecht für das bloß Thatsächliche, das schlechthin Erlebte,
und für den oft nicht ganz reinlichen Erdenrest der Wirklichkeit kann sie vollauf entschädigen, theils durch die harmlose Lebendigkeit des Tons, indem sie Stoffe von geringerem
dichterischen Gehalt auch in anspruchsloserer Form, ohne den vollen Nachdruck ihrer
Kunstmittel überliefert, theils durch die unerschöpfliche Bedeutsamkeit des Stoffes selbst, 15
da der Mensch auch in seinen Unzulänglichkeiten dem Menschen doch immer das Inter-
essanteste bleibt. (...)
Wenn der Roman ein Kultur- und Gesellschaftsbild im Großen, ein Weltbild im Kleinen
entfaltet, bei dem es auf ein gruppenweises Ineinandergreifen oder ein concentrisches
Sichumschlingen verschiedener Lebenskreise recht eigentlich abgesehen ist, so hat die 20
Novelle in einem *einzigen* Kreise einen *einzelnen* Conflict, eine sittliche oder Schicksals-
Idee oder ein entschieden abgegrenztes Charakterbild darzustellen und die Beziehungen
der darin handelnden Menschen zu dem großen Ganzen des Weltlebens nur in andeuten-
der Abbreviatur durchschimmern zu lassen. Die *Geschichte*, nicht die Zustände, das
Ereigniß, nicht die sich in ihm spiegelnde Weltanschauung, sind hier die Hauptsache; 25
denn selbst der tiefste ideelle Gehalt des einzelnen Falles wird wegen seiner Einseitigkeit
und Abgetrenntheit – der Isolierung des Experiments, wie die Naturforscher sagen – nur
einen relativen Werth behalten, während es in der Breite des Romans möglich wird, eine
Lebens- oder Gewissensfrage der Menschheit erschöpfend von allen Seiten zu beleuchten.

In: Novelle. Hg. v. Josef Kunz. Darmstadt: Wissenschaftliche Buchgesellschaft 1973, S. 66 f.

Theodor Storm
Eine zurückgezogene Vorrede (1881)

Die Novelle, wie sie sich in neuerer Zeit, besonders in den letzten Jahrhunderten, ausgebildet hat und jetzt in einzelnen Dichtungen in mehr oder minder vollendeter Durchführung vorliegt, eignet sich zur Aufnahme auch des bedeutendsten Inhalts, und es wird nur
auf den Dichter ankommen, auch in dieser Form das Höchste der Poesie zu leisten. Sie ist
nicht mehr, wie einst, »die kurzgehaltene Darstellung einer durch ihre Ungewöhnlichkeit 5
fesselnden und einen überraschenden Wendepunkt darbietenden Begebenheit«[1]; die heutige Novelle ist die Schwester des Dramas und die strengste Form der Prosadichtung.
Gleich dem Drama behandelt sie die tiefsten Probleme des Menschenlebens; gleich diesem
verlangt sie zu ihrer Vollendung einen im Mittelpunkt stehenden Konflikt, von welchem
aus das Ganze sich organisiert, und demzufolge die geschlossenste Form und die Aus- 10
scheidung alles Unwesentlichen; sie duldet nicht nur, sie stellt auch die höchsten Forderungen der Kunst.
Daß die epische Prosadichtung sich in dieser Weise gegipfelt und gleichsam die Aufgabe
des Dramas übernommen hat, ist nicht eben schwer erklärlich, (...) aber was solcher-
weise der dramatischen Schwester entzogen wurde, ist der epischen zugute gekommen. 15

In: Novelle. Hg. v. Josef Kunz. Darmstadt: Wissenschaftliche Buchgesellschaft 1973, S. 72.

[1] Die Herkunft des Zitats ist nicht zu ermitteln.

1. *Warum wird für Heyse die Novelle zu einer wichtigen Gattung?*
2. *Grenzen Sie Novelle und Roman gegeneinander ab.*
3. *Welche Charakteristika hat nach Storm die Novelle mit dem Drama gemein?*
4. *Storm charakterisiert die Novelle als »die geschlossenste Form«. Dieser Begriff und sein Gegenbegriff »offene Form« werden häufig auf das Drama angewendet. Überprüfen Sie anhand der Gegenüberstellung auf S. 23, inwieweit die Charakteristika des geschlossenen Dramas auf die Novelle anwendbar sind.*
5. *Wenden Sie die Erkenntnisse, die Sie sich über die Gattung Novelle erarbeitet haben, auf Novellen, die im Buch in Ausschnitten abgedruckt sind, an.*

Fritz Mauthner
Die Sonntage der Baronin

In dem heiter-ironischen Gespräch über die Novelle, das seiner Novellensammlung »Die Sonntage der Baronin« (1881) entnommen ist, gibt Fritz Mauthner (vgl. S. 303) einen gesellschaftlich höchst interessanten Einblick, wie seine Zeitgenossen die anschwellende Novellenflut in der Epoche des Poetischen Realismus rezipierten. Eine Baronin, Elsa mit Namen, versammelt in der Sommerfrische, die sie mit ihrem Gatten in Ostende verbringt, zum Zeitvertreib jeden Sonntag mehr oder minder bedeutende Literaten um sich, die jeweils ihre Produkte zum besten geben. Anschließend diskutiert die Gesellschaft im Salon des Hauses das Vorgetragene. Nach dem Vorlesen einer »Weihnachtsgeschichte« entspinnt sich folgender Dialog:

»Aber das ist ja keine Novelle!« rief die Baronin, kaum daß der Vorleser sein letztes Wort gesprochen hatte.

NIELLO: Ich wüßte nicht, daß jedes andere Werk ausgeschlossen wäre.

ELSA: Nicht doch, lieber Niello. Wir sind Ihnen ja sehr dankbar. Ich war nur überrascht
5 von Ihrem ernsten Märchen. »Vorlesen« heißt doch einen Roman oder eine Novelle vorlesen. Ich dachte wenigstens nie an etwas Anderes.

FRICK: Wenn Sie darauf bestehen, daß nur Novellen hier vorgetragen werden dürfen, gnädige Frau Baronin, dann werden Sie wohl auch so gütig sein, eine kleine Definition von einer Novelle zu geben; wir wissen dann gleich, ob wir eine Novelle geschrieben
10 haben oder nicht.

ELSA: Mein Gott, das ist ja so einfach: eine Novelle, na, wir wissen's ja Alle, eine Novelle ist eine kleine Geschichte.

NIELLO: Nun, eine kleine Geschichte ist mein Weihnachtsmärchen am Ende auch.

KREIWITZ: Meine Frau pflegt zu sagen: eine Novelle sei die Stimmung eines Menschen-
15 schicksals, die so individuell sein muß, wie ein besonderes Parfum.

FRICK: Ich wäre Ihrer Frau Gemahlin sehr dankbar, wenn sie mir in dem alten Novellen-Homer, in meinem Bocaccio, etwas von ihrer Theorie nachweisen wollte.

MORRIS: Die Novelle ist in der Poesie dasselbe wie in der Jurisprudenz: eine neue Form für eine alte Lüge.

UNGELT: Ich stelle mir die Definition nicht so schwierig vor: die Novelle ist die Katastrophe im Roman eines Menschenlebens.

HASSE: Nur, daß die Katastrophe losgelöst sein muß vom Roman und daß sie doch aus dem ganzen Seelenleben des Helden erklärt werden muß. Nur, daß die Katastrophe ihr Vorher und ihr Später haben muß, ohne daß sie eine ausführliche Darlegung duldet. Eine Novelle ist unter den erzählenden Dichtungen, was ein Rembrandt in der Malerei. Ein Menschenantlitz in die Dämmerung hineingedichtet.

FRICK: Sie sehen, Frau Baronin, es giebt darüber verschiedene Ansichten.

HAGAU: Ach was, eine Novelle, bah!, eine Novelle ist – von Paul Heyse oder von Gottfried Keller.

ELSA: Sie sprechen mir aus der Seele, Herr Lieutenant. Und dann kommt es hauptsächlich auf die Länge an. Ich z. B. mache einen großen Unterschied zwischen einem Roman und einer Novelle. Romane liest man vor dem Einschlafen oder auf dem Lande. Da können gar nicht genug Bände sein, weil es so hübsch ist, sich an die vorigen Kapitel zu erinnern, wenn man recht weit drin ist. Eine Novelle aber lasse ich mir von meiner Gesellschafterin vorlesen, wenn ich Migräne habe oder wenn es Nachmittags plötzlich zu regnen anfängt. So ein Regen dauert aber oft über eine Stunde und die Migräne vom Diner bis zum Theater. Also muß eine Novelle ein bis zwei Stunden dauern.

FRICK: Darüber müssen Sie ein Buch schreiben, Frau Baronin! Ihre Meinung deckt sich wunderbar mit der Aesthetik des Jahrhunderts. Auf die Länge kommt es an! Diese große Entdeckung ist mehr werth als alle Untersuchungen Vischers[1]. Auf die Länge kommt's an! Sie kommen in eine Zeitungsredaktion und bringen einen Beitrag. Kein Glück! Das Blatt kann nur fünf Fortsetzungen von einer Erzählung brauchen, die Ihre hat aber sieben. Sie schreiben über die Niemann-Raabe[2] fünfzig begeisterte Zeilen. Am anderen Morgen finden Sie einen unverständlichen Rest von zehn Zeilen abgedruckt; vierzig wurden gestrichen. Die Künstlerin ist dem Blatt nur zehn Zeilen werth. Oder das Blatt braucht einmal plötzlich einen Roman. Der Verleger telegraphirt an unsern berühmten Freund N...: »Brauche sensationellen Feuilleton-Roman von 1680 Druckzeilen. Muß übermorgen mit Druck beginnen. Drathantwort, ob Sie liefern können.« Und der berühmte Dichter antwortet ebenso telegraphisch: »Werde sofort erste zwanzig Blätter schreiben und abschicken. Habe noch keinen Spahn von Plan. Thut nichts. Drucken Sie nur. Sie erhalten pünktlich 1680 Druckzeilen zu dreißig Pfennig die Zeile.« Auf die Länge kommt's an! Und wenn heute Goethe seine Geschwister[3] einreichen wollte, – Herr von Hülsen schickt sie ihm zurück. Ein Schauspiel, das nicht den Abend füllt? Unsinn! Schiller's Don Carlos? Unsinn! Anderthalb Stunden zu viel! Und der Componist bringt seine Symphonie. Symphonie? Schreiben Sie Klavierstücke von 8–10 Minuten Länge; die will ich Ihnen honoriren. Symphonien sind zu lang. Und der Bildhauer will den Riesen Goliath auf dem Marktplatz aufstellen. Sehr gut! Nur vergessen Sie nicht, daß die Bildsäule des seligen Großherzogs sammt Sockel nicht höher ist, als drei Meter. Daß Sie den Goliath nicht höher machen! Und wer sich der Schnei-

---

[1] Friedrich Theodor Vischer (1807–1887), Literaturwissenschaftler, Kritiker und Literaturästhetiker

[2] Hedwig Niemann-Raabe (1844–1905), bekannte Schauspielerin

[3] Schauspiel in einem Akt für das Weimarer Liebhabertheater aus dem Jahre 1776

60 der-Elle nicht fügen kann, der soll auswandern oder sich aufhängen. Er ist vervehmt und gerichtet. Er hat sich gegen das Dogma von der alleinseligmachenden Länge aufgelehnt; er ist ein Rebell oder gar ein Genie! Und diese Bezeichnung lieben wir nicht mehr. Im Ebenmaß steckt das Geheimniß. In Reih und Glied! Wer einmal draußen stehen will, muß zeitlebens draußen bleiben. Auf die Länge kommt's an! Fragen Sie den
65 pessimistischen Bücherverleiher, wie die zurückgebrachten Neuigkeiten beurtheilt werden. Zu kurz, zu lang, zu kurz, zu lang! Das sind die ewigen Klagen des lesenden Publikums. Und darum haben Sie Recht, gnädige Frau Baronin, wenn Sie von jedem Ihrer Freunde verlangen, daß er Novellen von 1–2 Stunden Länge dichte.

Frick sprach die Worte trotz seiner Erregung so höflich, daß die Hausfrau über die
70 Meinung dieses Bundesgenossen im Unklaren blieb. Es entstand eine peinliche Pause, welche auch durch Herrn von Hagau's Bemerkung:»Aber die Länge ist doch wirklich sehr wichtig!«nur für einen Moment unterbrochen wurde. Um die Stimmung wieder herzustellen, bat Elsa den jungen Poeten, er möchte einige seiner Gedichte vorlesen.»Sie haben ja Ihr Taschenbuch immer bei sich und tragen Ihre eigenen Verse so gut vor.«
75 HASSE: Gut nicht, aber gern. Ich schäme mich dieser Schwachheit gar nicht. Nach meiner Ueberzeugung wird ein Gedicht nicht am Scheibtisch fertig, sondern erst in der Zeit, in welcher ein Mund die Verse spricht und ein Ohr sie vernimmt. Gedichte sollten immer nur vorgetragen, niemals aufgeschrieben werden. Unsere Gesellschaft, in welcher das Deklamiren vollständig aus der Mode gekommen ist, hat damit am Deutlich-
80 sten bewiesen, daß ihr jeder passive Beruf für die Dichtkunst mangelt. Zu Homer's Zeiten, als die Dichter noch nicht zu schreiben verstanden, konnte es nur gute Gedichte geben; weil das Volk sich nur gute Verse merkt, nur gute Verse im Kampf um's Dasein sich behaupten konnten.

NIELLO: Sie wollen doch die Homer-Frage nicht nach Darwinistischen Prinzipien lösen?
85 HASSE: Gewiß möchte ich das. Ich wünschte oft, wir Alle hätten das Schreiben und Lesen nicht gelernt. Dann würde sich's zeigen, wer ein Dichter ist. Und gar die Erfindung der Buchdruckerkunst hat alle Grenzen verwischt. Die Leute glauben, Alles sei ein Gedicht, was in ungleichen Zeilen gedruckt steht und sichtbare Reime aufweist. Ich aber behaupte: Verse kann der Laie ebensowenig lesen als Noten. Hören muß er beide, nicht
90 lesen!

FRICK: Ich verspreche Ihnen, Ihre Gedichte nicht zu lesen, wenn sie jemals erscheinen sollten.

In: Fritz Mauthner: Die Sonntage der Baronin. Novellen. Zürich: Cäsar Schmidt 1881, S. 27 ff.

1. *Erweitern Sie die verschiedenen Ansätze zu einer Novellen-Definition mit eigenen Worten.*
2. *Beurteilen Sie die längere Ausführung des Herrn Frick. Ist seine Rede ernst gemeint?*
3. *Fassen Sie kurz zusammen, in welchem Rahmen und bei welcher Gelegenheit man offensichtlich besonders gerne Novellen las. Welche Funktion hatten die Novellen?*
4. *In welchem Licht erscheinen alle Novellentheorien, wenn man Mauthner folgt?*
5. *Vorschlag für ein Referat: Ordnen Sie den Einwurf »Sie wollen doch die Homer-Frage nicht nach Darwinistischen Prinzipien lösen« in die Geistesgeschichte der zweiten Hälfte des 19. Jahrhunderts ein.*

Drama

Obwohl dem Drama in der Epoche des Poetischen Realismus ein hoher Rang zugebilligt wurde, haben sich bis heute nur die Werke Friedrich Hebbels (vgl. S. 302) auf der Bühne behauptet. Von Gustav Freytag (1816–1895) erwähnen Literaturgeschichten – neben seiner für die Dramentheorie bedeutsamen Arbeit »Die Technik des Dramas« (1863) – meist nur noch seine zeitgeschichtliche Komödie »Die Journalisten« (1852), mit der er einen neuen Typ des zeitgenössischen Dramas verwirklichen wollte. Daneben wurde Otto Ludwig (vgl. S. 304) als Dramatiker in seiner Zeit geschätzt, heute jedoch werden seine Dramen – wie z. B. das Charakterdrama »Der Erbförster« (1850) und die geschichtliche Tragödie »Die Makkabäer« (1851/52) – als zu wenig bühnenwirksam angesehen und nicht mehr aufgeführt.

Hebbels nachfolgend im Auszug abgedruckte Schrift »Mein Wort über das Drama« steht am Beginn einer lebenslangen Theoriebildung, die oft zu sehr vom philosophischen als vom dramatischen Gedankengut durchtränkt erscheint.

Friedrich Hebbel
Mein Wort über das Drama (1843)

Das Drama stellt den Lebensprozeß an sich dar. Und zwar nicht bloß in dem Sinne, daß es uns das Leben in seiner ganzen Breite vorführt, was die epische Dichtung sich ja wohl auch zu tun erlaubt, sondern in dem Sinne, daß es uns das bedenkliche Verhältnis vergegenwärtigt, worin das aus dem ursprünglichen Nexus entlassene Individuum dem Ganzen, dessen Teil es trotz seiner unbegreiflichen Freiheit noch immer geblieben ist, gegen- 5
übersteht. Das Drama ist demnach, wie es sich für die höchste Kunstform schicken will, auf gleiche Weise ans Seiende, wie ans Werdende verwiesen: ans Seiende, indem es nicht müde werden darf, die ewige Wahrheit zu wiederholen, daß das Leben als Vereinzelung, die nicht Maß zu halten weiß, die Schuld nicht bloß zufällig erzeugt, sondern sie notwendig und wesentlich mit einschließt und bedingt; ans Werdende, indem es an immer 10
neuen Stoffen, wie die wandelnde Zeit und ihr Niederschlag, die Geschichte, sie ihm entgegenbringt, darzutun hat, daß der Mensch, wie die Dinge um ihn her sich auch verändern mögen, seiner Natur und seinem Geschick nach ewig derselbe bleibt. Hierbei ist nicht zu übersehen, daß die dramatische Schuld nicht, wie die christliche Erbsünde, erst aus der Richtung des menschlichen Willens entspringt, sondern unmittelbar aus dem 15
Willen selbst, aus der starren eigenmächtigen Ausdehnung des Ichs, hervorgeht, und daß es daher dramatisch völlig gleichgültig ist, ob der Held an einer vortrefflichen oder einer verwerflichen Bestrebung scheitert.
Den Stoff des Dramas bilden Fabel und Charaktere. Von jener wollen wir hier absehen, denn sie ist, wenigstens bei den Neueren, ein untergeordnetes Moment geworden, wie 20
jeder, der etwa zweifelt, sich klar machen kann, wenn er ein Shakespearesches Stück zur Hand nimmt, und sich fragt, was wohl den Dichter entzündet hat, die Geschichte oder die Menschen, die er auftreten läßt. Von der allergrößten Wichtigkeit dagegen ist die Behandlung der Charaktere. Diese dürfen in keinem Fall als fertige erscheinen, die nur noch

25 allerlei Verhältnisse durch- und abspielen, und wohl äußerlich an Glück oder Unglück, nicht aber innerlich an Kern und Wesenhaftigkeit gewinnen und verlieren können. Dies ist der Tod des Dramas, der Tod vor der Geburt. Nur dadurch, daß es uns veranschaulicht, wie das Individuum im Kampf zwischen seinem persönlichen und dem allgemeinen Weltwillen, der die Tat, den Ausdruck der Freiheit, immer durch die Begebenheit, den Aus-
30 druck der Notwendigkeit, modifiziert und umgestaltet, seine Form und seinen Schwerpunkt gewinnt, und daß es uns so die Natur alles menschlichen Handelns klar macht, das beständig, sowie es ein inneres Motiv zu manifestieren sucht, zugleich ein widerstrebendes, auf Herstellung des Gleichgewichts berechnetes äußeres entbindet – nur dadurch wird das Drama lebendig. Und obgleich die zugrunde gelegte Idee, von der die hier
35 vorausgesetzte Würde des Dramas und sein Wert abhängt, den Ring abgibt, innerhalb dessen sich alles planetarisch regen und bewegen muß, so hat der Dichter doch im gehörigen Sinn, und unbeschadet der wahren Einheit, für Vervielfältigung der Interessen, oder richtiger, für Vergegenwärtigung der Totalität des Lebens und der Welt zu sorgen, und sich wohl zu hüten, alle seine Charaktere, wie dies in den sogenannten lyrischen Stücken
40 öfters geschieht, dem Zentrum gleich nah zu stellen. Das vollkommenste Lebensbild entsteht dann, wenn der Hauptcharakter das für die Neben- und Gegencharaktere wird, was das Geschick, mit dem er ringt, für ihn ist, und wenn sich auf solche Weise alles, bis zu den untersten Abstufungen herab, in-, durch- und miteinander entwickelt, bedingt und spiegelt.
45 Es fragt sich nun: in welchem Verhältnis steht das Drama zur Geschichte und inwiefern muß es historisch sein? Ich denke, so weit, als es dieses schon an und für sich ist, und als die Kunst für die höchste Geschichtschreibung gelten darf, indem sie die großartigsten und bedeutendsten Lebensprozesse gar nicht darstellen kann, ohne die entscheidenden historischen Krisen, welche sie hervorrufen und bedingen, die Auflockerung oder die
50 allmähliche Verdichtung der religiösen und politischen Formen der Welt, als der Hauptleiter und Träger aller Bildung, mit einem Wort: die Atmosphäre der Zeiten zugleich mit zur Anschauung zu bringen.

In: Die deutsche Literatur in Text und Darstellung. Bd. 11: Bürgerlicher Realismus. Hg. v. Andreas Huyssen. Stuttgart: Reclam [2]1978, S. 75 ff.

1. *Hebbel sagt, das Drama stelle einen Lebensprozeß an sich dar. Erläutern Sie diese Ansicht.*
2. *Wie definiert Hebbel dramatische Schuld?*
3. *Welche Bedeutung mißt Hebbel der Entwicklung der Charaktere zu?*
4. *Geben Sie mit eigenen Worten das Verhältnis von Drama und Geschichte wieder.*
5. *Beurteilen Sie kritisch die Wissenschaftssprache Hebbels.*

Trauerspiel

Die Tragödie »Maria Magdalene« geht auf persönliche Erlebnisse Friedrich Hebbels (vgl. S. 302) in seiner Münchner Zeit zurück, als er im Haus des Tischlermeisters Anton Schwarz wohnte. »Es war meine Absicht«, sagt Hebbel, »das bürgerliche Trauerspiel zu regenerieren und zu zeigen, daß auch im eingeschränktesten Kreise eine zerschmetternde Tragik möglich ist, wenn man sie nur aus den rechten Elementen, aus den diesem Kreis selbst angehörigen, abzuleiten versteht.« Im Gegensatz zu Lessings »Emilia Galotti« und Schillers »Kabale und Liebe«, den beiden bedeutendsten bürgerlichen Trauerspielen des 18. Jahrhunderts, entsteht hier der tragische Konflikt allein aus dem Milieu des Kleinbürgertums mit seinen erstarrten Vorstellungen von Ehre und Moral.

Als Hebbel sich mit dem Motiv des verführten Mädchens, das auf das römische Virginia-Motiv zurückgeht, beschäftigte, setzte er sich auch mit Lessings »Emilia Galotti« auseinander, in der das Virginia-Motiv am Gegensatz von Adel und Bürgertum exemplifiziert wird. Hebbel geht kritisch auf das bürgerliche Trauerspiel »Emilia Galotti« ein:

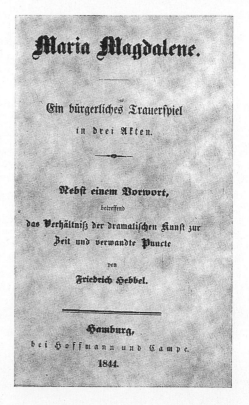

Innentitel der Erstausgabe. Bei dem letzten »e« im Namen Magdalene handelt es sich um einen Druckfehler, der sich so einbürgerte, daß Hebbel selbst den Namen in dieser Form verwendete.

Das Gedicht erreicht das Ziel der Poesie, insofern dies ein allgemeines sein mag, aber es geht nicht den Weg der Poesie; der Dichter schulmeistert das Musenroß und treibt es im ganzen freilich wohin er will, aber im einzelnen immer entweder zu weit oder nicht weit genug. (...) Die Charaktere in »Emilia Galotti« mögen Charaktere sein; es würde zu weit führen, wollte ich untersuchen, ob nicht der Mensch, wenn er sich Menschen denkt, 5 schon deshalb, weil er Mensch ist, sich immer solche denken muß, die mit einer gewissen Existenzmöglichkeit auftreten, und ob es genug sei, daß wir pietische Gestalten bloß nicht entschieden verneinen können, ob wir sie nicht vielmehr, wenn wir sie gelten lassen sollen, unbedingt und unwillkürlich bejahen müßten. Jedenfalls sind diese Charaktere zu absichtlich auf ihr endliches Geschick, auf die Katastrophe berechnet, und dies ist feh- 10 lerhaft, denn dadurch erhält das ganze Stück die Gestalt einer Maschine, worin lebendige Menschen die für einander bestimmten und notgedrungenen, auf den Glockenschlag ineinandergreifenden Räder vorstellen. 1839

In: Friedrich Hebbel: Tagebücher. Auswahl u. Nachwort v. Anni Meetz. Stuttgart: Reclam 1963, S. 80 ff.

Inhalt: Klara ist die Tochter des bieder-männisch-rechtschaffenen Tischlers Meister Anton. Sie gibt sich ihrem Bräutigam Leonhard hin, jedoch ohne Liebe und in einem Augenblick, als ihre Jugendliebe zu einem Sekretär wiederaufleben wollte. Im Verlauf des Dramas distanzieren sich Leonhard und der Sekretär von Klara, so daß sie, innerlich isoliert, an ihren Vater gebunden bleibt. In einer peripheren Handlung treten Klaras Bruder Karl und die Mutter auf, die jedoch der Schlag trifft, als Karl des Diebstahls verdächtigt wird. Karl, dem es ebenso wenig wie seiner Schwester gelingt, sich von dem prinzipienstrengen Vater zu befreien, greift zum Alkohol und wird am Tode seiner Schwester mitschuldig. Klara, die keinen Ausweg aus ihrer Lage sieht, ertränkt sich in einem Brunnen. Der folgende Auszug ist dem Schlußakt des Trauerspiels entnommen. In einem letzten Gespräch zwischen Klara und Karl wird die Ausweglosigkeit deutlich, in der sich beide befinden.

Friedrich Hebbel
Maria Magdalene (1844)

Dritter Akt, achte Szene
KLARA. *(tritt ein).*
KARL. Endlich! Du solltest auch nur nicht so viel küssen! Wo sich vier rote Lippen zusammenbacken, da ist dem Teufel eine Brücke gebaut! Was hast du da?
KLARA. Wo? Was?
5 KARL. Wo? Was? In der Hand!
KLARA. Nichts!
KARL. Nichts? Sind das Geheimnisse? *(Er entreißt ihr Leonhards Brief.)* Her damit! Wenn der Vater nicht da ist, so ist der Bruder Vormund!
KLARA. Den Fetzen hab ich festgehalten, und doch geht der Abendwind so stark, daß er
10 die Ziegel von den Dächern wirft! Als ich an der Kirche vorbeiging, fiel einer dicht vor mir nieder, wäre so schön gewesen, man hätte mich begraben und gesagt: sie hat ein Unglück gehabt! Ich hoffte umsonst auf den zweiten!
KARL. *(der den Brief gelesen hat)* Donner und – Kerl, den Arm, der das schrieb, schlag ich dir lahm! Hol mir eine Flasche Wein! Oder ist deine Sparbüchse leer?
15 KLARA. Es ist noch eine im Hause. Ich hatte sie heimlich für den Geburtstag der Mutter gekauft und beiseite gestellt. Morgen wäre der Tag – *(Sie wendet sich.)*
KARL. Gib sie her!
KLARA. *(bringt den Wein)*
KARL. *(trinkt hastig)* Nun könnten wir denn wieder anfangen. Hobeln, Sägen, Häm-
20 mern, dazwischen Essen, Trinken und Schlafen, damit wir immerfort hobeln, sägen und hämmern können, sonntags ein Kniefall obendrein: ich danke dir, Herr, daß ich hobeln, sägen und hämmern darf! *(Trinkt.)* Es lebe jeder brave Hund, der an der Kette nicht um sich beißt! *(Er trinkt wieder.)* Und noch einmal: er lebe!
KLARA. Karl, trink nicht so viel! Der Vater sagt, im Wein sitzt der Teufel!
25 KARL. Und der Priester sagt, im Wein sitzt der liebe Gott. *(Er trinkt.)* Wir wollen sehen, wer recht hat! Der Gerichtsdiener ist hier im Hause gewesen – wie betrug er sich?
KLARA. Wie in einer Diebsherberge. Die Mutter fiel um und war tot, sobald er nur den Mund aufgetan hatte!

314

KARL. Gut! Wenn du morgen früh hörst, daß der Kerl erschlagen gefunden worden ist, so
fluche nicht auf den Mörder! 30

KLARA. Karl! Du wirst doch nicht –

KARL. Bin ich sein einziger Feind? Hat man ihn nicht schon oft angefallen? Es dürfte
schwerhalten, aus so vielen, denen das Stück zuzutrauen wäre, den rechten herauszu-
finden, wenn dieser nur nicht Stock oder Hut auf dem Platz zurückläßt. *(Er trinkt.)* Wer
es auch sei: auf gutes Gelingen! 35

KLARA. Bruder, du redest –

KARL. Gefällt's dir nicht? Laß gut sein! Du wirst mich nicht lange mehr sehen!

KLARA. *(zusammenschauernd)* Nein!

KARL. Nein? Weißt du's schon, daß ich zur See will? Kriechen mir die Gedanken auf der
Stirn herum, daß du sie lesen kannst? Oder hat der Alte nach seiner Art gewütet und 40
gedroht, mir das Haus zu verschließen? Pah! Das wär' nicht viel anders, als wenn der
Gefängnisknecht mir zugeschworen hätte: Du sollst nicht länger im Gefängnis sitzen,
ich stoße dich hinaus ins Freie!

KLARA. Du verstehst mich nicht!

KARL. *(singt)* 45
Dort bläht ein Schiff die Segel,
Frisch saust hinaus der Wind!
Ja, wahrhaftig, jetzt hält mich nichts mehr an der Hobelbank fest! Die Mutter ist tot, es
gibt keine mehr, die nach jedem Sturm aufhören würde, Fische zu essen, und von
Jugend auf war's mein Wunsch. Hinaus! Hier gedeih ich nicht, oder erst dann, wenn 50
ich's gewiß weiß, daß das Glück dem Mutigen, der sein Leben aufs Spiel setzt, der ihm
den Kupferdreier, den er aus dem großen Schatz empfangen hat, wieder hinwirft, um
zu sehen, ob es ihn einsteckt oder ihn vergoldet zurückgibt, nicht mehr günstig ist.

KLARA. Und du willst den Vater allein lassen? Er ist sechzig Jahr!

KARL. Allein? Bleibst du ihm nicht? 55

KLARA. Ich?

KARL. Du! Sein Schoßkind! Was wächst dir für Unkraut im Kopf, daß du fragst! Seine
Freude laß ich ihm, und von seinem ewigen Verdruß wird er befreit, wenn ich gehe,
warum sollt' ich's denn nicht tun? Wir passen ein für allemal nicht zusammen, er
kann's nicht eng genug um sich haben, er möchte seine Faust zumachen und hinein- 60
kriechen, ich möchte meine Haut abstreifen, wie den Kleinkinderrock, wenn's nur
ginge! *(Singt.)*
Der Anker wird gelichtet.
Das Steuer flugs gerichtet,
Nun fliegt's hinaus geschwind! 65
Sag selbst, hat er auch nur einen Augenblick an meiner Schuld gezweifelt? Und hat er
in seinem überklugen: Das hab ich erwartet! Das hab ich immer gedacht! Das
konnte nicht anders enden! nicht den gewöhnlichen Trost gefunden? Wärst du's
gewesen, er hätte sich umgebracht! Ich möcht ihn sehen, wenn du ein Weiberschicksal
hättest! Es würde ihm sein, als ob er selbst in die Wochen kommen sollte! Und mit dem 70
Teufel dazu!

KLARA. Oh, wie das an mein Herz greift! Ja, ich muß fort, fort!

KARL. Was soll das heißen?

KLARA. Ich muß in die Küche – was wohl sonst? *(Faßt sich an die Stirn.)* Ja! Das noch!
Darum allein ging ich ja noch wieder zu Hause! *(Ab.)* 75

KARL. Die kommt mir ganz sonderbar vor! *(Singt.)*
>Ein kühner Wasservogel
>>Kreist grüßend um den Mast!

KLARA. *(tritt wieder ein)* Das Letzte ist getan, des Vaters Abendtrank steht am Feuer. Als
80 ich die Küchentür hinter mir anzog und ich dachte: Du trittst nun nie wieder hinein!
ging mir ein Schauer durch die Seele. So werd ich auch aus dieser Stube gehen, so aus
dem Hause, so aus der Welt!

KARL. *(singt, er geht immer auf und ab, Klara hält sich im Hintergrund):*
>Die Sonne brennt herunter,
85 >>Manch Fischlein, blank und munter,
>>Umgaukelt keck den Gast!

KLARA. Warum tu ich's denn nicht? Werd ich's immer tun? Werd ich's von Tag zu Tag
aufschieben, wie jetzt von Minute zu Minute, bis – Gewiß! Darum fort! – Fort! Und
doch bleib ich stehen! Ist's mir nicht, als ob's in meinem Schoß bittend Hände aufhöbe,
90 als ob Augen – *(Sie setzt sich auf einen Stuhl.)* Was soll das? Bist du zu schwach dazu?
So frag dich, ob du stark genug bist, deinen Vater mit abgeschnittener Kehle – *(sie steht
auf.)* Nein! Nein! – Vater unser, der du bist im Himmel – Geheiligt werde dein Reich –
Gott, Gott, mein armer Kopf – ich kann nicht einmal beten – Bruder! Bruder! – Hilf
mir –

95 KARL. Was hast du?

KLARA. Das Vaterunser! *(Sie besinnt sich.)* Mir war, als ob ich schon im Wasser läge und
untersänke, und hätte noch nicht gebetet! Ich – *(Plötzlich.)* Vergib uns unsere Schuld,
wie wir vergeben unsern Schuldigern! Da ist's! Ja! Ja! ich vergeb ihm gewiß, ich denke
ja nicht mehr an ihn! Gute Nacht, Karl!

100 KARL. Willst du schon so früh schlafen gehen? Gute Nacht!

KLARA. *(wie ein Kind, das sich das Vaterunser überhört):* Vergib uns –

KARL. Ein Glas Wasser könntest du mir noch bringen, aber es muß recht frisch sein!

KLARA. *(schnell)* Ich will es dir vom Brunnen holen!

KARL. Nun, wenn du willst, es ist ja nicht weit!

105 KLARA. Dank! Dank! Das war das letzte, was mich noch drückte! Die Tat selbst mußte
mich verraten! Nun werden sie doch sagen: sie hat ein Unglück gehabt! Sie ist hinein-
gestürzt!

KARL. Nimm dich aber in acht, das Brett ist wohl noch immer nicht wieder vorgenagelt.

KLARA. Es ist ja Mondschein! – O Gott, ich komme nur, weil sonst mein Vater käme!
110 Vergib mir, wie ich – Sei mir gnädig – *(Ab.)* (...)

Dritter Akt, elfte Szene

DER SEKRETÄR. *(tritt bleich und wankend herein, er drückt ein Tuch gegen die Brust.)*
Wo ist Klara? *(Er fällt auf einen Stuhl zurück.)* Jesus! Guten Abend! Gott sei Dank, daß
ich noch herkam! Wo ist sie?

KARL. Sie ging zum – Wo bleibt sie? Ihre Reden – mir wird Angst! *(Ab.)*

115 SEKRETÄR. Sie ist gerächt – Der Bube liegt – Aber auch ich bin – Warum das, Gott? –
Nun kann ich sie ja nicht –

MEISTER ANTON. Was hat Er? Was ist mit Ihm?

SEKRETÄR. Es ist gleich aus! Geb' Er mir die Hand darauf, daß Er seine Tochter nicht
verstoßen will – Hört Er, nicht verstoßen, wenn sie –

MEISTER ANTON. Das ist eine wunderliche Rede. Warum sollt' ich sie denn – Ha, mir 120
gehen die Augen auf! Hätt' ich ihr nicht unrecht gethan?

SEKRETÄR. Geb' Er mir die Hand!

MEISTER ANTON. Nein! *(Steckt beide Hände in die Tasche.)* Aber ich werde ihr Platz
machen, und sie weiß das, ich hab's ihr gesagt!

SEKRETÄR *(entsetzt)*. Er hat ihr – Unglückliche, jetzt erst versteh' ich Dich ganz! 125

KARL *(stürzt hastig herein)*. Vater, Vater, es liegt jemand im Brunnen! Wenn's nur nicht –

MEISTER ANTON. Die große Leiter her! Haken! Stricke! Was säumst Du? Schnell! Und
ob's der Gerichtsdiener wäre!

KARL. Alles ist schon da. Die Nachbarn kamen vor mir. Wenn's nur nicht Klara ist!

MEISTER ANTON. Klara? *(Er hält sich an einem Tisch.)* 130

KARL. Sie ging, um Wasser zu schöpfen, und man fand ihr Tuch.

SEKRETÄR. Bube, nun weiß ich, warum Deine Kugel traf. Sie ist's.

MEISTER ANTON. Sieh doch zu! *(Setzt sich nieder.)* Ich kann nicht! *(Karl ab.)* Und doch!
(Steht wieder auf.) Wenn ich Ihn *(zum Sekretär)* recht verstanden habe, so ist alles gut.

KARL. *(kommt zurück)*. Klara! Tot! Der Kopf gräßlich am Brunnenrand zerschmettert, 135
als sie, – Vater, sie ist nicht hinein *gestürzt*, sie ist hinein *gesprungen*, eine Magd hat's
gesehen!

MEISTER ANTON. Sie soll sich's überlegen, eh' sie spricht! Es ist nicht hell genug, daß sie
das mit Bestimmtheit hat unterscheiden können!

SEKRETÄR. Zweifelt Er? Er möchte wohl, aber Er kann nicht! Denk' Er nur an das, was 140
Er ihr gesagt hat! Er hat sie auf den Weg des Todes hinausgewiesen, ich, ich bin schuld,
daß sie nicht wieder umgekehrt ist. Er dachte, als er ihren Jammer ahnte, an die
Zungen, die hinter ihm herzischeln würden, aber nicht an die *Nichtswürdigkeit* der
Schlangen, denen sie angehören, da sprach Er ein Wort aus, das sie zur Verzweiflung
trieb; ich, statt sie, als ihr Herz in namenloser Angst vor mir aufsprang, in meine Arme 145
zu schließen, dachte an den Buben, der dazu ein Gesicht ziehen könnte, und – nun, ich
bezahl's mit dem Leben, daß ich mich von einem der *schlechter* war, als ich, so *abhängig* machte, und auch Er, so eisern Er dasteht, auch Er wird noch einmal sprechen:
Tochter, ich wollte doch, Du hättest mir das Kopfschütteln und Achselzucken der
Pharisäer um mich her nicht erspart, es beugt mich doch tiefer; daß Du nicht an 150
meinem Sterbebett sitzen und mir den Angstschweiß abtrocknen kannst!

MEISTER ANTON. Sie hat mir nichts erspart – man hat's gesehen!

SEKRETÄR. Sie hat gethan, was sie konnte – *Er war's nicht wert, daß ihre That gelang!*

MEISTER ANTON. Oder sie nicht!

(Tumult draußen.) 155

KARL. Sie kommen mit ihr – *(will ab)*.

MEISTER ANTON. *(fest, wie bis zu Ende, ruft ihm nach;)* In die Hinterstube, wo die
Mutter stand!

SEKRETÄR. Ihr entgegen! *(Will aufstehen, fällt aber zurück.)* O, Karl!

KARL. *(hilft ihm auf und führt ihn ab)*. 160

MEISTER ANTON. Ich verstehe die Welt nicht mehr!

(Er bleibt sinnend stehen.)

In: Friedrich Hebbel: Sämtliche Werke. Bd. 2: Maria Magdalena. Hg. v. R. M. Werner. Berlin: Behr
1901, S. 63 ff.

1. *Stellen sie die seelische Verfassung dar, in der sich Karl und Klara befinden. Zeigen Sie die gegenseitige Abhängigkeit auf, aus der sie sich nicht befreien können.*
2. *Welche moralischen Haltungen prägen Karls Verhalten?*
3. *Hebbel hält Lessing vor, seine Charaktere seien zu absichtlich auf ihr endliches Geschick, auf die Katastrophe berechnet.*
   – Wie steht es um die Willens- und Entscheidungsfreiheit bei Klara?
   – Wodurch wird der tragische Tod Klaras bewirkt?
4. *Sind die Gründe, die zum Selbstmord Klaras führen, heute noch nachvollziehbar?*

Zum Vergleich   **Friedrich Hebbel**

Requiem

Seele, vergiß sie nicht,
Seele, vergiß nicht die Toten!

Sieh, sie umschweben dich,
Schauernd, verlassen,
5 Und in den heiligen Gluten,
Die den Armen die Liebe schürt,
Atmen sie auf und erwarmen
Und genießen zum letztenmal
Ihr verglimmendes Leben.

10 Seele, vergiß sie nicht,
Seele, vergiß nicht die Toten!
Sieh, sie umschweben dich,
Schauernd, verlassen,

Und wenn du dich erkaltend
15 Ihnen verschließest, erstarren sie
Bis hinein in das Tiefste.
Dann ergreift sie der Sturm der Nacht,
Dem sie, zusammengekrampft in sich,
Trotzten im Schoße der Liebe,
20 Und er jagt sie mit Ungestüm
Durch die unendliche Wüste hin,
Wo nicht Leben mehr ist, nur Kampf
Losgelassener Kräfte
Um erneuertes Sein!

25 Seele, vergiß sie nicht,
Seele, vergiß nicht die Toten!

In: Friedrich Hebbel: Werke. Hg. v. Gerhard Fricke, Werner Keller u. Karl Pornbacher. Bd. 3. München: Hanser 1965, S. 11.

Individuum und Gesellschaft

Im Mittelpunkt realistischer Prosa stehen Menschen, die um einen »Kompromiß zwischen der Wirklichkeit der Dinge und dem Wunsche der Menschen, wie sie sein möchten«[1] bemüht sind.

In seinen Chroniknovellen, zu denen auch »Aquis submersus« zählt, gestaltet Theodor Storm (vgl. S. 303) seine Kritik an Adel und Klerus, Macht und Gewalt. Für ihn reicht die Macht des Adels bis in seine Gegenwart. Deshalb lehnt er als liberaler Demokrat den zeitgenössischen Kompromiß zwischen alter Aristokratie und Bürgertum ab. So ist auch in »Aquis submersus« der Gegensatz von Adel und Bürgertum, die Liebe eines bürgerlichen Malers zu einem adeligen Mädchen, Auslöser des tragisch endenden Konflikts.

Inhalt: Von dem Helden und Erzähler der Binnenhandlung, dem Maler Johannes, kündet in der Rahmenerzählung nur noch ein Gemälde, auf dem ein Mann und ein Kind zu sehen sind. Darunter stehen die rätselhaften Buchstaben C. P. A. S. (Culpa Patris Aquis submersus: Durch Vaters Schuld in der Flut versunken). Ein anderes Bild stellt einen finsteren Mann im Priesterkragen dar.

In der Binnenerzählung beschreibt nun der Maler Johannes, in der Mitte des 17. Jahrhunderts lebend, wie es dazu kam, daß er die beiden Bilder malte: Johannes konnte, dank der Unterstützung seines adeligen Gönners Gerhardus, in Amsterdam Kunst studieren. Selbstbewußt kehrt er in seine Heimat zurück. Da sein Gönner gestorben ist, erfährt er verstärkt den Hochmut und die Anmaßung junger Adeliger, besonders aber von Junker Wulf, dem Sohn seines ehemaligen Gönners. Johannes verliebt sich in Katharina, die Schwester des Junkers Wulf und Tochter seines einstigen Gönners. Der Bruder hetzt im Jähzorn seine Bluthunde auf den Maler. Katharina rettet ihn und zieht den Verfolgten in ihre Kammer, wo die Liebenden zueinander finden. Als am nächsten Tag Johannes um die Hand Katharinas anhält, entlädt sich die Spannung zwischen bürgerlicher Wohlanständigkeit und adeligem Übermut. Der Junker schießt Johannes wie einen Hund nieder. Johannes überlebt und flieht nach Holland, um Geld für eine Zukunft mit Katharina zu verdienen. Als er wieder zurückkehrt, hat man Katharina mit einem fanatischen Prediger verheiratet, um dem Kind, das sie von Johannnes erwartete, einen ehrlichen Namen zu geben. In dieser Situation setzt die Schlußhandlung der Binnenerzählung ein.

Theodor Storm
Aquis submersus (1876)

Unwillens schritt ich solchem Schalle nach; so mochte einst der griechische Heidengott mit seinem Stabe die Toten nach sich gezogen haben. Schon war ich am jenseitigen Rande des Holundergebüsches, das hier ohne Verzäunung in die Koppel ausläuft, da sehe ich den kleinen Johannes mit einem Ärmchen voll Moos, wie es hier in dem kümmerlichen Grase wächst, gegenüber hinter die Weiden gehen; er mochte sich dort damit nach Kindesart ein 5

---

[1] Otto Ludwig: Studien. Bd. 1. Leipzig: Grunow 1891, S. 541. Zit. bei: Stephan Kohl: Realismus: Theorie und Geschichte. München: Fink 1977, S. 105.

Gärtchen angelegt haben. Und wieder kam die holde Stimme an mein Ohr: »Nun heb nur an; nun hast du einen ganzen Haufen! Ja, ja; ich such derweil noch mehr; dort am Holunder wächst genug!«

Und dann trat sie selber hinter den Weiden hervor; ich hatte ja längst schon nicht ge-
10 zweifelt. – Mit den Augen auf dem Boden suchend, schritt sie zu mir her, so daß ich ungestört sie betrachten durfte; und mir war, als gliche sie nur gar seltsam dem Kinde wieder, das sie einst gewesen war, für das ich den »Buhz« einst von dem Baum herab-geschossen hatte; aber dieses Kinderantlitz von heute war bleich und weder Glück noch Mut darin zu lesen.

15 So war sie mählich näherkommen, ohne meiner zu gewahren; dann kniete sie nieder an einem Streifen Moos, der unter den Büschen hinlief; doch ihre Hände pflückten nicht davon; sie ließ das Haupt auf ihre Brust sinken, und es war, als wolle sie sich nur ungesehen vor dem Kinde in ihrem Leide ausruhen.

Da rief ich leise: »Katharina!«

20 Sie blickte auf; ich aber ergriff ihre Hand und zog sie gleich einer Willenlosen zu mir unter den Schatten der Büsche. Doch als ich sie endlich also nun gefunden hatte, und keines Wortes mächtig vor ihr stund, da sahen ihre Augen weg von mir, und mit fast einer fremden Stimme sagte sie: »Es ist nun einmal so, Johannes! Ich wußte wohl, du seiest der fremde Maler; ich dachte nur nicht, daß du heute kommen würdest.«

25 Ich hörete das, und dann sprach ich es aus: «Katharina, – so bist du des Predigers Eheweib?«

Sie nickte nicht; sie sah mich starr und schmerzlich an. »Er hat das Amt dafür bekom-men,« sagte sie, »und dein Kind den ehrlichen Namen.«

– »Mein Kind, Katharina?«

30 »Und fühltest du das nicht? Er hat ja doch auf deinem Schoß gesessen; einmal doch, er selbst hat es mir erzählet.«

– Möge keines Menschen Brust ein solches Weh zerfleischen! – »Und du, du und mein Kind, ihr solltet mir verloren sein!«

Sie sah mich an, sie weinte nicht, sie war nur gänzlich totenbleich.

35 »Ich will das nicht!« schrie ich; »Ich will...« Und eine wilde Gedankenjagd raste mir durchs Hirn.

Aber ihre kleine Hand hatte gleich einem kühlen Blatte sich auf meine Stirn gelegt, und ihre braunen Augensterne aus dem blassen Antlitz sahen mich flehend an. »Du, Johan-nes,« sagte sie, »du wirst es nicht sein, der mich noch elender machen will.«

40 – »Und kannst denn du so leben, Katharina?«

»Leben? – Es ist ja doch ein Glück dabei; er liebt das Kind; – was ist denn mehr noch zu verlangen?«

– »Und von uns, von dem, was einst gewesen ist, weiß er davon?«

»Nein, nein!« rief sie heftig. »Er nahm die Sünderin zum Weibe: mehr nicht. O Gott, ist's
45 denn nicht genug, daß jeder neue Tag ihm angehört!«

In diesem Augenblick tönete ein zarter Gesang zu uns herüber. – »Das Kind«, sagte sie. »Ich muß zu dem Kinde; es könnte ihm ein Leids geschehen!«

Aber meine Sinne zielten nur auf das Weib, das sie begehrten. »Bleib doch,« sagte ich, »es spielet ja fröhlich dort mit seinem Moose.«

50 Sie war an den Rand des Gebüsches getreten und horchete hinaus. Die goldene Herbst-sonne schien so warm hernieder, nur leichter Hauch kam von der See herauf. Da hörten wir von jenseit durch die Weiden das Stimmlein unseres Kindes singen:

»Zwei Englein, die mich decken,
Zwei Englein, die mich strecken,
Und zweie, so mich weisen
In das himmlische Paradeisen.«

Katharina war zurückgetreten, und ihre Augen sahen groß und geisterhaft mich an. »Und nun leb wohl, Johannes«, sprach sie leise; »auf Nimmerwiedersehen hier auf Erden!« Ich wollte sie an mich reißen; ich streckte beide Arme nach ihr aus; doch sie wehrete mich ab und sagte sanft: »Ich bin des andern Mannes Weib; vergiß das nicht.«

Mich aber hatte auf diese Worte ein fast wilder Zorn ergriffen. »Und wessen, Katharina,« sprach ich hart, »bist du gewesen, ehe bevor du sein geworden?«

Ein weher Klagelaut brach aus ihrer Brust; sie schlug die Hände vor ihr Angesicht und rief: »Weh mir! O wehe, mein entweihter armer Leib!«

Da wurd ich meiner schier unmächtig; ich riß sie jäh an meine Brust, ich hielt sie wie mit Eisenklammern und hatte sie endlich, endlich wieder! Und ihre Augen sanken in die meinen, und ihre roten Lippen duldeten die meinen; wir umschlangen uns inbrünstiglich; ich hätte sie töten mögen, wenn wir also miteinander hätten sterben können. Und als dann meine Blicke voll Seligkeit auf ihrem Antlitz weideten, da sprach sie, fast ersticket von meinen Küssen: »Es ist ein langes, banges Leben! O Jesu Christi, vergib mir diese Stunde!«

— Es kam eine Antwort; aber es war die harte Stimme jenes Mannes, aus dessen Munde ich itzt zum ersten Male ihren Namen hörte. Der Ruf kam von drüben aus dem Predigergarten, und noch einmal und härter rief es: »Katharina!«

Da war das Glück vorbei; mit einem Blick der Verzweiflung sahe sie mich an; dann stille wie ein Schatten war sie fort.

— Als ich in die Küsterei trat, war auch schon der Küster wieder da. Er begann sofort von der Justifikation der armen Hexe auf mich einzureden. »Ihr haltet wohl nicht viel davon«, sagte er; »sonst wäret Ihr heute nicht aufs Dorf gegangen, wo der Herr Pastor gar die Bauern und ihre Weiber in die Stadt getrieben.«

Ich hatte nicht die Zeit zur Antwort; ein gellender Schrei durchschnitt die Luft; ich werde ihn leblang in den Ohren haben.

»Was war das, Küster?« rief ich.

Der Mann riß ein Fenster auf und horchte hinaus, aber es geschah nichts weiter. »So mir Gott,« sagte er, »es war ein Weib, das so geschrien hat; und drüben von der Priesterkoppel kam's.«

Indem war auch die alte Trienke in die Tür gekommen. »Nun, Herr?« rief sie mir zu. »Die Leichlaken sind auf des Pastors Dach gefallen!«

»Was soll das heißen, Trienke?«

»Das soll heißen, daß sie des Pastors kleinen Johannes soeben aus dem Wasser ziehen.«

Ich stürzete aus dem Zimmer und durch den Garten auf die Priesterkoppel; aber unter den Weiden fand ich nur das dunkle Wasser und Spuren feuchten Schlammes daneben auf dem Grase. — Ich bedachte mich nicht, es war ganz wie von selber, daß ich durch das weiße Pförtchen in des Pastors Garten ging. Da ich eben ins Haus wollte, trat er selber mir entgegen.

Der große knochige Mann sah gar wüste aus; seine Augen waren gerötet, und das schwarze Haar hing wirr ihm ins Gesicht. »Was wollt Ihr?« sagte er.

Ich starrete ihn an; denn mir fehlete das Wort. Was wollte ich denn eigentlich?

»Ich kenne Euch!« fuhr er fort. »Das Weib hat endlich alles ausgeredet.«
100 Das machte mir die Zunge frei. »Wo ist mein Kind?« rief ich.
Er sagte: »Die beiden Eltern haben es ertrinken lassen.«
– »So laßt mich zu meinem toten Kinde!«
Allein, da ich an ihm vorbei in den Hausflur wollte, drängte er mich zurück. »Das Weib,«
sprach er, »liegt bei dem Leichnam und schreit zu Gott aus ihren Sünden. Ihr sollt nicht
105 hin, um ihrer armen Seelen Seligkeit!«
Was dermalen selber ich gesprochen, ist mir schier vergessen; aber des Predigers Worte
gruben sich in mein Gedächtnis. »Höret mich!« sprach er. »So von Herzen ich Euch
hasse, wofür dereinst mich Gott in seiner Gnade wolle büßen lassen, und ihr vermutend-
lich auch mich, – noch ist eines uns gemeinsam. – Geht itzo heim und bereitet eine Tafel
110 oder Leinewand! Mit solcher kommet morgen in der Frühe wieder und malet darauf des
toten Knaben Antlitz. Nicht mir oder meinem Hause; der Kirchen hier, wo er sein kurz
unschuldig Leben ausgelebet, möget Ihr das Bildnis stiften. Mög es dort die Menschen
mahnen, daß vor der knöchern Hand des Todes alles Staub ist!«
Ich blickte auf den Mann, der kurz vordem die edle Malerkunst ein Buhlweib mit der Welt
115 gescholten; aber ich sagte zu, daß alles so geschehen möge.
– Daheim indessen wartete meiner ein Kunde, so meines Lebens Schuld und Buße gleich
einem Blitze jählings aus dem Dunkel hob, so daß ich Glied am Glied die ganze Kette vor
mir leuchten sahe.
Mein Bruder, dessen schwache Konstitution von dem abscheulichen Spektakel, dem er
120 heute assistieren müssen, hart ergriffen war, hatte sein Bette aufgesucht. Da ich zu ihm
eintrat, richtete er sich auf. »Ich muß noch ein Weile ruhen«, sagte er, indem er ein Blatt
der Wochenzeitung in meine Hand gab; »aber lies doch dieses! Da wirst du sehen, daß
Herrn Gerhardus' Hof in fremde Hände kommen, maßen Junker Wolf ohn Weib und
Kind durch einen tollen Hundes Biß gar jämmerlichen Todes verfahren ist.«
125 Ich griff nach dem Blatte, das mein Bruder mir entgegenhielt; aber es fehlte nicht viel, daß
ich getaumelt wäre. Mir war's bei dieser Schreckenspost, als sprängen des Paradieses
Pforten vor mir auf; aber schon sahe ich am Eingange den Engel mit dem Feuerschwerte
stehen, und aus meinem Herzen schrie es wieder: O Hüter, Hüter, war dein Ruf so fern! –
Dieser Tod hätte uns das Leben werden können; nun war's nur ein Entsetzen zu den
130 anderen.
Ich saß oben auf meiner Kammer. Es wurde Dämmerung, es wurde Nacht; ich schaute in
die ewigen Gestirne, und endlich suchte auch ich mein Lager. Aber die Erquickung des
Schlafes ward mir nicht zuteil. In meinen erregten Sinnen war es mir gar seltsamlich, als
sei der Kirchturm drüben meinem Fenster nahgerückt; ich fühlte die Glockenschläge
135 durch das Holz der Bettstatt dröhnen, und ich zählete sie alle die ganze Nacht entlang.
Doch endlich dämmerte der Morgen. Die Balken an der Decke hingen noch wie Schatten
über mir, da sprang ich auf, und ehbevor die erste Lerche aus den Stoppelfeldern stieg,
hatte ich allbereits die Stadt im Rücken.
Aber so frühe ich auch ausgegangen, ich traf den Prediger schon auf der Schwelle seines
140 Hauses stehen. Er geleitete mich auf den Flur und sagte, daß die Holztafel richtig angelangt, auch meine Staffelei und sonstiges Malergerät aus dem Hause herübergeschaffet
sei. Dann legte er seine Hand auf die Klinke einer Stubentür.
Ich jedoch hielt ihn zurück und sagte: »Wenn es in diesem Zimmer ist, so wollet mir
vergönnen, bei meinem schweren Werk allein zu sein!«
145 »Es wird Euch niemand stören«, entgegnete er und zog die Hand zurück. »Was Ihr zur

Stärkung Eures Leibes bedürfet, werdet Ihr drüben in jenem Zimmer finden.« Er wies auf eine Tür an der andern Seite des Flures; dann verließ er mich.

Meine Hand lag itzund statt der des Predigers auf der Klinke. Es war totenstill im Hause; eine Weile mußte ich mich sammeln, bevor ich öffnete.

Es war ein großes, fast leeres Gemach, wohl für den Konfirmandenunterricht bestimmt, 150 mit kahlen, weißgetünchten Wänden; die Fenster sahen über öde Felder nach dem fernen Strand hinaus. Inmitten des Zimmers aber stund ein weißes Lager aufgebahret. Auf dem Kissen lag ein bleiches Kinderangesicht; die Augen zu; die kleinen Zähne schimmerten gleich Perlen aus den blassen Lippen.

Ich fiel an meines Kindes Leiche nieder und sprach ein brünstiglich Gebet. Dann rüstete 155 ich alles, wie es zu der Arbeit nötig war; und dann malte ich – rasch, wie man die Toten malen muß, die nicht zum zweitenmal daselbig Antlitz zeigen. Mitunter wurd ich wie von der andauernden großen Stille aufgeschrecket; doch wenn ich innehielt und horchte, so wußte ich bald, es sei nichts da gewesen. Einmal auch war es, als drängen leise Odemzüge an mein Ohr. – Ich trat an das Bette des Toten, aber da ich mich zu dem bleichen 160 Mündlein niederbeugte, berührte nur die Todeskälte meine Wangen.

Ich sahe um mich; es war noch eine Tür im Zimmer; sie mochte zu einer Schlafkammer führen, vielleicht daß es von dort gekommen war! Allein so scharf ich lauschte, ich vernahm nichts wieder; meine eigenen Sinne hatten wohl ein Spiel mit mir getrieben.

So setzte ich mich denn wieder, sahe auf den kleinen Leichnam und malete weiter; und da 165 ich die leeren Händchen ansahe, wie sie auf dem Linnen lagen, so dachte ich: Ein klein Geschenk doch mußt du deinem Kinde geben!« Und ich malete auf seinem Bildnis ihm eine weiße Wasserlilie in die Hand, als sei es spielend damit eingeschlafen. Solche Art Blumen gab es selten in der Gegend hier, und mocht es also ein erwünschet Angebinde sein.

170

Endlich trieb mich der Hunger von der Arbeit auf, mein ermüdeter Leib verlangte Stärkung. Legete sonach den Pinsel und die Palette fort und ging über den Flur nach dem Zimmer, so der Prediger mir angewiesen hatte. Indem ich aber eintrat, wäre ich vor Überraschung bald zurückgewichen; denn Katharina stund mir gegenüber, zwar in schwarzen Trauerkleidern und doch in all dem Zauberschein, so Glück und Liebe in eines 175 Weibes Antlitz wirken mögen.

Ach, ich wußte es nur zu bald; was ich hier sahe, war nur ihr Bildnis, das ich selber einst gemalet. Auch für dieses war also nicht mehr Raum in ihres Vaters Haus gewesen. – Aber wo war sie selber denn? Hatte man sie fortgebracht, oder hielt man sie auch hier gefangen? – Lang, gar lange sahe ich das Bildnis an; die alte Zeit stieg auf und quälete mein 180 Herz. Endlich, da ich mußte, brach ich einen Bissen Brot und stürzete ein paar Gläser Wein hinab; dann ging ich zurück zu unserm toten Kinde.

Als ich drüben eingetreten und mich an die Arbeit setzen wollte, zeigete es sich, daß in dem kleinen Angesicht die Augenlider um ein weniges sich gehoben hatten. Da bückete ich mich hinab, im Wahne, ich möchte noch einmal meines Kindes Blick gewinnen; als 185 aber die kalten Augensterne vor mir lagen, überlief mich Grausen; mir war, als sähe ich die Augen jener Ahne des Geschlechtes, als wollten sie noch hier aus unseres Kindes Leichenantlitz künden: »Mein Fluch hat doch euch beide eingeholet!« – Aber zugleich – ich hätte es um alle Welt nicht lassen können – umfing ich mit beiden Armen den kleinen blassen Leichnam und hob ihn auf an meine Brust und herzete unter bittern Tränen zum 190 ersten Male mein geliebtes Kind. »Nein, nein, mein armer Knabe, deine Seele, die gar den finstern Mann zur Liebe zwang, die blickte nicht aus solchen Augen; was hier heraus-

323

schaut, ist alleine noch der Tod. Nicht aus der Tiefe schreckbarer Vergangenheit ist es heraufgekommen; nichts anderes ist da als deines Vaters Schuld; sie hat uns alle in die
195 schwarze Flut hinabgerissen.«

Sorgsam legte ich dann wieder mein Kind in seine Kissen und drückte ihm sanft die beiden Augen zu. Dann tauchete ich meinen Pinsel in ein dunkles Rot und schrieb unten in den Schatten des Bildes die Buchstaben: C. P. A. S. Das sollte heißen: Culpa Patris Aquis Submersus »Durch Vaters Schuld in der Flut versunken.« – Und mit dem Schalle dieser
200 Worte in meinem Ohre, die wie ein schneidend Schwert durch meine Seele fuhren, malete ich das Bild zu Ende.

Während meiner Arbeit hatte wiederum die Stille im Hause fortgedauert, nur in der letzten Stunde war abermalen durch die Tür, hinter welcher ich eine Schlafkammer vermutet hatte, ein leises Geräusch hereingedrungen. – War Katharina dort, um ungesehen
205 bei meinem schweren Werk mir nah zu sein? – Ich konnte es nicht enträtseln.

Es war schon zu spät. Mein Bild war fertig, und ich wollte mich zum Gehen wenden; aber mir war, als müsse ich noch einen Abschied nehmen, ohne den ich nicht von hinnen könne.

So stand ich zögernd und schaute durch das Fenster auf die öden Felder draußen, wo
210 schon die Dämmerung begunnte, sich zu breiten; da öffnete sich vom Flure her die Tür, und der Prediger trat zu mir herein.

Er grüßte schweigend; dann mit gefalteten Händen blieb er stehen und betrachtete wechselnd das Antlitz auf dem Bilde und das des kleinen Leichnams vor ihm, als ob er sorgsame Vergleichung halte. Als aber seine Augen auf die Lilie in der gemalten Hand des
215 Kindes fielen, hub er wie im Schmerze seine beiden Hände auf, und ich sahe, wie seinen Augen jählings ein reicher Tränenquell entstürzete.

Da streckte auch ich meine Arme nach dem Toten und rief überlaut: »Leb wohl, mein Kind! O mein Johannes, lebe wohl!«

Doch in demselben Augenblicke vernahm ich leise Schritte in der Nebenkammer; es
220 tastete wie mit kleinen Händen an der Tür; ich hörte deutlich meinen Namen rufen – oder war es der des toten Knaben? – Dann rauschte es wie von Frauenkleidern hinter der Türe nieder, und das Geräusch vom Falle eines Körpers wurde hörbar.

»Katharina!« rief ich. Und schon war ich hinzugesprungen und rüttelte an der Klinke der festverschlossenen Tür; da legte die Hand des Pastors sich auf meinen Arm: »Das ist
225 meines Amtes!« sagte er, »gehet itzo! Aber geht in Frieden; und möge Gott uns allen gnädig sein!«

– Ich bin dann wirklich fortgegangen; ehe ich es selbst begriff, wanderte ich schon draußen auf der Heide auf dem Weg zur Stadt.

Noch einmal wandte ich mich um und schaute nach dem Dorf zurück, das nur noch wie
230 Schatten aus dem Abenddunkel ragte. Dort lag mein totes Kind – Katharina – alles, alles!
– Meine alte Wunde brannte mir in meiner Brust; und seltsam, was niemals hier vernommen, ich wurde plötzlich mir bewußt, daß ich vom fernen Strand die Brandung tosen hörete. Kein Mensch begegnete mir, keines Vogels Ruf vernahm ich; aber aus dem dumpfen Brausen des Meeres tönete es mir immerfort, gleich einem finstern Wiegenliede:
235 Aquis submersus – aquis submersus!

*

324

Hier endete die Handschrift.

Dessen Herr Johannes sich einstens im Vollgefühle seiner Kraft vermessen, daß er's wohl auch einmal in seiner Kunst den Größeren gleichzutun verhoffe, das sollten Worte bleiben, in die leere Luft gesprochen.

Sein Name gehört nicht zu denen, die genannt werden; kaum dürfte er in einem Künst- 240 lerlexikon zu finden sein; ja selbst in seiner engeren Heimat weiß niemand von einem Maler seines Namens. Des großen Lazarusbildes tut zwar noch die Chronik unserer Stadt Erwähnung, das Bild selbst aber ist zu Anfang dieses Jahrhunderts nach dem Abbruch unserer alten Kirche gleich den anderen Kunstschätzen derselben verschleudert und verschwunden. 245

Aquis submersus

In: Theodor Storm: Von Meer und Heide. Hg. u. eingeleitet v. Friedrich Düsel. Berlin: Knaur o. J., S. 296 ff.

1. *Wie wird die Schuld des Vaters am Tod des Kindes begründet?*
   – Hat auch die Mutter Mitschuld?
   – Inwiefern spielen die gesellschaftlich geprägten Moralvorstellungen eine Rolle?
2. *In welchen Details entdecken Sie »realistische« Züge?*
3. *»Aquis submersus« kommt in den Schlußszenen dreimal in unterschiedlicher Bedeutung vor. Finden Sie die jeweilige Bedeutung heraus.*

Zum Vergleich

Theodor Storm
Über die Heide

Über die Heide hallet mein Schritt;
Dumpf aus der Erde wandert es mit.

Herbst ist gekommen, Frühling ist weit –
Gab es denn einmal selige Zeit?

Brauende Nebel geisten umher;
Schwarz ist das Kraut und der Himmel so leer.

Wär ich hier nur nicht gegangen im Mai!
Leben und Liebe, – wie flog es vorbei!

In: Theodor Storm: Gesammelte Werke. Hg. v. Hans A. Neunzig. Bd. 1: Gedichte, Märchen und Spukgeschichten. München: Nymphenburger Verlagshandlung 1981, S. 102.

Theodor Fontane
Der Stechlin (1897)

Theodor Fontanes (vgl. S. 301) Roman »Der Stechlin« schließt sein spätrealistisches Werk ab und ist gleichzeitig der Endpunkt der Epoche des Poetischen Realismus. In dem Entwurf eines Briefes an seinen Verleger charakterisiert Fontane sein Werk wie folgt:
»Der Stoff, so weit von einem solchen die Rede sein kann – denn es ist eigentlich blos eine Idee, die sich einkleidet – dieser Stoff wird sehr wahrscheinlich mit einer Art Sicherheit Ihre Zustimmung erfahren. Aber die Geschichte, das was erzählt wird. Die Mache! Zum Schluß stirbt ein Alter und zwei Junge heiraten sich; – das ist so ziemlich alles, was auf 500 Seiten geschieht. Von Verwicklungen und Lösungen, von Herzenskonflikten oder Konflikten überhaupt, von Spannungen und Überraschungen findet sich nichts.«[1]

Dubslav von Stechlin, Major a. D. und schon ein gut Stück über sechzig hinaus, war der Typus eines Märkischen von Adel, aber von der milderen Observanz, eines jener erquicklichen Originale, bei denen sich selbst die Schwächen in Vorzüge verwandeln. Er hatte noch ganz das eigentümlich sympathisch berührende Selbstgefühl all derer, die »schon
5 vor den Hohenzollern da waren«, aber er hegte dieses Selbstgefühl nur ganz im stillen, und wenn es dennoch zum Ausdruck kam, so kleidete sich's in Humor, auch wohl in Selbstironie, weil er seinem ganzen Wesen nach überhaupt hinter alles ein Fragezeichen machte. Sein schönster Zug war eine tiefe, so recht aus dem Herzen kommende Humanität, und Dünkel und Überheblichkeit (während er sonst eine Neigung hatte, fünf gerade
10 sein zu lassen) waren so ziemlich die einzigen Dinge, die ihn empörten. Er hörte gern eine freie Meinung, je drastischer und extremer, desto besser. Daß sich diese Meinung mit der seinigen deckte, lag ihm fern zu wünschen. Beinah das Gegenteil. Paradoxen waren seine Passion. »Ich bin nicht klug genug, selber welche zu machen, aber ich freue mich, wenn's andere tun; es ist doch immer was drin. Unanfechtbare Wahrheiten gibt es überhaut nicht,
15 und wenn es welche gibt, so sind sie langweilig.« Er ließ sich gern was vorplaudern und plauderte gern.
Des alten Schloßherrn Lebensgang war märkisch-herkömmlich gewesen. Von jung an lieber im Sattel als bei den Büchern, war er erst nach zweimaliger Scheiterung siegreich durch das Fähnrichsexamen gesteuert und gleich danach bei den brandenburgischen
20 Kürassieren eingetreten, bei denen selbstverständlich auch schon sein Vater gestanden hatte. Dieser sein Eintritt ins Regiment fiel so ziemlich mit dem Regierungsantritt Friedrich Wilhelms IV.[2] zusammen, und wenn er dessen erwähnte, so hob er, sich selbst persiflierend, gerne hervor, »daß alles Große seine Begleiterscheinungen habe«. Seine Jahre

---

[1] Theodor Fontane: Ein Leben in Briefen. Hg. v. Otto Drude. Frankfurt/M.: Insel 1981, S. 464.
[2] Friedrich Wilhelm IV., König von Preußen (1840–1861) amnestierte zahlreiche Intellektuelle, die durch die reaktionären Beschlüsse der Wiener Ministerialkonferenzen von 1834 als »Demagogen« verfolgt wurden. Mit dem Kölner Dombaufest von 1842 und der »Tausendjahrfeier des Reiches« 1843 setzte er Zeichen der nationalen Begeisterung, die jedoch von vielen Skeptikern nicht geteilt wurde. 1847 konnte er sich nur zögernd zur Einberufung des Vereinigten Landtages entschließen. Dubslav von Stechlin steht den Aktivitäten des Königs mit zurückhaltender Ironie gegenüber.

bei den Kürassieren waren im wesentlichen Friedensjahre gewesen; nur Anno 64 war er mit in Schleswig[1], aber auch hier, ohne »zur Aktion« zu kommen. »Es kommt für einen Märkischen nur darauf an, überhaupt mit dabeigewesen zu sein; das andere steht in Gottes Hand.« Und er schmunzelte, wenn er dergleichen sagte, seine Hörer jedesmal in Zweifel darüber lassend, ob er's ernsthaft oder scherzhaft gemeint habe. Wenig mehr als ein Jahr vor Ausbruch des vierundsechziger Krieges war ihm sein Sohn geboren worden, und kaum wieder in seine Garnison Brandenburg eingerückt, nahm er den Abschied, um sich auf sein seit dem Tode des Vaters halb verödetes Schloß Stechlin zurückzuziehen. Hier warteten seiner glückliche Tage, seine glücklichsten, aber sie waren von kurzer Dauer – schon das Jahr darauf starb ihm die Frau. Sich eine neue zu nehmen, widerstand ihm, halb aus Ordnungssinn und halb aus ästhetischer Rücksicht. »Wir glauben doch alle mehr oder weniger an eine Auferstehung« (das heißt, er persönlich glaubte eigentlich nicht daran), »und wenn ich dann oben ankomme, mit einer rechts und links, so ist das doch immer eine genierliche Sache.« Diese Worte – wie denn der Eltern Tun nur allzu-häufig der Mißbilligung der Kinder begegnet – richteten sich in Wirklichkeit gegen seinen dreimal verheiratet gewesenen Vater, an dem er überhaupt allerlei Großes und Kleines auszusetzen hatte, so beispielsweise auch, daß man ihm, dem Sohne, den pommerschen Namen »Dubslav« beigelegt hatte. »Gewiß, meine Mutter war eine Pommersche, noch dazu von der Insel Usedom, und ihr Bruder, nun ja, der hieß Dubslav. Und so war dann gegen den Namen schon um des Onkels willen nicht viel einzuwenden, und um so we-niger, als er ein Erbonkel war. (Daß er mich schließlich schändlich im Stich gelassen, ist eine Sache für sich.) Aber trotzdem bleibe ich dabei, solche Namensmanscherei verwirrt bloß. Was ein Märkischer ist, der muß Joachim heißen oder Woldemar.«

In: Theodor Fontane: Sämtliche Werke. Hg. v. Edgar Gross. Bd. 8. München: Nymphenburger Verlagsanstalt 1959, S. 7 ff.

1. *Stellen Sie alle Charaktermerkmale Stechlins zusammen, die im Text Fontanes zu fin-den sind.*
2. *Warum gelingt es Dubslav von Stechlin, auch weniger erfolgreiche Erlebnisse seines Lebens zu bewältigen?*
3. *Kennzeichnen Sie mit eigenen Worten die Wertmaßstäbe, die Stechlin zu einer weisen Persönlichkeit machen.*
4. *Untersuchen Sie die Sprache, in der Fontane das Bild Stechlins zeichnet.*
5. *Vorschlag für ein Referat: Geben Sie einen Überblick über den ganzen Roman anhand von Kindlers Literatur Lexikon.*

---

[1] Schleswig 1864: Dänemark mußte Schleswig und Lauenburg abtreten. Die verlustreiche Er-stürmung der Düppeler Schanzen wurde als beispielhaft angesehen und bestimmte das neue preußische Selbstbewußtsein der siebziger Jahre. Stechlin wahrt auch hier Zurückhaltung, wenn er sagt, er sei in Schleswig nicht »zur Aktion« gekommen.

3. Naturalismus

Der Begriff Naturalismus ist vom französischen »Naturalisme« abgeleitet und bezeichnet eine Gruppe von Malern und Schriftstellern, u. a. Gustave Courbet, Alphonse Daudet, Émile Zola, die jedoch unterschiedlichen Stilrichtungen angehörten. Neben dem Romancier Émile Zola beeinflußte der norwegische Dramatiker Henrik Ibsen den deutschen Naturalismus am nachhaltigsten.

Zwei außerliterarische Bedingungen waren für die Entstehung des Naturalismus von Bedeutung:

1. Veränderungen der politisch-sozialen Wirklichkeit (Stichwörter hierzu: Landflucht, Entstehung eines unterprivilegierten Standes)

2. Entwicklung der naturwissenschaftlichen und sozialwissenschaftlichen Disziplinen (Stichwörter hierzu: Darwinismus, Positivismus, Erkenntnis der Determiniertheit des Menschen durch natürliche und soziale Gegebenheiten)

Berlin, die Hauptstadt des neugegründeten Reiches, wurde zum Zentrum der Naturalisten.

Versuch einer Poetik

Émile Zola definiert, beeinflußt vom Positivismus von Auguste Comte und Hippolyte Taine: »Un œuvre d'art est un coin de la nature vu à travers un tempérament.« »Ein Kunstwerk ist ein Stück Natur, gesehen durch ein Temperament.« Aufgabe des Dichters sei es, die Kausalzusammenhänge, die das Milieu und die Vererbung bedingten, aufzudecken. Wilhelm Bölsche (1861–1939), einer der Theoretiker des Naturalismus, vergleicht insofern den Dichter mit einem »Experimentator«, der »wie der Chemiker... allerlei Stoffe mischt, in gewisse Temperaturgrade bringt und den Erfolg beobachtet«. So soll der Dichter Menschen zeigen, »deren Eigenschaften er sich möglichst genau ausmalt, durch die Macht der Umstände in alle möglichen Konflikte geraten und unter Betätigung jener Eigenschaften als Sieger und Besiegte, umwandeln oder umgewandelt, daraus hervorgehen oder darin untergehen läßt«[1].

Für Arno Holz (vgl. S. 303), der sich am intensivsten mit theoretischen Fragen der neuen Kunstrichtung auseinandersetzte, ist Zolas Postulat zu aphoristisch, zu wenig wissenschaftlich. Er versucht, für die Kunst Gesetzmäßigkeiten aufzustellen und dabei naturwissenschaftlich vorzugehen.

Arno Holz
Die Kunst. Ihr Wesen und Ihre Gesetze (1890)

»Vor mir auf meinem Tisch liegt eine Schiefertafel. Mit einem Steingriffel ist eine Figur auf sie gemalt, aus der ich absolut nicht klug werde. Für ein Dromedar hat sie nicht Beine genug, und für ein Vexierbild: ›Wo ist die Katz?‹ kommt sie mir wieder zu primitiv vor.

---

[1] Wilhelm Bölsche: Die naturwissenschaftlichen Grundlagen der Poesie. In: Theorie des Naturalismus. Hg. v. Theo Meyer. Stuttgart: Reclam 1973, S. 150.

Am ehesten möchte ich sie noch für eine Schlingpflanze oder für den Grundriß einer Landkarte halten. Ich würde sie mir vergeblich zu erklären versuchen, wenn ich nicht 5 wüßte, daß ihr Urheber ein kleiner Junge ist. Ich hole ihn mir also von draußen aus dem Garten her, wo der Bengel eben auf einen Kirschbaum geklettert ist, und frage ihn: ›Du, was ist das hier?‹

Und der Junge sieht mich ganz verwundert an, daß ich das überhaupt noch fragen kann, und sagt: ›Ein Suldat!‹ 10

Ein ›Suldat!‹ Richtig! Jetzt erkenne ich ihn deutlich! Dieser unfreiwillige Klumpen hier soll ein Bauch, dieser Mauseschwanz sein Säbel sein, und schräg über seinem Rücken hat er sogar noch so eine Art von zerbrochenem Schwefelholz zu hängen, das natürlich wieder nur seine Flinte sein kann. In der Tat! Ein ›Suldat‹! Und ich schenke dem Jungen einen schönen, blankgeputzten Groschen, für den er sich nun wahrscheinlich Knallerb- 15 sen, Zündhütchen oder Malzzucker kaufen wird, und er zieht befriedigt ab.

Dieser ›Suldat‹ ist das, was ich suchte. (...) Ich sagte mir:

»Durch den kleinen Jungen selbst weiß ich, daß die unförmige Figur da vor mir nichts anders als ein Soldat sein soll. Nun lehrt mich aber bereits ein einziger flüchtiger Blick auf das Zeug, daß es tatsächlich *kein* Soldat ist. Sondern nur ein lächerliches Gemengsel von 20 Strichen und Punkten auf schwarzem Untergrund.

Ich bin also berechtigt, bereits aus dieser ersten und sich mir geradezu von selbst auf-drängenden Erwägung heraus zu konstatieren, daß hier in diesem kleinen Schiefertafel-Opus das Resultat einer Tätigkeit vorliegt, die auch nicht im entferntesten ihr Ziel erreicht hat. Ihr Ziel war ein Soldat No. 2, und als ihr Resultat offeriert sich mir hier nun dies 25 tragikomische! (...)

Schiebe ich nun für das Wörtchen Resultat das sicher auch nicht ganz unbezeichnende ›Schmierage‹ unter, für Ziel ›Soldat‹ und für Lücke ›x‹, so erhalte ich hieraus die folgende niedliche kleine Formel: Schmierage = Soldat − x. Oder weiter, wenn ich für Schmierage ›Kunstwerk‹ und für Soldat das beliebte ›Stück Natur‹ setze: Kunstwerk = Stück Natur − 30 x. Oder noch weiter, wenn ich für Kunstwerk vollends ›Kunst‹ und für Stück Natur ›Natur‹ selbst setze: Kunst = Natur − x.«

Bis hierher war unzweifelhaft alles richtig und die Rechnung stimmte. Nur, was ›erklärte‹ mir das? (...)

»Kunst = Natur − x. Damit locke ich noch keinen Hund hinterm Ofen vor! Gerade um 35 dieses x handelt es sich ja! Aus welchen Elementen es zusammengesetzt ist!

Ob ich freilich hier gleich alle und nun gar bis in ihre letzten, feinsten Verzweigungen hinein werde ausfindig machen können, das scheint mir schon jetzt mehr als zweifelhaft. Aber ich ahne, daß es vorderhand, *um überhaupt erst einmal festen Boden unter den Füßen zu fühlen,* bereits genügen würde, wenn es mir glückte, auch nur ihrer gröbsten, 40 allerhandgreiflichsten habhaft zu werden. Die übrigen, feiner geäderten, nuancierten wer-den sich dann mit der Zeit schon von ganz allein einstellen.«

Und das hob mir, einigermaßen wenigstens, wieder den Mut. Und ich spann meinen Faden weiter aus.

»Also Kunst = Natur − x. Schön. Weiter. Woran, in meinem speziellen Falle, hatte es 45 gelegen, daß das x entstanden war? Ja, daß es einfach hatte entstehen müssen? Mit andern Worten also, daß mein *S*uldat kein *S*oldat geworden?«

Und ich mußte mir antworten:

»Nun, offenbar, in erster Linie wenigstens, doch schon an seinem Material. An seinen Reproduktionsbedingungen rein als solchen. Ich kann unmöglich aus einem Wassertrop- 50

329

fen eine Billardkugel formen. Aus einem Stück Ton wird mir das schon eher gelingen, aus einem Block Elfenbein vermag ich's vollends.«

Immerhin, mußte ich mir aber wieder sagen, wäre es doch möglich gewesen, auch mit diesen primitiven Mitteln, diesem Stift und dieser Schiefertafel hier, ein Resultat zu er-
55 zielen, das das vorhandene so unendlich weit hätte hinter sich zurücklassen können, daß ich gezwungen gewesen wäre, das Zugeständnis zu machen: ja, auf ein denkbar noch *geringeres* Minimum läßt sich mit diesen lächerlich unvollkommenen Mitteln hier das verdammte x in der Tat nicht reduzieren! Und ich durfte getrost die Hypothese aufstellen, einem Menzel[1] beispielsweise wäre dies ein spielend Leichtes gewesen. Woraus sich denn
60 sofort ergab, daß die jedesmalige Größe der betreffenden Lücke x bestimmt wird nicht bloß durch die jedesmaligen Reproduktionsbedingungen der Kunst rein als solche allein, sondern auch noch durch deren jedesmalige dem immanenten Ziel dieser Tätigkeit mehr oder minder entsprechende Handhabung.

Und damit, schien es, hatte ich auch bereits mein Gesetz gefunden; wenn freilich vorder-
65 hand auch nur im ersten und gröbsten Umriß; aber das war ja wohl nur selbstverständlich. Und auf Grund der alten, weisen Regel Mills[2]: »Alle ursächlichen Gesetze müssen infolge der Möglichkeit, daß sie eine Gegenwirkung erleiden (und sie erleiden alle eine solche!), in Worten ausgesprochen werden, die nur *Tendenzen* und nicht wirkliche *Erfolge* behaupten«, hielt ich es für das Beste, es zu formulieren wie folgt:
70 »*Die Kunst hat die Tendenz, wieder die Natur zu sein. Sie wird sie nach Maßgabe ihrer jedweiligen Reproduktionsbedingungen und deren Handhabung.*«
Ich zweifelte zwar keinen Augenblick daran, daß mit der Zeit auch eine bessere, präzisere Fassung möglich sein würde, aber den Kern wenigstens enthielt ja auch diese bereits, und das genügte mir.
75 »Die Kunst hat die Tendenz, wieder die Natur zu sein. Sie wird sie nach Maßgabe ihrer Reproduktionsbedingungen und deren Handhabung.«
Ja! Das war es! Das hatte mir vorgeschwebt, wenn auch nur dunkel, schon an jenem ersten Winterabend!
Und ich sagte mir:
80 Ist dieser Satz wahr, d. h., ist das Gesetz, das er aussagt, ein wirkliches, ein in der *Realität* vorhandenes, und nicht bloß eins, das ich mir töricht einbilde, eins in meinem *Schädel*, dann stößt er die ganze bisherige ›Ästhetik‹ über den Haufen. Und zwar rettungslos. Von Aristoteles bis herab auf Taine. Denn Zola ist kaum zu rechnen. Der war nur dessen Papagei. (...)
85 Die ganze bisherige Ästhetik war nicht, wie sie schon damit prunkte, eine *Wissenschaft* von der Kunst, sondern vorerst nur eine *Pseudowissenschaft* von ihr. Sie wird sich zu der wahren zukünftigen, die eine *Soziologie* der Kunst sein wird und nicht wie bisher – selbst noch bei Taine – eine *Philosophie* der Kunst, verhalten wie ehedem die Alchemie zur Chemie oder die Astrologie zur Astronomie.

In: Theorie des Naturalismus. Hg. v. Theo Meyer. Stuttgart: Reclam 1973, S. 168 ff.

[1] Adolph von Menzel (1815–1905): deutscher Maler und Graphiker. Bis 1860 war die Schilderung der friederizianischen Zeit sein Hauptthema. Daneben wählte er schlichte Motive aus dem Alltagsleben.
[2] John Stuart Mill (1806–73): britischer Philosoph und Nationalökonom, Vertreter des Positivismus

1. *Prüfen Sie, ob die Formel Kunst = Natur - x auf die Sixtinische Madonna oder ein Wagnersches Musikdrama anwendbar ist? Kann man die Baukunst mit diesem Gesetz in Einklang bringen?*
2. *Erschöpft sich Kunst darin, die Wirklichkeit zu wiederholen? Welche Aufgabe bleibt noch dem »Künstler«?*

Drama

Im Jahr 1889 schrieb der sechsundzwanzigjährige Gerhart Hauptmann (vgl. S. 301 f.) ein soziales Drama, das in Berlin uraufgeführt und von der Mehrzahl der Kritiker empört abgelehnt wurde. Die umkämpfte Uraufführung machte den Autor mit einem Schlag bekannt. Wie Schiller einst mit den »Räubern« eine neue Epoche eingeleitet hatte, so war dies Hauptmann nun gelungen. Der Widerstand der Gegner aber blieb, bis Hauptmann 1912 der Literaturnobelpreis zugesprochen wurde.

Der folgende Auszug ist den nachgelassenen Werken des Autors entnommen und trägt den Titel »Zweites Vierteljahrhundert meines Lebens«. Hauptmann bezieht sich auf den Skandal, den das Drama »Vor Sonnenaufgang« hervorrief.

Gerhart Hauptmann
Theaterskandal in Berlin

Der überwiegende Teil der Presse stempelte mich zu einem Ausbund schmählichster Verkommenheit. Es wurde mir ein Leben unter Prostituierten und Zuhältern angedichtet, und das Publikum glaubte daran. Förmlich spie es mich an und empfing mich mit rasenden Pfuirufen, als »Vor Sonnenaufgang« außerhalb der »Freien Bühne« im sogenannten Ostend-Theater wiederholt wurde.   5
– Anonyme Postkarten mit den unflätigsten Schmähungen: Um meinen Ausschlag und meine Schmutzkruste zu verlieren, möge ich mir einmal Geld für eine Italienfahrt zusammenbetteln. Dort könnte ich erfahren, was Schönheit sei, von der ich ebensowenig eine Ahnung hätte als ein Mistfink. Seltsamerweise war dieses »Mistfink« die Unterschrift. Nein, dies Schnellfeuer von Unflat und Kehricht, dieses Bombardement entschiedenen   10
Vernichtungswillens von seiten eines Teiles der Presse deprimierte mich nicht. Erstens, weil ich irgendwie des ethischen Grundwesens in mir sicher und zum Kampfe für diesen Einsatz entschlossen war. In welchem Gegensatz mein Werk zur Epoche von damals stand, war mir ja niemals zweifelhaft. An seinen Weg in die Öffentlichkeit glaubte ich keinen Augenblick. (...) Mein früheres Leben war Kampf gewesen, aber es wurde als   15
solcher nicht geführt. Er ist höchstens als ein schmerzhaft-fragliches Werden und Wachsen, als Ringen ins Bewußtsein getreten. Nun aber ward von einer neuen, irgendwie gemeinsamen Jugend eben ein heiliger Krieg angesagt. Wir waren bewußt entschlossene Kampfscharen. Alle für einen, jeder für alle »mit Gut und Blut« gleichsam einzutreten bereit.   20

Freie Bühne. Eine satirische Zeichnung aus dem Beiblatt zum »Kladderadatsch« Berlin 1890.
Zeichnung von E. Retemeyer.

Ich begebe mich nicht ins Gebiet der Literaturgeschichte hinein. Man mag darin nachlesen, wie die Bewegung, in der wir standen, einen keineswegs nur lokalen, sondern, das europäische Rußland und Skandinavien inbegriffen europäischen Charakter hatte. Ich nehme England, ich nehme auch Italien aus. Von Petersburg, Moskau über Berlin nach
25 Paris und umgekehrt gingen die fruchtbaren Strömungen. Der frische, eisige Nord brach bewegend hinein. Der Kampfruf, weil ja das kämpfende Heer ein Banner und das Banner eine Devise haben muß, der Kampfruf »Naturalismus« tauchte auf. Will man ihm einigermaßen gerecht werden, so muß man in ihm das Ganze der Bewegung zusammenfassen. Wie will man das können, wenn man pedantische Nachahmung der Natur für sein Wesen
30 hält? Man stelle die Namen Zola, Flaubert, Ibsen, Strindberg, Jens P. Jacobsen, Turgenjew, Dostojewski, Tolstoi nebeneinander und frage sich, ob man in den Fingerhut des Begriffes Naturalismus dieses Meer füllen kann. (...) War etwa Georg Büchner, der mich so stark beeindruckte, Naturalist? Er ist kaum ein Vierteljahrhundert alt geworden, eine Jugend, in dem sich sein Wirken vollendete. Ich brauchte, schwerfällig wie ich war, das
35 erste Vierteljahrhundert als Vorstufe. Ludwig Büchner, Georgs Bruder, der rasende materialistische Roland, lebte damals noch. Er lebte in Genf als Professor der dortigen Universität. In beiden Brüdern glühte und loderte das Herz der ersten, der französischen, der Pariser Revolution. Dieses Glutherz schlug nicht nur in »Dantons Tod«, schlug in »Woyzeck«, schlug in »Leonce und Lena«. Es schlägt auch in dem Fragment des Wun-
40 derwerkes »Lenz«. Was sollte das jugendlich-eruptive Phänomen Georg Büchner mit dem Begriff Naturalismus gemein haben?
Diese erste, die klassische, die Pariser Revolution, deren brennende Schwingungen über Europa hinweg nach dem fernen Osten in nunmehr anderthalb Jahrhunderten unter Weges gewesen sind, geisterte damals durchaus noch in unserem Blut. Sie war das Thema

so manches sonst ungebildeten Menschen sogar in der Breslauer Kunstschule. Die heim- 45
liche Marseillaise meines Vaters in Dämmerstunden auf dem Klavier hatte den Funken in
mich geworfen. Das immer wieder von allen Musikkapellen intonierte fortreißende Lied
hatte den Funken angefacht und nicht ausgehen lassen. In einem Stück wie »Die Räuber«,
das ich mit Leidenschaft ergriff, war ein vom Winde fortgetragener Zünder aufgegangen.
Das Pariser Ereignis war schließlich ja neu, ganz neu. Was sind im Buch der Geschichte 50
hundert Jahre? Dazu kam in Frankreich nach Siebzig und dem Zusammenbruch der
Monarchie die Wiedererrichtung der Republik. Und gibt es eine Devise, die sich einfacher
spricht als Freiheit, Gleichheit, Brüderlichkeit und dabei wärmer und überzeugender ist?
Die Devise ist tausendfach ad absurdum geführt, aber ist sie nicht trotzdem in uns ein-
genistet? Blind gegen den Widerspruch mit der Entwicklung, die das Revolutionäre ge- 55
nommen, war ich nicht. Aber man hat die drei Worte liebgewonnen. War es der Stroh-
halm, an dem man ertrinkend sich halten will? Oder dachten wir doch noch, sie einst zu
verwirklichen? Ich meine, daß allerdings unser jugendlicher Glaube damals von dieser
verblendeten Hoffnung noch immer beseelt wurde.

In: Gerhart Hauptmann: Sämtliche Werke. Hg. v. Hans-Egon Hass. Bd. 11. Berlin: Propyläen
1966 ff., S. 492 ff.

1. *Wie charakterisiert Hauptmann den überwiegenden Publikumsgeschmack seiner Zeit?*
2. *Was sagt er zur moralischen Grundhaltung der naturalistischen Bewegung?*
3. *Warum sieht Hauptmann in Georg Büchner einen Vorläufer des Naturalismus?*
4. *Gehen Sie auf die Sprache des Autors ein. Durch welche Mittel bringt er seinen kämp-
   ferischen Enthusiasmus zum Ausdruck?*

Gerhart Hauptmann
Vor Sonnenaufgang (1889)

Im Gegensatz zu der äußeren Armut der Protagonisten in der Novelle »Bahnwärter Thiel« und in dem Drama »Die Weber« aus dem Jahre 1892, zeichnet Hauptmann in dem 1889 erschienenen Schauspiel »Vor Sonnenaufgang« die zu Wohlstand gelangte oberschlesische Bauernfamilie Krause, auf deren Grundbesitz Kohlevorräte entdeckt worden sind. In dem Verlangen, den großbürgerlichen Lebensstil Berlins nachzuahmen, verfällt die Familie jedoch dem Alkohol und entwickelt eine primitive Auffassung von Sexualität. Nur Helene, eine der Töchter, kann sich von den schädlichen Einflüssen ihrer Umwelt freihalten.

Hauptakteure sind ebenso der Ingenieur Hoffmann, der Journalist Alfred Loth und der Arzt Schimmelpfennig, ehemalige Studienkollegen, in deren Weltanschauungen drei typische Gedankenrichtungen des 19. Jahrhunderts sichtbar werden. Hoffmann ist der Utilitarist, der auf das Vermögen des Bauern spekuliert und daher Krauses Tochter Martha, die dem Alkohol verfallen ist, geheiratet hat. Loth stellt sich als sozialistischer Utopist dar, der das Elend in Oberschlesien beschreiben will, aber für die Verhältnisse in Krauses Familie blind ist. Er verspricht Helene die Ehe und will sie aus ihrer unerträglichen Lage befreien. Schimmelpfennig ist der radikale Sozialdarwinist, der, entgegen seiner ethischen Verpflichtung als Arzt, nur die Auslese der körperlich Stärksten gelten läßt. Der Alkoholmißbrauch im Hause Krauses kommentiert er auf zynische Art und sieht in ihm eine Bestätigung seiner Theorie.

In dem hier abgedruckten letzten Auftritt des 5. Aktes erreicht das dramatische Geschehen seinen Höhepunkt. Doktor Schimmelpfennig, der nachts zu Krause gerufen wird, stellt den Tod des neugeborenen Kindes der Alkoholikerin Martha fest und ergreift die Gelegenheit, dem überraschten Loth den körperlichen und seelischen Zustand der Familie vor Augen zu führen. Von den Gedanken des Arztes zutiefst erschüttert, verläßt Loth fluchtartig das Haus und macht sich auf diese Weise am Tod Helenens mitschuldig.

Aus dem 5. Akt

DOKTOR SCHIMMELPFENNIG: Hat's Heiraten etwa Zweck?

LOTH: Das will ich meinen. Das hat Zweck! Bei mir hat es Zweck. Du weißt nicht, wie ich mich durchgefressen hab' bis hierher. Ich mag nicht sentimental werden. Ich hab's auch vielleicht nicht so gefühlt, es ist mir vielleicht nicht ganz so klar bewußt geworden
5   wie jetzt, daß ich in meinem Streben etwas entsetzlich Ödes, gleichsam Maschinenmäßiges angenommen hatte. Kein Geist, kein Temperament, kein Leben, ja wer weiß, war noch Glauben in mir? Das alles kommt seit... seit heut wieder in mich gezogen. So merkwürdig voll, so ursprünglich, so fröhlich... Unsinn, du kapierst's ja doch nicht.

DOKTOR SCHIMMELPFENNIG: Was ihr da alles nötig habt, um flott zu bleiben, Glaube,
10   Liebe, Hoffnung. Für mich ist das Kram. Es ist eine ganz simple Sache: die Menschheit liegt in der Agonie, und unsereiner macht ihr mit Narkoticis die Sache so erträglich als möglich.

LOTH: Dein neuester Standpunkt?

DOKTOR SCHIMMELPFENNIG: Schon fünf bis sechs Jahre alt und immer derselbe.

15   LOTH: Gratuliere!

DOKTOR SCHIMMELPFENNIG: Danke!

Eine lange Pause.

DOKTOR SCHIMMELPFENNIG, *nach einigen unruhigen Anläufen:* Die Geschichte ist leider die: ich halte mich für verpflichtet... ich schulde dir unbedingt eine Aufklärung.
20   Du wirst Helene Krause, glaub' ich, nicht heiraten können.

LOTH, *kalt:* So, glaubst du?

DOKTOR SCHIMMELPFENNIG: Ja, ich bin der Meinung. Es sind da Hindernisse vorhanden, die gerade dir...

LOTH: Hör mal, du! mach dir darüber um Gottes willen keine Skrupel. Die Verhältnisse
25   liegen auch gar nicht mal so kompliziert, sind im Grunde sogar furchtbar einfach.

DOKTOR SCHIMMELPFENNIG: Einfach furchtbar solltest du eher sagen.

LOTH: Ich meine, was die Hindernisse anbetrifft.

DOKTOR SCHIMMELPFENNIG: Ich auch zum Teil. Aber auch überhaupt! Ich kann mir nicht denken, daß du diese Verhältnisse hier kennen solltest.

30   LOTH: Ich kenne sie aber doch ziemlich genau.

DOKTOR SCHIMMELPFENNIG: Dann mußt du notwendigerweise deine Grundsätze geändert haben.

LOTH: Bitte, Schimmel, drück dich etwas deutlicher aus!

DOKTOR SCHIMMELPFENNIG: Du mußt unbedingt deine Hauptforderung in bezug auf die Ehe fallengelassen haben, obgleich du vorhin durchblicken ließt, es käme dir nach 35 wie vor darauf an, ein an Leib und Seele gesundes Geschlecht in die Welt zu setzen.

LOTH: Fallengelassen... fallengelassen? Wie sollte ich denn das...

DOKTOR SCHIMMELPFENNIG: Dann bleibt nichts übrig... dann kennst du eben doch die Verhältnisse nicht. Dann weißt du zum Beispiel nicht, daß Hoffmann einen Sohn hatte, der mit drei Jahren bereits am Alkoholismus zugrunde ging. 40

LOTH: Wa... was – sagst du?

DOKTOR SCHIMMELPFENNIG: 's tut mir leid, Loth, aber sagen muß ich dir's doch, du kannst ja dann noch machen, was du willst. Die Sache war kein Spaß. Sie waren gerade wie jetzt zum Besuch hier. Sie ließen mich holen, eine halbe Stunde zu spät. Der kleine Kerl hatte längst verblutet. – *Loth mit den Zeichen tiefer, furchtbarer Erschütterung an* 45 *des Doktors Munde hängend. – Doktor Schimmelpfennig.* Nach der Essigflasche hatte das dumme Kerlchen gelangt in der Meinung sein geliebter Fusel sei darin. Die Flasche war herunter- und das Kind in die Scherben gefallen. Hier unten, siehst du, die Vena saphena, die hatte es sich vollständig durchschnitten.

LOTH: W... w... essen Kind, sagst du...? 50

DOKTOR SCHIMMELPFENNIG: Hoffmanns und ebenderselben Frau Kind, die da oben wieder... und auch die trinkt, trinkt bis zur Besinnungslosigkeit, trinkt, soviel sie bekommen kann.

LOTH: Also von Hoffmann... Hoffmann geht es nicht aus?!

DOKTOR SCHIMMELPFENNIG: Bewahre! Das ist tragisch an dem Menschen, er leidet 55 darunter, soviel er überhaupt leiden kann. Im übrigen hat er's gewußt, daß er in eine Potatorenfamilie hineinkam. Der Bauer nämlich kommt überhaupt gar nicht mehr aus dem Wirtshaus.

LOTH: Dann freilich – begreife ich manches – nein! Alles begreife ich – alles. *Nach einem dumpfen Schweigen.* Dann ist ihr Leben hier... Helenes Leben – ein... ein – wie soll 60 ich sagen?! mir fehlt der Ausdruck dafür – ... nicht?

DOKTOR SCHIMMELPFENNIG: Horrend geradezu! Das kann ich beurteilen. Daß du bei ihr hängenbliebst, war mir auch von Anfang an sehr begreiflich. Aber wie ges...

LOTH: Schon gut! – verstehe... Tut denn...? könnte man nicht vielleicht... vielleicht könnte man Hoffmann bewegen, etwas... etwas zu tun? Könntest du nicht vielleicht – 65 ihn zu etwas bewegen? Man müßte sie fortbringen aus dieser Sumpfluft.

DOKTOR SCHIMMELPFENNIG: Hoffmann?

LOTH: Ja, Hoffmann.

DOKTOR SCHIMMELPFENNIG: Du kennst ihn schlecht... Ich glaube zwar nicht, daß er sie schon verdorben hat. Aber ihren Ruf hat er sicherlich jetzt schon verdorben. 70

LOTH, *aufbrausend:* Wenn das ist: ich schlag' ihn... Glaubst du wirklich...? hältst du Hoffmann wirklich für fähig...?

DOKTOR SCHIMMELPFENNIG: Zu allem, zu allem halte ich ihn fähig, wenn für ihn ein Vergnügen dabei herausspringt.

LOTH: Dann ist sie – das keuscheste Geschöpf, was es gibt... *Loth nimmt langsam Hut* 75 *und Stock und hängt sich ein Täschchen um.*

DOKTOR SCHIMMELPFENNIG: Was gedenkst du zu tun, Loth?

LOTH: Nicht begegnen...!

DOKTOR SCHIMMELPFENNIG: Du bist also entschlossen?

LOTH: Wozu entschlossen? 80

DOKTOR SCHIMMELPFENNIG: Euer Verhältnis aufzulösen.

LOTH: Wie sollt' ich wohl dazu nicht entschlossen sein?

DOKTOR SCHIMMELPFENNIG: Ich kann dir als Arzt noch sagen, daß Fälle bekannt sind, wo solche vererbte Übel unterdrückt worden sind, und du würdest ja gewiß deinen Kindern eine rationelle Erziehung geben.

LOTH: Es mögen solche Fälle vorkommen.

DOKTOR SCHIMMELPFENNIG: Und die Wahrscheinlichkeit ist vielleicht nicht so gering, daß...

LOTH: Das kann uns nicht helfen, Schimmel. So steht es: es gibt drei Möglichkeiten! Entweder ich heirate sie, und dann... nein, dieser Ausweg existiert überhaupt nicht. Oder – die bewußte Kugel. Na ja, dann hätte man wenigstens Ruhe. Aber nein! So weit sind wir noch nicht, so was kann man sich einstweilen noch nicht leisten – also: leben! kämpfen! – Weiter, immer weiter. *Sein Blick fällt auf den Tisch, er bemerkt das von Eduard zurechtgestellte Schreibzeug, setzt sich, ergreift die Feder, zaudert und sagt:* Oder am Ende...?

DOKTOR SCHIMMELPFENNIG: Ich verspreche dir, ihr die Lage so deutlich als möglich vorzustellen.

LOTH: Ja, ja! – nur eben... ich kann nicht anders. *Er schreibt, adressiert und kuvertiert. Er steht auf und reicht Schimmelpfennig die Hand.* Im übrigen verlasse ich mich auf dich. –

DOKTOR SCHIMMELPFENNIG: Du gehst zu mir, wie? Mein Kutscher soll dich zu mir fahren.

LOTH: Sag mal, sollte man denn nicht wenigstens versuchen – sie aus den Händen dieses... dieses Menschen zu ziehen?... Auf diese Weise wird sie doch unfehlbar noch seine Beute.

DOKTOR SCHIMMELPFENNIG: Guter, bedauernswürdiger Kerl! Soll ich dir was raten? Nimm ihr nicht das... wenige, was du ihr noch übrigläßt.

In: Gerhart Hauptmann: Sämtliche Werke. Hg. v. Hans-Egon Hass. Bd. 1. Berlin: Propyläen 1966 ff., S. 92 ff.

1. *Stellen Sie zunächst die Argumente zusammen, mit denen Schimmelpfennig Loth zu überzeugen versucht.*
2. *Bewerten Sie diese Argumente, und entwerfen Sie eine Charakteristik des Arztes.*
3. *Wie würden Sie Loths Persönlichkeit beurteilen?*
4. *Kennzeichnen Sie den inneren dramatischen Aufbau der Szene.*
5. *Beschreiben Sie genau die Sprache der handelnden Personen, und zeigen Sie, wie die seelische Auseinandersetzung sprachliche Gestalt annimmt.*
6. *Können sie aus heutiger Sicht die Problematik verstehen?*

BEGRIFFSREGISTER

Die Begiffe *Literatur* und *Text* werden im Arbeitsbuch sehr häufig erwähnt und daher im Begriffsregister nicht eigens aufgeführt.

GLOSSAR

Das Glossar erläutert einige grundlegende Begriffe des Deutschunterrichts sowie Begriffe, die erwähnt, aber nicht genauer behandelt werden.

Akt: auch Aufzug; größerer, in sich abgeschlossener Handlungsabschnitt eines Dramas, der in Szenen unterteilt ist.

Alexandriner: sechshebiger Reimvers mit Zäsur nach der dritten Hebung.

Allegorie: rhetorisches Mittel; Darstellung eines abstrakten Begriffs durch ein Bild.

Alliteration: poetisches Mittel; Stammsilben mehrerer Wörter beginnen mit den gleichen Anlauten.

Analyse: Zerlegung eines Ganzen in seine Einzelteile; verhilft – im Falle der Textanalyse – zu genauerer Erkenntnis der Eigenart eines Textes.

Anapher: rhetorisches Mittel; Wiederholung eines Wortes oder einer Wortgruppe am Anfang aufeinanderfolgender Verse, Sätze, Strophen.

Anekdote: kurze, charakteristische Erzählung um eine historische Persönlichkeit oder ein denkwürdiges Ereignis, aus Gründen der Diskretion ursprünglich mündlich überliefert.

Anrede an das Publikum: gilt als rhetorische Figur, wenn sie vom Normalen abweicht und einen besonders hohen Intensitätsgrad erreicht.

Antagonist: Gegenspieler des Protagonisten.

Antiquitas: rhetorisches Mittel; veralteter Ausdruck.

Antitheton: rhetorisches Mittel; zwei entgegengesetzte Gedanken werden einander gegenübergestellt.

Aphorismus: epische Kleinform, mit der pointiert eine Erkenntnis oder ein Urteil formuliert wird, meist aus einem Satz bestehend.

Argument: Aussage, mit deren Hilfe eine These begründet wird.

Argumentation: Vortragen von Gründen für eine Behauptung, ein Urteil oder eine Handlungsanweisung.

Asyndeton: rhetorisches Mittel; Reihe gleichgeordneter Wörter, Satzteile oder Sätze ohne verbindende Konjunktion.

Aufklärung: allgemein jede rationalistisch-kritische Bewegung; Periode der deutschen Literaturgeschichte von ca. 1720 bis 1785, deren Grundgedanke von Kant in der Berlinischen Monatsschrift 1783 formuliert wurde: »Aufklärung ist der Ausgang des Menschen aus seiner selbstverschuldeten Unmündigkeit.«

Ballade: Erzähllied über ein herausragendes Ereignis, oft eine Heldentat, in dem sich die Grundarten der Poesie – Lyrik, Epik, Dramatik – vereinigen.

Barock: europäische Stilepoche des 17. und 18. Jahrhunderts; geprägt durch konfessionelle Gegensätze und den Dreißigjährigen Krieg; Polarität: Angst, Pessimismus – Lebenshunger, Daseinsfreude.

Behauptung: Satz, der eines Beweises bedarf.

Bibliographie: Zusammenstellung von Büchern und Aufsätzen zu einem bestimmten Thema.

Biedermeier: künstlerische Tendenz im zweiten Viertel des 19. Jahrhunderts, gekennzeichnet durch philiströs-unpolitischen Rückzug in den privaten Bereich, Gestaltung der Welt im Kleinen; dennoch lassen sich bei einigen Vertretern abgründige Tendenzen ausmachen.

Blankvers: reimloser fünfhebiger jambischer Vers.

brevitas: rhetorisches Mittel des argumentativen Bereichs; Versprechen von Kürze.

bürgerliches Trauerspiel: seit dem 18. Jahrhundert; Drama, in dem das Schicksal von Personen bürgerlichen Standes gestaltet wird.

captatio benevolentiae: rhetorisches Mittel; Bitte um Wohlwollen am Beginn einer Rede.

Chiffre: besonders in moderner Dichtung, Zeichen, dessen Bedeutung sich aus dem Textzusammenhang erschließt.

Coda: rhetorisches Mittel; rhythmisierter Schluß.

correctio: rhetorisches Mittel; Rücknahme eines Ausdrucks und dessen Ersetzen durch einen stärkeren.

Comédie larmoyante: »weinerliches Lustspiel« (Lessing) der französischen Literatur des 18. Jahrhunderts, wirkte stark auf die deutsche Literatur der Zeit.

Deduktion: wissenschaftliche Methode; Ableitung des Besonderen aus dem Allgemeinen.

Definition: Begriffsbestimmung durch Angabe des nächsthöheren Begriffs und der unterscheidenden Merkmale.

Dialog: Wechselgespräch von zwei oder mehreren Personen; wesentliches Mittel dramatischer Darstellung.

Didaktik: allgemein Lehre vom Unterrichten; Buch über Unterricht; in der Literaturwissenschaft lehrhafte Dichtung.

Distichon: Doppelvers; häufig bestehend aus daktylischem Hexameter und Pentameter.

Dithyrambe: altgriechisches Chor- und Reigenlied, gehörte zur Kultfeier des Dionysos; Bestandteil der griechischen Tragödie.

Drama: literarische Großform; Darstellung einer Handlung durch Personen in Rede und Gegenrede sowie in szenischen Aktionen.

Elegie: in griechischer und lateinischer Literatur Dichtung in Distichen mit breit gefächerter Thematik; später hauptsächlich Dichtung der Klage und Trauer.

Ellipse: rhetorisches Mittel; Auslassung eines Wortes oder Ausdrucks.

Empfindsamkeit: literarische Strömung in der zweiten Hälfte des 18. Jahrhunderts; Reaktion auf Vorherrschen des Rationalismus, gekennzeichnet von religiösem Naturgefühl, Gefühlsausdruck und -überschwang.

Emphase: rhetorisches Mittel; durch akustische oder syntaktische Hervorhebung bewirkter Nachdruck eines Gedankens in der Rede.

Enjambement: poetisches Mittel; Überschreitung eines Versendes ohne emphatische Pause.

enumeratio: rhetorisches Mittel; Häufung.

Epigramm: Form didaktischer Dichtung; ursprünglich Aufschrift auf einem Gedenkstein, ein in Kürze geformter dichterischer Gedanke.

Epik: Sammelbezeichnung für die verschiedenen Arten erzählender Dichtung.

Epipher: rhetorisches Mittel; Wiederholung eines Wortes oder einer Wortgruppe am Ende eines Satzes, eines Teilsatzes oder einer Verszeile.

Epoche: Zeiteinschnitt, der durch das Einsetzen bestimmter Tendenzen, Ideen und philosophischer Erkenntnisse geprägt ist.

Epos: erzählerische Großform in gehobener, metrisch durchgestalteter Sprache.

erlebte Rede: episches Stilmittel; Wiedergabe der Gedanken einer Person im Indikativ der 3. Person und meist im Präteritum.

erzählte Zeit: Zeit, die im Verlauf einer erzählten Handlung vergangen ist.

Erzählung: mündliche oder schriftliche Darstellung eines wirklichen oder gedachten Geschehens durch einen Erzähler; Sammelbezeichnung für verschiedene Formen der Epik.

Erzählzeit: Zeit, die beim Erzählen, Hören oder Lesen vergeht.

Essay: schriftlicher »Versuch« über ein Thema ohne Anspruch auf endgültige Lösung eines Problems, knappe, anspruchsvolle Abhandlung.

Euphemismus: rhetorisches Mittel; beschönigende Umschreibung.

Exposition: Bestandteil des Dramas; Darlegung der für den Konflikt eines Stücks notwendigen Voraussetzungen.

Expressionismus: Kunstrichtung zwischen 1910 und 1925; versucht, die immer komplexer werdende Welt mit veränderten Wahrnehmungsweisen zu fassen, Bemühen um Ausdruck der Innenwelt.

Fabel: 1. Tierfabel, Form didaktischer Dichtung; Tiergeschichte in Vers oder Prosa, die Wahrheit vermitteln will; 2. Grundplan im Handlungsverlauf einer dramatischen oder epischen Dichtung.

Figur: 1. Sammelbezeichnung für rhetorische Mittel, die aus mehr als einem Wort bestehen; 2. Bezeichnung für erdichtete Person in Roman oder Drama.

Fiktion: Darstellung eines nichtwirklichen Sachverhalts mit dem Anspruch, ihn für real zu halten.

Gattung: Grundform der Dichtung (Epik, Lyrik, Drama); Art und Form der Dichtung (Tragödie, Ballade, Roman usw.).

Gemination: rhetorisches Mittel; Wiederholung in direktem Kontakt.

Gleichnis: Form didaktischer Dichtung; Vergleich in literarischer Sprache, bei dem ein Sachverhalt durch einen entsprechenden Sachverhalt, der dem Vorstellungsvermögen des Lesers nähersteht, veranschaulicht wird.

Glosse: journalistische Form; knappe, oft polemische Stellungnahme.

Hexameter: antiker Vers; meist aus sechs Daktylen mit beweglicher Zäsur.

Hymne: feierlicher Lob- und Preisgesang.

Hyperbel: rhetorisches Mittel; Übertreibung.

Hypothese: Behauptung, die Gültigkeit beansprucht und noch bewiesen werden muß.

Idylle: Dichtform; Darstellung friedlichen Lebens harmlos empfindender, natürlicher Menschen in idealisierter Umgebung in schlichter Sprache.

Impressionismus: Kunstrichtung der Literatur um die Jahrhundertwende; Darstellung subjektiver Eindrücke, Stimmungen, Seelenzustände.

Induktion: wissenschaftliche Methode, vom Besonderen auf das Allgemeine zu schließen.

Inhaltsangabe: Zusammenfassung v.a. epischer und dramatischer Texte.

innerer Monolog: Erzähltechnik; versucht, wie die erlebte Rede, das Bewußtsein einer Romanfigur wiederzugeben, jedoch in 1. Person und Präsens.

Interpretation: Erschließungsprozeß und Ergebnis des Verstehens von literarischen Texten, die ihren Sinn nicht direkt mitteilen.

Ironie: rhetorisches Mittel; das Gegenteil vom Gemeinten wird gesagt.

Isokolon: rhetorisches Mittel; Parallelstruktur, syntaktische Wiederholung, meist in Verbindung mit Anapher.

Junges Deutschland: Gruppe von gesellschaftskritischen Autoren ca. 1830 bis 1850, von Ludolf Wienbarg als »junges Deutschland« angesprochen, 1835 verboten; Tagesgeschehen im Mittelpunkt des Interesses, Anfang des deutschen Journalismus.

Katachrese: rhetorisches Mittel; notwendige Metapher zur Ausfüllung einer sprachlichen Lücke.

Katastrophe: besonders in der Tragödie, Wendepunkt, der zur Lösung des Konflikts beiträgt und das Schicksal des Helden bestimmt.

Katharsis: Reinigung von Affekten; erstrebte Wirkung der Tragödie.

Klassik: allgemein Kunst und Literatur des klassischen Altertums; das Zeitlos-Gültige, Absolut-Vollkommene und Mustergültige; die höchste Ausformung der Dichtung einer Nation; in der deutschen Literatur häufig datiert von Goethes italienischer Reise 1786 bis zu Schillers Tod 1805; Weimarer Klassik: Zusammenarbeit Schillers und Goethes 1794 bis 1805; Entwicklung einer Humanitätsidee unter Rückgriff auf griechische und lateinische Literatur.

Kommentar: 1. kritische Stellungnahme zu Tagesereignissen in Presse, Radio und Fernsehen; 2. Erklärung von Texten (Sacherklärungen, Begriffserklärungen, weitergehende Erläuterungen).

Komödie: eine Hauptgattung des Dramas; Entlarvung menschlicher Schwächen, statt tragischer Erschütterung komische Befreiung durch Lachen.

Kritik: allgemein prüfende Beurteilung; Besprechung einer künstlerischen Leistung.

Kunstmärchen: Märchen, dessen Verfasser bekannt ist und in dem – selbst bei Anlehnung an Formen der Volksdichtung – der Anspruch, Kunst zu schaffen, spürbar ist.

Kurzgeschichte: Übersetzung des amerikanischen Begriffs »short story«; kurze epische Form, in Deutschland nach dem Zweiten Weltkrieg verbreitet.

Leitartikel: aktueller Meinungsbeitrag, der den Meinungsteil einer Tageszeitung oder einer Wochenzeitschrift eröffnet.

Leitmotiv: einprägsame Folge von wiederkehrenden, sinnstiftenden Wörtern, die einen Text gliedert, Zusammengehöriges verbindet; aus der Musik übernommen.

Lied: sangbare Form der Lyrik auf mittlerer sprachlicher Stilhöhe, strophisch gegliedert, gereimt, ursprünglich mit einer Melodie verbunden.

literarische Erörterung: Erörterung von Problemen oder Sachverhalten, die literarisch vermittelt sind.

Literaturangabe: genaue Identifizierung von literarischen Werken mit Nennung von Vor- und Zunamen des Autors, vollständigem Titel, Erscheinungsort, Verlag und Erscheinungsjahr.

Litotes: rhetorisches Mittel; Verneinung des Gegenteils.

Lyrik: Sammelbezeichnung für eine der drei poetischen Gattungen; ursprünglich Gesänge in gebundener Form, die mit Lyrabegleitung vorgetragen wurden.

Märchen: Prosaerzählung, deren Inhalt frei erfunden ist und in der phantastische Gestalten auftreten; Unterscheidung zwischen Volks- und Kunstmärchen.

Metapher: rhetorisches Mittel; Kurzform des Vergleichs.

Metonymie: rhetorisches Mittel; uneigentliche Redeweise, Ersetzung eines Wortes durch ein anderes, das mit dem eigentlichen Wort in Beziehung steht.

Metrum: Schema eines Verses; geregelte Abfolge von betonten und unbetonten Silben.

Mittelalter: historische und literaturgeschichtliche Epoche mit schwer festlegbarem Beginn (verschiedene Datierungen, z.B. Ende des weströmischen Reichs 476, Kaiserkrönung Karls des Großen 800 usw.) bis zur Renaissance.

Moderne: allgemein grenzt der Begriff etwas Neues von etwas Altem ab; als Epochenbezeichnung Zusammenfassung der Kunstströmungen seit 1880; zur Zeit Diskussion, ob Moderne durch »Postmoderne« abgelöst wird.

Monolog: Selbstgespräch einer Person; vorwiegend in Drama und Lyrik.

Montage: aus der Filmtechnik übernommener Begriff; Zusammenfügung von Wort-, Satz- und Textfragmenten verschiedener Herkunft zu einem neuen Text.

Motiv: Beweggrund; typische, bedeutungsvolle, symbolhafte Situation, die Ausgangspunkt für neue Erlebnisse und Erfahrungen darstellt.

Mythos: Geschichten von Göttern, Helden, Dämonen, besonderen Ereignissen, die sich aus Grunderfahrungen des Menschseins verdichtet haben.

Naturalismus: europäische Strömung am Ende des 19. Jahrhunderts, von Naturwissenschaften beeinflußt, Versuch einer möglichst objektiven Darstellung der Wirklichkeit ohne subjektive Einflüsse.

Neologismus: rhetorisches Mittel; durch die Gelegenheit gebotene Neubildung eines Wortes oder Ausdrucks.

Novelle: eigentlich kleine Neuigkeit; kürzere Prosaerzählung einer neuen, tatsächlichen oder möglichen unerhörten Begebenheit.

Ode: lyrische Form des Weihevollen, Erhabenen; Personen, Naturgegenstände und Ereignisse werden besungen.

Organonmodell: von Karl Bühler entwickeltes Modell zur Erklärung der Sprache als Werkzeug, organum.

Oxymoron: rhetorisches Mittel; Verbindung zweier sich widersprechender Begriffe zu einer syntaktischen Einheit.

Parabel: lehrhafte Erzählung; erhellt eine Wahrheit oder Erkenntnis durch einen Vorgang aus einem anderen Vorstellungsbereich.

Parodie: Form satirischer Dichtung; verspottende und übertriebene Nachahmung von geschätzten literarischen Werken oder Teilen daraus.

pars pro toto: rhetorisches Mittel; Teil für das Ganze.

Pentameter: eine aus fünf metrischen Einheiten bestehende Verszeile.

Peripetie: unerwartete Wendung im Schicksal eines Helden, besonders im Drama.

Personifizierung: rhetorisches Mittel; Übertragung von Beseeltem auf Unbeseeltes.

Pindarische Ode: vgl. Ode, durch triadischen Aufbau – Strophe, Gegenstrophe, Nachstrophe – gekennzeichnet.

Poetik: Lehre von Wesen und Formen poetischer Texte; Lehrbuch der Dichtkunst.

Primärliteratur: eigentlicher literarischer Text im Gegensatz zur Sekundärliteratur.

Protagonist: Haupt- oder Titelfigur eines Dramas.

Protokoll: schriftliche Wiedergabe von Vorgängen und Verhandlungen nach festem Schema.

Realismus: literarische Tendenz, die Wirklichkeit so darzustellen, wie sie ist; Poetischer oder Bürgerlicher Realismus: literarische Richtung zwischen 1850 und 1890, Hinwendung zur diesseitigen, sinnlich wahrnehmbaren Wirklichkeit, Darstellung der Alltagswelt, Wahl zeitgenössischer Stoffe, stark landschaftlich gebunden; Sozialistischer Realismus: staatlich verordnetes literarisches Konzept in der ehemaligen Sowjetunion und den von ihr abhängigen Staaten.

Referat: mündliche oder schriftliche Berichterstattung über Forschungsergebnisse, literarische Produktionen usw.

Reim: Gleichklang zweier oder mehrerer Wörter.

Renaissance: allgemein Wiederaufleben vergangener Kulturepochen, im engeren Sinn europäische Kulturepoche an der Wende vom Mittelalter zur Neuzeit (ca. 1350 bis Anfang 16. Jahrhundert).

Rhetorik: Redekunst; Fähigkeit, in öffentlicher Rede einen Standpunkt überzeugend zu vertreten; Theorie der persuasiven Kommunikation.

rhetorische Frage: Frage, bei der keine Antwort erwartet wird, da sie sich von selbst ergibt.

rhetorisches Mittel: Sprachmittel zur Ausgestaltung der Rede.

Rhythmisierung: rhetorisches Mittel; Wiederkehr gewisser Gruppierungen von betonten und unbetonten Silben.

Rhythmus: gleichmäßig gegliederte Bewegung; individuelle Gestaltung eines Gedichtvortrags durch Veränderung des Sprechtempos, der Betonungsstärke, durch Einlegen von Pausen, Verzögerungen.

Roman: wichtigste Großform der Epik in Prosa.

Romantik: literarische Richtung in Europa vom Ende des 18. Jahrhunderts bis ca. 1835, entstanden aus Abkehr von Rationalismus und Klassik; Poesie, Mythos und Traum sollen den Menschen über sich selbst aufklären, Hinwendung zum Mittelalter.

Sage: volkstümliche, zunächst auf mündlicher Überlieferung beruhende kurze Erzählung, die Elemente des Wunderbaren enthält, jedoch einen historischen Kern besitzt.

Satire: Form didaktischer Dichtung; literarische Verspottung von Mißständen, Unsitten, Anschauungen, Ereignissen, Personen, Literaturwerken usw.

Sekundärliteratur: Literatur, die über einen Primärtext erschienen ist.

Semantik: Teilgebiet der Sprachwissenschaft; Lehre von der Bedeutung der Wörter.

Sentenz: Form didaktischer Dichtung; Sinn- oder Denkspruch in dichterischem Kontext.

Sonett: Reimgedicht von 14 Verszeilen, die entweder in zwei Quartette und zwei Terzette (Petrarca-Sonett) oder in drei Quartette und ein Reimpaar (Shakespeare-Sonett) eingeteilt sind.

Stream of consciousness (Bewußtseinsstrom): Erzähltechnik; Weiterentwicklung des inneren Monologs, scheinbar unmittelbare und assoziative Wiedergabe der Gedanken einer Romanfigur.

Strophe: in der griechischen Tragödie Wendung des Chors zum Altar mit zugehörigem Lied; allgemein metrische Einheit, bestehend aus einer bestimmten Anzahl von Verszeilen, die sich regelmäßig wiederholen.

Sturm und Drang: Literaturepoche in Deutschland (ca. 1770–1785), benannt nach dem gleichnamigen Drama von Maximilian Klinger, gegen strenge Vernunft- und Tugendforderungen, Abwendung von der normativen Poetik, Betonung des Genies.

Symbol: Zeichen, das auf einen Sachverhalt hinweist, wobei die Beziehung von Zeichen und Bezeichnetem durch Konvention festgelegt erscheint.

Symbolismus: Kunstrichtung, literarische Strömung am Ende des 19. Jahrhunderts in Frankreich entstanden; Lyrik schöpft alle Darstellungsmöglichkeiten der Sprache aus.

Synästhesie: Stilmittel; Verschmelzung und Vermischung verschiedener Sinneseindrücke.

Synekdoche: rhetorisches Mittel; setzt statt des Ganzen einen Teil oder statt des gemeinten Teils ein Ganzes.

Syntax: Teilgebiet der Sprachwissenschaft; Lehre von der Zusammenfügung der Wörter zu Sätzen.

Szene: auch Auftritt; Teil eines Aktes, wird in Dramen strenger Form durch Auftreten und Abgehen von Personen markiert.

Terzine: dreizeilige, aus fünffüßigen jambischen Versen bestehende Strophe.

Text: zusammenhängende, in sich abgeschlossene sprachliche Äußerung.

Thema: Grund- und Leitgedanke eines Werkes.

These: behauptender Satz, der eines Beweises bedarf.

Tragikomödie: dramatische Mischform, behandelt tragische Stoffe auf komische Art.

Tragödie: eine Hauptgattung des Dramas; Darstellung eines Konflikts, der aus einem Verstoß gegen die höhere Ordnung entsteht und zum Untergang des Helden führt.

Travestie: Form satirischer Dichtung; geht von einem vorhandenen Werk aus, verschiebt dessen Aussage aber in einen banalen Bereich und verspottet so die Aussage des Autors.

Tropus: Sammelbezeichnung für rhetorische Mittel, bei denen ein bewußt gesetztes Einzelwort, der größeren Wirkung willen, die Stelle der eigentlichen Bezeichnung einnimmt.

Vers: Wortreihe als Ordnungseinheit innerhalb eines Gedichts, die durch eine mehr oder weniger strenge Binnenstruktur und eine Pause gekennzeichnet ist.

Volksbuch: frühneuhochdeutsche Prosaerzählung, z.T. nacherzählte mittelhochdeutsche Versdichtung, z.T. Schwankerzählung.

Volkslied: gereimtes mit einer Melodie verbundenes Lied, dessen Verfasser meist unbekannt ist und das als Allgemeingut empfunden wird.

Volksmärchen: Märchen, dessen Verfasser unbekannt ist und das auf Überlieferung beruht.

Vormärz: allgemeine Bezeichnung für Literatur der Zeit vor der Märzrevolution 1848; Vermittlung von Kritik in politisch engagierter Literatur mit meist staats- und gesellschaftskonträrer Intention.

Zensur: Kontrolle von Veröffentlichungen aller Art hinsichtlich sittlicher oder politischer Aussagen durch staatliche oder kirchliche Stellen.

Zeugma: rhetorisches Mittel; Auslassen eines Teilglieds eines mehrgliedrigen Ausdrucks, paralleles Teilglied übernimmt Funktion des weggefallenen.

Zitat: wörtliche Übernahme einer Stelle aus einem anderen Werk.

Bildnachweis

Archiv für Kunst und Geschichte, Berlin: 32, 69 u., 73, 74, 75, 102, 145, 153, 173, 179, 180, 181, 182, 242, 243, 247 li., 248, 249, 275, 282, 283, 284, 292, 293, 300, 301, 302 Mitte, 302 li. – Bayerische Staatsbibliothek, München: 332 – Bayerisches Nationalmuseum, München: 251 – C. H. Beck'sche Verlagsbuchhandlung, München: 175 (aus: Deutsche Literatur von Frauen, Gisela Brinker-Gabler, 1988, S. 411) – Berlin-Museum, Berlin: 270 – Bibliographisches Institut, Leipzig: 83 (aus: Deutsche Literaturgeschichte in Bildern I, S. 240) – Bibliographisches Institut, Mannheim: 146 (aus: Meyers Illustrierte Weltgeschichte, Bd. 14, S. 153) – Bibliothèque Nationale, Paris: 20 – Brigg Verlag, Augsburg: 279 – J. E. Bulloz, Paris: 285 – Bund-Verlag, Köln: 245 (aus: Marxismus-Leninismus, 1987, S. 298) – Deutsches Theatermuseum, München: 21 – Diogenes Verlag AG, Zürich: 42 (aus: Dürrenmatt, 1986, S. 147) – Edition Text + Kritik, München: 213 (aus: E.T.A. Hoffmann, 1992, S. 153) – Eiersebner, Linz: 265 – Foto Marburg, Marburg: 68 o. li. – Freies Deutsches Hochstift, Frankfurter Goethemuseum, Frankfurt: 66 u. li., 68 u. li., 70 Mitte li., 71 u., 126, 137 – Henschelverlag Kunst u. Gesellschaft, O-Berlin: 99 (aus: Karl Friedrich Schinkel, Eine Ausstellung aus der Demokratischen Republik, 1982, S. 78 u.) – Historia-Photo, Hamburg: 70 Mitte re. – Historisches Bildarchiv Handke, Bad Berneck: 66 o. li., 218 – Insel Verlag, Frankfurt/Main: 27 (aus: C. Robert, Antike Sarkophage, Berlin 1890) – Zygmunt Januszewski: 7, 11, 15, 36, 51, 58, 61 (erschienen in DIE ZEIT Nr. 46/1987) – Alfred Kröner Verlag, Stuttgart: 79 (aus: Deutsche Literatur in Bildern, 1957, S. 186 o.) – Landesbibliothek, Weimar: 76 – Pit Ludwig, Darmstadt: 33 – Marmor-Palais, Potsdam: 184 – Österreichische Nationalbibliothek, Wien: 222 – Preußischer Kulturbesitz, Berlin: 101, 203, 302 re. – Rhein-Verlag, Zürich: 31 (aus: Die Mythologie der Griechen II, 1958, Nr. 15) – R. Schädler, Neustadt: 272 (aus Katalog: Freiheit, Gleichheit, Brüderlichkeit, 1989, S. 627, Kat.Nr. 526) – Schiller-Nationalmuseum, Marbach a. Neckar: 66 o. re., 66 u. re., 67 o., 67 Mitte re., 67 u. re., 68 o. re., 69 o. re., 71 o., 262 – SLG des Verbandes alter Corpsstudenten, Nr. VII-Wie 14, K 704 im Institut für Hochschulkunde, Würzburg: 296 – Staatliche Museen, O-Berlin: 194 – Staatliche Museen, Kassel: 65 – Stadtbibliothek, Frankfurt a. Main: 247 re. – Stadtmuseum, München: 241, 244, 252 – Stiftung Weimarer Klassik, Weimar: 67 u. li., 68 u. re., 69 o. li., 70 o., 70 u., 87, 95, 96, 124, 138, 139, 142, 155 – Süddeutscher Verlag, München: 19 – Ullstein Bilderdienst, Berlin: 67 Mitte li. – Volk und Wissen, Berlin: 167, 176, 205 (aus: Geschichte der deutschen Literatur, 1789–1830, S. 417, 472, 548 o.), 233 (aus: Erläuterungen zur deutschen Literatur, Romantik, [5]1985), 269, 313 (aus: Geschichte der deutschen Literatur von 1830 – 19. Jahrhundert, S. 69 und 307) – Verlag Philipp von Zabern, Mainz: 118, 136 (aus: Goethe in Italien, 1986, S. 244, Vorsatz.)